U0900069

广西审判实务与探索

2021年　第4辑　总第22辑

卢上需／主编

GUANGXI JUDICIARY
PRACTICE AND STUDIES

法律出版社
LAW PRESS·CHINA
——— 北京 ———

图书在版编目(CIP)数据

广西审判实务与探索. 2021 年. 第 4 辑 : 总第 22 辑 / 卢上需主编. -- 北京 : 法律出版社, 2022
ISBN 978 -7 -5197 -6689 -4

Ⅰ. ①广… Ⅱ. ①卢… Ⅲ. ①法院-审判-工作-研究-广西 Ⅳ. ①D926.22

中国版本图书馆 CIP 数据核字(2022)第 069395 号

广西审判实务与探索(2021 年第 4 辑)(总第 22 辑)
GUANGXI SHENPAN SHIWU YU TANSUO
(2021 NIAN DI 4 JI)(ZONG DI -22 JI)

卢上需 主编

责任编辑 章 雯 慕雪丹
装帧设计 汪奇峰 臧晓飞

出版发行 法律出版社
编辑统筹 法商出版分社
责任校对 赵明霞
责任印制 胡晓雅
经　　销 新华书店

开本 710 毫米×1000 毫米 1/16
印张 18.25 **字数** 316 千
版本 2022 年 8 月第 1 版
印次 2022 年 8 月第 1 次印刷
印刷 固安华明印业有限公司

地址:北京市丰台区莲花池西里 7 号(100073)
网址:www.lawpress.com.cn
投稿邮箱:info@lawpress.com.cn
举报盗版邮箱:jbwq@lawpress.com.cn

销售电话:010 -83938349
客服电话:010 -83938350
咨询电话:010 -63939796

版权所有·侵权必究

书号:ISBN 978 -7 -5197 -6689 -4
定价:48.00 元

凡购买本社图书,如有印装错误,我社负责退换。电话:010 -83938349

《广西审判实务与探索》编辑委员会

主　　任　黄海龙

副 主 任　赵志军　卢上需　梁　梅　陈　敏　义　芳　零海康　梁月奎　司　勇

委　　员　何艳斌　梁炳扬　周　腾　刘拥建　梁文华　黄　坚　文秋德　韦武斌　曾　艳　杨晓春　陈　影　李洪波　梁　文　唐军成　唐　波　胡海兰　潘凌宇　田少红　邓诗中　柳金红　陆洪鸣　廖少昆　唐海波

主　　编　卢上需

副 主 编　黄朵成　韦威助　赵元松　潘玮璘　钟瑛嫦

执行编辑　莫媛琳

目　录

Contents

专　论

获奖论文

司法调研

司法论坛

十佳案例

专　　论

民主司法审判制度的创新

卢上需　李耀杰*

2020年11月，党中央首次提出习近平法治思想，强调坚持党对全面依法治国的领导，坚持以人民为中心，坚持中国特色社会主义法治道路，为人民法院刑事司法工作指明了发展方向，提供了根本遵循，具有重要指导意义。习近平总书记在中央全面依法治国工作会议上提出，“系统研究谋划和解决法治领域人民群众反映强烈的突出问题”[1]，也对人民法院解决当前存在的“舆论审判”问题提出了迫切要求。我国实行民主司法，要求司法审判必须充分体现人民意志，反映人民愿望。一直以来，个别刑事裁判容易引发社会广泛议论，成为公众舆论质疑甚至批判的对象，这本质上反映了公众舆论尚未找到被刑事司法有效吸收的合适管道，司法裁判与社会公众未能有效达成公正性共识，迫切需要在理论和制度上寻求新的思路和解决办法。本文以习近平法治思想为指导，探索民主司法审判制度的创新，为解决这一难题做一有益探索。

一、吸收公众舆论是民主司法的内在要求

我国是人民民主专政的社会主义国家，习近平总书记指出“要把体

* 卢上需，广西壮族自治区高级人民法院党组成员、副院长、一级高级法官；李耀杰，广西壮族自治区高级人民法院研究室副主任。

〔1〕 习近平：《坚定不移走中国特色社会主义法治道路　为全面建设社会主义现代化国家提供有力法治保障》，载《求是》2021年第5期。

现人民利益、反映人民愿望、维护人民权益、增进人民福祉落实到全面依法治国各领域全过程"[1]。可见,刑事审判必须贯彻民主司法的要求,反映和体现广大人民群众的共同意愿。所谓民主司法,即司法过程中人民群众有序参与司法、监督司法。司法的根本目标在于满足人民利益、增进人民福祉,人民群众有序参与司法、监督司法,不仅可以遏制"蔑视民众"的反民主倾向,还可以消除司法中的反人民、反科学、反人性等因素,[2]促使司法人员理解人民的"感觉",实现司法审判政治效果、法律效果和社会效果的统一。

在司法审判中体现人民意志是民主司法的重要内涵,人民意志即民意,代表了大多数人的意志和愿望,其通过法律形式表现出来、固定下来,具有法定性、普遍性和理想性。作为法律实施的重要方式,司法审判应充分体现民意。习近平总书记指出,宪法反映了我国各族人民的共同意志和根本利益,[3]同样,法律也是人民意志的反映,是最直接体现民意的载体,遵循法律进行审判是体现民意的内在要求。

公众舆论是与民意有密切关系的概念。公众舆论是社会公众对某个事件的普遍看法,其可能代表了人民的意志即民意,也可能被误导而代表不了民意。对于司法审判中是否有必要参考吸收公众舆论,学界有正反两种观点。持正面观点的学者认为,司法审判有必要吸收公众判意作为处置个案的重要参考,这是司法公开化和民主化的有益实践。[4] 持反面观点的学者认为,法官判断应当独立进行,以事实为依据、以法律为准绳,不应受制于媒体和被扭曲的民意。[5] 有学者认为,民主标志的舆论只以法律的形式表现出来,公众舆论并不是民意,不应作为司法的考量因素,公众舆论具有不确定性、不一致性,因地方和人群的不同而不同,将其作为司法审判考量因素将破坏法律的统一性、稳定性和连续性。[6] 还有学者认为,刑事司法敢于与公众舆论对抗是最可贵的品质,刑事司法具有不可妥协性和专业性,刑罚权不应让渡于公众舆论,如果向公众舆论妥协,将牺牲法律的正义、尊严和权威,结果导致法律可以被任

[1] 习近平:《坚定不移走中国特色社会主义法治道路 为全面建设社会主义现代化国家提供有力法治保障》,载《求是》2021年第5期。

[2] 参见陈忠林:《司法民主是司法公正的根本保证》,载《法学杂志》2010年第5期。

[3] 参见习近平:《在首都各界纪念现行宪法公布施行30周年大会上的讲话》,载中国政府网,http://www.gov.cn/ldhd/2012-12/04/content_2282522.htm,最后访问日期:2021年6月4日。

[4] 参见顾培东:《公众判意的法理解析——对许霆案的延伸思考》,载《中国法学》2008年第4期。

[5] 参见张泗汉:《司法改革重在审判独立》,载《中国改革》2010年第5期。

[6] 参见张泗汉:《司法改革重在审判独立》,载《中国改革》2010年第5期。

意解释。[1]

笔者认为,贯彻民主司法的审判,有必要吸收公众舆论,实现刑事司法与公众舆论的良性互动。第一,吸收公众舆论不违反人民法院依法独立行使审判权的要求。西方的司法独立和我国的人民法院依法独立行使审判权存在本质差别,西方的司法作为三权分置之一,以反对政府专制为目标,故而强调司法独立,故其司法不应受公众舆论影响。司法为民是中国共产党的初心使命对人民法院工作的根本要求,司法必须依法服务人民,服务代表人民的政党,保护人民的整体利益。公众舆论一定程度上反映了人民的呼声和期望,吸收公众舆论反映和体现了司法的人民性,也适应政治经济社会发展的需要。第二,吸收公众舆论符合全面依法治国的要求。习近平总书记强调"推进全面依法治国,根本目的是依法保障人民权益"[2],随着时代的发展,司法并不是少数人理解和掌握的专有领域,随着我国社会的发展,公民受教育水平和法治意识都普遍提高,全体人民都是参与司法的主体。人民在社会生活中有哪些权益保障的期待,大都在公众舆论中反映出来,司法审判不应当充耳不闻。第三,吸收公众舆论可以帮助法院更准确地理解民意。在我国政治制度下,宪法法律是民意的集中体现,正确实施法律便是准确反映民意。但在具体个案中,法律也具有滞后性,需要结合社会的发展理解;法律具有普遍性,需要结合个案准确理解,找准司法公正的平衡点;法律具有概括性,需要在实践中具体化,恰当地应用在具体案件中,并为具体的社会行为确立明确的法律规范。公众舆论不等同于民意,但却是探寻民意的最好素材,人民法院可以从个案的舆论中贴近人民,倾听人民的呼声,以发展的眼光更准确地理解民意。习近平总书记指出"只要我们深深扎根人民、紧紧依靠人民,就可以获得无穷的力量"。只有以开放的态度吸收公众舆论,扩大人民的参与,激发人民的力量,才能从社会生活实践中探寻人民的期待,了解人民的诉求,获得人民对公正司法的支持和信赖。

当然,刑事司法吸收公众舆论,并不等同于要以公众舆论为审判依据,也不意味着审判应当被公众舆论所左右。单纯根据公众舆论办案,不严格依照法律,是对依法治国的根本否定。刑事司法吸收公众舆论,充分听取人民群众的意见,重点是给法院更多的参考样本,在个案中更准确地理解法律和民意,让人民群众在司法裁判中感受

---

〔1〕 参见孙万怀:《论民意在刑事司法中的解构》,载《中外法学》2011 年第 1 期。

〔2〕 习近平:《坚定不移走中国特色社会主义法治道路 为全面建设社会主义现代化国家提供有力法治保障》,载《求是》2021 年第 5 期。

到公平正义。

二、刑事司法与公众舆论良性互动呼吁司法审判制度的创新

随着社会主义法治不断进步,司法公信力逐年提高,刑事司法得到公众越来越多的认可。但在个别案件中,刑事司法与公众舆论仍然存在互动难题:公众希望更多地参与司法,但其容易受到舆论误导从而得出非理性结论;审判机关必须依法公正裁判,发挥法治引领作用,但也不能忽视公众的诉求。实现公众舆论与刑事司法的良性互动,有必要探索司法审判制度的创新,明确吸收公众舆论的合理方式和程序规则,建立甄别、采信、反馈公众舆论制度。

(一)刑事司法与公众舆论互动机制不够完善的表现

刑事司法具有明显的社会公平正义引导性,常常引发社会普遍关注,在信息化时代尤其明显。社会公众看待刑事司法代入感较强:假如自己是受害人,会考虑这一惩罚是否足够威慑犯罪分子,能否给自己带来安全感;假如自己是被追诉人,会考虑这项定罪量刑是否恰当。如昆山反杀案,防卫者在迫不得已时夺刀反击,导致侵害人死亡。社会公众看待这个案件时,会设想假如自己被人用刀砍杀,夺刀反击致人死亡,如果要受到刑事处罚,将把自己逼到要么受伤要么犯罪的两难境地,将带来极大的不安全感。

在传统刑事司法过程中,社会公众在宣判后广泛讨论,会出现一些可能影响司法公正的负面舆论。一方面,有的当事人或诉讼参与人有意通过负面舆论,引导公众形成倾向性意见,以营造对己方有利的公众舆情。另一方面,相对而言,负面舆论具有相对更强的传播力。与公众舆论期待结果一致的刑事裁判,能够符合人民群众的预期,传播力相对较弱。若裁判结果与公众舆论期待不一致,公众表达意见的动力更强,与裁判结果冲突越大的公众舆论将获得越高的传播力。

在司法负面舆论的环境中,社会公众与法院分别扮演不同的角色。社会公众希望具体的司法裁判能够维护其利益,反映其诉求;法院则力求实现司法公正,并努力让人民群众感受到公平正义。而一些舆论在真相不明的情况下提出倾向性结论,容易引发社会广泛关注,导致法院面临两难的局面:如果不接受舆论的倾向性结论,可能影响司法公信力;如果迁就舆论观点,可能影响司法公正。

(二)刑事司法与公众舆论互动的现有举措

刑事司法与公众舆论的互动难题已长期受到司法机关关注,实践中也做了积极探索,采取了一定措施加以解决。

第一,限制审前报道。有观点提出媒体报道只能在裁判作出之后进行,以缓解公众舆论对刑事司法裁判公正性的影响。[1] 限制审前报道一定程度上避免了非理性舆论对司法裁判的干扰,但其在自媒体时代执行起来较为困难,存在限制公民知情权和监督权之虞。即便做到了限制审前报道,刑事司法与公众舆论的互动难题仍然存在,等到裁判作出之后,不符合公众普遍预期的裁判结果同样将引发负面舆论。

第二,庭审直播。近年来,各级法院加大了庭审公开的力度,采取了直播庭审的方式,有效地促进了司法公正,对一些社会关注度极高的案件起到了显著效果。如于欢案中,一审判决后媒体夸张报道并炒作,引发了负面舆情,二审庭审时采取向社会直播的方式,让庭审变成了法治课,成功地化解了负面舆情。[2] 虽然直播庭审对缓解刑事司法与公众舆论紧张关系具有显著的效果,但其毕竟并不是针对缓解紧张关系而创建的制度。同时,由于庭审是专业的诉讼活动,时间长、专业门槛较高,普通公众较难通过庭审直播准确把握事实真相和法律精神。

第三,积极落实陪审员制度。陪审员制度一定程度上体现公众对司法裁判的感受和意见,但在具体案件裁判中,由于受个人知识结构、社会经验等各种因素的影响,陪审员对案件的具体意见与公众不完全一致,有关裁判结果未必都能得到公众的普遍认同。

第四,积极开展判后答疑。判后答疑是加强司法裁判与公众舆论互动的有效措施,消除了一些认识上的偏差。但判后答疑毕竟是事后行为,是在公众对裁判产生疑问的情况下开展的,存在一定滞后性,不利于公众对裁判的认可。如果在判后答疑中法院与社会公众发生明显分歧,可能需要通过二审、再审促进与公众的互动,而这一定程度上削弱了裁判的稳定性和公正性。

(三)刑事司法与公众舆论互动难题的破局

社会公众和司法机关追求司法公正的目标是一致的。之所以在个别案件中出现刑事司法与公众舆论互动难题,其根源在于社会公众与审判机关判断的事实依据不尽一致。社会公众掌握的事实较为碎片化,更多基于朴素正义观对案件作出评判,体系性思考不足,难免挂一漏万。而审判机关是在全面掌握案件事实、法律的基础上,结合专业经验作出的判断。由于两者判断的依据不同,其判断结果存在差异也在情

---

〔1〕 参见孙锐:《司法裁判考量社会舆论的正当性》,载《国家检察官学院学报》2012 年第 2 期。

〔2〕 参见胡云腾:《从规范法治到案例法治——论法治建设的路径选择》,载《法治现代化研究》2020 年第 5 期。

理之中。破局刑事司法与公众舆论的互动难题,需要建立一种机制,促进社会公众与审判机关在事实判断和法律适用基本取得一致认识的情况下,达成司法公正的共识,消除质疑的基础。

事实上,当社会公众与人民法院判断的依据相同时,公众舆论将对刑事司法产生正面效应。许霆案事实较为简单,因ATM机故障超额提款,是否能认定盗窃金融机构,社会公众判断所依据的事实与人民法院一致,公众将自己代入案情,认为该案的主观恶性较小,其基于朴素法观念作出的评价对刑事司法裁判起到了正向的作用,推动刑事裁判减轻处罚,作出了更符合人民群众期望的裁判。昆山反杀案中,事发视频在网络公开发布,公众得以掌握全面的案件事实,基于朴素的法治观念,假定自己在被持刀砍击时也会进行防卫,推动该案认定为正当防卫,防卫人不必承担刑事责任,该案公众舆论的参与不仅推动了刑事司法正当防卫的认定,也弘扬了见义勇为精神。可见,统一社会公众和审判机关判断的事实依据,是破局刑事司法与公众舆论紧张关系的关键,基于此构建判前征询制度就具有积极的意义。

本文研究的判前征询制度,旨在解决社会公众判断事实与庭审事实的一致性问题,着重在庭审结束后、裁判作出之前,将经庭审确认的案件事实依法向社会公布,倾听社会公众的看法。其对刑事司法与公众舆论互动难题的破局主要体现在两方面:一方面,向社会公众公布法院作出裁判依据的主要事实,统一法院与公众的判断基础,公众据此作出的判断具有参考价值。另一方面,听取公众对案件的意见后,审判机关可以在自由裁量权的幅度之内,依法作出最大限度体现人民群众期待的刑事裁判,从而维护刑事司法的权威性及公信力。对于不适宜吸收进入裁判的意见,也可以在判后针对性地作出解答和回应。

三、判前征询制度体现了我国刑事司法理念的历史逻辑

党的十八大以来,我国的刑事司法理念取得了新的发展,习近平法治思想将人民群众对司法公正的感受要求提升到一个新境界。判前征询制度符合我国刑事司法理念的发展逻辑,也是顺应我国刑事司法理论创新的现实要求。

(一)我国刑事司法理念的集体主义导向

刑事司法理念,是指司法活动追求的内心理想和实践目标。我国刑事司法理念具有以下特点:(1)时代性,刑事司法理念应体现时代要求,不同时代要求不同的刑事司法。(2)政治性,刑事司法理念应体现统治阶级的政治理想。(3)社会性,刑事司法理念应体现社会普遍的正义观,否则,将成为无源之水、无本之木。(4)实践性,刑

事司法理念贯穿整个刑事司法全过程,在司法实践中发挥普遍指导作用。

中国共产党领导下的刑事司法理念随着革命建设改革不同时期发展变化。新民主主义革命时期为革命性刑事司法理念,以严厉镇压反革命、镇压反动地主富农的破坏为主要任务。[1] 中华人民共和国成立后,为震慑性刑事司法理念,以巩固人民民主专政为主要任务。1979 年至 1996 年为运动性刑事司法理念,从重从快打击严重破坏经济和社会秩序的违法犯罪行为。1996 年至 2012 年突出人权保障刑事司法理念,加强对被追诉人的司法人权保障。进入新时代后,党中央提出"努力让人民群众在每一个司法案件中感受到公平正义""统筹法律效果、政治效果和社会效果""坚决防范冤假错案",并提出政法机关在新时代的四大职责任务,为新时代刑事司法理念的发展完善指明了方向。

刑事司法理念存在集体主义导向和个体主义导向的两种理论选择。集体主义导向,即坚持维护国家利益和社会利益为重,同时维护社会中的共同体利益和个体权益;个体主义导向,即坚持个人权利至上,忽视社会共同体利益要求。我国刑事司法理念应采取集体主义导向还是个体主义导向,是刑事司法理念新发展需要首先解决的问题。

西方法治思想认为政府具有天然的恶,应对政府进行防备和制约,并依此确立刑事司法个体主义导向,但随着时代的不断发展,个体主义为导向的刑事司法理念在实践中难以有效发挥作用,遇到的"瓶颈"越来越明显,也不符合中国的国情。对中国刑事司法理念而言,集体主义导向是我国历史上一贯延续下来的文化基因、代表刑事司法未来的发展方向,体现了以人民为中心的理念,是当前国情下的必然选择。[2] 第一,集体主义导向刑事司法理念是中国历史的文化基因。自秦始皇统一六国以来,我国就一直是中央集权国家,延续着大一统的集体主义观念,在法律统一适用过程中,形成了优先保护国家整体利益的共识,决定了中华法系一直坚持刑事司法集体主义理念,并对共同体利益优先保护。第二,集体主义导向有效凝聚中国人民的伟大力量。近代以来的历史证明,在中国共产党领导下,中国人民焕发了无穷的集体力量,赢得抗日战争、解放战争、抗美援朝的伟大胜利,并在社会主义建设、改革开放和抗洪救灾、抗击疫情等自然灾害斗争中,展现了全体人民团结一心的伟大力量,开创了我国历史性跨越发展的新篇章。这一中华民族伟大复兴为核心的集体主义导向,在新

---

〔1〕 参见马锡五:《新民主主义革命阶段中陕甘宁边区的人民司法工作》,载《法学研究》1955 年第 1 期。

〔2〕 参见马锡五:《新民土主义革命阶段中陕甘宁边区的人民司法工作》,载《法学研究》1955 年第 1 期。

时代更加需要坚持和发展。第三,集体主义导向是司法制度的根本属性。习近平总书记指出,保证宪法法律实施就是保证党和人民共同意志的实现。[1] 司法机关应坚定贯彻司法的人民性,严格执行国家宪法和法律,维护人民整体利益、维护社会公共利益,促进社会平稳有序健康发展。司法机关通过充分保护社会共同体利益,实现对公民、法人和其他组织合法权益的有效保护,以促进社会的全面发展、进步,这是我国集体主义导向刑事司法理念与西方个体主义导向刑事司法理念的分水岭。2004年我国《宪法》规定“国家尊重和保障人权”,是以人民为中心的人权理念在宪法中的生动诠释,其保障首要目标是人民的生存权和发展权,不仅包括社会共同体利益不受侵犯,也包括无罪的被追诉人不受法律追究。我国人民民主专政的国体决定,国家机关的根本宗旨是为人民服务,是保护人民的根本利益,不存在与人民利益对抗的前提。司法机关具有的政治属性和人民属性,决定了司法活动必然坚持集体主义导向的司法理念,并且在依法履职过程中主动接受包括人民代表大会在内的各方面监督,就是集体主义导向在实践中的生动体现。

(二)新时代刑事司法理念的新发展

新时代刑事司法理念必然坚持以人民为中心的发展思想,以维护人民合法利益为根本目标,评价标准是让人民群众在每一个司法案件中感受到公平正义。这一理念的新发展主要表现在以下几个方面:

第一,人民利益至上。刑事司法最主要的目的是维护人民合法利益,通过依法制裁违法犯罪行为维护国家安全、人民安全和社会安全,通过防范冤假错案确保无罪的人不受刑事追究,实现社会公平正义。

第二,严格司法。包括两个层面,从维护社会共同体利益角度,司法机关要严格依法履行职责,有案必立,有罪必究,严格执行法定程序,依法定罪量刑;从维护个体权益角度,司法机关要依法充分保障被告人诉讼权利,坚持证据裁判原则,坚决杜绝冤假错案,将每一个刑事案件办成铁案。

第三,感受性公正。刑事司法是社会治理最严厉的手段,受社会广泛关注,最能体现人们普遍的公平正义价值观念。因此,刑事司法必须具有公平正义的感受性,实践中必须综合体现国法、天理、人情的核心要求,体现社会主义核心价值观,以人民群众感受得到的方式实现司法裁判的公平正义。

---

[1] 参见习近平:《习近平谈治国理政》(第2卷),外文出版社2017年版,第116页。

（三）判前征询制度符合我国刑事司法理念的新要求

设立判前征询制度，是推进法治社会建设的重要一环，符合新时代刑事司法理念的新要求。

第一，判前征询制度符合司法人民性的要求。一方面，刑事司法必须体现为了人民、依靠人民、保护人民的根本属性。在裁判作出前征询人民群众的意见，有助于全面直接了解人民群众对刑事司法的期待，充分吸收人民群众的智慧。另一方面，判前征询制度符合人民民主的宪法精神。判前征询制度将社会公众的广泛诉求具体化、凝练化，审判机关可以通过这项制度更真切地获知社会公众的民主诉求，保护社会共同体中潜在的受害者不受非法侵害，保护潜在的被告人不受不公正待遇，增进社会和谐稳定。

第二，判前征询制度体现了民主集中制的诉讼原则。法院公布庭审认定的事实，向社会充分征求意见，社会公众广泛参与并发表意见，实现了集中指导下的民主；在全面掌握社会公众意见和诉求的基础上，由法院依法独立行使裁判权力、作出裁判，体现了民主基础上的集中。

第三，判前征询制度有助于严格司法。由于法官职业的封闭性和专业性，不一定能准确感受社会公众的意志和要求，[1]作出的裁判可能偏离社会共同的认知。而理性的公众舆论可以体现民众的德治智慧，克服机械化思维的法律中心主义。判前征询制度为理性公众舆论提供了一把钥匙。法院公布庭审认定的事实，可以作为统一公众判断所依据的事实，在同样的事实基础上，公众的意见可以帮助审判机关克服机械办案，作出更加公正的裁判。与公众意见的有序互动，还能提升司法人员的能力和素质，帮助其在更广的视野上、更大的知识结构范围中理解案情、体会法律精神，在更高层次上实现裁判的公正性。

第四，判前征询制度有助于实现感受性公正。审判机关可在裁判前真实感受社会公众对天理、国法和人情的意见和期许，从中提炼法治智慧、天理人情的核心因素，据此依法权衡定罪量刑的宽严幅度，实现国法与天理、人情的高度融合统一。

四、判前征询实现刑事司法与公众舆论有效互动的制度价值

判前征询制度是践行习近平法治思想，顺应信息化时代要求，回应社会大众呼声

---

〔1〕 有学者进一步指出，法官的职业化可能导致法官与日常生活经验脱节，产生冷漠感和麻痹感。参见吴啟铮：《网络时代的舆论与司法——以哈贝马斯的公共领域理论为视角》，载《环球法律评论》2011 年第 2 期。

的迫切需要。其不仅可以避免公众舆论对司法裁判的不利影响，缓解刑事司法和公众舆论之间的互动难题，还可以有效发挥公众舆论的正向作用，帮助审判机关以人民看得见、感受得到的方式正确实施法律，以更有效的司法公开促进公正司法，不断提升司法公信力。判前征询的制度价值主要包括：

（一）深化司法公开

刑事司法不是隐匿在阁楼中少数精英掌握的权力，应由全社会参与，在阳光下运行。司法公开是落实宪法法律原则、保障人民群众参与司法的重大举措，制度目的在于防止权力任性和司法腐败，消除人民群众对司法的误解，从而保障人民群众对司法的知情权、参与权、表达权和监督权。

人民群众对司法的参与权和表达权不限于裁判作出之后，也包括判前的参与和表达。当前，人民法院在判前保障人民群众参与权和表达权，主要采取实地听取意见的方式，有的实地走访听取当地群众意见；也有的召开座谈会听取人大代表、政协委员、社会各界代表和当地群众意见，这种方式虽能保障部分群众参与权和表达权，但也存在群众参与面不广、代表性不足、成本较高等问题，不便持续推广。

设立判前征询制度有利于社会公众主动关注司法案件，了解案情、参与案件讨论，也有助于审判机关了解社会公众不同的意见，做到兼听则明。此外，在互联网时代还可以大大降低人力、时间成本，培养公众主动参与社会治理及司法工作的主动性和自觉性。

（二）有效制约监督司法权力

在中央全面依法治国工作会议上，习近平总书记深刻指出，要“加强司法制约监督”，“健全社会公平正义法治保障制度”。[1] 判前征询制度是加强司法权力制约和监督的有效举措。

判前征询将人民群众对司法权力的监督前移，将判后监督与判前监督相结合。相对于判后监督，判前监督成本更低、效果更好，更容易在社会上达成司法共识，减少对司法公信的不良影响。建立判前征询制度，可以和判中监督、判后监督相互协调配合，内部监督和外部监督相衔接，形成完整的司法权力监督制约机制，实现监督制约全覆盖。

---

〔1〕 参见习近平：《坚定不移走中国特色社会主义法治道路 为全面建设社会主义现代化国家提供有力法治保障》，载《求是》2021 年第 5 期。

（三）有力提升司法公信力

司法公信力的基础在于司法裁判得到人民群众的支持和认可，让人民群众广泛参与到司法裁判工作中，有利于打破塔西佗陷阱，[1]有利于法院把握舆情防控的主动权，使法院改变被动应付司法负面舆情的局面，克服判后答疑的短板。

判前征询制度可以将负面舆论转为正面舆论，促进司法公信力提升。一方面，设立判前征询制度，预先听取社会公众的意见，能契合群众期望，凝聚社会共识，从而提升司法权威和公信力。另一方面，判前征询前提下，若裁判没有采纳社会公众的评价，也可较大程度避免减损司法公信力，更好实现司法裁判对社会价值观的引领。案件主要事实和相关法律向社会公布后，审判机关可以预先掌握社会公众关注的焦点和分歧，在裁判中作出理性合法的判断，并有针对性地解读裁判理由，提升判后答疑的有效性。当法院在裁判之前征询公众意见时，让公众感觉到其表达的意见得到了法院的倾听和充分考虑，受到了尊重，其将对法院的裁判持更加包容的态度。且审判机关可以在裁判理由和判后释法中对公众关注的焦点进行回应，有针对性地提升社会公众对裁判的接受度。

可见，建立判前征询制度，可以促进公众舆论和司法裁判的沟通交融，实现良性互动。在征询公众意见后，人民群众将会更加尊重和理解司法裁判。公众舆论对刑事案件的关注度越高，司法公信力也就越容易得到增强，公众基于对司法的信任，将在更大程度上信赖司法裁判结果，从而推动形成更加广泛、理性的公众舆论，更进一步强化司法公信力。

（四）提升司法的普法效果

习近平总书记指出，“法治的根基在人民。要加大全民普法工作力度，弘扬社会主义法治精神，增强全民法治观念”[2]。司法案例搭起了生活和法律之间的桥梁，在增强全社会法治观念方面扮演了重要的角色。判前征询制度将社会公众融入合乎法治案例的生成过程，将一个个社会关注案例转化为生动的法治公开课。一方面，判前征询可提升人民群众参与司法的广度和深度，激发公众参与案件讨论的兴趣。人民群众可以了解庭审认定的事实及法律规定，参与法律适用的讨论。在这个过程中，审

---

〔1〕 塔西佗陷阱，即当执政者的公信力受到严重损害时，其说真话、做好事也很难为人们所相信，很难取得应有的效果。参见严文斌主编：《百年大变局》，红旗出版社 2019 年版，第 202 页。

〔2〕 习近平：《推进全面依法治国，发挥法治在国家治理体系和治理能力现代化中的积极作用》，载《求是》2020 年第 22 期。

判机关可以进行积极引导，把公众关注的焦点统一到案件事实和法律规定上来，有力促进法律意识的增强，促进法治社会建设发展。另一方面，判前征询制度可提升全民参与法治社会建设的效果。在裁判前征询公众的意见，可以帮助审判机关全面了解公众的主流思想，了解公众在判断该案件中遇到的困惑或者误区，从而在裁判作出后，有针对性地为公众答疑解惑，增强社会公众法治意识。

（五）营造清朗理性的司法舆论环境

刑事司法过程中，社会对热点案件的讨论容易引发一些不理性的言论，甚至可能给司法公信力造成负面影响。判前征询制度加强了司法机关和社会公众的信息交流和观点碰撞，使法院的裁判意见建立在扎实的事实基础和准确的法律适用上，从源头上消除了恶意炒作的条件。

更重要的是，判前征询制度下形成的司法舆论中，法院不再是单独面临舆论冲击的一方，而是成为凝聚社会共识的主导者，在司法裁判中更容易得到人民群众的拥护和支持，为奠定人民法院司法公信力打下坚实基础。

也许有人会担心，判前征询制度的适用，可能引发更多的负面司法舆论。笔者认为这种担心是多余的。一方面，对于别有用心的舆论发起者而言，希望借助负面司法舆论形成有利于己方的社会共识，其发起负面舆论并不会因为判前征询而增多，反而会因为判前征询而减少。启动判前征询程序，意味着法院在裁判前公布庭审认定的事实，可以提前澄清误导社会公众的虚假事实或片面事实，消除恶意炒作的负面影响。在判前征询制度的引导下，舆论发起者发起负面舆论将面临更多顾虑，其发布未经庭审认定的案外事实，可能会在判前征询阶段受到法院澄清，从而招致公众的批评。可见判前征询制度不但不会引起逆向鼓励恶意炒作案件，反而能对此形成震慑。再者，对于利用发布信息扰乱社会秩序、攻击社会制度的违法犯罪行为，可以依法追究法律责任，为社会舆论场立规筑网，用法治规范社会舆论行为。另一方面，判前征询制度也有助于规范媒体报道及评论。法院可以发布庭审认定的事实，对于违规利用案件发布虚假信息、误导公众舆论的，依法依规予以处理。

五、判前征询制度的现实可行性

判前征询制度是社会主义新时代发展的产物，符合时代的要求。互联网刚刚兴起的21世纪初，互联网管理机制还不够健全，贸然推行判前征询制度可能会对司法公信力造成不利影响，甚至扩大西方司法独立观念的市场，影响政治安全。然而，在新时代下，判前征询制度的构建恰逢其时，符合时代发展的大趋势。

第一，坚持建设中国特色社会主义法治体系为判前征询提供了制度保障。判前征询制度是民主司法的制度安排，也是人民群众有序参与国家治理、参与司法审判的制度创新，需要完备的法治体系给予保障。当前，中国特色社会主义法律体系已经形成，预计到2025年，中国特色社会主义法治体系将初步形成，即形成完备的法律规范体系、高效的法治实施体系、严密的法治监督体系、有力的法治保障体系、完善的党内法规体系。在中国特色社会主义法治体系的框架下构建判前征询制度，可以保证这项制度不会走偏，既能充分保障人民的宪法权利，又能保障人民有序依法参与国家管理和司法活动。

第二，司法能力的整体提高为判前征询制度提供了思想定力。传统刑事司法过程中，回避、弱化公众舆论一定程度上是由于司法能力不强、司法自信不足，担心人民群众对司法的过多批评。近年来，人民法院全面深化司法责任制和司法体制综合配套改革，大力推进阳光司法，落实员额制改革，加强审判团队建设，司法质量、效率和公信力显著提升。2020年全国法院受理案件数已突破3000万件，其中刑事案件111万件，按照审判监督程序再审改判刑事案件1818件，仅占全部刑事案件的0.16%。随着人民法院司法能力水平的不断提升，人民群众对司法的信任进一步增强，人民法院也更有自信接受社会的讨论和批评，依靠人民群众的监督将案件办成铁案。

第三，媒体自律的强化为判前征询制度提供了网络舆论基础。随着网络治理的不断完善，网络上煽动性、虚假性言论得到有效遏制，网络暴力得到有效治理，判前征询制度在良好的网络舆论环境下可以实现更理想的制度效果。

第四，网民素质的提升为判前征询制度提供了群众基础。随着网络的发展和教育的普及，网民的素质和法治意识逐渐增强，网民独立思考和独立判断的能力更强，能对案件裁判提供更有价值的评论意见。

第五，判前征询制度并不会导致司法权威减损。我国司法的权威来源于人民的拥护，来源于法律尊严权威。司法裁判之所以有权威，在于司法裁判符合人民的期望和宪法、法律的精神。判前征询制度帮助审判机关在司法裁判中充分吸收人民群众意见，让司法裁判更符合人民的期望，更准确地体现人民群众的诉求，故其不仅不影响司法权威，反而能进一步强化司法权威。另外，判前征询的群众意见只是作为裁判参考，真正作出裁判仍然要严格依法办案，故该制度也不会影响法院依法独立行使职权。

可见，随着新时代的发展，以人民为中心，努力让人民群众在每一个司法案件中感受到公平正义，已经成为全社会的共识。在这样的时代环境下，推动人民群众的公众舆论和刑事司法良性互动成为时代发展的必然,而判前征询制度则是刑事司法吸纳民意的最好契合点。

六、判前征询的制度构想

判前征询制度,是指人民法院在庭审结束后、裁判宣告前,依照法律规定公布刑事案件主要事实和法律适用条文,公开听取社会公众意见的诉讼制度。判前征询是践行习近平法治思想,落实刑事司法融合国法、天理、人情的重要制度载体,体现了司法制度的人民性、专业性和程序性要求,对维护社会共同利益和个体权益,促进司法公正及公信力提升具有重要作用。

(一)制度目的

判前征询制度的设立目的是落实司法为了人民、依靠人民、保护人民根本属性的需要;是扩大司法民主的需要,让更多人民群众参与到司法工作中,增强更多的司法获得感,增强人民群众对司法工作的满意度;是进一步落实司法公开,消除司法神秘主义的需要,让司法公开更好成为司法公正的制度保证。

(二)制度原则

在坚持党的绝对领导,维护国家政治安全、社会大局稳定,确保法律效果的前提下,适用判前征询制度应当坚持以下原则:

主动适用原则。由人民法院主动适用,根据法律规定及案件的具体情况判断是否启动判前征询制度,以及以什么方式启动判前征询程序。

依法公开原则。判前征询需依法公开庭审认定的主要事实、法律依据。判前征询不得违反刑事诉讼法等相关规定发布涉及国家秘密、个人隐私的信息,也不宜公开与定罪量刑无关的事实。

客观真实原则。判前征询公开的事实必须是经庭审查明的事实。没有经过庭审查明的案件事实,不得公开。

理性表达原则。社会公众应将判断的基础限于法院公布的庭审事实,警惕案外事实的干扰,理性发表自己的观点。允许当事人及律师发表有利于己方的评论。但不得抨击、污名化他人,以减损他人名誉的手段寻求有利于己方的社会共识,更不得发布煽动性、误导性、仇恨性的案外事实和言论,防止对司法公正的负面影响。

依法裁判原则。审判机关应当在事实清楚、证据确实充分的基础上正确适用法律,在国家法律允许的自由裁量权范围内,充分分析研究社会公众对案件的不同意见,依法作出裁判,实现法律效果、政治效果和社会效果的有机统一。

（三）适用的条件

判前征询制度适用的主体是人民法院，主要适用于一审案件，特别情况下也可在二审、再审案件中适用。

判前征询的适用分两种情形：一种情形是按照法律规定应公开征询公众意见的，人民法院应当依法适用。如涉及重大案件、群体利益、公共利益、人民群众广泛关注、有社会较大影响、涉及环境保护、食品药品安全重大影响的刑事案件，应当适用判前征询制度。另一种情形是人民法院依职权启动判前征询程序。对于在审判实践中法院认为有必要、有利于达成社会共识的案件，也可以主动依职权公开征询。如人民法院在审理案件中，发现案件社会普遍关注，社会意见分歧明显，包括有关诉讼参与人分歧意见较大的，法院可以依职权决定。有关检察机关、被告人、律师根据法律的规定也有权向法院提出公开征询的意见，是否公开征询由法院依法决定。

有必要指出，适用判前征询时，不可公开被告人和有关诉讼参与人的姓名和个人信息，以保护其人格权和名誉权。

（四）征询的程序

判前征询是裁判公开前的最后一道程序，应在庭审结束、庭审事实确认后启动，这样有利于向社会公布权威的案件事实。

判前征询的方式宜尽量集中，保持统一的宣传口径，降低社会关注成本。可以省为单位，在各省（直辖市、自治区）高级法院指定的互联网平台上统一发布本省的判前征询信息，由具体裁判的法院申请，经高级法院审查后发布。承办法院负责意见收集、分析和研判，形成社会公众意见分析报告。

（五）有关立法建议

判前征询制度在刑事诉讼法中还没有体现，但可以作为司法公开原则的一项制度加以规定。在试点成熟的基础上，可在《刑事诉讼法》中增设关于判前征询制度的条文，作为第 11 条第 2 款，条文具体内容为："人民法院在审理重大案件时，可以依法实行判前征询，听取社会各界意见。"

最高人民法院可以在不断总结审判实践经验的基础上，适时发布关于适用判前征询制度的指导意见，促进该制度不断发展完善。

七、结语

民主司法对提升司法公正及公信力具有重要作用，充分体现了司法人民性的要求。判前征询是民主司法审判制度的有益探索，对提升刑事审判的社会认同、提升司法的公信力，具有积极意义。当然，判前征询制度还有待实践中不断探索和推广，在这个过程中，需注重培养社会法治意识，引导公众独立思考、理性发表意见，为司法裁判提供更全面的视角。同时，司法审判人员也要树立民主司法的观念，充分听取和吸收公众舆论，在个案中准确理解和回应民意。我们期待，经过不懈的探索创新，判前征询制度能广泛发挥效用，促进司法裁判与社会公众更好达成公正性共识，为民主司法积累更多宝贵经验。

从“结案了事”到“案结事了”：集中管辖背景下一次性实质解决行政争议的审视与路径

——基于A市两级法院审判实践的实证分析

廖少昆*

引言

2017年《行政诉讼法》将解决行政争议作为新增立法宗旨，《行政诉讼法》的定分止争功能备受关注。[1] 2018年5月1日，A市两级法院开始集中管辖A市、B市部分行政案件，为此A市两级法院展开了行政争议实质化解、力促行政案件服判息诉的积极探索。笔者通过将A市两级法院2018—2020年的实践情况与广西壮族自治区全区法院进行纵向比对，梳理其在实质解决行政争议方面作出的有益探索和尝试，剖析利弊，进而优化原有解纷机制，构建更加符合集中管辖规律的行政争议实质化解机制。

一、司法现状：行政争议的实质化解的实践情况

2018—2020年，A市两级法院集中管辖行政案件，在解决行政争议方面取得初步成效，但综观全局，实质解决行政争议效果仍不够理想。

---

* 廖少昆，南宁铁路运输中级法院党组书记、院长。

〔1〕 参见梁凤云：《新行政诉讼法讲义》，人民法院出版社2015年版，第5页。

（一）案件审理的情况

1. 案件受理数量持续上升，结案率较高

2018—2020 年，A 市两级法院共受理各类行政案件 3089 件，审结 3062 件，结案率 99.13%，排名全区第 2 位，高于全区法院 2.43 个百分点。其中，2018 年受理 503 件，审结 396 件，结案率 78.73%；2019 年受理 1258 件，审结 1242 件，同比增长 213.64%，结案率 98.73%，高于全区 7.79 个百分点；2020 年受理 1451 件，审结 1424 件，同比增长 14.65%，结案率 98.14%，高于全区 6.39 个百分点。以上情况说明，随着行政案件集中管辖，审判专业化优势开始凸显，案件得到公正快捷审理。同时，受理的案件数量进一步增加，使集中管辖法院行政审判面临较大压力，体现了加强诉源治理和诉讼中一次性化解行政争议的现实需要。（见图 1）

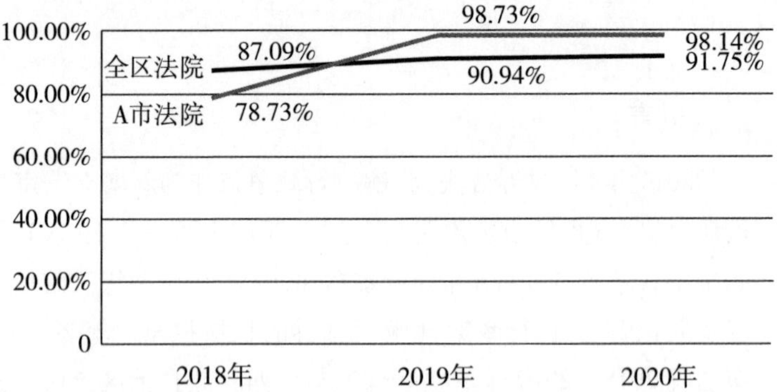

图 1　2018—2020 年行政案件结案率对比情况

2. 行政机关败诉率较高，呈现上升趋势

2018—2020 年，A 市法院行政案件一审结案 2217 件，判决 1227 件，占比 55.35%，判决行政机关败诉 445 件，全部结案中败诉率 20.07%，高于全区法院 5.31 个百分点，判决结案中败诉率 36.27%，高于全区法院 5.35 个百分点。其中，每年判决行政机关败诉案件分别为 40 件、174 件、231 件，全部结案中败诉率分别为 11.49%、18.97%、24.26%，分别高于全区法院 -2.76、6.21、7.69 个百分点。从 2018—2020 年行政机关败诉情况来看，A 市法院行政案件被告败诉率呈现上升趋势，高于全区法院平均水平，意味着行政案件集中管辖后，法院在监督行政机关依法行政和

排除地方不当干扰方面开始发挥出重要作用,集中管辖效果初步呈现。(见图2[1])

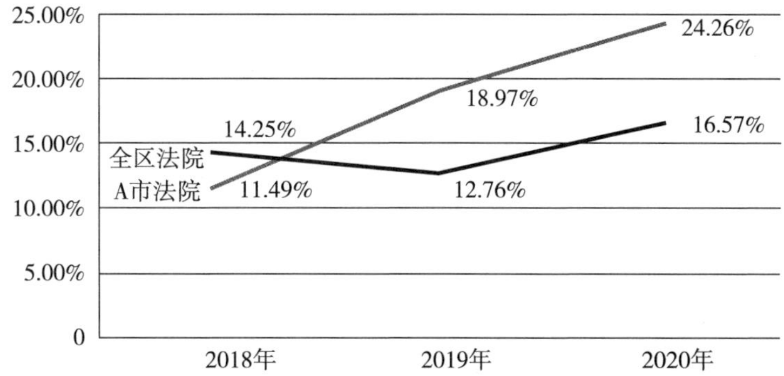

图 2　2018—2020 年一审行政机关败诉的基本情况

3. 协调化解率(调撤率)较低,但呈现稳中有升趋势

2018—2020 年,A 市两级法院共协调化解一审行政案件 267 件,调撤率 12.04%,低于全区法院 3.69 个百分点。其中,2018 年调撤率 10.92%,低于平均水平 6.44 个百分点;2019 年调撤率 10.47%,低于全区法院 5.09 个百分点;2020 年调撤率 13.98%,低于全区法院 0.8 个百分点。这反映出 A 市法院行政争议实质性解决的效果虽有所提升,但受限于异地集中管辖产生的行政争议化解机制不健全、案源地法院与管辖法院衔接配合机制不完善等因素,距离全区法院仍有较大距离。(见图3[2])

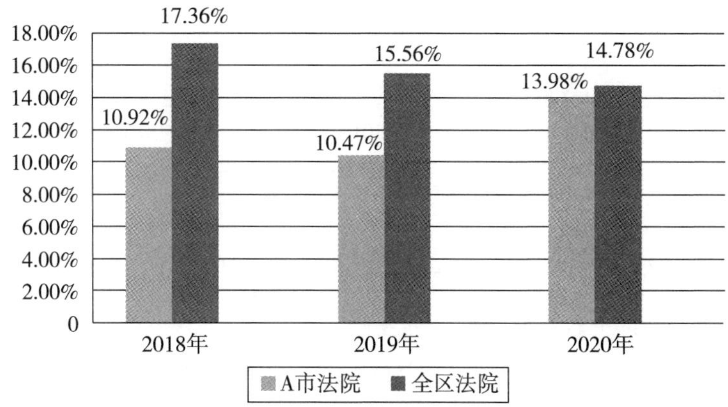

图 3　2018—2020 年一审行政案件协调化解的基本情况

---

[1] 一审行政机关败诉率统计方式有两种:一种是以全部结案总数来统计败诉率;另一种是以判决结案数来统计败诉率,此处采用第二种。

[2] 协调化解率 =(裁定准予撤诉案件数 + 按撤诉处理案件数 + 调解结案案件数)÷ 总结案数。

4. 程序性处理占比过大，实体案件占比偏低

程序性处理意味着行政案件未进入实体审理，亦反映了争议未得到真正解决。从全区情况来看，2018—2020年，全区法院共审结一审行政案件25,978件，实体判决12,356件，占比47.56%；程序性审理8727件[1]，占比33.59%，其中三年占比分别为38.91%、33.06%、30.46%，呈现逐年下降趋势，但总体占比仍较高。A市法院行政案件一审结案2217件，实体判决1227件，占比55.35%，程序性审理662件，占比29.86%，其中三年占比分别为36.49%、31.62%、25.74%，分别低于全区法院2.42、1.44、4.72个百分点，同时亦呈现逐年下降趋势。以上情况说明，2017年《行政诉讼法》实施后，随着立案登记制的实行、受案范围的扩大，大量非行政案件涌入法院，虽然一定程度上也存在滥用诉权和程序空转的现象，但由于集中管辖法院充分发挥行政审判资源专业优势，在引导当事人正确行使行政诉讼权利、合理行使诉权方面取得了初步成效。（见图4）

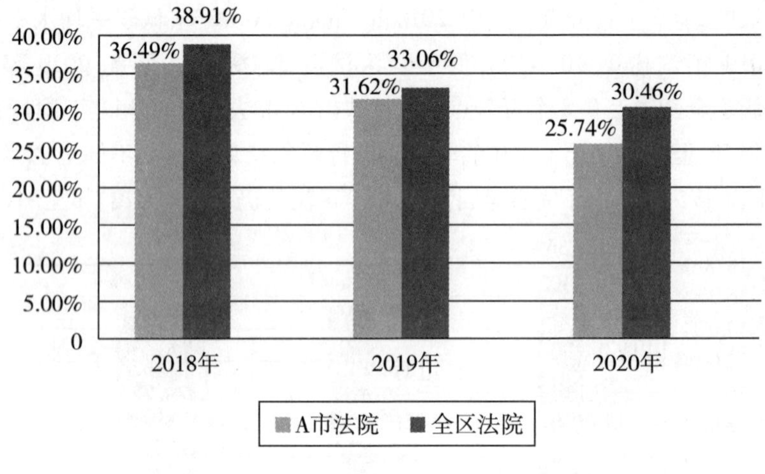

图4 2018—2020年一审行政案件程序性审理的占比情况

5. 行政案件上诉率较高而服判息诉较低

2018—2020年，全区法院审结一审行政案件25,978件，上诉12,425件，上诉率47.83%，远远高于同期民商事的13.26%和刑事的14.75%，其中每年上诉率分别为48.60%、48.60%、46.44%，总体趋势平稳。A市法院行政案件一审结案2217件，上诉1071件，上诉率48.31%，其中每年上诉率分别为21.55%、43.73%、62.50%，呈现

[1] 此处程序性审理案件数据仅包括驳回起诉、不予立案。

逐年上升趋势。以上情况说明,A 市法院 2018 年集中管辖行政案件后,行政案件上诉率较全区法院更高。一方面是因为 A 市法院受理的行政案件主要是以市级政府及其直属部门为被告的案件,案件类型单一、被告层级较高、矛盾纠纷较为尖锐,矛盾纠纷实质化解难度大,导致部分案件在一审审理中较难得到妥善解决;另一方面是因为 A 市法院自 2018 年 5 月 1 日才开始受理行政案件,当年收结案较少,故上诉案件较少,大量案件从 2019 年、2020 年审结后集中于 2020 年上诉。(见图 5)

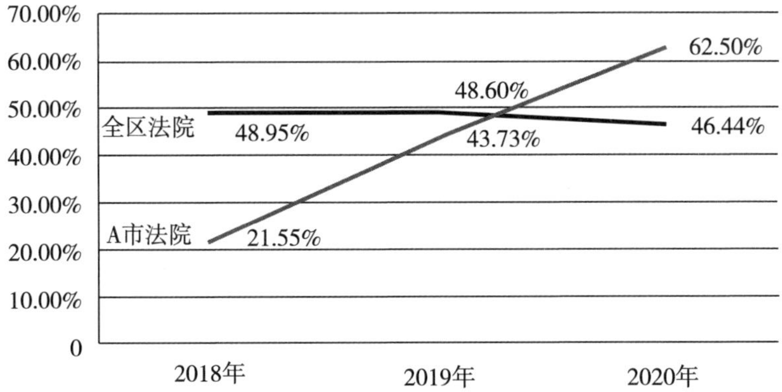

图 5　2018—2020 年一审行政案件上诉的基本情况

(二)A 市法院一次性解决行政争议的主要做法和成效

1. 司法职能前移,从源头减少行政争议

A 市法院受理行政案件以来,通过主动加强与行政机关沟通协调,注重延伸审判职能,与多个行政机关召开各种形式的交流座谈会;通过发布行政审判白皮书、发送司法建议、协助执法培训、参与地方性法规及地方政府规章论证等途径,引导和支持行政机关规范执法、自我纠错,助力行政机关提高执法质量,从源头上减少行政争议。

2. 加强府院联动,实现行政争议多元化解

A 市法院结合自身实际开展府院联动工作,通过府院联动,促进行政争议的预防、分流和化解。同时,A 市法院强化非诉讼化解和诉讼化解两个渠道共同作用。在加强和改进行政审判工作、强化诉讼化解功能的基础上,主动融入党委领导、政府负责、社会协同的诉源治理大格局,加强行政调解、人民调解、司法调解的沟通联动,促进行政争议多元化解解决。此外,A 市法院与 A 市司法局联合成立行政争议调解中心,其功能包括人民法院诉讼调解以及律师调解、专家调解在内的多种调解形式。

3. 立足跨区划管辖实际,提升审判质量

A市法院在实质解决行政争议中,注重发挥立案、审理、执行三个环节在解决行政争议的各自作用,同时又强调三者之间的协调配合,做到立案时考虑到审理,审理时考虑执行,使行政争议进入诉讼后,得到逐层过滤、全程化解。一是坚持加强释法说理,引导当事人合理发声、准确表达诉求。对于原告起诉的被告不适格、诉讼请求不明确、不属于法院受案范围的案件,都组织当事人进行释明工作,并引导当事人正确选择维权途径、放弃无理诉讼、准确提出诉讼请求。二是积极争取行政机关支持配合,实质化解行政争议。A市法院在办案中依靠当地党委领导,积极争取行政机关支持。三是助推行政机关负责人出庭应诉,实质化解行政争议。A市法院遵循理念先行、抓住关键少数,积极推动行政机关负责人出庭应诉,行政机关对出庭应诉工作重视度和应诉水平明显提升,“告官不见官”现象得以有效减少。

二、检视与剖析:行政案件集中管辖对行政争议实质性化解的影响

(一)外部影响

1. 行政争议实质解决衔接机制有待加强

行政案件集中管辖改革后,由于需要对协调化解资源进行重新分配,新的沟通化解渠道尚未搭建完善,导致矛盾不能及时解决。集中管辖法院与案源地法院沟通协调不畅,开展多元化解行政争议的力度明显不足,案源地法院作为化解主体存在“缺位”问题。此外,由于受诉调对接体系分离、争议属地、复议机关所在地与集中管辖法院分离等影响,原有的行政争议实质解决衔接机制被打破,使行政诉讼与非诉化解机制之间的联系减弱,可利用资源减少,因此亟须构建并完善集中管辖法院与案源地法院、行政机关之间的良性互动机制,进一步优化行政争议实质解决机制。[1]

2. 行政机关主动解决行政争议积极性有待提高

行政案件集中管辖后,一些机关主动化解意识不强,面对行政争议多发的领域、地区不积极采取化解措施,消极对待矛盾纠纷,导致矛盾加剧。有的行政机关负责人出庭应诉不够积极,促进行政争议化解的作用发挥不够充分。有的行政机关和法院在加强协调配合共同化解矛盾上不够及时有效。有的行政机关化解矛盾纠纷责任落实不到位,担心因签订调解协议没有法律依据而承担责任,调解过程走过场,不能实

---

〔1〕 参见龙飞:《多元化纠纷解决机制立法的定位于路径思考——以四个地方条例的比较为视角》,载《华东政法大学学报》2018年第3期。

质性解决问题。有的行政机关在行政行为被生效判决确认违法之后，仍不积极与当事人协商、沟通行政赔偿问题，导致当事人因长期无法得到适当赔偿或补偿而提起行政赔偿诉讼。[1]

3. 行政复议解纷功能尚需加强与完善

目前行政复议与行政诉讼案件数量相比仍相对较少，行政复议制度解决行政争议的功能未能发挥最大功效。一方面，部分复议机关对违法或不当的原行政行为没有及时纠正，导致程序空转，没有实质解决行政争议。另一方面，少数复议机关错误受理复议申请或者改变原行政行为，严重影响复议制度实质解决行政争议功能的发挥，甚至又导致了新的行政争议。因此，如能充分利用行政复议的行政与准司法的双重属性及在辖区内解决纠纷资源的天然优势，通过强化其解纷功能，发挥其“缓冲地带”和“减压阀”的作用，可在行政机关与行政相对人之间营造一种平衡，则非常有利于及时化解矛盾，亦为分流诉讼压力创造条件。

（二）内部影响

1. 案件大幅增加，异地化解难度加大

随着全国法院行政诉讼案件大幅上升，行政案件集中管辖后，因诉讼主客场的问题得以解决，当事人对行政审判的信任感和期待值的提升，集中管辖法院行政案件进一步增加、新类型案件不断涌现，行政审判压力进一步加大。[2] 如全区法院 2020 年一审行政案件受理 11, 761 件，较 2015 年的 5808 件，增幅达 102%。A 市法院一审行政案件从 2018 年的 452 件，激增至 2020 年的 976 件，上升 116%。以市政府和自治区政府为被告的案件从 2018 年 111 件大幅上升至 2020 年的 213 件，上升 92%。此外，行政案件集中管辖后，加上交叉管辖的制度设计，非集中管辖法院辖区内的当事人必须到异地进行诉讼，时间与诉讼成本明显增加。由于跨区域集中管辖带来的异地送达、异地调查取证、协调沟通、巡回审判等因素，亦会导致案件协调化解难度加大和法院办案成本的增加。[3]

---

〔1〕 参见刘艳云：《行政争议多元化纠纷解决机制的构建——以行政诉讼案件多元纠纷解决为视角》，载《社会科学》2018 年第 8 期。

〔2〕 参见郭修江：《行政诉讼集中管辖问题研究——〈关于开展行政案件相对集中管辖试点工作的通知〉的理解与实践》，载《法律适用》2014 年第 5 期。

〔3〕 参见严剑漪、黄诗原：《行政争议实质性解决，钥匙在哪里？——上海铁路运输法院行政集中管辖改革四个月纪实》，载《人民法院报》2016 年 12 月 8 日，第 5 版。

2. 司法审查偏向于形式化，制约行政争议实质化解

受限于行政诉讼法一直以来强调合法性审查原则，法院在审查行政行为时，往往只就法律要求进行合规则式的审理，容易导致司法审查偏向于形式化，严重制约了司法审查的力度，无法确保行政行为符合实质意义上的公正与合理。〔1〕一是容易忽略原告的诉讼请求、诉讼目的，对原告诉求关注不够，导致争议无法直接彻底解决。二是容易忽略行政行为合理性问题。行政诉讼法虽然规定了变更判决，但实践中作出变更判决的案例寥寥无几，对于一些严重不合理的问题，往往以合法性审查为由不予认定违法。三是导致行民交叉问题难以处理。由于行政争议与民事争议交叉案件的一同审理制度尚未健全，对相关民事争议不能有效处理，导致裁判后“行了民未了”，甚至“行民都未了”。上述问题在集中管辖法院更加明显，由于集中管辖法院对于民事争议没有管辖权，往往只能被动等待其他法院民事争议解决后才能处理行政争议，而此类案件协调起来难度非常大，需要通过共同的上级法院进行协调，将民事案件通过指定或者移送的方式移交给集中管辖法院后方能解决。〔2〕

3. 对行政争议实质化解重要性认识不够，担当意识不强

当前不管是行政机关、法院、法官都对实质解决行政争议的整体性、系统性、协同性认识不到位，缺乏实质解决行政争议的顶层设计、总体规划，“头痛医头脚痛医脚”，往往将实质解决行政争议局限于调解与协调和解，忽视行政争议的源头化解、非诉讼化解，忽视诉讼中的释明引导、精准裁判、释法说理、判后答疑等方式解决行政争议。此外，少数法官欠缺责任意识，不注重立案阶段的释明工作，导致一些不应立案的案件进入诉讼程序，造成司法资源的浪费；一些法官就案办案，没有发挥主观能动性，不注重对关联案件的一并处理，导致行政诉讼程序空转；部分法官不注重矛盾纠纷的实质化解，单纯强调结案了事，主观上有畏难情绪，认为协调化解工作费时费力且收效甚微。〔3〕

三、路径优化：进一步完善行政争议实质化解的对策与建议

行政案件数量大幅增加，给法院带来了极大的办案压力。随着法律对诉权保障力度加大，当事人对司法解纷的功能期待值进一步增强。跨区域集中管辖制度在排

---

〔1〕参见何海波：《行政诉讼法》（第 2 版），法律出版社 2016 年版，第 313 - 314 页。

〔2〕参见四川省成都市中级人民法院课题组：《探索诉源治理新路径　构建社会治理新格局——“诉源治理”与多元化纠纷解决机制研讨会综述》，载《人民法院报》2019 年 11 月 7 日，第 8 版。

〔3〕参见程琥：《行政案件跨行政区域集中管辖与行政审判体制改革》，载《法律适用》2016 年第 8 期。

除地方不当干扰、提升司法权威的同时，也使司法与行政的良性互动难以深入开展，在一定程度上给行政争议协调化解带来了新的挑战。为此，我们应立足跨区域管辖的实际，进一步完善行政争议实质化解机制，在现行法律框架内对当事人的实质争议作出回应。[1]

（一）对外措施：健全行政争议多元化解机制

1. 积极开展府院联动，构建跨区域府院良性互动机制

行政案件集中管辖后，法院要积极营造良好的解决行政争议外部环境。一是争取当地党委的大力支持，构建跨区域府院联动机制。行政案件跨区域集中管辖和行政争议实质化解均离不开地方党委的领导和支持。集中管辖前，法院审理本地行政案件，往往能够借助当地党委、人大、政府及社会各界力量，开展协调化解工作。集中管辖后，管辖法院与案源地党委和政府之间的协调沟通机制有待重新完善。[2] 二是加强法院之间的衔接配合，健全法院系统之间的沟通协助机制。通过加强上下级法院、管辖法院与案源地法院之间的联络互动，在行政争议实质解决过程中，对需要上级法院参与或牵头协调化解的行政争议，及时上报争取指导与帮助，由三级法院合力解决。对需要案源地法院配合的，应及时与案源地法院加强协助配合，形成上下联动、衔接紧密、配合良好的联络互动机制，通过联络协调、信息互动、资源共享，整合审判资源，形成化解合力。三是加强司法与行政良性互动，构建跨区域良性互动机制。首先，畅通沟通交流渠道。加强彼此之间的沟通协调，定期交流行政执法、行政复议、行政审判中的疑难复杂问题，合理促进行政纠纷的化解，对于涉及群体性、与民生相关的行政争议，要借助联络机制，最大限度地通过协调化解行政争议。其次，完善负责人出庭制度。坚持随案必发《行政机关负责人出庭应诉通知书》，定期发送出庭榜单，正反双向激励并举，促进行政机关负责人出庭应诉。行政机关负责人出庭应诉有利于增强行政机关依法行政的自动意识，亦有利于矛盾纠纷的解决。通过督促行政机关负责人出庭应诉，进而促进行政机关在行政执法中规范化，有利于从源头上解决行政纠纷的发生。最后，建立信息共享机制。法院应就审判中发现的突出或普遍性问题，及时向行政机关交流通报并建言献策，畅通与行政机关的互动渠道，为行政机关提高依法行政水平提供司法指导。此外，要注重依托互联网技术，打通信息壁垒，

---

〔1〕 参见侯丹华：《“解决行政争议”背景下的诉前调解问题探讨》，载《法律适用》2017年第23期。

〔2〕 参见江必新：《从跨区划管辖到跨区划法院——兼论新型诉讼格局之构建》，载《人民司法（应用）》2017年第31期。

建立“大数据”信息共享平台，积极探索“大数据”在行政执法、行政复议工作中的深度应用，提升行政管理效能和科学决策水平。[1]

2. 强化行政复议解纷功能，发挥复议解纷主渠道作用

行政复议具有纠正行政机关错误行为和保护当事人的合法权益的功能，是一种非常重要的行政救济途径。同时，强化复议解纷功能，能够有效加强行政机关层级监督，提高行政效率。通过完善行政复议制度，提高行政复议实质效果，能充分发挥复议解决纠纷的主渠道作用。但从当前的效果来看，复议制度解决行政纠纷的功能尚未发挥应有功效。因此，为充分发挥复议解决纠纷的重要作用，复议机关在案件审理中应坚持同时对行政行为的合法性与合理性进行全面审查的原则，既要对被申请人作出行政行为的程序是否合法、法律法规适用是否正确进行评价，还要对被申请人作出行政行为的依据是否充分进行评价。此外，还要通过不断提高复议机关能力水平，加大复议程序中的纠错力度，切实维护申请人的合法权益，从而实现行政争议的实质化解。[2]

（二）对内措施：充分挖掘行政审判潜力，贯彻实质化解理念

行政案件集中管辖后，减少了地方行政干预，司法公信力提升，法院应充分运用该优势，从行政审判内部着手，多措并举推进行政争议实质化解。

1. 深化实质解决行政争议重要性的认识，增强责任感

从政治上讲，实质解决行政争议是坚持以人民为中心，回应人民群众合法合理诉求，保护人民群众合法权益，践行忠诚为民担当品质的具体表现。从法律上讲，实质解决行政争议亦是贯彻行政诉讼法的立法宗旨、严格适用解决行政争议相关具体法律规定的必然要求。从现实上讲，一次性实质解决行政争议是解决当前行政审判中衍生案件多、程序空转、案结事未了，以及上诉率高、申诉率高、服判息诉率低等突出问题的根本出路。[3]

2. 树立综合治理、全程化解理念

实质解决行政争议是一项具有系统性的和整体性的社会治理工程，单靠行政审判庭、人民法院单打独斗是不够的：要加强府院联动，支持配合行政机关提高执法质

---

[1] 参见王万华：《行政复议法的修改与完善——以“实质性解决行政争议”为视角》，载《法学研究》2019年第5期。

[2] 参见梁凤云：《行政复议机关作共同被告问题研究——基于立法和司法的考量》，载《中国政法大学学报》2016年第6期。

[3] 参见胡军辉：《多元化纠纷解决机制改革探索与未来展望》，载《中国审判》2017年第11期。

量，支持配合复议机关发挥复议化解行政争议功能，预防和分流行政争议；要加强多元解纷，充分发挥非诉讼渠道分流、解决行政争议的作用；要加强法院内部的"立审执"协调配合，逐层分流，实质化解行政争议。[1] 此外，要加强释明引导，解决诉讼请求不明确、不具体，不能解决实际问题，多列、错列、漏列被告等问题；要加强事实查明，尽量避免因事实不清而判决责令行政机关重作或裁定发回重审；要加强调解、协调和解，列入调解范围的案件都要组织调解，不列入调解范围的案件要尽量开展协调和解，实行全程调解，切实提高成功率；要加强裁判的精准性，充分运用变更判决、规范性文件审查、一并审理民事争议等途径，提高裁判的精准性、确定性，防止空判漏判；要做好释法说理、判后答疑、司法救助，努力实现"案结事了人和"。[2]

3. 优化行政审判的工作机制

积极探索行政案件繁简分流，注重行政争议实质化解，实现案件审判效率与质量并重。行政案件集中管辖后，一定程度上出现了"人案矛盾"、案件结构失衡等突出问题，要在遵守法律及司法解释和保护当事人正当权益的前提下，开展诉前、诉中、诉后各环节适当简化，能简则简，当繁则繁，留出更多时间解决疑难案件和化解行政争议，通过撰写和发布典型案例，做到"审理一案，规范一片"的效果，从源头上实现诉源治理。同时，要准确理解适用"在行政案件中一并解决民事争议"的相关规定，针对当事人提起的民事争议，通过并案审理的方式，"一揽子"解决相关联的行政、民事争议。着力解决行政诉讼附带行政赔偿问题，不要人为将二者分割开来。审理涉及责令重作或者继续履行的案件，要在司法权限范围内尽可能具体明确，判项要具有可操作性，以便于生效判决的执行。[3]

（三）创新措施：加强调解，构建行政争议调解中心

在行政诉讼中，成立诉行政争议调解中心，有利于更好、更便捷地解决纠纷。该中心主要运行模式是：一是尊重当事人程序选择权，拓展诉前调解案件范围。虽然行政案件强调有限调解原则，但绝大部分行政行为均存在裁量空间，进而具有协调化解的可能性。故在行政案件立案前，让当事人填写《接受调解意愿征询表》，同意则进入诉前调解程序，反之则进入诉讼程序，杜绝"强迫调解""变相不立案"。二是突出专

---

〔1〕 参见程琥：《在法治轨道上推进行政争议多元化解决》，载《中国法律评论》2015 年第 2 期。

〔2〕 参见江必新：《大力推进行政审判体系和审判能力现代化》，载《人民司法（应用）》2017 年第 16 期。

〔3〕 参见章志远：《论我国行政法学研究的转型：基于新〈行政诉讼法〉的视角》，载《山东大学学报（哲学社会科学版）》2016 年第 5 期。

业优势,组建多元化调解员队伍。通过与司法局、律协、法学院校、人民调解组织等开展广泛合作,组建一支具有行政专业知识背景,覆盖退休法官、公务员、在职律师、法学教授、行业协会调解员的特邀调解员队伍,引入社会力量参与行政纠纷化解。三是督促被告举证,健全诉调衔接机制。针对诉前调解阶段难以通过证据开示查明事实、分清是非的问题,可在通知被告、第三人来参加调解谈话时,告知其同时提交相关证据,谈话过程也是证据交换、查明事实过程。若调解不成,则做好固定诉请、证据、无争议事实,以及告知调解未成功原因和移交立案等“三固定”和“两告知”工作。四是发挥行政机关负责人在协调化解中的作用。行政机关负责人在解决行政争议中往往起到“关键少数”的作用,通过邀请其参与协调化解,能够搭建平等的对话平台,直面当事人诉求,充分利用行政资源解决纠纷。在诉调阶段,如负责人参与有利于案件实质解决的,可建议负责人参与调解谈话,并将此案计入负责人出庭案件,对于调解效果好、参与率较高的行政机关,向同级人大、党委政府、上级主管部门等发送情况通报,予以鼓励。五是以信息化为载体,探索诉前调解“互联网 + ”模式。加强“智慧法院”建设,丰富行政争议多元化解手段,借助云调解等信息平台,实现异地当事人与特邀调解员的视频连线、诉前调解和司法确认,让当事人足不出户就能便捷高效、彻底地解决纠纷。〔1〕

四、结语

完善行政争议实质化解机制的首要目标是实现定分止争。行政争议实质化解体现了“案结事了人和”的思想,是“枫桥经验”在行政审判领域的最新发展,是具有中国特色的司法理念,是必须要长期坚持并不断发展完善的理论创新、制度创造。在这方面 A 市法院有经验优势但也有不足之处,希望本文对 A 市法院实践情况分析研究后形成的成果,能为相关决策机构提供有益参考。

〔1〕 参见郭修江:《行政诉讼实质化解行政争议的路径和方式》,载《人民司法》2020 年第 31 期。

获奖论文

刑事裁判公众认同的影响性因素探析*

——基于80件公众强烈关注案件的实证研究

陈　影　黄承万　刘茂盛**

自20世纪70年代末期我国恢复重建现代司法制度至今，持续数轮司法改革，审判方式改革逐步推进，法官素质明显提高，特别是党的十八大以来，人民法院坚持正确改革方向，司法体制改革攻坚克难，人权司法保障水平不断提高，实现司法公正的能力和水平不断增强，司法公信力不断提升。人民群众对法院工作总体是满意的，但同样不容忽视的是，当下确有部分案件的司法裁判没有得到人民群众的普遍认同。特别是近几年来，随着网络信息技术、新传媒的快速兴起，刑事案件中存在的问题很容易通过新媒体不断被放大，引起公众的强烈关注后进而形成强大的舆论声势，对刑事审判产生巨大压力，甚至影响刑事裁判。影响裁判认同的要素有哪些，如何提升刑事裁判的公众认同？这些问题不仅涉及社会公众与司法裁判的关系，更是人民法院司法能力、法治水平的集中体现，对于全面提升司法公信力、推进法治建设意义重大。基于此，为充分了解当前刑事裁判公众认同的现状、特点及原因，提出有针对性、科学

* 本课题为2019年最高人民法院司法研究课题部分阶段性成果。

** 陈影，广西壮族自治区高级人民法院研究室主任、三级高级法官；黄承万，广西壮族自治区高级人民法院研究室法官助理；刘茂盛，广西壮族自治区高级人民法院刑二庭四级高级法官。

性和可操作性的对策建议，本文主要采取案例分析、调查问卷、模拟实验等实证分析方法，抽取近年来公众高度关注的典型案例，深入分析公众认同与刑事审判的动态联系，从中验证影响公众认同的因素，为构建刑事裁判公众认同机制提供实证参考。

一、刑事裁判公众认同的理论梳理和概念厘定

公众认同是一种社会集体意识，公众认可度的高低与刑事审判的正当性相关，进而在深层次与现代法治国家根基、国民意识，与安全感、幸福感、自由平等公正法治等基本理念价值均紧密相连。正如学者所指出的："刑法认同，是指公民对犯罪与刑罚之间必然的、适当的对应关系的确信，以及对依刑法而作出的解决社会冲突的结论的服从和尊重。"〔1〕刑事裁判公众认同是指刑事裁判及其过程获得了公众普遍的共同认可、服从和尊重，公众对裁判是否信赖和服从包括对裁判过程及裁判结果的认同。

其中，"公众"的概念参照刑事法律中有关"公众"的解释。"公众"在我国《刑法》中出现 6 次，分别是在违规披露、不披露重要信息罪，非法吸收公众存款罪，违法运用资金罪和侵犯商业秘密罪 4 个罪名中。其中非法吸收公众存款相关解释规范，明确将"公众"定义为不特定人群，其"不特定"说明人员的延散性、不可控性和波及范围的广泛性，是把握公众含义的重要向度。本文赞同"公众"概念中的"不特定"性，以及与案件事实无直接关系性。因此，本文中的公众认同是指与案件事实无利害关联的社会上不特定人群对刑事裁判的认可和接受。

"公众认同"与"民意"紧密相关，但又是有根本区别的两个概念。学界中有民意〔2〕、集体意识〔3〕、公众意见〔4〕、涉诉舆论〔5〕、公众判意〔6〕等说法。本文认为，如果公众的意见或观点中形成了一个占主导地位的意见，那它便是我们通常意义上所说的民意，换言之，如果公众对某一个案件的判决有一致的或者主导型的赞同、认可、服从，那么就可视为公众对判决的认同。所以，"公众认同"是"公众意见"的子概念，公众意见可以是统一的，也可以是争议不一的，还可以是多元的。本文在同等意

---

〔1〕 周光权：《公众认同、诱导观念与确立忠诚——现代法治国家刑法基础观念的批判性重塑》，载《法学研究》1998 年第 3 期。

〔2〕 参见孙笑侠：《公案的民意、主题与信息对称》，载《中国法学》2010 年第 3 期。

〔3〕 参见[法]涂尔干：《社会分工论》，渠东译，生活·读书·新知三联书店 2000 年版，第 43 页。

〔4〕 参见陈林林：《公众意见影响法官决策的理论和实验分析》，载《法学研究》2018 年第 1 期。

〔5〕 参见周安平：《涉诉舆论的面相与本相：十大经典案例分析》，载《中国法学》2013 年第 1 期。

〔6〕 参见顾培东：《公众判意的法理解析——对许霆案的延伸思考》，载《中国法学》2008 年第 4 期。

义上使用社会舆论、公众判意、公众意见等概念。而公众认同相对于公众意见和社会舆论更多的是一种态度,公众对法院判决之后的一种态度,其存在时间上的差异。如果公众关注的案件判决结果与公众意见是一致的,我们认为这个案件是得到公众认同的。

需要注意的是,公众意见中包含着不理性的成分,例如,公众依据自身的朴素正义观对法律专业知识作出评判本身就有不理性的成分,这也很容易导致公众的意见与裁判结果不一致甚至相互背离。如许霆案,有的公众对盗窃罪的刑法规定不了解而认为许某无罪。再者,公众意见是由社会个体组成的观念集合,但个体不可避免地存在前见乃至偏见,比如,通过影视作品塑造传递的对司法机关认知、生活经历中个案亲历遭遇对司法机关具有不信任感。此外,还有公众的从众心理、网络发表意见恣意性等。这些都是公众认同研究中特别是在选取样本、分析论证时需要加以甄别的。

二、案例分析:近十年公众强烈关注案件的基本情况

公众意见是否会对刑事裁判产生影响,会产生什么样的影响,刑事裁判公众认同存在什么样的问题?这是许多人深切关注的问题。有学者认为,公众认同并未影响刑事裁判,司法判决基本上仍遵循"以事实为根据,以法律为准绳"的要求。[1] 有法官认为,在公众诉求面前,司法者面临坚守抑或迎合的抉择,而选择"坚守"往往以失败告终。[2] 还有学者通过分析经典案件中判决对涉诉舆论的顺从情况,提出判决顺从舆论是"对法官自由裁量权的根本否定",不少案件的法官因判决被质疑、被改判而受到处理或处罚,这样的际遇也着实让人产生法官处境艰难的忧虑。[3] 公众到底在多大程度上影响刑事裁判,公众意见是否已经达到影响刑事审判权独立行使的程度?对于这些问题的解答都需要立足于个案的研究。

为更加全面、更具代表性地研究公众关注的焦点案件,本文从《人民法院报》《南方周末》《法治日报》等媒体年度案例,以及国内主要的门户网站新浪、腾讯、网易、搜狐、凤凰网中筛选出了大量2018年以前的公众舆论高度关注的案件,经过二次筛选、研究热点比对,最终筛选出80件案件。

---

〔1〕 参见刘雁鹏、冯玉军:《对"通过重塑司法权威化解民意审判"之批判》,载《法学评论》2014年第4期。

〔2〕 参见饶辉华:《10年100件公众关注刑事案件的普遍性问题探究》,载《法律适用》2013年第1期。

〔3〕 参见周安平:《涉诉舆论的面相与本相:十大经典案例分析》,载《中国法学》2013年第1期。

(一)案件的类型

从公众关注的焦点来看,这80件案件主要分为以下四类:

1. 主体身份特殊案件。具有主体身份差异的案件历来是公众关注的焦点案件,这类案件或是因为被告身份特殊,如官员犯罪;或是被告与被害人之间身份地位、贫富、强弱的反差,如邓某娇案、李某铭校园撞人案;还有摔婴的民警、打死小贩的城管、标榜廉洁的受贿官员、带女生开房的小学校长……这样的案件发生时,这些对比关系便以一种具有强烈刺激性的样态展现在公众的眼前,引起公众强烈关注的关键点便是对公权侵犯私权的抗议。对于这种反差,公众意见"仇官""仇富""护弱"的倾向较为突出,体现为一种"强者侵犯弱者罪不可赦,弱者侵犯强者情有可原"的评判取向。如杭州胡某案,由于被告人的"富二代"身份以及被误导为与高层领导干部有亲戚关系,民众强烈要求严惩。被告人与被害人双方身份极大的差异使案件获得了轰动性关注,在公众的想象中,金钱、身份、权力之间的关系往往是分不开的,而三者结合必然影响司法公正。

2. 触碰社会道德伦理底线案件。这类案件由于手段、情节、结果恶劣,突破和践踏社会道德底线而引起公愤,比如被告崔某杰、宋某宁对安顺市一名出身寒微的高中女生进行两次抢劫、两次轮奸,并以沉水和乱石捶砸两种方式残暴地杀死被害人,随后弃尸于水库;再如习水官员"嫖幼"案、大学教授聚众淫乱案等。

3. 引发悲悯感情的社会民生案件。如因征地拆迁、医疗纠纷、食品安全引起的刑事案件,这类案件的主要特点通常就是民生民权保护和公共利益维护。另外,还有些案件是两种或者多种类型交织,或者案情牵涉面广引起公众强烈关注。如于某案中,既有征地拆迁的社会问题,也有强者对弱者的暴力威胁,也有暴力拆迁人员触碰社会伦理道德侮辱于母的情节。

4. 国法与情理两难案件。当制定法与常理常情特别是社会一般人的朴素公平观念发生碰撞乃至冲突时,不认同的问题便接踵而来,甚至不少本身就是法律适用存在争议的案件,即刑事案件的法律相关事实,以及审判权运行过程中事实认定、法律认定问题,行为人罪与非罪、此罪与彼罪的认定存在巨大争议的案件。当法院判决与公众评价不一致时,就比较容易引发争议。如受舆论高度关注的正当防卫问题,在昆山于某明案、邓某娇案、苏州范某根反抗强拆防卫过当伤害致死案中均有体现。当事人主张正当防卫往往能获得公众意见一边倒的支持,法院判决无论是顺应还是排除民意,都会在判决后引发新一轮的讨论。而另一类"复仇"性的案件,如张扣扣案,司法判决之外,通常还引起媒体与公众探讨犯罪的深层根源问题,如农村宗族势力、小民尊严等。还有涉及刑事案件量刑的幅度、犯罪数额的认定等案件。例如赵某华涉枪案,公众很难将“六旬老太”、“公园摆摊”与“非法持有枪支”联系在一起。类似案件还有深圳鹦鹉案、大学生“掏鸟窝”获刑案等。被告人是否明知的问题,随着案件信息的披露,还会出现舆论的反转。在民意的角力场中,当事人、律师越来越多地利用舆论,也同样需要引起注意。例如,大学生“掏鸟窝”案中,媒体将案件事实描述成大学生闫某天在“邻居家门口”“用梯子攀爬”掏了鸟窝。“大学生”在民众眼中,天然代表着单纯、涉世未深,“掏鸟窝”是一个带有淳朴乡土气息的无害词语,与之相对的,却是“被判十年半”这样的苛罚,强烈的对比让公众不免质疑法院判决是否有悖常理。然而在了解“鸟”实为国家二级保护动物“燕隼”且被告人明知是燕隼仍出售牟利后,公众态度出现逆转。法律专业认定与公众常识的差距的存在,也考验着司法者的论理智慧。

(二)公众关注与刑事裁判关注的差异

从前文分析来看,不同类型的案件,公众关注的内容也不同,对刑事裁判的影响也不尽相同。通过将刑事案件中的公众关注与司法关注的内容进行比较,可以发现,大多数时候,公众关注的内容与司法关注的内容并不在一个层面上。司法关注的内容通常是刑事裁判所需要解决的问题,解答这些问题需要遵循相关的法律规定,即司法关注的是如何通过现有立法去解决具体个案中的法律问题;公众关注的问题则大多是社会问题。社会公众对刑事案件的关注点与职业法官的关注点存在明显偏离。(见表1)

表1　刑事个案中公众与司法机关关注点的差异

序号	案名	公众关注	司法关注
1	药家鑫案	1. 加害人药家鑫是“富二代”“军二代”的身份 2. 受害人张某是在外打工的农村妇女 3. “怕撞到农村的人,特别难缠”的言论 4. 药家鑫连捅张某八刀,致其死亡	1. 能否认定自首情况 2. 是否属于激情杀人 3. 是否可以依据自首及激情杀人对药家鑫从轻、减轻处罚
2	“我爸是李刚”案	1. 被告人父亲李刚是公安局副局长 2. 被告人是“官二代”,受害人是普通学生 3. 被告人案发后仍态度嚣张	1. 构成交通肇事罪还是以危险方法危害公共安全罪 2. 校内道路是不是公共道路

续表

序号	案名	公众关注	司法关注
3	天价过路费案	1. 被告人的身份是农民工 2. 受害人是有官方背景的庞大利益集团，拦路收费获取暴利引起公愤 3. 司机职业艰辛，本案被告人获利远低于法院认定的偷逃费	1. 是否构成诈骗罪 2. 偷逃费用如何计算
4	某校长带女生开房案	1. 被告人是校长和公职人员 2. 受害人是小学生 3. 教师师德沦丧、未成年人保护机制不完善	1. 是否构成嫖宿幼女罪 2. 嫖宿幼女罪与强奸罪的区别
5	李某某轮奸案	1. 李某某是“星二代”，是骄横跋扈的纨绔子弟 2. “轮流发生性关系” 3. 李某某无悔改之意，并可能因特权逃过应有惩罚	1. 是否构成强奸罪 2. 是否构成“二人以上轮奸” 3. 未成年人犯罪惩戒与隐私保护

（三）刑事裁判结果与公众意见的比较分析

通过对 80 件案件的裁判结果与同期的公众意见（主要是通过各种媒体和渠道“发声”群体言论）进行对比，我们将公众对案件的意见与刑事裁判结果的关系分为四类：一是刑事裁判结果与公众意见一致，即公众认同刑事裁判结果；二是公众意见与刑事裁判结果不一致，即公众意见不认同的；三是没有进入审判阶段的案件；四是公众意见内部还存在分歧的案件。由于实践中公众不会对刑事裁判提出很细致的具体要求，绝大多数只是对量刑提出轻或重，以及对定罪的有无表达意见，因此这里的“一致”只是意见倾向上的一致，并不是具体的。如果说刑事裁判的结果与公众的意见是一致的，那么我们就可以说公众对此次裁判是认同的。此外，公众不认同的一类又可以进一步划分为：刑事裁判二审或者再审发生改判的，以及二审、再审维持原判的。当然，有的案件在案发时就引起公众强烈关注，那时公众的倾向性意见就已经形成了，而有的个案是在一审判决结果出来后，通过媒体报道而引起强烈关注，还有的是在二审、再审阶段，公众意见与裁判结果关系的比对就需要视阶段不同而作出不同的考察。

1. 刑事裁判结果与公众意见一致的案件。这里的一致，既包含公众的认同，也包含裁判结果出来后没有引起公众强烈质疑，可视为“默许的一致”，这部分案件大部分为那些重大的贪腐案件，对于官员贪腐案件我们默认为公众意见为从重处罚。这里没有使用“认同”一词，首先是考虑到还有很多“默认一致”的情形，另外有些案件的公众意见中也有争议，只是其中一种意见占据了主流，不能完全认定为认同，故使用“一致”一词。刑事裁判结果与公众意见一致的案件占61.25%（49件），但其中有24件是以贪腐案件、特大事故案件为主的大要案，这类案件因社会共识基础深厚而取得了良好的社会效果，可视为“默认一致”。另外，有25件是明确一致的。之所以称为明确一致，是因为公众在判决之前表达过明确的意见，且判决后裁判结果与公众意见是一致的，如邓某娇案、廖某“刻章救妻”案、药家鑫案、李某铭校园撞人案。

2. 刑事裁判结果与公众意见不一致的案件。这类即公众不认同的案件，共有22件，占27.5%。主要分为一审判决后公众强烈不认同的、冤假错案而被推定不认同的。其中，有的案件是经公众意见质疑后，第二阶段进行了改判的案件，如许霆案、临时性强奸案、李某奎案、天价过路费案。另外，还有一些案件在公众质疑后也没发生改判的。如官员“嫖幼”案、大学生掏鸟案、贾某龙故意杀人案。（见表2）

表2　公众不认同刑事裁判结果的案件（22件）

年份（年）	案名	一审（个别是二审）	公众意见（判后）	二审或再审	关注焦点
2006	许霆案	无期徒刑	应该轻判	有期徒刑5年	法律规定与公众朴素正义观念不一致
2009	官员“嫖幼”案	有期徒刑14年	应该重判	维持原判	幼女权益
2009	临时性强奸案	有期徒刑3年	应该重判	有期徒刑11年	幼女权益
2009	李昌奎案	一审死刑，二审改判死缓	应该判死刑	改判死刑	手段残忍
2009	杭州飙车案	有期徒刑3年	应该重判	检察院没有抗诉，没有二审	“富二代”；质疑司法不公
2010	赵作海案	死缓	关注案情	无罪	冤假错案
2011	河南“天价过路费案”重审	无期徒刑	轻判	有期徒刑两年半	法律规定与公众朴素正义观念不一致
2013	浙江张氏叔侄案	死刑及无期徒刑	轻判	（10年后改判）无罪	冤假错案

续表

年份（年）	案名	一审（个别是二审）	公众意见（判后）	二审或再审	关注焦点
2014	呼格吉勒图案	死刑	关注案情	无罪	冤假错案
2014	念斌案	死刑	关注案情	无罪	冤假错案
2015	聂树斌案	死刑	关注案情	无罪	冤假错案
2015	大学生掏鸟窝案	有期徒刑十年半	轻判	维持原判	质疑司法不公
2015	南京虐童案	有期徒刑6个月	重判	维持原判	家庭伦理
2016	贾某龙故意杀人案	死刑	轻判	死刑	征地拆迁
2016	快播案	轻判或无罪	有期徒刑三年半	维持原判	互联网新技术
2017	缪某华杀人案	死刑	疑难案件	无罪	冤假错案
2017	于欢故意伤害案	无期徒刑	轻判	有期徒刑5年	征地拆迁
2017	内蒙古农民收购玉米案	有期徒刑1年，缓期2年	轻判	无罪	法律规定与公众朴素正义观念不一致
2017	赵某华涉枪案	有期徒刑3年	轻判	有期徒刑3年，缓期3年执行	法律规定与公众朴素正义观念不一致
2018	金某红再审改判无罪案	死缓	关注案情	无罪	冤假错案
2018	李某贤案	有期徒刑两年半	轻判	不批准保外就医	质疑司法不公
2018	李某莲案	死缓	关注案情	无罪	冤假错案

3.没有进入审判环节的案件。另外，还有一部分在侦查、审查起诉阶段引起强烈关注但最终没进入法院的案件，严格意义上来说不算是刑事审判的范畴，但由于侦查机关和公诉机关也是刑事司法的重要参与者，侦查和审查是刑事司法的重要环节，作为具有重要影响性的案件，因此也把此类情形纳入刑事裁判中一并分析。这类案件有4件，分别是梁某捡金案、张某川微博少年因言获罪案、陆某代购抗癌药案、鸿茅药酒跨省抓捕案。这4个案件在案发时引起公众的强烈关注，公众凭借自己的生活中

的常理、常情对这些案件中的行为作为犯罪是难以接受的,因而对刑事司法行为产生质疑或不认同。同时,这些案件或因为证据不充分,或因为没有社会危害性,或因为违法阻却事由等原因,被侦查机关或公诉机关撤销立案而无罪释放,后又得到公众的认同。如陆某代购抗癌药案比较完整展现出了公众与法律的冲突:经过检察机关邀请有关办案机关、陆某及其辩护人出席,还特邀人大代表、政协委员共同参加公开审查,同时邀请数名具有刑法专业背景的特约检察员参加对该案事实证据的审查工作,进行民主监督和法律指导后,最终决定向法院请求撤回对陆某的起诉。

4. 公众没有形成统一意见的案件。还有一些案件的公众意见在当时没有形成主导性的倾向意见,公众内部之间还存在一定的不同声音,或者是该案为疑难复杂性案件,公众难以对案情事实作出基本的判断,因此我们将其列为存有争议和公众意见不清楚的案件。如浙江温岭杀医案、曾某云涉嫌故意杀人案、李庄案、张扣扣案。其中,曾某云涉嫌故意杀人案和陈某钧涉嫌抢劫杀人案因为案情不够清楚,公众不了解案件真实的情况,对这两个案件没有倾向性的意见。当然,最后从死刑改判为无罪,我们也可以认为第一阶段的判决是有问题的,也可以将其推定为公众不认同的案例。另外,公众对李庄案、浙江温岭杀医案和张扣扣案的意见各有不同,有的意见要求依法严惩,但也有不少舆论同情案件的被告,希望法院轻判或者定无罪,但法院最终没有改判,特别是浙江温岭杀医案和张扣扣案,人民法院面对舆论的压力依法给出了一锤定音的回应,并进行了充分说理,真正以公正裁判树立行为规则,引领社会风尚。

三、实证检验:影响刑事裁判公众认同的原因分析

经过前文对各类案件的梳理,刑事裁判结果与公众意见一致的有 49 件,其中 24 件是“默认一致”,有 25 件是“明确一致”即公众认同的;刑事裁判结果与公众意见不一致的有 22 件,其中冤假错案有 8 件,其他均为公众明确质疑的案件。通过对比两种类型的案件,裁判结果之所以得不到公众认同,主要存在刑事裁判质量、公众心理以及外部环境等三个方面的问题。刑事裁判自身因素主要包括同案不同判、裁判文书说理水平不高、司法作风不良、司法公开不足等。公众心理因素主要表现在公众具有“锄强”“护弱”的情感偏向以及在从众心理、网络匿名环境等条件下的非理性因素。外部因素包括中国传统法律文化因素、法治环境因素、政治体制因素以及新闻媒体因素。

（一）提升刑事裁判公众认同的难点

通过案例分析和问卷调查关于普通民众对刑事裁判的态度，我们认为，当前刑事裁判公众认同的难点主要表现在以下三个方面：

1. 法律规定与常情常理及公众朴素正义观的冲突。公众依据常理常情对法院作出的判决难以临时性接受，主要原因是公众依据自身朴素的公平正义观对法律上规定不理解，如许霆案、官员“嫖幼”案、快播案等。还有如李昌奎案，二审改判李昌奎死缓，是对死刑适用的慎用，坚持“少杀慎杀”的法治理念，但是却没有准确把握案件的整体社会危害性，与公众的常情常理和朴素正义观存在冲突，突破了社会大众的心理底线，因此很难得到公众的认同。

2. 缺乏沟通除魅机制，未形成有利于凝聚共识的氛围和结果。缺乏互动是与不信任紧密相连的，倘若在公众对某些环节存在质疑时，司法机关能够及时释明说理，也能在很大程度避免公众质疑的加剧和累积。如在杭州飙车案中，由于缺乏良性互动，信息披露滞后，一个交通肇事案件演化为全国性的公共事件。胡某的家庭背景被公众猜疑，随后又爆出曾经被“替身”参审，尽管后来事实证明均非事实，如果当时能够形成良性的互动关系，公众也就不会有那么强烈的质疑和不认同感。另外，还有因媒体宣传报道不实引起公众误解，或是司法机关在舆情工作上还有不足，没有及时出面披露信息回应舆论，如大学生掏鸟窝案。

3. 沟通不足造成公众对司法裁判的猜疑和不信任。由于沟通不足、信息不对称，公众对裁判存在猜疑和不信任，突出表现在司法机关在执法办案中的措辞含混不清，或者是司法机关对案件事实的认定太离谱，引发公众的强烈不信任。如临时强奸案判决书中出现的“临时性”、杭州飙车案中公安机关最初发布车速“70码”（公众质疑为“欺实码”）、过路费案中出现天价过路费的认定、李某贤案中公众对公权力的猜疑等。

从上述三个方面来看，当下公众对刑事裁判的认同呈现出较为复杂的图景：一是社会公众与法院内部对个案公正的评价差异性。这与法院案件日益增多，新媒体快速发展充斥着各种负面报道影响公众对刑事裁判的评判有关，而这种负能量在很大程度上影响甚至主导公众对裁判的评价，导致公众认同度不高。二是社会公众对裁判的客观评价与主观臆断交织。在很多公众强烈关注的年度影响性案件中，由于这些案件本身就包含着“官民”冲突、公民权益保障难、司法机关的认定太草率等因素，人们往往不容易站在客观、公正、中立的立场，而是选择性地摘取信息，主观地以社会公德、社会伦理价值而不是以法律作为评判是非的标准，并以此质疑司法裁判。

(二)模拟实验:影响公众认同因素的检验

前文讨论了外部和内部的因素,对刑事裁判与公众意见的关系有了初步的掌握,但是对于公众意见是否实际影响刑事裁判以及通过什么途径影响刑事裁判,我们还不能轻易地下结论。当前学界的一些观点还只是在理论上的论证或者说是一种假设,如有学者认为,“如果没有党政机关的介入,司法机关往往不具备抵御舆论影响的能力”〔1〕;也有学者假设,公众意见并未直接作用于司法,而是通过“大迂回”的形式率先着力在政治权力层面〔2〕,通过党政机关对刑事裁判施加压力而影响刑事裁判。这个观点似乎已成为学界的共识,我们对此也是基本认同的,在前文的一些论述也是基于这个观点展开的。但公众意见是否借助其他媒介对刑事裁判产生实质性的影响或者说存在具有说服力的因果关系,我们可以借助科学实验的方法对这一观点进行论证和检验。这也是对前文论述的一种确证,也是本文研究的另一种研究进路。

实验型实证研究是研究者选择特定受试者,根据研究目的引进自变量,并观察因变量是否随着自变量发生变化,以及发生怎样的变化的研究方式。如果研究者主张,刑事裁判过程中合理吸纳了公众意见,将有效促进刑事裁判的公众认同、提升司法公信,那么,研究者必须提供相应的实验数据予以支持。为了探寻提升刑事裁判公众认同的内在机理,我们采取了模拟实验的方式对案例分析中内容进行了两个方面的检验:一方面是公众意见是否影响或者如何影响刑事裁判的检验,另一方面是影响公众认同因素的检验。前一个实验是认识刑事裁判与公众意见之间的关系,在对两组之间的关系有了更深的认识后才能期待提出提升刑事裁判公众认同的有效对策,因此在前者基础上进行二次实验。

为考察公众意见(公众舆论)对刑事审判的影响程度,以及公众意见受案件信息的影响而表现出不同的刑事裁判认同程度,在综合李昌奎案和张扣扣案的基本情况后,假设一个基础性案件,并以此为基础分别对刑事法官和普通公众进行两个模拟实验。第一个实验是控制“公众舆论导向”“领导批示”等自变量,从而考察法官所作出的裁判结果,以便得出公众意见对刑事裁判的真实影响及影响的具体方式;第二个实验是围绕案件的判决结果准备一篇简单,但是要素齐全的新闻报道,并通过控制报道

〔1〕 胡铭:《司法公信力的理性解释与建构》,载《中国社会科学》2015年第4期。

〔2〕 参见李奋飞:《舆论场内的司法自洽性研究:以李昌奎案的模拟实验分析为介质》,载《中国法学》2016年第1期。

信息的披露程度，如双方当事人身份、被害人先前是否有过错、法律规定等信息，从而考察公众意见对刑事裁判的认同度。

在第一个实验中我们发现，法官们都对公众意见表现出审慎的态度，在公众意见与法律规定存在冲突时，刑事裁判不会因受到了公众意见的舆论压力而作出顺从公众的判决结果，“公众”的态度只是裁判的适当考虑。另外，在审判程序的启动上，实验证明公众意见与党政部门意见共同向审判权施加了影响力。第二个实验中我们验证了，刑事案件当事人的特殊身份信息、案情中道德情节信息对公众意见都具有显著性的影响，公众在这些信息渲染下形成强烈的意见，难以保持理性判断，因而影响了公众对司法的信任，进而产生不认同。[1]

四、提升刑事裁判公众认同的核心要素

通过案例分析、问卷调查，我们认为，公众在对刑事裁判作出评判时，个体的选择和判断将涉及复杂社会关系，进而影响个人的价值选择和观念判断。如被告人与被害人呈现身份差异的案件中，公众将自身代入案情折射出的社会关系中而作出评判，有些是不理性的发泄，有些是基于朴素正义观的固执已见，这些因素将严重影响公众对刑事裁判的评判和认同。基于模拟实验的检验，我们提出提升刑事裁判公众认同不能简单归结于审判中吸纳公众意见或者是顺从公众意见，而要着力于司法审判中如何与公众产生良好的互动互信，凝聚社会共识，充分发挥刑事裁判对社会道德风尚的引领作用，有效提升公众认同，提升司法公信力。对此，影响刑事裁判公众认同的核心要素可归结于三个层面：一是提升刑事裁判的自身质量；二是刑事裁判与公众的有效互动；三是有效互动进一步消解臆断疑虑。以上三个方面将直接影响公众中每个个体的理性判断，并最终影响刑事裁判的认同、司法公信力。基于全文的分析，本文列出影响刑事裁判公众认同的核心要素表（见表 3），并期待不远的将来，可以在大数据和模型支撑下，设计中国刑事裁判公众认同的评价指标体系。

---

〔1〕 囿于篇幅所限，两个实验的具体过程未能展开论述，详见附件。

表3　提升刑事裁判公众认同核心要素表

核心要素	二级要素	三级要素
刑事裁判质量	裁判结果	生效案件改判发回重审率
	量刑规范化	常见犯罪量刑标准
		常见量刑情节的适用
		死刑适用酌定量刑情节规范化
	裁判文书说理	说理程度和标准的明确
		定罪与量刑说理的完善
		判决说理的激励机制
	落实司法责任制	建立并运行新型审判监督管理机制
		查处违法审判行为
		查处其他违法违纪行为
有效互动	公众参与的有效性	审前调查评估的民意吸纳
		重大、疑难案件的专家听证
		判后对公众意见的回应
	新闻媒体舆情引导	司法舆情风险管理
		正确处理与主流媒体特别是网络媒体的关系
		实事求是应对负面舆情
		加强影视作品对司法裁判正面形象塑造
	人民陪审员制度	陪审员的广泛性
		陪审员的代表性
		参与个案审理的陪审员数量
		陪审员的权利
夯实公信基础	流程公开	审判流程信息有效公开率
		庭审直播公开率
	结果公开	本年度审结案件裁判文书当年公开率
		裁判文书上网公开平均时长
	外部监督制约	有权机关(人大及其常委会、政协、监察机关、检察机关)监督
		群众监督

对此,我们认为,在研究与看待司法裁判公众认同问题时,既不能以案件质效提升来掩饰法院诸多问题,也不能因公众非理性的批判与质疑而忽视审判工作本身所取得的发展与进步;在提升司法裁判公众认同的制度构建上,在把握好影响公众认同因素的内在逻辑关系上,要有一个体系性的制度进路。从提升刑事裁判公众认同的角度出发,我们可以将刑事裁判公众认同的提升转化为三层进路。

(一)坚持道路自信,坚持中国特色社会主义司法理念

提高司法裁判的社会认同的首要途径是以习近平新时代中国特色社会主义思想为指导,深入贯彻习近平新时代中国特色社会主义政法思想,坚定不移走中国特色社会主义法治道路,坚持正确政治方向,正确处理好"情、理、法"之间的关系,让判例引领道德风尚,在司法裁判中践行社会主义核心价值观。司法裁判要以群众感受力为重要依据,群众感受的本质就是价值导向,这个价值导向就是核心价值,即自由、平等、公正、法治。

(二)将情理法融入刑事裁判,特别是融入裁判文书的说理

这是与公众有效互动的基础。公众对常见的故意伤害、抢劫、杀人等犯罪行为普遍持有朴素的报应性、罪有应得式裁判需求,而对许霆这样的被告人被判处刑罚后抱有极大的同情心理和"怎能入罪"的惊讶。如果裁判结果超出了普通民众的一般期待,该裁判结果所适用的法律依据都存在被质疑的可能。这就更需要裁判者在作出裁判时进行充分详尽的论理分析,并及时通过正确的方式予以公开说明,让民意知晓如此裁判的合法性和评判裁判结果的合理性,有针对性地解答公众疑问所在,防止出现自说自话却无法让人理解和接受的情况。

(三)加快构建刑事裁判形成中与公众良性互动机制

树立裁判要争取公众认同的政治导向、价值导向、法治导向,通过司法公开、舆情引导、形象塑造,夯实公信基础。实践中很多案件正是裁判中或者是其他司法程序环节的认定中,存在舆情应对不及时、不大方,与公众缺乏有效互动,让舆论"误解"刑事司法有了可乘之机,最后造成公众的不认同,如杭州飙车案、"天价过路费案"、大学生掏鸟窝案等。如果刑事裁判或者说刑事司法能在舆论发生前说理清楚、准确,舆论发生后也能及时公开、积极应对舆情,那么公众不认同的案件能够有效减少,公众对司法的信任也会有效提升。

五、结语

从整体上看,影响刑事裁判公众认同的这三个要素直接互相作用,并在外在环境

(法律文化、法治发展、政治体制、社会问题)的影响下,公众通过网络等自媒体表达出自己对刑事案件的意见和认识,并最终影响刑事裁判的公众认同。其中,刑事裁判质量是基础,这个要素不仅包括了刑事裁判定罪量刑,也包括法官队伍素质、作风等二级因素,这个因素是能够跟公众有良性互动的基本条件。有效互动是过程,公众意见形成的过程就是公众、当事人、司法机关互动的过程。这一过程也是刑事裁判结果形成可接受性和获得普遍认可、尊重的过程。取得信任、夯实公信基础是保障,也是目的。在刑事裁判中,司法权威的确立需要当事人和社会公众对司法机关的信任,否则裁判将得不到认可和尊重,并有可能使原本公正的裁判被质疑。

附件:两个实验研究的有关情况

实验一:公众意见影响刑事裁判的途径

本实验控制"公众舆论导向""领导批示"等自变量,从而考察法官所作出的裁判结果,以便得出公众意见对刑事裁判的真实影响及影响的具体方式。在原始案情基础上,本文制作了简易的二审案卷材料,包括对案件事实经过的详细描述、一审和二审裁判文书、可以用于定案的证据材料清单及内容介绍。同时,本文随机选取了若干刑事司法经验丰富的法官,扮演本案中的二审法官。在他们阅卷后,独立书写审查报告,确定是否对涉案被告人启动再审程序或者改判刑罚。为形成具有说服力的同类对比,我们在部分案卷中掺入了"公众舆论导向"信息或者受此影响而形成的"领导批示"文件资料,以便考察公众意见对刑事司法的真实影响及其具体方式。在特定的实验环境下,作为参与者的法官与受理真实案件的法官,在基本条件上是相同的。

一、基本案情

某村村民刘某父亲与邻居王某因琐事发生争吵打架,王某之子王小某故意伤害致刘某父亲重伤。在外打工的刘某知情后即赶回家与邻居王某发生争吵扭打,刘某持刀先后捅刺王某及其儿子王小某,致二人死亡,随后进入王某家中将其孙女摔死。刘某两天后投案自首。一审法院判处刘某死刑。其后二审法院因刘某有自首情节改判其死刑,缓期二年执行。二审判决引发公众强烈不满。现受害人家属向法院申诉,要求启动审判监督程序。

二、实验过程情况

(一)样本抽取

因为案情属于重大刑事案件,本文在选取实验对象时决定从中级人民法院、高级人民法院的刑事法官中进行抽取,从16个中院随机抽取了80人(平均每个中院5人,人口少、案件较少、员额法官数量较少的市中院抽4人,人口多、案件较多、员额法官数量较多的市中院抽6人,让样本的抽取尽可能接近正态分布),高院抽取了10人,共90人。

(二)划分对照组和实验组

为了更准确地反映实验效果,常用的一种方法是划分实验组和对照组。实验组是指所有按照实验方案执行实验所设计的新程序的实验对象组合。对照组是指与实验组相对的,虽然不执行实验所设计的新程序,但纳入实验观察范围并需要收集数据以与实验组对比的实验对象组合。简言之,实验组将受实验的干预,而对照组不受实验干预。即使在实验期间发生了某个事件可能会影响实验效果,但由于实验组和对照组经历了同样的事件,实验干预仍然是二者之间的唯一区别。

(三)实验的两个阶段

本次实验分为两个阶段:第一阶段是考察公众意见对实体裁判的影响(见表1),第二阶段是考察公众意见对审判程序的影响(见表2)。每个阶段都有不同的90名刑事员额法官参与。第一阶段主要考察公众意见对量刑结果的影响。90名资深法官将平均分配至3个小组,即对照组、实验A组及实验B组,每组30个法官。[1] 对照组中的30名法官在阅卷时只会看到案情信息及证据情况。而实验A组的30名法官,除了看到上述内容外,案卷中还夹杂了一些公众舆论导向的材料,即公众纷纷要求改二审判决为死刑立即执行的网络评论。实验B组在前一组的基础上,又增加了一份上级党政领导基于舆论导向作出的书面批示,要求法院从严处置被告人。

表1 第一阶段试验模型

对照组	无	无	裁判结果1
试验A组	公众舆论导向材料	无	裁判结果2
试验B组	公众舆论导向材料	领导批示文件	裁判结果3

[1] 需要说明的是,根据统计学相关理论,当总体服从正态分布时,15个的样本便具有代表性了,若达到30个就有95%的代表性。

而研究的第二阶段主要考察舆论对于程序的影响，即要不要启动再审的问题。相对应的，此阶段也有90名法官参与，同样也是围绕三个组的互相对照开展的，而各组的人员数量以及样本划分方式都跟第一阶段一样。

表2　第二阶段试验模型

对照组	无	无	是否再审1
试验A组	公众舆论导向材料	无	是否再审2
试验B组	公众舆论导向材料	领导批示文件	是否再审3

三、文书的量化剖析

对于量刑结果的实验，为了进行更深入细微的评估，拟通过实验者所写的文书进行量化剖析，并从中对其心证活动进行综合评价，从而验证实验数据的可信度。为此我们采取编码转换的方法，将三组法官作出的裁判结果结论指标化，以更直观的形式呈现比对结果。编码是将原始材料转换为标准化形式的过程。

在本实验中，编码员首先要熟读二审判决书和再审判决书文书，知道两份判决书的裁判要点、认定的事实以及法律适用。随后，编码员分别对三组样本中撰写的文书进行分析，并以二审判决和再审判决文书作为参照给予评分。其中，对认定事实、证据、法律适用赋予分值，每个内容最高分均为5分，内容越接近二审判决，分值越低，直至1分；越接近再审判决，分值越高，直至5分。三个项目的分值相加，如果趋于3分以上9分以下，表明该法官更支持二审结论，如果处于9分以上15分以下，则表明更认可再审的改判结论。这种分析方法的优势不单着眼于量刑，更看重自身对两份裁决文书形成的逻辑进路。

四、实验结果分析

该案中，二审改判死缓为公众、媒体所口诛笔伐，更让公众产生权钱交易的质疑，而且最后的再审作出死刑立即执行的最后裁决，更可能让公众确信此前的内心判断，公众质疑声愈加强烈。同时，也让各界质疑法院是否依法独立行使审判权，舆论是否对裁判产生了干扰。可以说，司法公信在此案中遭受了多重质疑。因此，本文通过第一阶段的实验设法创设出与当时真实案情近乎一致的情景，通过变量的控制，重现研究对象的全貌。这就如同自然科学的实验室研究一般，将需要剖析的变量关系还原其中，以探索、发现现象或验证理论。

（一）实体裁判结果不受公众意见的影响

按照预期判断，对照组、实验A组以及实验B组应出现三个不同的实体结论，且三个组对死刑立即执行的支持度应是不断攀升的。且如果数量上有显著差异性，则可以初步确认公众意见对刑事裁判中的量刑有实质的影响。倘若实验B组的死刑判决率远高于前两组，则进一步说明民意的影响需要借助公权力来完成。然而实验的结果却出乎我们意料。在对照组中，大多数法官不大赞成死缓的判决。而实验A组的情况也基本相同，也就是说，两组之间基本不存在差别。实验B组的数据也跟前二组差异不大。无论是单纯的数量对照，还是百分比的衡量，三组均未呈现显著性差别，结论上完全不符合命题的假设。面对汹涌的舆论，实验组的法官们似乎不为所动。另外，在我们个别访谈中，法官们对于"公众意见"的态度也只是作为裁判时的适当考虑。当然法官们在决策时也注意到了舆论，并没有完全置之不理，但这种考量尚处于酌定裁量的合理限度内。

（二）量刑结果的编码分析

同时，为了不仅限于简单地在量刑结果上看实验结果，实验也在裁判的论证过程进行分析。根据之前的编码测量发现，三个实验组在评判尺度上未存在明显的差异，三个组的编码均在10分以上，对量刑的选择比较接近于再审的结论，即更倾向于判处死刑立即执行。

表3　编码转换表

组别	事实认定	证据采信	法律适用	总分
对照组	3.65	4.12	4.32	12.09
试验A组	3.28	3.78	4.11	11.17
试验B组	3.01	3.56	3.67	10.24

同时，这三组数据也进一步说明了，之前设定"公众舆论导向""领导批示"两个变量并未对量刑结果产生决定性影响。也就是说，公众意见并没有改变刑事裁判的量刑走向，即便政治权力介入过程，也未导致裁判者作出迥异于对照组的结论。

（三）再审启动呈现差异性

与上一个阶段的不同，三个组别的数据比较呈现出一些差异性内容。对照组中，主张启动再审与反对启动再审的人数比为12∶18；实验A组中，该数据为15∶13；到了实验B组，则为21∶7。如果说实验A组中的公众意见导向的介入还不能明显说明导致再审启动，那么随着实验B组中公权力意见的存在，则明显证实了命题的假设。从数据情况看，对照组中不少法官主张维持二审判决，但随着外力的介入，对照组内部的意见分化较为显著。事实上，经过后续的访谈，对照组的法官对于自己意见并不坚定，多数人处在犹豫状态。实验A组中，虽然主张再审的人数多于反对者，但是在比例上却与对照组的差异性不显著。总的来说，法官们的裁量自由并未受制于舆论的动态压力。但实验B组的情形就完全不同了，再审启动的支持者远远超过否定者的人数。由此，命题假设中的情形在刑事裁判中的程序运行上得到了支持性的证明。

（四）小结

本次实验中，三组法官都对公众舆论表现出审慎的态度，表明了法官个体的自我认同，也看到了刑事裁判运行中自我纠偏的能力。另外，多数实验对象对再审程序启动的支持，并不是对实体裁判结果的否定，也许是刑事裁判权应对公众意见的一种策略。在对程序启动的实验上来看，公众意见与党政部门意见共同向审判权施加了影响力。无论是从司法公信力的树立，还是考虑到犯罪行为的违反公众共识性，在受公众强烈关注的案件中，人民法院应通过司法制度的改革来理顺公众意见与司法的关系。制度设计的思路并不一定局限于公众的直接参与，毕竟此前的改革中，并没有很好地发挥出人民陪审员制度在司法民主中应有的作用。刑事裁判如能理性表达公众意见，也能有效地取得公众认同。另外，公权力在公众强烈关注的案件中应保持克制，不应随舆论"怂恿"而介入司法。

实验二：刑事裁判获得公众认同的机理

在实验一中，考察了公众意见对刑事裁判的影响，也考察了法官面对公众意见时的裁判生成思路，让我们对裁判过程中的公众与刑事裁判关系有了大致的了解。从实验中来看，公众意见对刑事裁判的影响是有限的，法官不会因为舆论压力而突破法律的规定作出裁判。因此，提升刑事裁判的公众认同度关键还是在于怎么去引导公众内心对刑事裁判的认识，增强公众对刑事裁判的信服度和遵从感，而不是简单去迎合公众意见作出公众想要的裁判，从而达到弥合刑事裁判与公众之间的疏离关系。如何引导公众对刑事裁判的正确认知，关键点就要找出公众主要受哪些因素影响。在第二部分中，本文通过案例分析讨论了影响刑事裁判公众认同的内部因素和外部因素，其中外部因素是在多大程度上会影响公众对刑事裁判的认识，这也是实验二需要进一步验证的。

一、实验准备情况

由于"公众"的范围较为宽泛，对公众进行实验要比实验一具有更多的不确定性。本文原计划比照实验一进行模拟实验，但由于"公众"的不特定性，难以实现封闭性操作,因此退而求其次,本文将通过问卷式的调查来评估"公众"在不同信息条件下对刑事裁判的态度,即将案情和有关材料、信息处理成不同的案例情景,实验对象根据不同案例情景作出判断和选择。另外,为了增强实验的实效性,确保受访者能够较为坦诚和认真地回答问卷,我们在问卷调查的400名对象中随机抽取了200人,并向他们征询是否愿意进一步填写我们的问卷的意见,我们收到122人的肯定回复,考虑122人具有不同的职业、受教育程度等因素,为了确保与400人的样本情况相近,我们通过对学历和职业的比例控制,最终确定了72人进行第二个实验调查。

(一)样本情况

72人的学历分布情况:初中及以下学历6人,占总数比例为8.33%;中专及高中学历14人,占总数比例为19.44%;12名学历为大专,占总数比例为16.67%;30人为大学本科学历,占总数比例为41.67%;10人为研究生学历,占总数比例为13.89%。从职业来看,20人职业为从事法律类相关行业,占总数比例为27.78%;16人为党政机关工作人员,占总数比例为22.22%;有30人职业为没有接触过法律的其他行业从业人员,占总数比例为41.67%;其他职业为6人,占总数比例为8.33%。这两项的不同占比基本与总的问卷样本情况保持一致,以确保实验的效度和信度。

(二)实验方案

由于实验二的"公众"是面向社会随机抽取的,具有群体的复杂性和个体的差异性,很难确保分组理想,而实验一抽取的法官是在总体样本中随机抽取的,虽然各个法官也有个体差异性,但由于长期的职业实践,不同法官在适用法律这种专业性较强的行为中表现的差异性不会特别大。实验二考察的内容是一种较为主观性的评判,与实验一专业性的行为有明显的区别,即使对职业、学历等因素按照比例完全随机的分组,我们也无法确保两组的作答具有可对比性,因为除了职业、学历等因素,个人成长背景、家庭环境、人生遭遇等很难一一区分。因此,实验二中较为理想的情况是,不再对实验对象进行分组,而是将案例测试结果与真实案件发生时的公众舆论进行对比,即对照组为真实案件发生的公众意见,实验组的案例则对相关信息进行摘除。需要指出的是,摘除的信息对于法律事实的认定没有影响,至于以哪些类型的信息作为变量控制则基于第二部分的分析,详见下文。如果实验组在某一场景的回答更贴近真实判决结果,且与案件发生时的公众意见有明显区分,我们则可以说该场景中隐匿的信息对于如何提升刑事裁判的公众认同具有重要的影响,反之则没有。

(三)影响因素假设

在第二部分中,我们通过80件典型案例归纳了公众强烈关注案件的类型、特点,在第三部分中对影响刑事裁判的公众认同问题分析了公众心理因素，为进一步确认前文的分析，本文通过实验性的问卷调查来检验第二部分、第三部分的分析。根据前文所述，公众主要关注的焦点是特殊身份案件、社会伦理道德底线案件、社会影响重大案件。本实验中将“身份信息”和“道德情节”假设为公众关注刑事案件的主要争议点。其中身份信息还区分强势身份与弱势身份，如昆山于某明案中，于某明是弱势身份，而不法侵害人刘某是强势身份；而“道德情节”则是指案件中那些手段残忍（或手段为公众不能容忍）的触碰伦理道德底线的行为，如李昌奎案件中，李昌奎对邻居女儿强暴杀害、随后将其3岁弟弟倒提摔死的行为。

二、案例选择

结合公众对刑事裁判的主要关注焦点，考虑到实验样本中的“公众”回答问题的能力，避免设计出来的案例情景涉及太多专业性问题而影响实验结果的效度，本文在实验二中选取的案例主要基于以下两个标准：一是原始案件发生时引发了公众强烈关注，并形成了较为一致的公众意见（方便将实验的公众意见与原始案例现实公众意见进行对比）；二是公众对案件裁判的判断主要集中简单的事实认定，不涉及太复杂的刑法理论。结合前个实验的情况，本文选了张某柱案、昆山于某明案、张扣扣案，分别对假设因素“身份信息”“道德情节”进行考察。

（一）假设因素一：身份信息的影响

张某柱案。1997年8月24日，河南省郑州市原郑州市公安局二七分局局长张某柱酒后驾车时将苏某某、苏某父子撞翻，造成11岁的苏某当场死亡，苏某某身受重伤。《大河报》率先以《昨晚郑州发生一起恶性交通事故　白色皇冠拖着被撞伤者狂逃　众出租车怀着满腔义愤猛追》为题对此事进行报道。公众舆论一片哗然，公众“杀”声一片，表示“不杀不足以平民愤”。[本案中事实信息有：(1)酒后驾车；(2)公安局局长；(3)撞到两人，其中一人当场死亡；(4)肇事者逃跑一段距离被拦下]

昆山于某明案。2018年8月27日晚，于某明骑自行车与醉酒驾驶轿车闯入非机动车道的刘某发生剐蹭引发争执，刘某对于某明持续追打，并拿出砍刀连续击打于某明身体多个部位，击打过程中砍刀被甩脱，于某明抢到砍刀捅刺刘某，刘某受伤后跑向轿车，于某明继续追砍2刀均未砍中，后刘某经送医抢救无效死亡。8月28日，昆山市检提前介入此案，9月1日，昆山市公安局认定于某明的行为属于正当防卫，不负刑事责任，依法撤销本案。[本案中的事实信息有：(1)于某明骑自行车在非机动车道；(2)刘某醉酒驾驶；(3)刘某开着宝马强行驶入非机动车道与于某发生冲突；

(4)刘某拿刀威胁;(5)刘某文身及平时的形象和作风;(6)于某捡刀自卫;(7)刘某死亡]

对于以上两个案例,通过虚拟的视频图片、文字材料等作为案件事实向实验对象发放,但是在张某柱案例中摘除了“局长身份”;在于某明案中对正当防卫进行了适当的书面解释,在案情信息中摘除了“刘某文身及平时的形象和作风”,并将于某明骑自行车改为开小汽车,双方的汽车牌子不显示,刘某开车变道时与于某明起冲突,随后刘某拿刀威胁。

具体案例处理如下:

案例处理一,张某酒后驾驶汽车撞倒两个路人,其中一人当场死亡,另一人重伤,撞人后的张某因慌不择路,驾驶汽车逃约数百米被群众逼停。法院认定张某交通肇事逃逸,并导致一死一伤严重后果,张某是否应该判处死刑。[在案情之后附上《刑法》第 133 条关于交通肇事罪的规定,以及最高人民法院 2000 年 11 月 15 日颁发的《关于审理交通肇事刑事案件具体应用法律若干问题的解释》(法释〔2000〕33 号,已失效)和 2017 年 3 月 9 日《关于常见犯罪的量刑指导意见》(法发〔2017〕7 号,已失效)两个司法解释中关于交通肇事罪量刑的有关规定]

案例处理二,张某与王某各自开车因为变道在道路上发生口角,王某下车后辱骂张某,并逐步推搡、用拳脚攻击张某,张某先是退步抵挡,王某不依不饶一直攻击,于是张某忍无可忍反击踢中王某,王某大怒,回车中拖出一把砍刀,威胁要收拾张某,遂用刀背击打张某颈部、背部及腿部,在此击打过程中王某不慎甩落砍刀,张某见机捡起砍刀向王某刺去,将王某砍倒在地,王某挣扎逃向车中,张某继续追砍,最后王某身中 5 刀,倒在血泊中。此时张某亦被路人拉开。后王某经送医院抢救无效死亡。从张某捡刀到最后将王某砍倒在血泊中前后约 10 秒钟。法院认定张某防卫过当,判处张某 3 年有期徒刑,缓期 3 年执行。(由于此案公众印象深刻,本文对涉案当事人的姓氏进行了处理,以免实验对象将真实案例对号入座)

(二)假设因素二:道德情节的影响

张扣扣案。1996 年,因邻里纠纷,王某新之子故意伤害致张扣扣之母死亡。2018 年 2 月 15 日,张扣扣先持刀捅刺王某新的儿子王正某和王校某,致二人死亡,后又去往王某新家中将其杀害。张扣扣两天后投案自首,称自己是因幼年目睹母亲被故意伤害致死,22 年后为母报仇。一时间,张扣扣被塑造为“侠义之士”,其辩护律师的辩护词《一沙一叶一世界》刷爆朋友圈,引发热议。法院一审认定张扣扣犯故意杀人罪,判处死刑,宣判后张扣扣当庭表示上诉。(实验信息中,本文对张扣扣幼年目睹母亲

被害的信息进行了摘除，没有原案发生时那般强烈的故事性渲染，改为因邻里纠纷怨恨积深杀人）

案例处理三，10年前，因邻里冲突，张某与邻居父子有家仇（其家人在双方的一次暴力冲突中重伤死亡）。10年后，张某长大觅得机会后连杀邻居父子3人。张某逃离几天后向公安机关自首。法院判处张某死刑立即执行。

三、实验结果分析

（一）身份信息具有显著性影响

在假设因素一的实验中，72人中仅有27人认为张某应该判处死刑，赞成死刑的人数占37.5%；有39人认为不应该判处死刑，不赞成死刑的人数占54.17%；选择其他的有6人。从这个比例来看，虽然不赞成死刑的人仅比赞成死刑的人多12人，差距不是很明显，但是与真实案例发生时舆论一边倒的“喊杀”相比，已经发生质的改变。

另外，在第二个案例中，公众与真实案例时的意见也有明显的不同。认为张某的行为属于正当防卫不构成犯罪的有29人，占40.28%；认为张某的行为构成犯罪但可以从轻处罚的有33人，占45.83%。认为张某构成正当防卫的人数与认为其构成犯罪的人数相比，并没有显著的优势，这与本案实际发生时的舆论情况大不相同。本文在制作案例时，已经将基本细节全部写入案例中，并在文字上突出了王某对张某的击打仅限于使用刀背，并未对张某造成危及生命安全的损害。真实事件发生时，公众更多的是看到刘某的强横和霸道形象，与于某明的老实忍让形成相比对比，公众舆论也因此受到情绪的感染而群情激奋。当案例隐匿了身份信息后，将案件过程和细节真实呈现在纸面上时，公众能清楚看到在不法侵害人已经停止侵害的状态下，防卫人仍继续追杀，公众基于朴素正义感的判断，已不再完全认同该行为的正当防卫。

（二）道德情节信息有显著性影响

从假设因素二实验来看，有91.67%的人同意判处死刑立即执行，可以说公众的大部分人是认同这个案件的终审判决的。在原始案例中，张扣扣案一审、二审均判处死刑立即执行。不同的地方是，公众对张扣扣案判处死刑有些不认同，认为其背负血海深仇，有些媒体报道也将其渲染成为母报仇的英雄角色，引起公众强烈关注和同情。

本文认为，在案例实验中，当人们只注意到案件的基本事实和情节，少了媒体报道的混淆视听后，公众表现出更为客观、理性的一面。当本课题的问卷将公众拉回到案例事实中时，公众对死刑立即执行的判罚显然有了更多的赞同。

(三)公众在去现场化环境中更为理性

虽然对这三个案例的信息处理不一样,但是有一个共同点就是故事性渲染少一点、没有各种媒体版本的报道、实验者仅关注于书面信息。在这样的场景中,公众对案件的判断要比真实案例中的"民意"更加贴近专业判断。因此,我们认为,公众在去现场化的环境中更为理性。

《民法典》下农地权利体系对乡村振兴的保障作用研究

程向文*

一、《民法典》农村土地权利体系下乡村振兴问题的探讨

(一)乡村振兴用地难困境凸显

乡村振兴战略是党中央在实现“两个一百年”奋斗目标历史交汇期的开局大计,也是社会主义现代化经济体系建设里程中的重大决策。中央文件多次指出,要深化土地制度改革和建立农业现代化体系,完善产权制度和要素市场化配置,形成土地资源与人、钱、业等要素的协调发展格局,促进乡村全面振兴。土地制度是国家的基础性制度,农村土地改革为乡村振兴提供了基础制度支撑。[1] 2018 年中央一号文件就乡村振兴战略提供了农村基本经营制度、土地制度、集体产权制度等全方位的制度保障。而农村土地制度是最为重要的改革内容,也是其他制度保障切实到位的有力影响要素,更是制度保障体系中的关键组成部分。[2]然而,随着我国从“乡土中国”到“城乡中国”的转型,工业化、城镇化、市场化的浪潮加速推进,城乡二元土地制度成为乡村振兴中土地资源要素充分利用的重要阻碍。在该二元结构中,城市土地为国家所有,其国有

---

* 程向文,广西壮族自治区高级人民法院行政庭法官助理。

〔1〕 参见赵龙:《为乡村振兴战略做好土地制度政策支撑》,载《行政管理改革》2018 年第 4 期。

〔2〕 参见兰红燕:《乡村振兴视域下的农村集体土地法律制度完善》,载《河北法学》2019 年第 4 期。

土地使用权可依照法律规定的方式进行流转和抵押，地价体系市场化；而农村土地为集体所有，在土地承包经营权、宅基地使用权上具有明显的身份性和地域性限制，可以说是土地将大量农村人口绑在上面，具有稳定性和牢固性，其不存在市场调控的“手”，也没有市场价格体系。如何解放农地权利体系的桎梏，充分调动农村生产活力，成为乡村振兴化解“用地难”困境的关键一环。

1. 乡村振兴用地难的实然层面

第一，各类型的农用地规范、自由地入市流转难。由于我国农用地承担着城乡二元结构背景下所施加的社会保障功能，其体制机制限制集体土地使用权的流转，身份性浓厚，财产性功能弱化乃至消失。如原《土地管理法》与原《物权法》规定，农民集体土地使用权不得出让、转让或出租用于非农业建设。在 2018 年中央一号文件探索“三权分置”及 2019 年《土地管理法》出台后，许多农地得到制度化的盘活，但是转用地审批手续的滞后性、宅基地使用权仍不得抵押、建设用地违法利用的创新性与普遍性未得到法律承认等问题，仍制约着社会资本参与农村新产业的投资建设，也阻碍了农村集体经济组织充分利用土地发展乡村产业以及通过入市流转使用权等方式获得产业发展所需资金，阻碍了农村新业态新产业的发展。第二，我国严格的土地用途管制制度限制了不同类型用地的使用与转换。农地用地难的本质在于土地上不同用途之间以及同一用途的土地不同利用人之间的利益配置不当问题。[1] 依据《民法典》第 353 条的规定，城市建设用地使用权权能包括转让、互换、出资、赠与及抵押，但依据《民法典》第 361 条的规定，集体建设用地使用权权能应当依照《土地管理法》规定行使，2019 年《土地管理法》第 63 条规定，通过出让等方式取得的集体经营性建设用地使用权可以转让、互换、出资、赠与或者抵押，但是对于集体公益性建设用地却未作规定，而依公法“法无授权不可为”的一般原则，集体公益性建设用地使用权无上述权能。此外，“三块地”改革发展后，法律和各级政策文件均未对宅基地与集体建设用地之间的转换作出规定，不利于更大限度地整理利用闲置宅基地，激发集体经营性建设用地入市利益。

2. 乡村振兴用地难的制度层面

无论是过去对农村土地制度的诸多政策文件、规范性文件，还是当下最新改革与《民法典》对有关土地制度的确立，都存在阶段性的“立法确定”的方式，表现为“框架

〔1〕 参见耿卓、孙聪聪：《乡村振兴用地难的理论表达与法治破解之道》，载《求是学刊》2020 年第 5 期。

确权”或“原则确权”模式。[1] 在《民法典》中，土地承包经营权表现为“长期稳定”的用益物权，但具体规定多为框架式，具有模糊性、不确定性的特点，其适用需依靠单行法的机制立法加以具体调整和补充。政策毋庸多言，其概念表达不追求精确性，而往往在精神和内容上彰显纲领性、宣示性作用，如农村土地制度改革三项试点“农村土地征收、集体经营性建设用地入市、宅基地制度改革”，广东探索的“承包地‘三权分置’、农民住房财产权、集体经营性建设用地使用权抵押贷款、如何利用集体建设用地建设租赁住房”等改革，广西为加快土地承包经营权流转采取的“加快土地确权颁证、促进家庭农场发展、引导和规范土地经营权流转意见”等政策意见，[2] 都需要在内部之间加以协调、协同，尤其在土地确权颁证与抵押贷款、融资贷款等方面的联动需要加强。

（二）《民法典》农地权利体系的结构与保障作用

我国《民法典》于2020年5月28日经第十三届全国人民代表大会第三次会议通过，自2021年1月1日起施行。作为潘德克顿法学体系的继受，《民法典》形成了“总则编+六分编”的体系范式。在用益物权编中，新增了居住权一章，修正了“一般规定”“土地承包经营权”“建设用地使用权”“宅基地使用权”“地役权”五章。在土地承包经营权一章中，将前一阶段农村承包地的政策改革探索成果以物权编形式确定下来，形成“两权分离”到“三权分置”的结构转变，在“土地承包经营权”之下新增“土地经营权”，形成“土地所有权—土地承包经营权—土地经营权”的物权架构，根据《民法典》的规定，可用以出租、入股、抵押或者其他方式流转。现实中由于权利人出于资金需求而在其土地承包经营权上担保以达到融资目的的做法，同时亦有金融机构推出农户保有土地承包权的基础上创设土地经营权入市流转的融资产品或计划的做法，使土地的社会保障功能与财产融资功能合为一体，双向收益，让土地经营权超越原来的集体经济，超越行政界限，向擅长规模经营的“能手”集中，[3] 体现了小农经济向农业规模化经营、现代化经营的转变，这一权利的设计有力地保护了农户通过土地经营权流转所获对价的权利。在建设用地使用权一章中，通过2019年《土地管理法》，明确以出让等方式获得的集体经营性建设用地使用权可转让、互换、出资、赠与

[1] 参见龙卫球：《民法典物权编“三权分置”的体制抉择与物权协同架构模式——基于新型协同财产权理论的分析视角》，载《东方法学》2020年第4期。

[2] 参见程启原、马静、宁常郁：《广西农村土地承包经营权流转问题研究》，载《经济与社会发展》2019年第5期。

[3] 参见崔建远：《物权编对四种他物权制度的完善和发展》，载《中国法学》2020年第4期。

或者抵押的规则，摒弃了传统的"先征收、再出让"模式，[1]给予各类工商企业无须经过国有化再出让的烦冗程序，可直接使用集体建设用地的资格，对于完善土地增值收益分配机制，城乡一体化起到积极作用。

二、集体土地所有权体系保障乡村振兴进程中用地的存量

（一）集体土地所有权私权属性的保障——特别法人制度

集体所有制根源于社会主义公有制，具体到土地权利上来，而集体土地所有权属于公权还是私权是争议较大的问题。"所有权不过就是一个确定财产支配秩序的法律手段，这个法律手段和财产控制终极的力量并不能简单的相等。"[2]从以前的立法结构来看，原《物权法》以民事关系为基础设计其中第二编的所有权，集体所有权应当被视为以私权形式行使；《民法典》出台后，农村集体经济组织被明确赋予了特别法人地位，拥有了市场主体资格，且在第 262 条明确规定村农民集体所有权由农村集体经济组织依法代表行使，在第 101 条规定未设立村集体经济组织的，村民委员会可以依法代行村集体经济组织的职能。由此可见，《民法典》对于集体所有权的行使赋予了私法内涵，将农村集体经济组织厘定为具有民事行为能力，充分发挥市场交易等作用的私权主体，从而在地权二级市场交易中以代理主体身份进行所有权功能上的用途分配。农村集体经济组织以村民小组、行政村、乡镇等社区为单位建立，职能为管理集体产权、开发及利用集体土地，推动集体土地经济发展、服务集体成员，达到形成合法有效的组织机构，独立表达合同意思表示，进入土地使用权市场履行交易、入股、转让、融资等职能的效果，保障乡村振兴进程中土地要素充分自由流动，参与市场竞争，脱离用地计划行政性质，确保用地存量的稳定性与多元化。

（二）集体成员新型民事权利的保障——集体成员权

有学者认为，集体成员权归于土地承包经营权之一部，[3]随即出现的逻辑矛盾

---

〔1〕 具体规定体现在 2004 年《土地管理法》第 43 条：任何单位和个人进行建设，需要使用土地的，必须依法申请使用国有土地；但是，兴办乡镇企业和村民建设住宅经依法批准使用本集体经济组织农民集体所有的土地的，或者乡（镇）村公共设施和公益事业建设经依法批准使用农民集体所有的土地的除外。前款所称依法申请使用的国有土地包括国家所有的土地和国家征收的原属于农民集体所有的土地。

〔2〕 孙宪忠等：《国家所有权的行使与保护研究》，中国社会科学出版社 2015 年版，第 59 页。

〔3〕 参见丁文：《论"三权分置"中的土地承包权》，载《法商研究》2017 年第 3 期；单平基：《"三权分置"理论反思与土地承包经营权困境的解决路径》，载《法学》2016 年第 9 期。转引自房绍坤、曹相见：《集体土地所有权的权能构造与制度完善》，载《学习与探索》2020 年第 7 期。

在于集体成员权仅为团体法上的一种利益分配机制，其无法单独构成“三权分置”下的一权，在土地承包经营权分离为土地承包权和土地经营权这一分法被现有规定否定的情况下，也无法形成土地承包经营权下分置的子权利。集体成员权第一重法律效果是以集体成员权取得土地资格，第二重法律效果才是根据不同类型、用途的土地发挥出不同权利特性。因此，其置于集体土地所有权的框架内，以集体成员权、农户资格权等形式对“人”对土地的权利进行保障。《民法典》中赋予成员权以共益权和自益权两个层面的权利，在共益权上，第 261 条规定农村集体成员重大事项决策权利，涵盖土地承包方案、承包地调整、土地补偿费用使用与分配等重大事项；第 264 条则规定了集体成员的知情权，土地资产情况需要及时公示，集体成员也有权查阅、复制相关资料。在自益权上，第 265 条规定了农村集体经济组织、村民委员会或者其负责人作出的决定侵害集体成员合法权益时，受侵害的集体成员可请求人民法院予以撤销；此外，物权编中还有关于村集体成员土地承包经营权以及请求分配宅基地的权利。集体成员权确保了集体土地用地过程中的分配得当、纠纷化解以及民主合意。

三、农用地权利体系保障乡村振兴进程中土地权利的流转

“三权分置”政策改革以“落实集体所有权，稳定农户承包权，放活土地经营权”为目标导向，助推农村土地制度改革取得显著成效，而《民法典》在构建农地权利体系中的最大亮点就是“三权分置”在法典框架内的重述与塑造。农用地权利体系的调整性修正、开创式革新对于促使农村土地规范有序流转、自由充分流转具有重大意义。

（一）土地承包经营权规定的修正保障土地规范有序流转

第一，对土地承包经营权期限的修正保障了承包权流转过程中的物权原则规范性与客观需求性的统一。首先，对《土地管理法》中承包期届满后再延长 30 年的说法，进行了有选择性的吸收，党十九大报告中承包期限届满需要延长的精神是正确的，符合维护农民土地权益、稳定农民预期、满足农民意愿的政策导向，但细化落实到严谨的法律中来，则需要加以斟酌。物权期限届满则自动灭失，不存在人为续期以达到物权效力存续的本末倒置的做法，因此《民法典》中修正为承包期限届满按规定继续承包的提法，符合物权基本原则，也确保了承包土地到期后再承包的权利正当性。此外，放弃延长 30 年这一提法也避免了到期不想承包土地而被迫承包的矛盾，有助于承包权继续在市场上规范流转。

第二，土地承包经营权登记机构的修正保障了不动产统一登记政策的连贯性与协同性。2019 年修订的《不动产登记暂行条例》将土地承包经营权纳入不动产登记

范围内,从而与当时的《土地管理法》"土地承包经营权登记机关为县级以上地方人民政府"的规定不相协调。随后,《土地管理法》在 2019 年修正时将其修正为"登记机构",《民法典》也承继了这一规定,同时还对实践发展中的多元化发证类型进行了拓展规定,对土地承包经营权证、林权证等证书类型设计了开放式清单,以保证流转所得物权凭证的正当性。

第三,土地承包经营权处分方式的修正区分了土地承包权与土地经营权流转的相异性,体现了不同的政策导向与价值取向。《民法典》未对原《物权法》规定的土地承包经营权转包、互换、转让以及实践中默认的出租四种方式予以全盘接受,在正式文本中,仅有互换和转让两种方式。而在流转土地经营权的方式中把出租、入股纳入其中,并在以其他方式承包的"四荒地"设立土地经营权且取得权属证书的情形下,规定了通过出租、入股、抵押等方式进行流转,满足了市场化运转与融资经营的需要。土地经营权流转方式的单独分离,避免了《土地管理法》中允许土地承包经营权的物权性流转而否定债权性流转的逻辑轻重断裂、利益保护失衡的做法,同时也为土地经营权的流转创造出一片新的发展空间。

(二)土地经营权的创设性规定保障土地自由充分流转

土地经营权在《民法典》第 340 条中定义为"有权在合同约定的期限内占有农村土地,自主开展农业生产经营并取得收益"的权利,这表明土地经营权变为市场化的财产性权利。除通过招标、拍卖、公开协商等方式取得土地承包经营权的另有规定以外,其权利主体要求具有农业生产经营能力,且其自由流转解决了承包地的抛荒、碎片化经营以及抵押融资等问题,[1]逐步接轨走向集约化、市场化、适度规模化经营,对于更好释放土地生产要素、增加土地权益市场活力起到至关重要的作用。

第一,土地经营权流转的多元化与去身份化有助于确保流转有效性,为乡村振兴创造土地红利。土地经营权采取的入股、出租的流转方式,在保障土地承包经营权人保有赖以生存的土地承包权的基础上,充分利用流通市场的优势,行使占有、使用、收益的正当权利,顺应当下创建家庭示范农场、农民专业合作社示范社、农业产业化示范基地等新型经营主体的需要,[2]改善承包地块小型化、家庭自耕模式带来的发展缺陷,真正生成、开发及放活土地经营权。并且还打破了"两权分离"模式下流转土地

---

〔1〕 参见高圣平:《〈民法典〉与农村土地权利体系:从归属到利用》,载《北京大学学报(哲学社会科学版)》2020 年第 6 期。

〔2〕 参见房绍坤:《土地经营权入典的时代价值》,载《探索与争鸣》2020 年第 5 期。

承包经营权的发包人前置同意程序,删除了只能在同一集体组织内部成员间流转的身份限制规定,鼓励社会资本投入土地经营权的流转市场中,推进了农地资源配置的市场化。此外,在我国当下农村医疗和养老保险的改革推进情况下,多重社会保障机制减弱了农民对土地的依赖性,也为乡村振兴资源要素优化配置、土地红利创收创造环境条件。

第二,土地经营权用于融资担保的权能有助于释放土地融资活力,为乡村振兴整体发展提供资金支持。农地融资的内在逻辑要求是,作为融资担保的土地经营权是一种具有独立经济价值的财产权,满足担保物所具有的特定性、价值性、可转让性,适格于担任资金融通的信用保证。[1] 在《民法典》第399条不得抵押财产的规定中,删除了耕地使用权这一项,这表明土地承包经营权人与土地经营权人均可以耕地使用权作为抵押财产进行融资,以有效盘活农村资产,扶植新型农村产业和经营主体,以土地收益反哺产业发展。此外,土地经营权抵押应当适用《抵押担保办法》,对土地经营权之客体规范界定。依据该办法第4条和第21条的规定,土地经营权所能抵押之客体包含了地上(含地下)之附着物,土地经营权已抵押的,地上(含地下)之附着物经由贷款人同意后方可进行处分,所得价款优先用于偿还到期贷款本息。至于土地上的农作物,依据立法精神,在未脱离土地之前,应当作为不动产处理。因此,尽管实践中土地经营权抵押登记一般不将农作物登记在内,但只要其满足未与土地分离之特性,就应当纳入抵押权客体之中。以广西土地经营权抵押贷款业务发展为例,玉林市首家自治区级现代特色农业(核心)示范区——"五彩田园"在获得中国农业发展银行600万元农村承包土地的经营权抵押贷款后,大力发展特色农业项目和乡村旅游,荣获"中国农业公园""国家农业产业化示范基地""国家4A级旅游景区""2015年全国休闲农业与乡村旅游示范点""全国首批国家级专家服务基地"等多个称号,[2] 为广西乡村振兴事业添上了浓墨重彩的一笔。

第三,土地经营权登记对抗规则的设置有助于稳定土地流转关系和经营预期,为乡村振兴土地流转注入具有物权保障力的稳定剂。《民法典》在第341条中规定,流转期限为5年以上的土地经营权,自流转合同生效时设立。当事人可以向登记机构申请土地经营权登记;未经登记,不得对抗善意第三人。登记对抗是传统的物权公示

---

〔1〕 参见李蕊:《管制与市场:土地经营权融资的法律回应》,载《法学杂志》2019年第5期。

〔2〕 参见秦义春:《我国农村承包土地经营权抵押贷款业务发展研究——以广西壮族自治区为例》,载《区域金融研究》2021年第2期。

手段，对经过登记的权利予以法律效力的确认和保障，具有对世性和绝对性。但是，拟作为物权的土地经营权具备登记对抗要件者要满足流转 5 年以上的期限要求，会引发关于土地经营权是物权还是债权的性质讨论。从文义解释层面来说，流转期限 5 年以下者应定性为债权，仅在当事人之间具有合同效力，无法对抗第三人；流转期限 5 年以上且经过登记的土地经营权为物权，对抗所有第三人；流转期限 5 年以下且未经登记的土地经营权虽为物权，但不能对抗善意第三人。[1] 应当说，这样的划分是合理的且符合登记对抗主义入法、达到稳定土地流转预期的最终目的。登记对抗规则的设置是在不违背物权法体系前提下的技术性立法，鉴于土地经营权出租、入股的权能事实上为债权性流转，制度上土地经营权融资担保还要取得承包方的同意，实践中"入股像出租"导致的关系不稳定，凸显出物权性保障的要求。通过不动产登记效力的昭示，从而取得可对抗所有第三人的支配权，也有利于第三人作出理性的商业判断与决策。

第四，土地经营权赋予"四荒地"更多元、更市场化的流转方式有助于拓宽"四荒地"的入市渠道，为乡村振兴破除土地撂荒之困境。《民法典》第 342 条从二级市场再流转的角度对取得权属证书的"四荒地"流转进行规定。"四荒地"并不承担生活保障功能，也不受永久基本农田保护红线的刚性约束，立法者在制度设计时予以宽松的流转利用空间，在《土地管理法》中表现为不需要发包人同意或备案。[2] 但基于土地经营权权利体系的一体性构造，"四荒地"与承包地流转的规则涉及上仍要保持一定的统一和协调。

四、建设用地权利体系保障乡村振兴进程中土地的建设空间

（一）集体建设用地使用权的保障——以经营性使用为核心

作为当前调整集体建设用地使用权位阶最高的法律文件《民法典》，其主要通过单行立法或其他规范性文件对集体建设用地使用权的权利类型、用途规范、入市主体、流转方式、集体决策等方面作出规定。对于乡村振兴而言，乡镇企业、新业态产业是否能够充分利用建设用地发展生产、创造财富，地是决定性要素，这也涉及集体建设用地的使用与流转问题。根据《民法典》第 361 条之规定，集体所有的土地作为建

〔1〕 参见高圣平：《〈民法典〉与农村土地权利体系：从归属到利用》，载《北京大学学报（哲学社会科学版）》2020 年第 6 期。

〔2〕 参见黄薇主编：《中华人民共和国农村土地承包法释义》，法律出版社 2019 年版，第 220 页。

设用地的，应当依照土地管理的法律规定办理。其转介条款指向的是《土地管理法》及其实施办法，《土地管理法》第 63 条授权国务院针对调整集体建设用地使用权出台具体办法，因此国务院的有关文件也是法源之一。集体建设用地能否拓展其空间资源，关键在于集体经营性建设用地的充分利用，实现土地利用总体规划、城乡规划确定为工业、商业等经营性用途。

第一，《民法典》明确了行使权利之主体与用途，即集体经营性建设用地使用权入市实施主体由特别法人代行，不属于工业、商业等经营性用途者不得入市流转。《民法典》第 262 条设立了特别法人制度，对于集体所有的土地，属于村农民集体所有的，由村集体经济组织或者村民委员会依法代表集体行使所有权，从而代行集体经营性建设用地使用权的出让、出租。在第 101 条第 2 款还规定“未设立村集体经济组织的，村民委员会可以依法代行集体经济组织的职能”，确保主体有效存在。而实践中两者往往高度吻合，职责混为一体，其专业程度也不高。为攻克这一难题，在浙江德清、天津蓟州等地的改革试点中采取了由村民小组委托上一级（村级）农村集体经济组织或者委托村民委员会代为入市的做法，[1]但也存在权利易遭滥用之嫌。实践中较具有探索价值的是以广东南海为代表的土地整备入市和以北京大兴为代表的联营公司统筹入市，主要适用于需要对存量建设用地进行整理并重新规划后入市的情形，顺应了一定区域内土地综合开发利用的需要，有利于土地价值的充分释放以及土地发展权在各集体土地所有者之间的共享。[2]

第二，《民法典》完善了二级市场流转之方式，即通过出让等方式取得的集体经营性建设用地使用权可以转让、互换、出资、赠与或者抵押。对比原《土地管理法》第 63 条负面式封闭清单的流转规定，《民法典》第 353 条正面式开放清单的流转范式更适应农业现代化、适度规模化经营的趋势，且摒弃了只能因破产、兼并等情形用于非农目的使用的局限性。但是，除了法律法规另有规定的兜底条款外，2019 年《土地管理法》第 63 条还涵盖了“土地所有权人、土地使用权人签订的书面合同另有约定”这一特殊的可使用情形，这就要与作为上位法的《民法典》的规则进行协调适用，在集体经营性建设用地使用权未经登记的情况下，不得对抗善意第三人。此外，还要防止集体经营性建设用地使用权制度被不当扩大化，对《土地管理法》第 45 条为公共利益需要

---

〔1〕 参见宋志红：《集体建设用地使用权设立的难点问题探讨——兼析〈民法典〉和〈土地管理法〉有关规则的理解与适用》，载《中外法学》2020 年第 4 期。

〔2〕 参见宋志红：《集体建设用地使用权设立的难点问题探讨——兼析〈民法典〉和〈土地管理法〉有关规则的理解与适用》，载《中外法学》2020 年第 4 期。

征收农民集体所有的土地的相关规定进行严格解释。

（二）宅基地使用权的保障——探索类“三权分置”的设计

我国现行宅基地制度以“一户一宅、福利分配、面积法定、成员专享、长期使用”为基本特征，宅基地使用权以具有权利主体的身份性和封闭性、初始取得的无偿性或福利性、宅基地数量和面积的限定性、用途的限定性、无期限性为主要特征。[1] 作为一项中国特有的用益物权，为广大农村地区村民居住生存提供了基本保障，也为农村经济发展及社会进步提供物质前提。但是，随着宅基地承载的社会保障功能与经济发展功能的矛盾强化，近年来，顶层政策试点、宅基地使用权制度改革的探索[2]导向为权能分离理论下宅基地使用权的流转抑或宅基地使用权之收益权能。如何激活其财产价值，赋予可收益的债权权能，是乡村振兴战略的背景要求下，后续立法需要跟进和思考的重要内容。

宅基地“三权分置”将为农村制度改革和经营方式带来新活力。《民法典》物权编第 13 章规定了宅基地使用权，第 363 条作为转介条款，将宅基地使用权的取得、行使和转让链接至土地管理的法律和国家有关规定。《土地管理法》第 62 条第 6 款“国家允许进城落户的农村村民依法自愿有偿退出宅基地，鼓励农村集体经济组织及其成员盘活利用闲置宅基地和闲置住宅”，则体现了国家鼓励宅基地使用权的流动化，以及向农民让利，赋予农民更多的宅基地用益物权权能、增强宅基地财产性质的信号。宅基地开放流转，首先促使资源得以有效利用，局限于集体经济组织内部流转、强调农户资格权绝对性和成员专属性，造成了宅基地资源市场配置失灵，开放流转则有效打破“房地一体”主义的约束，使宅基地上的房屋不因宅基地使用权无法流转而受到流转限制。其次推动融资渠道有效畅通，由于现行宅基地使用权禁止抵押，金融机构在受理农民住房抵押贷款申请时往往予以拒绝，使其融资门槛变相加高，不利于农民生活的改善以及农村生产水平的提高。最后能够赋予制度外交易的合法化，使宅基地使用权交易市场进一步规范化、有序化。

---

〔1〕 参见宋志红：《乡村振兴背景下的宅基地权利制度重构》，载《法学研究》2019 年第 3 期。

〔2〕 《中共中央关于推进农村改革发展若干重大问题的决定》提出要“依法保障农户宅基地用益物权”；《中共中央关于全面深化改革若干重大问题的决定》强调要“保障农户宅基地用益物权”；《深化农村改革综合性实施方案》更是将“保障农户依法取得的宅基地用益物权”作为宅基地制度改革的基础。转引自高圣平：《宅基地制度改革与民法典物权编编纂——兼评〈民法典物权编（草案二次审议稿）〉》，载《法学评论》2019 年第 4 期。

人民法院参与基层公共法律服务的困境和完善进路

——以泛珠三角A市B区人民法院诉源治理为视角

郭定选*

引　言

诉源治理是人民法院参与基层治理的途径之一，对构建基层公共法律服务体系有着重要的作用。《人民法院第五个五年改革纲要(2019—2023)》提出创新发展新时代"枫桥经验"，完善"诉源治理"机制，推动从源头上减少诉讼增量的要求。"诉"即诉讼案件，"源"即纠纷产生的源头，诉源治理指从源头化解矛盾纠纷所采取的方式方法，主要通过四个层面部署加以实现：一是在基层治理上避免、减少纠纷的发生；二是避免已出现的纠纷形成诉讼；三是通过诉非衔接渠道高效化解已经形成诉讼的纠纷；[1]四是在诉内构建梯度性案源治理机制，减少"衍生案件"。基于人民法院职能定位，主要承担第三、四层次诉源治理责任，并发挥司法优势推动第一、二层次诉讼治理。

"枫桥经验"起源于20世纪60年代诸暨枫桥等地干部创造依靠群众将矛盾就地化解的解纷方式，经过半个多世纪的传承与发展，依然葆有旺盛的生命力，并形成了以党建为引领、以人民为主体、以科技为支撑、以推进基层社会治理体系和能力现代化为目标的新时代枫桥经验。

---

* 郭定选，桂林市七星区人民法院法官助理。

〔1〕参见郭彦：《内外并举全面深入推进诉源治理》，载《法制日报》2017年1月14日，第7版。

诉源治理凝练了"枫桥经验"矛盾纠纷依靠和发动群众就地解决的基本精髓,并创新发展到源头预防,诉内与诉外并举并重的长效机制。

自2019年以来,各地实践法院纷纷表示诉源治理成效明显,民商事案件增幅开始回落,在缓解甚至解决"案多人少"矛盾的问题上找到了新路径。诉源治理频频成为法院宣传报道和工作报告的热词,部分法院甚至全情投入。人民法院"案多人少"矛盾日益突出,也是新"枫桥经验"实践主体,诉源治理有其现实价值。那么法院在推进这一治理机制上的支撑是什么,整体推进困境是什么,如何完善诉源治理路径?囿于这一自下而上的创新实践正在试点阶段,法院对政策褒扬得多,学识智士对风险研究得少。基于此,笔者以A市B区法院为分析样本围绕以上问题进行论述和回应。

一、缘起:人民法院推进诉源治理的价值蕴含

(一)提升基层社会治理能力的现实需要

社会的结构性转型对我国传统社会秩序结构甚至基层既有的治理体系造成了不同程度的冲击,而以现代法治为基础的新的社会治理体系又尚未有效衔接,导致基层社会治理一定程度上处于困境当中。为应对基层社会治理压力的需要,自党的十八大以来,国家治权呈现出不断向基层社会下沉的整体发展趋势。[1] 法治化是新时代推进社会治理的着力点。政法分工和齐抓共管是中国司法的鲜明特征,也凸显出法院在社会基层治理中不可或缺的重要地位。[2] 基层社会治理需要诸如多元解纷机制、源头预防与化解等司法权的不断下沉和司法功能的有效发挥,从根源上减少失序现象,改善基层治理的现状,提升基层治理的法治能力。2020年新冠肺炎疫情防控中,法院审理涉疫案件保障防疫有序进行以及为企业复工复产提供精准法律支持即是最好的诠释。

(二)优化矛盾多元解纷机制的根本考量

不公平是所有社会问题的根源,[3] 诉从根本上来说是社会主体间的利益对抗,必须运用各种有效方式对其进行适当调节。通常来说,矛盾纠纷越接近产生的前端,解决难度越小、效果越大,越向后端沉积,越影响社会稳定。所以良性的解纷层级应

〔1〕 参见王国龙:《法院参与基层治理及其角色定位》,载《东岳论丛》2020年第4期。

〔2〕 参见于浩:《推陈出新:"枫桥经验"之于中国基层司法治理的意义》,载《法学评论》2019年第4期。

〔3〕 参见[英]理查德·威尔金森、[英]凯特·皮克特:《公平之怒》,李岩译,新星出版社2017年版,第1页。

合理定位各层解纷主体职能，从人民调解、仲裁、公证到人民法院，形成矛盾纠纷由多到少，由简单到复杂，前端预防、中端分层过滤、后端精准审判的“漏斗形”多元层级解纷结构。法院通过法律规则来解决个案纠纷，是公平正义的最后一道防线。虽然是最后一道，但并不是最正义的防线，也不是最坚强的防线。[1] 徒法不足以自行，更不是消弭冲突的唯一方式，而应以其作为引导社会风尚的标准。诉源治理正是将矛盾纠纷多元化解的观念向社会传递，引领社会大众正确认知司法的可欲性，积极抑制矛盾纠纷或者选择更为合理便捷的诉外解纷方法。

（三）缓解法院“案多人少”矛盾的客观需求

近年来，我国的诉讼案件数量呈井喷式增长趋势，法院的办案压力进一步加重。[2] B区法院受理案件数持续高位运行，“案多人少”矛盾突出。由表1可知，2016—2020年受理案件数连续增长，最高达36.69%，案件大幅增长态势无扭转迹象；纠纷多发领域较为集中，主要为物业合同纠纷、借款纠纷、离婚纠纷等，仅位次稍有变动，具有系列案或为带有浓厚感情色彩熟人间纠纷，可通过非诉讼方式解决。法官员额制改革后，B区法院2020年员额法官为30人，法官助理更是高度缺位，仅为13人，法官助理比为1∶0.433，远低于1∶1的现实需求，而聘任制书记员流动性极大，案多人少矛盾成为法院发展的掣肘。

表1　B区法院近五年收结案数情况

单位：件

类别 ＼ 年份	2016年	2017年	2018年	2019年	2020年
受理案件总数	4408	5292	5715	7812	9104
同比分析	—	20.05%	7.99%	36.69%	16.54%
结案数	4023	4941	5446	7518	8794
受理案件类型前五	民间借贷 物业合同 金融借款 离婚纠纷 买卖合同	物业合同 民间借贷 金融借款 离婚纠纷 商品房买卖	民间借贷 物业合同 金融借款 商品房买卖 离婚纠纷	民间借贷 金融借款 物业合同 商品房买卖 合同纠纷	物业合同 民间借贷 金融借款 商品房买卖 离婚纠纷

[1] 参见苏力：《司法改革的知识需求——波斯纳〈各行其是〉中文版译序》，载《法治现代化研究》2017年第1期。

[2] 参见李正太、郑恩全：《“能动司法”理念下的诉源治理工作——基于N市Y县民商事审判的实证分析》，载《中国西部科技》2020年第6期。

二、溯源:人民法院推进诉源治理的正当基础

(一)"能动司法"下法院参与诉源治理的正当性证成

随着多元化纠纷解决机制的盛行,部分学者认为中国司法发展的主线所依循的是一条能动主义的路向。[1] 有学者则认为能动司法超越了司法权,容易削弱法律的规范效力,软化法律。[2] 当然理性阐述者居多,认为法治的本土资源需要司法能动。[3] 如果将"能动司法"理解为在形成进程中的中国司法制度限制内,充分发挥个人的能动性和智慧,通过审判以及司法主导的各种替代解纷方式有效解决各种复杂的矛盾纠纷,努力做到"案结事了",达到司法的社会效果和法律效果的统一,此时强调能动司法是必要的,有积极意义的。[4] 诉源治理作为"枫桥经验"的继承和创新,阐释其合理性也是应有之义。诉源治理第三、四层次强调对进入诉讼的纠纷通过诉非衔调,或释法明理等方式达到案结事了或减少衍生案件,可以看出法院是针对"个案"的"创造性"积极作为,淡化"严格遵守法律"的刻板方式,采用多元方式调和矛盾达到案结事了,而不只是用冷冰冰的判决来引导社会风尚,其能动作用是"有限的",并未创制新的法律意涵。此外,中国正处于转型时期,司法裁判需要去表达其对个案中的具体的利益期待和政治考量。[5] 质言之,在中国语境下诉源治理有其正当性基础。

(二)"功能主义"下法院参与诉源治理的正当性证成

法院功能分为纠纷解决的基本功能与其衍生出的部分功能,衍生功能一般要在纠纷解决功能得以发挥的时候才能真正实现。[6] 法院在诉源治理中的功能定位立足于法院的衍生功能。一项司法举措能否有效实现受制于其相应的社会资源分配与调控,以及国家赋予的角色期待,任一条件不符,均有碍于改革功能实现,甚至沦为威

---

〔1〕 参见顾培东:《能动司法若干问题研究》,载《中国法学》2010年第4期。

〔2〕 参见周永坤:《能动司法有违司法常识》,载搜狐网,http://www.sohu.com/a/127334124_162758,最后访问日期:2021年12月30日。

〔3〕 参见丁鑫:《司法能动的正当性与规范化探析》,载《宿州学院学报》2018年第4期。

〔4〕 参见苏力:《关于能动司法》,载《法律适用》2010年第Z1期。

〔5〕 参见四川省成都市中级人民法院编著:《新时代"枫桥经验"的成都实践:诉源治理》,人民法院出版社2019年版,第8-9页。

〔6〕 参见左卫民:《法院制度功能之比较研究》,载《现代法学》2001年第1期。

权压制下竞逐功利的工具。[1] 就资源调度而言,近几年司法系统获得的经费和人员编制支持为诉源治理提供了一定的支撑;就角色而言,诉源治理机制赋予法院的角色期待是纠纷化解者,与其实际角色相一致,符合司法规律。易言之,法院诉源治理的目标追求以及以四层部署为内容的改革框架符合法院既定的角色定位,契合了民众在新形势下对法院的新要求,具备正当性基础。

三、剥茧:人民法院推进诉源治理的实践困境

(一)法院诉源治理缺乏外部联动和适度性分析

1. 各自推进缺乏合力。诉源治理应坚持在党委的领导下,有效发挥党委总揽全局、协调各方的核心优势,在法治轨道上统筹各方面力量和各种资源,形成参与诉源治理的合力。[2] 就B区目前来看,诉源治理各自推进、各自为政,尚未形成相互协调、配合的统一运行模式。B区法院虽与公安局、检察院、司法局等单位建立了一系列纠纷联动解决机制,如与司法局、公证处等部门成立了6个多元化解调解室,将部分矛盾纠纷在诉前予以化解;自身一系列诉源治理举措也确实对缓解"案多人少"矛盾及部分审判质效的提升起到了一定积极作用,如推行繁简分流,实行简案快审、繁案精审,成立青年法官工作室年人均结案达600件,如推行"万人成讼率"机制,源头化解纠纷。但从表2可知,作为诉源治理主要对象的民商事案件总量并未得到有效遏制,反而大幅上升,2019年增长率高达39.41%。由此可见,各自推进的诉源治理机制成效不佳,缺少一个机构高屋建瓴、统筹谋划,无法做到统一决策、统一部署、统一实施。

表2 B区法院2016—2020年受理民商事案件数情况

单位:件

项目 年份	受理民商事案件数	同比分析
2016年	2860	—
2017年	3477	21.57%
2018年	3022	-13.09
2019年	4213	39.41%
2020年	4750	12.75%

[1] 参见周苏湘:《法院诉源治理的异化风险与预防——基于功能主义的研究视域》,载《华中科技大学学报(社会科学版)》2020年第1期。

[2] 参见薛永毅:《"诉源治理"的三维解读》,载《人民法院报》2019年8月11日,第2版。

2. 全情投入效果存疑。减少社会纠纷的总量,有效化解“案多人少”矛盾是诉源治理的目标之一。但是过于强调法院在诉讼外部的治理作用,比如为减少纠纷的形成,将从事审判工作的法官分散出去,用不可替代的人力资本去从事可替代的事务,效果尚无定论。又如将立案材料形式审查转变为实质审核以寻找纠纷化解突破口,导致工作量和工作难度急剧增加,人手不足的问题更是雪上加霜。而法官网格化源头化解并未纳入法院现行绩效考核制度,法官层面积极性如何亦无定论。甚至有观点认为案件分流和职能延伸难以降低真正的司法需求,反而会加剧法院“案多人少”的压力。[1] 以B区法院为例,在法官助理高度缺位的情况下,2020年员额法官人均结案3030件,青年法官工作室2名法官结案达1300余件,过于强调法院主动出击参与第一、二层面诉源治理,能否有效缓解人案矛盾不能简单定论。

(二)法院诉源治理角色定位不明引发异化风险

1. 偏离审判机关的功能定位。《宪法》第128条、《人民法院组织法》第2条都规定人民法院是我国的审判机关,其基本属性是中立和公正,“不告不理”。“被动”受理是法院司法权与行政机关行政权的主要区别。诚然,在强调能动司法的“枫桥经验”语境下,“司法必须分担一定的治理国家和社会的政治责任”[2],但不能以破坏其基本属性为代价。司法的消极性是维持司法中立、确保司法公正的基础条件,而“治理”则是主动出击,如果法院诉源治理举措过度夸大了所谓“府院联动”“协同配合”价值追求,第一、二层面从边缘参与变为全情投入,则极大威胁了法院中立和公正的基本属性。并且将从事审判工作的法官分散出去主动排查、介入社会“不稳定”因子,不仅欠缺行政官员“维稳者”的专业性,还越俎代庖干涉了行政机关的事务,有“种了别人的田,荒了自己的地”之嫌。如果法官的角色发生嬗变,必然会导致法院基本功能的本末倒置。

2. 架空诉权保障的基本要求。诉权是公民人权的重要内容,是公民获得司法救济、实现权利的前提和基础。[3] 民事诉权是当事人享有提起诉讼或者应诉并要求法院作出公正裁判以保护其民事权益的权利。[4] 通过何种途径解决纠纷是当事人意思自治的范畴。法院在给予纠纷当事人解纷方式选择时,不能过多宣扬非诉方式,应

---

〔1〕 参见张保川、熊晓彪:《基层诉源治理的探索与出路——以四川省蒲江县人民法院为中心的分析》,载《人民法治》2017年第7期。

〔2〕 参见苏力:《关于能动司法与大调解》,载《中国法学》2010年第1期。

〔3〕 参见柯阳友、吴英旗:《诉权入宪:构建和谐社会的宪政之道》,载《西南政法大学学报》2006年第1期。

〔4〕 参见田平安、柯阳友:《民事诉权新论》,载《甘肃政法学院学报》2011年第5期。

当考虑到对当事人意思自治的尊重。[1] 如果过于强调诉源治理,立案人员在各项考核压力下,过多宣扬非诉解决机制,诱导当事人调解,基于法院(法官)的权威地位,当事人"半推半就"接受调解方式,忽视了当事人诉求的保障。如果久调不解就更偏离起诉的基本目的,架空了2015年推行形式审查要件的立案登记制,无疑间接损害了当事人的诉权。

(三)法院诉源治理缺乏信息化深度应用和创新

1. 缺乏统一在线多元化纠纷调解平台。在线纠纷解决一体化平台在解纷中体现出高效便捷的巨大优势,通过远程视频、在线调解、人工智能等信息化手段,降低解纷成本,最大限度地便民惠民,是缓解矛盾纠纷的一个"减压阀"。[2] 目前A市缺乏类似J省"矛盾纠纷多元化解平台"、C省法院"易解平台"等统一的智能化纠纷解决信息处理平台。而法院调解平台与其他领域的调解平台进行对接,真正实现调解数据共享、资源共享以建立纠纷解决大数据应用中心服务审判、调解工作则更是望洋兴叹。

2. 法院自身信息化深度应用不充分。随着全国各级法院智慧法院建设的深入推进,A市法院信息化应用在立案、审判、执行等方面取得了长足进步,但仍难以满足法官办案需求、法院管理需求以及人民群众的司法需求。法院信息化仅是将传统线下的诉讼流程架构于互联网上,将实体法院进行网络"迁移",并未整合各方数据资源,亦未对拖沓的环节进行流程优化与重组。[3] 针对诉源治理的诉非衔接、数据分析等深度应用更是捉襟见肘。

(四)法院衍生案件攀升制约诉源治理的推进

1. 应付式司法理念抬头,执行类衍生案件增多。案件数量不断增长,法官办案压力激增,部分员额法官只关注当下各自案件审限、结案率等工作,少有考虑判决后续执行的可行性。[4] 缺乏整体大局意识,形成"只为案结不为事了"的应付式司法理念,缺乏对当事人的正确引导,以致一个案件衍生出多个、多类案件。由表3可知

〔1〕 参见刘晓健:《法院在多元化纠纷解决机制中的功能定位研究》,湘潭大学2018年硕士学位论文。

〔2〕 参见陈思佳、胡玮瑶:《在线纠纷解决一体化平台的价值期待和应用前瞻——以激活多元解纷联动效能为中心》,载《全国法院第30届学术讨论会获奖论文集》(上)。

〔3〕 参见刘畅:《京津冀地区纠纷解决机制的司法流程再造——以诉源治理推进纠纷"一站式"多元解决为视角》,载《天津法学》2019年第4期。

〔4〕 参见四川省成都市中级人民法院课题组等:《内外共治:成都法院推进"诉源治理"的新路径》,载《法律适用》2019年第19期。

2016—2020年B区法院执行案件大幅增长,年增长率均超过20%,最高达123%。

表3 B区法院衍生案件数情况

单位:件

年份\项目	受理执行案件数	同比分析	上诉案件数	一审服判息诉率
2016年	1126	22.97%	375	86.83%
2017年	1300	15.45%	518	85.90%
2018年	2145	65.00%	603	81.97%
2019年	3030	41.26%	771	82.69%
2020年	3693	21.88%	686	78.00%

2. 司法公信的相互抵牾,上诉类衍生案件增多。"裁判标准"不统一、"同案不同判"、法官自由裁量权较大等情况导致司法公信流失,影响当事人对裁判结果的接受度,容易产生对更高审级的不合理预期。由表3可知,2016—2020年B区法院上诉案件数基本呈逐年递增趋势,这与收结案数递增一致,但由一审服判息诉率呈下降趋势可知,上诉增长率高于结案率。

3. 诚信诉讼的高度缺位,虚假诉讼类案件增多。社会整体诚信意识较差导致诚信诉讼的高度缺失。[1] 地方保护主义及法官有失公正的不合理揣测、个别律师夸大胜率等引发当事人的投机心理,以期通过拖延时间、虚假诉讼、缠诉等方式获得不正当利益,衍生案件"应运而生"。

四、破冰:人民法院推进诉源治理的完善进路

在整体推进诉源治理过程中,法院应根据不同层面合理定位自身角色:第一、二层面有限参与、充分协助;第三、四层面全面参与、主动作为。发扬新"枫桥经验",以人民为主体,深度融入党委诉源治理体系、构建诉非衔接机制、充分借力科技、构建诉内梯度性治理机制,让诉源治理成为司法公正权威高效的新砝码。

(一)融入党委诉源治理体系,因地制宜做好源头预防

1. 府院联动,融入当地党委诉源治理格局。随着国家治权不断向基层社会下沉的整体发展趋势及部分地区诉源治理的有益探索,各地法院均会深入推进诉源治理。

[1] 参见张保川:《枫桥经验之法院实践——复生案件的源头治理》,载《人民法治》2019年第1期。

共建共治共享的诉源治理格局离不开治理主体之间的有序分工、主次分明。[1] 人民法院应紧紧融入"党委政府主导、部门各司其职、多元协同参与、城乡社区自治、司法推动保障"的矛盾纠纷预防与化解的诉源治理格局，与司法机关、行政机关联动推进，在诉前阶段积极辅助，形成协同效应。以 B 区法院为例，针对案件类型较多的物业合同纠纷，加强对基层调解组织的个案指导、与行政单位建立物业纠纷预防与治理联席制度；针对重大项目在决策阶段发出司法建议，提示法律风险，取得良好效果。

2. 资源二分，司法社会工作的网格化嵌入。探索将法官网格化源头化解纳入绩效考核体系，提高法官积极性。将法院资源进行二分，员额法官专注司法裁判，由固定、明确的司法行政人员或司法辅助人员在原有的行政部门地域网格化划分的基础上，负责该网格地域的定期司法社会工作，通过与相关人员联系，研判共性问题，节约司法成本提高诉源治理收益。在资源二分基础上实行差别化分类考核机制，如岗位差别化、纠纷类型差别化、诉讼不同阶段差别化考核机制等，打造精细化考核模式，实现治理理念与司法裁判的有机统一。

3. 因势利导，有的放矢建立源头预防机制。各地实际情况不一，应根据具体情况有序推进。以 B 区法院为例，针对受理最多的物业合同纠纷，B 区法院成立了专门的调解室推行调解前置，邀请退休法官担任调解员。B 区属国家高新产业区，企业聚集涉企案件多发，由表 4 可知，2016—2020 年 B 区法院涉企案件占民商事案件 50% 左右。为此 B 区法院成立了园区巡回法庭，联动园区主管部门、行业协会、调解组织，打造"企业自我源头预防为主，行业调解为辅、诉讼最后保障"的诉源治理模式。2020 年全面入驻，派出法官、法官助理、书记员各一名驻点，截至 6 月已审结涉企案件 164 件，远高于全院员额法官人均结案 73.8 件。并且通过成立企业家微信群、下企进行法治宣讲等方式，指导企业从源头上防范风险，召开 A 市金融机构联席会议，共商防范化解金融风险，各种创新举措对企业源头防范风险起到了重要作用，取得了良好的法律效果与社会效果。

[1] 参见钟明亮：《法院在诉源治理中的角色定位及完善》，载《人民法院报》2020 年 1 月 9 日，第 8 版。

表4 B区法院受理涉企案件情况

单位:件

项目/年份	受理涉企案件数	同比分析	涉企案件占民商事比重
2016年	1324	17.58%	46.29%
2017年	1878	41.84%	54.01%
2018年	1401	-25.40%	46.36%
2019年	2201	57.10%	52.26%
2020年	2372	7.77%	49.94%

(二)合理定位立案阶段角色,多元化解各类矛盾纠纷

立案阶段过于强调诉源治理,会架空诉权保障制度的基本要求、加剧对司法公信力不信任等,但是法院在立案阶段的诉源治理并非无可作为。在遵循自愿合法原则的基础上,通过调解、公证或仲裁等非诉渠道仍可对相当一部分纠纷向诉外分流。

1. 建立诉调对接中心,有节有度引导参与调解。在当事人自愿的原则上,在立案阶段有节有度引导当事人进行调解,分流诉讼案件,起到立案阶段诉源治理效果。例如针对B区法院物业合同纠纷、金融借款纠纷较多的情况,引入专业人员成立调解工作室,推行调解前置进行适当分流;对离婚纠纷成立心理调解室,化解矛盾纠纷的同时,防止心理失衡报复社会的衍生事件发生。

2. 加强公证机构对接,探索公证参与司法事务。公证预防纠纷、减少诉讼、化解纠纷的职能作用是可以通过定量分析被证真的。[1] 人民法院借助公证参与法律事务能弥补非诉解纷机制的专业性短板,使解纷体系向多元化发展,并延伸到矛盾纠纷的各阶段。B区法院已试行公证参与法律事务,如可通过公证程序对调解结果进行确认,发挥公证债权文书对借款合同等纠纷具有强制执行力的分流作用。

3. 强化仲裁机构协同,引导自愿达成仲裁协议。仲裁裁决一裁终局,兼具司法公信力与效率的优势,生效仲裁可以直接申请人民法院强制执行。引导当事人自愿达成仲裁协议,探索成立商事调解中心,引入具有行业特色的专业服务,同时对仲裁委提交的财产、证据保全申请以及对仲裁当事人提出的执行申请等予以优先办理,促进

[1] 参见昌雄飞:《公证在多元化纠纷解决机制中的作用》,载《新浪司法·司法热点》2018年5月22日,http://news.sina.com.cn/sf/news/fzrd/2018-05-22/doc-ihawmaua8538586.shtml。

仲裁的高效解纷效果，提高分流作用。

（三）深度推进智慧法院建设，搭建统一多元调解平台

根据在线调解推动主体的不同类型，可将我国在线调解的模式分为政府主导模式、法院主导模式、民间组织主导模式。[1] 在外部统一调解平台缺位的情况下，法院可以根据多元化解的丰富经验，为党委统一调解平台提供可行模式。

1. 建立统一平台，线上线下共同发力。发挥互联网互联互通的优势，建立统一的在线纠纷解决平台，同步开通平台电脑端、App 端和微信小程序端。在整合司法、行政、人民调解的同时吸纳法学专家、行业调解组织、律师等社会力量，组建在线调解智库。完善诉非衔接程序，及时组织调解，若调解成功可通过平台申请司法确认，若调解不成功则转入法院远程诉前调解或诉讼。在各接入单位建立智慧调解室供当事人选择，线上线下齐发力，最大限度满足群众的纠纷解决需求。如 B 区法院成立了“线上全流程诉前多元解纷平台”，自 2021 年 4 月启用以来，已通过该平台受理了 298 件小额、简易金融合同纠纷案，所有案件均在 10 个自然日内完成了相应程序的办转结，处置程序正确率达 100%，从诉前调解自动转诉讼立案最多仅需 2 小时。

2. 精准类案推送，提供智能风险评估。搭建具有类案检索功能的系统供多元调解主体使用，实现关键词自动推送类案、相关法条及调解文书自动生成等智能服务，提高调解成功率。智能出具诉讼成本、时间成本等方面“诉讼风险评估报告”，引导当事人根据纠纷性质及个人诉求选择高效、便捷的解纷方式。

3. 挖掘分析数据，提高纠纷源头预防。依托统一的在线纠纷解决平台，在跨部门、跨行业间推行“数据深度融合战略”。[2] 自动实现对数据的收集、整理和深度分析，识别诱发争议较多的区域、领域、人群及可能影响社会稳定的案件，全面掌握矛盾纠纷产生、处理的总体情况和未来发展趋势，从源头上防范和化解重大风险。

（四）构建诉内梯度治理机制，推进衍生案件源头治理

在诉内诉源治理过程中，法院的角色定位应是全面参与，充分主动作为，实质性化解矛盾纠纷，减少衍生案件。

1. 强化裁判文书的正当性说理。刚性推行“规定动作”判后答疑和精准类案参考

---

[1] 参见吕宗澄、胡雅丽、郭轩臣：《人工智能背景下在线调解的现状与未来》，载《南华大学学报（社会科学版）》2019 年第 1 期。

[2] 参见刘畅：《京津冀地区纠纷解决机制的司法流程再造——以诉源治理推进纠纷“一站式”多元解决为视角》，载《天津法学》2019 年第 4 期。

制度。通过附带“类案二审裁判文书”、判后释法明理等方式，打消当事人“疑惑”及“犹豫期”对二审裁判的不合理预期。通过邀请多发案件系统外法学专家、基层优秀调解员等方式建立“上诉风险第三方评估咨询中心”，由中立方一对一帮助当事人分析判决法理、情理及上诉风险。充分借助社区、村委等“基层力量”接近群众的优势，巧用亲情、友情力量，在判后对当事人释理和回访，实现案结事了的同时有效减少上诉案件。

2. 加强立审执联动和监督管理。树立诉内“整体司法观”及“审执并重”思想，改变“一判、一调了之”的失范现状，坚持诉讼信息贯彻始终、分段不断。推行财产先控，在立案时提醒当事人进行财产保全，判决生效后执行开始前督促当事人自动裁判义务，防止当事人隐匿、转移财产。通过自查、互查、委托中立方评估机构等方式对裁判文书进行纠错，确保裁判文书质量。建立上诉较多的类案、案件上诉较多的承办法官“两个重点”监督管理机制，充分发挥“庭长—分管院长—审判委员会”模式作用，提升一审案件质量。

3. 共同营造诚实守信诉讼环境。建立诚信诉讼制度，严厉惩戒虚假诉讼、恶意诉讼、缠诉等行为。如B区法院制定诚信诉讼制度，并发出《诚信诉讼承诺书》，取得良好效果。加强与银行、不动产信息中心等部门共建征信平台，将虚假诉讼等不诚信诉讼纳入社会信用体系。充分调动司法机关、法学专家及律师共建法治互信，使法律职业共同体更具凝聚力，共同维护诚信诉讼环境。

五、结语

诉源治理是人民法院参与基层治理的途径之一，对构建基层公共法律服务体系有着重要的作用。本文结合泛珠三角A市B区样本从诉源治理必要性分析和正当性证成入手，进而分析整体推进的实践困境，找出完善进路。通过研究论证，人民法院整体推进诉源治理应积极融入党委治理格局、合理定位不同层面角色、充分借力科技、构建梯度性治理机制。本文在论证诉源治理共性问题的同时，注重个性问题分析，观点带有一定地方鲜明特点，如通过巡回法庭、一园区一法官等方式推进诉源治理。实践中各地实际情况不一，具体措施应深厉浅揭、因势利导，本土化探索则需另立论题阐述。

选择与纠偏：欠发达地区基层法院生态环境资源案件去模式化审理分析

——以 Y 市 A 区法院 2018 年至 2021 年 5 月的案件为分析视角

蓝海恩*

生态环境资源是维系地区一方可持续发展的重点，基层法院作为地方司法机关，理所应当加入对生态环境资源治理的大格局当中，本文拟从 A 区法院近几年在生态环境资源方面受理的案件数量、案由分布、审理模式中以小见大，就基层法院在普遍参考其他地区创新经验中，实际探索产生的局限与疑问展开分析，针对生态环境资源治理的治理方式和治理理念等进行论述，以期达到对治理方式和治理理念的进一步认识，扬长避短，更好作用于实践。

一、困惑："一组人马，两套牌子"的实践效果不显著

A 区是南方某省的一个少数民族聚居地，整体经济并不发达。在各类审判改革背景下，也曾针对不同的案件性质进行了机制创新，如在 2015 年、2017 年及 2018 年，出于为人民群众服务，A 区法院就曾下设有医患纠纷巡回法庭、旅游巡回法庭及交通巡回法庭，采取设立固定巡回办案点和流动巡回办案点的方式，定期派驻法官值守或轮流值守。但大多法官无法长期坚持，且成本支出与收效并不成正比，于是逐渐搁置，无

* 作者单位：钦州市钦南区人民法院。

法形成自己独有的特色。近几年,A 区生态环境资源问题逐渐开始出现端倪,国内大环境对生态环境治理的关注度进一步加大,上级机关关于进一步加强对该类案件审理的文件等越来越多。那么,在多方压力下,A 区法院是否依旧选择走原来“巡回法庭”的路子,才能体现得出对生态环境资源治理的重视?一方面,依据现有的财力、物力及以前的经验,在这方面着手简单快捷,能短时间内打造“亮点”;另一方面,如此做法难免会陷入形式主义,于生态环境治理并无益处。

(一)A 区法院近年来的生态环境资源案件情况

据统计,2018 年至 2021 年 5 月,A 区法院共受理生态环境资源类案件 306 件,已审结 296 件。该院年均收到环境资源案件数量并不多,虽然总体收案数呈现上升状态,但涨幅比例不高,上涨显著突出的只有 2021 年上半年,原因是出现了一批因某公司施工不当,导致产生的建筑废土污染了基本农田的系列案。总体上依据目前常设的民庭、刑庭、综合审判庭等机构已足够消化。此外,在这些案件中,最终进入执行程序的并不多,总共 9 件。即使如此,执行效果实际并不理想。具体案件情况见表 1、表 2:

表 1　2018—2021 年 5 月底 A 区法院生态环境资源案件情况

单位:件

类型	2018 年		2019 年		2020 年		2021 年 5 月		总计	
	受理	审结	受理	审结	受理	审结	受理	审结	受理	审结
民事	5	5	15	15	14	14	114	114	148	148
刑事	21	21	34	34	30	27	12	10	97	92
刑附民公益诉讼	0	0	1	1	1	1	0	0	2	2
行政	8	8	11	11	5	4	5	1	29	24
总计	34	34	61	61	50	46	131	125	276	266

表 2　2018—2021 年 5 月进入执行程序的生态环境资源案件情况

单位:件

类型	受案数	申请执行标的(元)	已执行标的(元)	结案数
民事	7	9, 554, 529	35, 522	5(终本 2)
刑事	1	60, 000	60, 000	1

续表

类型	受案数	申请执行标的(元)	已执行标的(元)	结案数
刑附民公益诉讼	1	2,483,800	0	1(终本)
总计	9	12,098,329	95,522	7

以上述数据为基础,进一步将案件延伸细化如下:

首先,在该类民事案件中,主要与自然资源相关的物权保护纠纷的是16件,如相邻污染侵害纠纷、排除妨害纠纷、采矿权纠纷等;与自然资源相关的合同纠纷的是15件,如供用电合同纠纷、林业承包合同纠纷等;环境侵权责任纠纷比较多,共117件,如土壤污染纠纷、环境污染责任纠纷、水污染责任纠纷等,其中土壤污染纠纷大多是系列案。具体见图1:

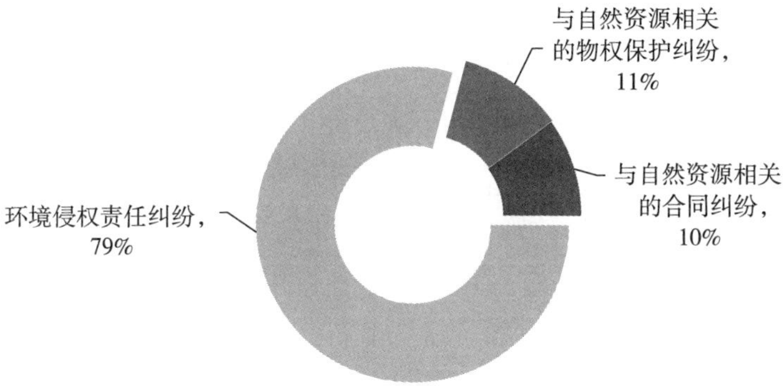

图1 生态环境资源民事案件案由分布

其次,在该类刑事案件中,案由全部集中在妨害社会管理秩序罪当中,实际以滥伐林木罪、盗伐林木罪以及非法捕捞罪占比最大。具体见图2:

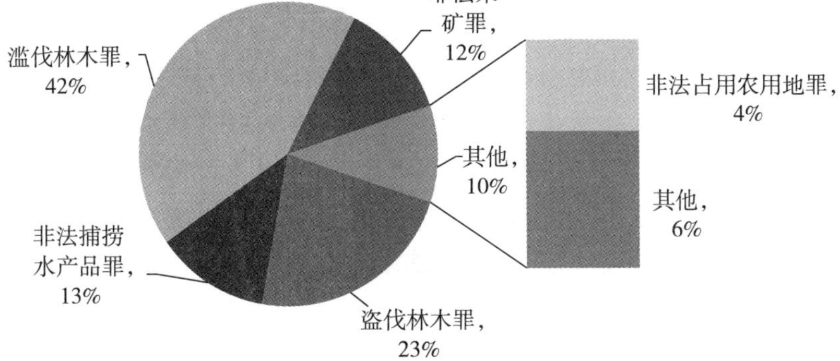

图2 生态环境资源刑事案件案由分布

再次，该类涉刑事附带民事公益诉讼类案件很少，只有两个案件，分别是污染环境罪、非法捕捞水产品罪，均系以判决结案。

最后，在该类行政类案件中，案由主要集中在处罚类 8 件及确权类 10 件，如不服规划管理限期拆除违章建筑、罚款处罚，不服土地所有权处理决定。

根据上述图表的情况，A 区法院受理刑事案件 97 件，其中多以林木犯罪为主，案情简单，[1]最终毫无疑问是以判决结案。在共计 148 件民事案件中，就有 124 件以调解结案（包含 114 件系列案在内）。行政案件除却原告主动撤诉的 3 件，亦以判决或裁定方式结案。

自生态环境资源案件逐渐受到重视，根据上级经过调研之后所形成的对 A 区法院的意见函：一是要以深化思想认识为导向，充分发挥环境资源审判职能作用。其中就有要探索补种复绿、增殖放流、劳务代偿、替代修复、第三方治理等多样化责任承担方式。二是要以专业化为方向，健全环境资源专门化审判体制机制。其中亦有要研究探索“三审合一”或“二审合一”审理模式等。但是目前就 A 区的案件现状及整体的资源情况，这类型的意见在操作层面上难度很大。

（二）尝试借鉴其他法院生态治理模式的不适应性体现

劳务代偿、替代修复、第三方治理等多样化责任承担方式及专门化、专业化司法等方式，在 2007 年至 2017 年就已经在全国各大地区基本形成了体系，不可否认这种体系在其他地区取到了良好的效果，但是否具备普遍适用性，至少在 A 区法院的实践来看是存疑的。

1. 加大了人浮于事，机构多案件少的尴尬现象。A 区法院员额法官 38 名，年人均结案超 210 件，且在逐年上升中。但表 1 数据显示，生态环境资源类案件的增速总体上是缓慢的，变化并不大。由此可见，A 区法院案件的增速主要集中在其他类型的案件，而非生态环境资源案件。此外，在原本基数较少的环境案件中，又以简单的刑事案件为主，若将生态环境资源案件剥离，集中由专人审理，又与当前探索“随机分案”的改革相违背。前文提到过该法院目前已就其他类型的案件创设过 3 个巡回法庭，其他法官工作室、值班点数量更多。在 3 个巡回法庭中，交通事故案件数量最多，但自开设以来至今日已经基本呈现空壳状态，由于案件回归院部各个庭室审理，巡回法庭基本没有案件受理，因为已经成为“亮点”进行宣传，就出现了不好撤掉，又无人管理的尴尬处境。回到本文主题，环境资源案件年均 70 件左右，但全院年度平均收

---

[1] 林木为速生桉，大多为无证砍伐，被告基本认罪认罚。

案超6000件，但从数据上看，若案件超过70件，就要探索设立专门机构专门人员办理，在员额人数及基础部门不变的情况下，“一组人马”可能有多个“牌子”，显然供过于求，不合常理。

2. 出现了专业化法庭与案件特征的匹配度并不完全重合，效果有限之惑。案件的管辖主要受三个因素影响，级别管辖、地域管辖及专门管辖，相较于案情复杂、影响大的案件一般交由高层级的法院审理的情形，环境生态系统本身就没有这么明显的边界，环境污染是具有向外扩散的特性的，不排除污染范围会跨行政区域，由此若单纯借鉴模板化的专业法庭或巡回法庭，并无法解决这种环境治理上的区域冲突问题，反而会将问题扩大化。

3. 在既要求加强生态环境资源案件的司法与执法衔接，又建议法院参考落实其他地区法院的经验做法方面，存在是否法院单方面“唱独角戏”，而其他公安检察系统却无法有效配合的困惑。一般情况下，若要加强联动、形成环境资源保护合力，现行的做法基本会从建立多部门联动机制出发，加强司法执法之间的联系与沟通，以此推动形成各司其职、相互衔接、协调配合、互动联动的环境综合治理体系。因为生态环境资源案件有时候并不只涉及法院，例如在生态环境刑事案件中，公安机关的侦查程序、检察院的审查起诉程序等，无不与案件的最终的妥善审理息息相关。但现实是，在Y市A区，侦查机关、检察机关与法院之间并未同步进行改革探索，各环节很难处在同一水平上，即使加强衔接，起到的作用也会存在很大的限制。

4. 存在形式主义痕迹过重，环境维权路途依旧困难之惑。首先，从表1及图2中可知，A区法院环境资源案件主要集中在刑事和民事这两块，刑事案件又多以林木案件为主。但经过实质调研分析，林木案件每年的案发数据较为均衡，主要原因就是当地群众在林权纠纷尚未处理的情况下无证砍伐或未经审批而超规格砍伐，整体案情简单、情节轻微，被告亦认罪认罚，判决结果绝大多数适用了缓刑。此类情形及案件数量年年重复，林木资源环境治理未有明显效果。其次，根据图1显示，在民事案件中，案件多为侵权之诉，当事人的请求多围绕损害赔偿、停止侵害的诉求进行，但损害赔偿如何确定是案件审理的难点，以往审判结果多依赖鉴定报告，以鉴定报告给出的结论来确定损失，但目前针对此种情形，二审已有发改情形，当事人服判息诉率依旧很低。再次，行政案件原告的胜诉率较低，诉讼容易成为当事人不大常见的维权方式，转而更乐意信访求助。最后，从表2中可知，即使生态环境资源案件经过生效裁判进入执行程序的数量很少，但依旧存在执行难的问题。其中一个重要的原因系被告分散在各大省份，本院受执行成本及条件的限制，无法及时查控到可供执行的财产，即使与其他法院合作，但受托法院自己的案件总会优先于委托方办理。因此，环境受到损害时，因赔偿资金无法执行到位而不能及时得到有效救济。

5. 环境实体法在生态环境资源案件中的适用率较低、生态环境司法的法律依据稍显不足。一方面，从A区法院近三年的306件案件文书来看，仅有2件行政非诉援引了环境方面的实体法，即《固体废物污染环境防治法》。另一方面，在上级的建议中，有提到要加强探索补种复绿、增殖放流、劳务代偿、替代修复等多样化责任承担方式。但是从我国目前法律所规定的责任承担方式上来看，诸如补种复绿类型并不在法律明确规定的责任承担方式的范围之中。当然，当事人可以在执行阶段就案件达成执行和解，但除开这种选择，法院实际并没有权利发出补植令等，更遑论保证成活率。不可否认这种探索的初衷非常好，也可以明显达到一定的社会效果，但是却始终是无根之萍，因为根本就没有任何法律依据表示可以将这种类似于"劳务承担、亲友代植"等方式当成刑罚执行的辅助。A区法院作为基层司法机关，在没有法律依据的情况下，是无法完成对传统的诉讼体制的突破的，因为这有违司法的严肃性及法律的权威性。

6. 不断倡导法院司法的"能动性"，使法院基本的司法定位逐渐弱化。法院的主责主业永远是依法裁判，必须在司法活动过程中保持"被动性"和"中立性"。为了更好地服务地区环境，特别是在民商事领域，司法机关的"主动服务"容易被打造成工作亮点，但在实际操作当中，"主动服务"的度把握不准则容易异化成诸如法官主动上门揽案，为一方当事人提供法律服务等违背司法被动性的做法。法院与政府行政机关不同，一味在"主动作为"上绞尽脑汁寻找亮点突破，实则越俎代庖，弱化了司法作用，无法真正将生态环境资源审判融入地区的绿色发展。

二、症结所在：其他法院生态治理模板在A区法院无法适用的原因剖析

（一）生态司法理念与生态理念在理解上存在偏差

我国一直强调生态文明建设，但放到实践中看，却鲜少专门从法治角度就法律问题进行充分的专业化考量，在各种意见中，常将生态文明建设跟法治建设简单相加便阐述为生态文明法治建设，在这种逻辑的指引下，很容易将生态理念简单看作生态司法理念，认为生态司法理念即生态文明建设理念。[1] 我们应该知道，生态文明建设

[1] 具体表述可以参见2014年、2016年、2017年最高人民法院出台的《意见》内容。本文认为，在中央提出的生态文明建设理念内容中加入"司法"一词，就成了生态司法理念，此逻辑值得商榷。

所涉及的范围是全方位的，单从公、检、法三者的角度来说，各个职能所应当发挥的作用也都是不一样的。不能否认，在实际工作中要时刻紧跟中央及国家的大政方针，并且要出台相应的措施进行宣传和落实，但若过于机械化搬用，便忽略了法院的职责及性质。一方面，对于各级法院特别是基层法院的法官来说，原本了解跟进形势、熟悉党和国家的大政方针可以更好地辅助自己工作，但由于"理念上"存在理解偏差，导致过于关注时事而轻了本职工作。另一方面，因理念理解的偏差，导致由其演化出的许多生态环境资源术语被滥用，法治思维逐渐弱化。法官从事审判工作，一定是在正确的法律理念的指引下严格依法进行的。把大量的生态理念强行理解为生态司法理念，容易使法官陷入一种误区，即认为只要遵守了这种生态理念的相关术语，就是在依法进行司法活动，而完全忽视了现行法律的规定，特别是当现行法律规定与生态理念存在冲突的时候，这种做法就变得理所当然。A 区法院在实践中存在上文所述的诸多疑惑，与此思维并非毫无干系。

（二）缺乏专业化的配套保障条件

在审理生态环境资源案件中，特别是侵权类案件，往往会涉及对损害发生的成因、范围、具体损失等进行评估鉴定，但是目前必须要面临的现实是鉴定机构数量少、缺乏中立性。同时因为类似于环境污染所造成的损害有时比较隐蔽且时间跨度长，而这往往导致整个鉴定所耗费的时间过长、费用过高、难度过大，从而影响到法官对整个案件事实的认定，即使最终的鉴定结果未必是公正的。现实中的法官并不具备专业的技能，因此难免会过于依赖鉴定结果。由于专业化的配套保障条件并不完善，因此，此类案件的审理往往比较复杂。A 区法院在现实的案件审理中，例如在环境资源民事侵权类案件审理中，绝大多数案件当事人并不愿意申请鉴定，宁愿把时间放在私下的相互"沟通"上，即使案子最终进入法院，也依旧愿意走调解程序，在法院的见证下以双方各让一步，调解结案了事。受害人拿到了赔偿，不是很严重的污染只能任由生态的循环系统自己慢慢恢复。在刑事案件审理中，存在个别的案件，隔壁区法院以鉴定结果来判决，被中院改判，而 A 区法院也有类似案件，因被告认罪认罚并未上诉，判决已然生效。由此可见，在缺乏专业化的配套保障条件下，单纯依靠法官自身，很难保证案件的审理质效。

（三）为满足特定需求而走偏的各种竞争

在重点治理生态环境资源的大方向前面，如何运用法治方法来推进治理，逐渐成为一项重要的议题，而法院作为司法审判单位，自然是地方进行改革的重要动力来源之一。以往的个案个判的常规性做法与"专业化"等各类创新性名词相比，后者显然更能呈现出亮点。同时,因为不同地区有自己不同的实际情况,在全国各地法院“漂亮的数据”面前,上级机关对下级单位缺乏最准确的认知,认为别人能探索成功自己应该也可以,而为了快速应对上级的各种检查及要求,在大趋势面前,地方法院只能无奈先行跟随各地的成功经验,选择增加专门化的机构。以A区法院现有的数据来看,常规的审判部门尚可以消化目前的生态环境资源案件数量,其实无须再另外添加机构,但如此便无法很快地回应上级所要求的创新需求,也落后于同级法院的业绩宣传。

(四)现有的审判力量尚无法完全撑得起“专业”一词

A区法院现有员额法官38人,就数据来看,该院受理的环境资源案件数量较少。因为所处地区经济比较落后,因经济发展带来的新的生态环境资源案件,也是近几年才开始出现,因此绝大多数法官并没有这方面实践经验。而且在这些员额法官中,大多接近退休,老龄化比较严重,在欠发达地区接触得最多的就是传统案件,缺乏最新的环境科学知识。同时,在现有的法学教育中,环境法知识的教学依旧比较薄弱,在整个大环境下,各地区的法院系统都很难招录得到专业性的人才,何况欠发达地区的基层法院;除此之外,基层法院法官助理流失严重,在欠发达地区更是无人报考,缺乏后备军补给,更遑论在体制内培养专业化人才。

三、该往何处去?生态环境资源审判改革在探索中的纠偏

(一)让生态司法理念回归司法本位

应该充分认识到,生态司法理念离不开“司法”一词,因为生态司法归根结底就是司法活动,从理论上讲,就是要将司法理念生态化。故而法院在生态环境资源治理的进程中,应当用司法理念来解决当下生态理念存在的问题,主以司法理念,辅以生态理念,两者相互依托,主次分明,方能在生态环境资源治理中彰显司法应有的作用。另外,从司法的本质属性来说,应当坚持在法律的框架内处理每一个案件,在法律的基础上进行解释,结合法律将案件事实与判决结果联系起来,同时这种联系要经受得住严谨的逻辑推理。基层法院在生态环境资源治理的过程中,也应当围绕这种思维逻辑,方能将治理落到实处而不走偏。

(二)从立法层面回应现实需求

将生态环境资源审判纳入法治轨道的前提是要“有法可依”。首先,目前的改革探索大多依靠政策作为导向,政策又没有转化为法律。我国目前关于生态环境资源的立法都是分散开来的,彼此之间的关联性比较松散,有的甚至没有提到生态理念的

内容。但其实可以在部门法的修改中，适当地将正确的生态理念加入，使其进行法律化。此举是很有必要的，因为一个司法理念往往能够决定一个行动方向，就比如2021年生效的《民法典》第9条"民事主体从事民事活动，应当有利于节约资源、保护生态环境"就规定了开展民事活动应遵循的原则。由此法官在案件审理过程中，可以以此为依据对民事行为进行判断。其次，我国目前的环境实体法过于柔性，主体责任及诉讼规则的界定并没有很突出，若能够在环境法这一块进行系统的法典化编撰，将规则细化是许多人更愿意看到的选择，但若目前尚不具备相应的条件，也可以通过加强各个部门法之间的协调性、加强刚性立法、优化举证责任分配，甚至通过公布指导性案例等来进行弥补。

（三）尊重当地发展的条件和需求

一般来讲，只有经过了快速的城市化发展，才会大量出现因发展过快引发新的环境污染、资源浪费以及生态损害的情形。首先，从地区的经济发展情况来看，最明显可行性方法就是将自己本院在近年来所受理的案件情况、难易程度、案件趋势进行综合性分析，从而可以判断当地的一个整体状况。其次，就是要从基层法院自己的实际出发，即是否有足够的专业人员、现有审判机构能否消化当前的生态资源案件数、是否有足够的资金支持等。若完全不符合，那盲目照抄其他地区的创新经验就不具备必要性及可行性，如此宁愿将重心放在更实际案件审理、执行当中，反而更能提升群众的满意度。最后，尽量减少各种形式上的联动机制，在不具备其他地区的条件下，应当坚持"群众需求"，将重点放在案件质效不高、执行效果不佳、法律适用难等具体问题的攻坚上。

（四）加强人力、物力资源的优化配置

针对审判力量及配套设施供给不足、成本高的问题，首先，可由政治部牵头，加强生态环境资源相关知识的培训，广泛开展或加入相关的学术研讨等交流活动，尽量弥补知识短板。其次，上下级法院可以加强联动，扩大寻找、形成专家陪审员、专业人士参与案件诉前调解等机制，或者组成专业的"智力库"，借此帮助法官将法律适用难度不大，但专业性强的案子消化掉，提升总体的审判质效。最后，规范选人用人制度，加强对现有队伍的管理，形成良好的竞争上岗氛围，针对案件发改问题，有审管办（研究室）牵头加强总结反思，并以此作为年终考评的参考。

针对执行效果低下的问题，加大攻坚执行力度：一是加强构建"精英执行"，制定集约化执行团队建设和人员分配，建立健全执行办案团队；二是坚定亮剑"强制执行"，加强院际之间的沟通与协调，对涉生态环境资源案件进行强势攻坚；三是妙思巧用“善意执行”，转变工作思路，以期在执行阶段达成执行和解，以最优的方式化解纠纷；四是尝试推进“智慧执行”，强化部门联动，实现不动产查询“足不出户”、执行案件“掌上送达”、司法拍卖“线上看样”，吸取新冠肺炎疫情影响的启示，加强信息化执行手段的建设，以期更便捷减轻执行负担重的问题。

传承与新生:“族老调解”制度的现状与完善路径

梁　慧　李　寒*

随着我国经济快速发展,社会进入转型期,社会中的矛盾呈现出日益多元化、复杂化的特点,司法纠纷解决机制不完善、司法资源短缺与逐年递增甚至井喷式增长的纠纷、人民群众多元的司法需求之间的矛盾越来越突出。创新纠纷解决机制,推进国家治理体系与治理能力现代化显得尤为重要。最高人民法院于2019年出台《关于建设一站式多元解纷机制　一站式诉讼服务中心的意见》,为“一站式多元化纠纷解决机制”和“一站式诉讼服务中心”建设提供了指导。[1] 推进“一站式多元解纷机制”和诉讼服务体系建设,践行新时代司法为民理念,将以往的当事人对抗主义模式向法院主动为当事人提供多元纠纷解决方法模式发展,帮助当事人早日化解矛盾纠纷,对优化司法资源配置、提高司法质效起到举足轻重的作用。

在我国四级法院中,基层法院承担了最多的纠纷解决职能,一站式多元化纠纷解决机制可以有效缓解基层法院“案多人少”的压力。而对派出法庭而言,由于其普遍设在城乡接合部、村镇甚至偏远的乡村,所辖地区建设相对滞后、规划不够合理、企业管理不规范、乡镇村屯人口受教育水平较低,导致受理的案件呈类型化、标的额较小、法律关系较为清楚等特点。但是受到司法资源分配不足的局限,如何进一步细化与创新派

---

* 梁慧,广西壮族自治区高级人民法院执行裁判庭法官助理;李寒,广西壮族自治区南宁市兴宁区人民法院五塘法庭副庭长。

〔1〕 参见龙飞:《“把非诉讼纠纷解决机制挺在前面”的实证研究——以重庆法院实践为样本》,载《法律适用》2019年第23期。

出法庭的纠纷解决机制成为迫切需要解决的难题。

南宁市兴宁区人民法院五塘法庭地处兴宁区五塘镇，所辖行政村有14个，均为以少数民族——壮族为主的民族聚居地。为了能够更好地解决不断变化发展的乡镇纠纷，维护地方稳定，该法庭创设了独具特色的“族老调解”机制。该机制为当地多元化纠纷解决机制之一，在一定程度上有效地解决了当地的大部分纠纷。

一、探源溯流：“族老调解”制度的传承与发展

兴宁区五塘镇位于南宁市东北部，下辖14个行政村，2017年人口约为6万人，其中壮族占了大多数。在壮族的农村里，“族老”（或称之为“族长”）是农村群众对同族长辈或村中德高望重的长者们的尊称，其精通当地语言、了解地方历史、熟悉本土风俗习惯，在农村中颇有威望。中华人民共和国成立后，带有浓厚封建色彩的宗族制度受到限制和削弱，“族老”在现代社会虽没有封建社会的宗法权力，但本村本族的一些重要事情往往需要此类长辈参详和拿捏主意。

五塘法庭为南宁市兴宁区人民法院的一个派出法庭，坐落于五塘镇中心，主要处理五塘镇辖区的民事纠纷。在探索多元化解纠纷机制的道路上，针对五塘镇主要以壮族为主的聚居地的特点，五塘法庭紧密结合审判工作实际，积极创新方法举措，开创了“族老调解”纠纷解决机制，邀请“族老”参与部分案件的调解。先看两个案例。

案例1：南宁市兴宁区五塘镇某村村民孙某（女）与吴某（男）于2011年6月登记结婚，婚后未生育小孩，2014年9月，孙某以夫妻感情破裂为由起诉至法院要求离婚。法庭立案后组织双方进行了调解，但孙某与吴某情绪都非常激动，双方互不相让，互相谩骂甚至大打出手，调解一度陷入僵局。在法官多次调解无果之后，五塘法庭即启动族老调解机制，邀请两人所在村庄的“族老”韦某对该纠纷进行调解。“族老”韦某亲自到纠纷双方的父母家了解情况并针对双方的矛盾进行调解，动之以情，晓之以理，最终解开了双方的心结与误会，女方撤回起诉。事后经电话回访双方家庭幸福，生活美满。

案例2：王某居住在某小区，2020年7月的暑假，王某发现其楼下新开了一家修车店。修车店不定时发出来的修车声影响到了王某休息，让其寝食难安。王某发信息给小区物业反映情况。几天后，物业带着分贝仪去现场测量，发现修车时的工具噪声达到了101分贝。王某住在高层，传上来的噪声虽然已经减弱，但是仍然让其无法忍受。之后王某也多次与物业反映情况，但都没什么实际效果。其后又拨打政府服

务热线投诉，又找到城管部门、工商部门反映，还报了警，种种方法都尝试了却没用。2020年9月底，王某起诉到五塘法庭，要求楼下修车店消除噪声妨害。楼下商铺业主刘某说自己的商铺是租给了修车店的李师傅，李师傅提出王某时不时也会在他店门口扔垃圾，还在地上写“吵”的字样。双方均对对方的行为表示了不满。对于这个案件，五塘法庭的法官邀请了“族老”青某参与调解，青某在耐心听了双方的陈述之后，针对双方矛盾的焦点释法明理，提出邻里纠纷大家最主要的还是互谅互让，和谐相处。最后刘某督促李师傅对修车铺做了整改，且表示以后会在租约里直接写明“不得噪声扰民”，王某表示很满意，当庭撤诉。[1]

上述两个案例是五塘法庭运用“族老调解”机制化解纠纷的生动体现。案例1是村民之间传统的婚姻家庭纠纷，案例2是在城市化发展的过程中现代商品房住宅小区邻里之间的矛盾。无论是哪种矛盾纠纷，“族老调解”机制都有其化解纠纷的优势。在法律对一些案件的处理没有明确规定或者规定不具体时，“族老”们的社会阅历及由此形成的大众化思维能够帮助法官了解社会公众的认识和评价，用客观的常人视角和思维方式来观察和分析案情，从而最大限度地实现社会和谐。因此，五塘法庭多元化纠纷解决机制呈现出两个突出特点：一是以法官为主导的定分止争；二是以“族老”为辅助的纠纷化解。

（一）2016—2020年“族老调解”取得的成效

2016—2020年，由于五塘镇经济发展迅速，社会利益格局不断变化，导致矛盾多发，各种纠纷大量发生。随着法治建设的不断深入，法治意识在人们心中逐渐增强，在纠纷得不到有效解决的时候，人们开始习惯通过诉讼方式维护自身权益，大量纠纷便涌入了法院。因此，五塘法庭的案件数量也在逐年递增，近两年的案件量更是呈井喷式增长（见图1）。

〔1〕 详见2021年3月8日中央电视台《今日说法》两会特别节目《公平正义新时代》。

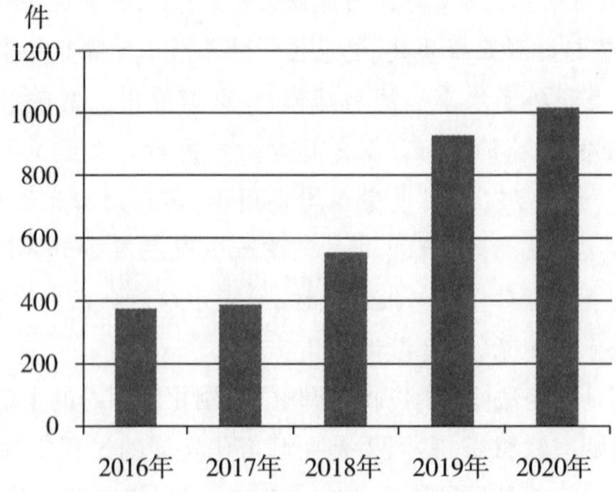

图 1 2016—2020 年受理案件数

随着案件的不断增长，五塘法庭“案多人少”的矛盾越来越突出。2016 年该法庭只有两名法官，人均受理案件数为 189 件。到 2020 年，五塘法庭配备有三名员额法官，法官人均受理案件数增加到 340 件。如果单纯靠法官自身办理三百多件案件，压力可想而知。五塘法庭引入“族老调解”，有效化解了案多人少的矛盾与压力。

2016—2020 年，五塘法庭通过法官审判方式和“族老调解”方式解决纠纷的数据如表 1 所示：

表 1 2016—2020 年法官审判与“族老调解”结案数据分析

年份（年）	受理案件数（件）	结案数（件）	通过“族老调解”方式结案数（件）	通过法官审判方式结案数（件）	“族老调解”方式结案占比（%）
2016	378	316	49	267	15.5
2017	392	332	83	249	25
2018	554	469	166	303	35.4
2019	933	800	348	452	43.5
2020	1019	915	476	439	52

从表 1 的数据分析可知，通过“族老调解”结案的案件数占比在逐年递增。以 2020 年为例，法官人均受理案件数为 340 件，“族老调解”方式化解案件数 476 件，通过法官审判方式结案数为 439 件，相当于法官人均化解的案件数仅为 146 件，有效缓

解了法庭法官的办案压力。

（二）“族老调解”案件与调撤率、服判息诉率联动分析

1.“族老调解”2016—2020年诉前调撤率分析

2016—2020年，五塘法庭诉前调解案件数分别为135件、186件、308件、661件、730件，其中邀请“族老”进行调解的案件数分别为40件、63件、142件、317件、459件，调解成功案件数分别为26件、45件、84件、196件、237件，调解撤诉案件分别为8件、15件、23件、55件、101件，诉前调撤率分别为25.2%、32.3%、34.7%、40%、50.4%。从上述的数据可以看出，2016—2020年五塘法庭持续深化诉源治理工作，在诉前邀请“族老”进行调解的案件逐年增多，诉前调撤率也在逐年增高，2020年更是达到了50%左右。可见，诉前邀请“族老”进行调解，并对调解的结果加以司法确认，利用“族老调解”的优势，可以有效地将纠纷化解在诉讼前端，提升办案效率，减轻当事人的诉讼成本，节约司法资源。

2.“族老调解”2016—2020年诉中调撤率分析

2016—2020年，五塘法庭诉中调解案件数分别为235件、246件、396件、587件、621件，其中邀请“族老”进行调解的案件数分别为43件、56件、79件、125件、248件，调解成功案件数分别为9件、15件、37件、51件、83件，调解撤诉案件分别为6件、8件、22件、46件、55件，诉中调撤率分别为6.4%、9.3%、14.9%、16.5%、23.8%。从上述数据可以看出，五塘法庭将部分案件化解在前端，诉讼中的案件已经有所减少，虽然诉中的案件调解不易，但是在邀请“族老”进行部分诉中案件化解之后，2016—2020年来五塘法庭在诉讼中邀请“族老”调解的案件调撤率在逐年提升，在一定程度上也缓解了法庭“案多人少”的压力。

3.“族老调解”2016—2020年服判息诉率分析

案件如果通过“族老调解”仍然难以解决，法官在案件判决之后也会邀请“族老”协助判后答疑工作，认真听取当事人对案件审理结果的意见，从法理和情理的角度出发，把法律效果和社会效果融入答疑工作当中，真正达到案结事了的效果。

2016—2020年，五塘法庭当事人递交上诉状案件数分别为23件、41件、73件、111件、107件，其中邀请“族老”进行判后答疑的案件数分别为5件、14件、25件、67件、64件，经过“族老”判后答疑主动撤回上诉案件数分别为1件、5件、37件、56件、53件，2016—2020年案件上诉率详见图2。

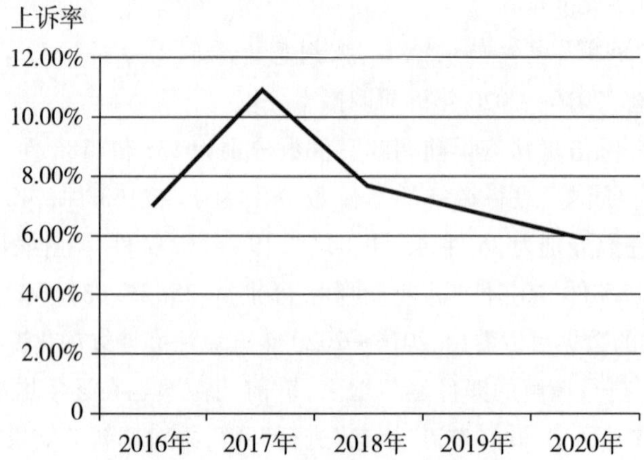

图 2　2016—2020 年案件上诉率情况

由图 2 可知，在判后答疑环节邀请“族老”加入释明工作，2016—2020 年五塘法庭的案件上诉率明显下降，从另一方面也说明了案件的服判息诉率有所提高。

二、现状检视：“族老调解”机制存在的问题与困境

从前面分析的数据可以看出，“族老调解”机制可以有效缓解五塘法庭“案多人少”的矛盾，对于多元化解纠纷、推进基层社会治理创新、推动乡村振兴、维护社会稳定发挥了重要的作用。但是随着城市的不断扩大、乡镇经济的迅速发展，城镇化进程的加快，案件类型逐渐多元化，“族老调解”机制也面临着一系列新的问题与困境。

（一）新型纠纷与“族老”专业知识局限之间的矛盾

在以身份为主导型的农业社会中，社会活动参与受到家庭的严格制约，活动范围也大多在熟人之间，因此社会矛盾的解决大多诉诸礼法、舆论、习惯等，大多数人只和本村本族人产生纠纷矛盾，传统型的纠纷主要包括婚姻家庭纠纷、相邻权纠纷、土地承包经营权纠纷、山林土地权属纠纷等。“族老调解”能够使当事人辩事说理，促使当事人之间的和解，从而达到化解社会矛盾、维护社会和谐的作用。

随着乡村振兴战略的全面实施，城乡融合的不断深入发展，农村农业的发展越来越现代化，许多新的发展理念与发展模式逐渐渗透到农村。农村逐渐产生了新类型纠纷如商品房买卖合同纠纷、金融借款纠纷、合伙纠纷、股权转让纠纷、物业服务合同纠纷、拆迁补偿纠纷、医疗损害责任纠纷、机动车交通事故纠纷、人身损害纠纷等，呈现出多元化、复杂化的特点。村民们也逐渐从个体诉诸法院维护自身权益向抱团、聚

集、群体向法院起诉维权发展，例如“外嫁女”请求村集体分红、企业改制职工待遇纠纷等案件，历史问题与现实问题相互交织。

“族老”大部分均为村中德高望重的长者，其长期生活在农村，遵循老旧的生活习惯，所掌握的知识大部分只能解决传统的民事纠纷，对于新类型纠纷的相关知识不甚了解，在解决纠纷的时候存在一定的困难。例如在股权转让纠纷中，“族老”对于股权的概念不是很清楚，对于公司资本认缴制也不了解，因此在给当事人释法明理的时候就会明显受限。2020 年，五塘法庭共受理案件 1019 件，案件类型及数量分布详见图 3。

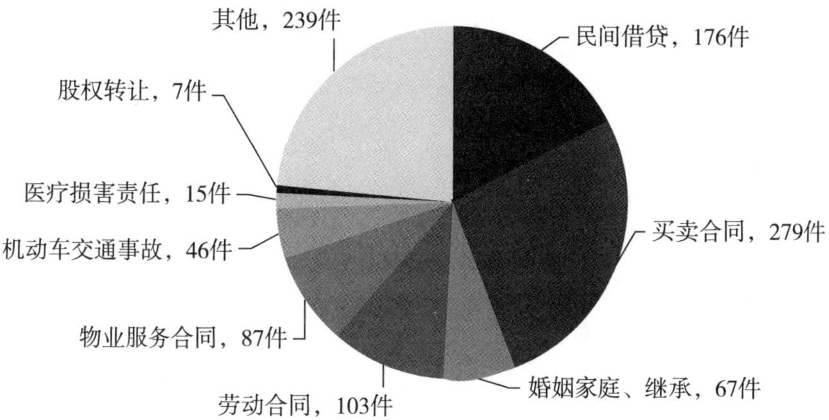

图 3　2020 年受理各类案件分布情况

从 2020 年的案件受理情况来看，案件呈现纠纷类型多样、新类型案件占比较大、矛盾化解难度加大、维稳压力加大等特点。受专业知识的局限，“族老调解”制度发挥的作用也越来越有限。

（二）“族老”业务素质参差不齐

五塘法庭在辖区内现已吸纳了 30 名“族老”，覆盖辖区内超过 40% 的村镇社区。其中退休村支书、村委书记 9 人，其他村族长辈 21 人，“族老”人数与五塘法庭法官的人数比达 10∶1。由于“族老”调解机制建立时间尚短，而法庭的案件则每年激增，为了能尽快解决法庭案多人少的压力，迫切需要“族老”参与调解。在这种供需不平衡的情况下，法庭对于“族老”的选任门槛降低，审核不严格，所吸纳的“族老”不单有调解经验丰富、法律知识掌握较好的，也有缺乏调解经验、缺乏法律知识、工作积极性低的，业务素质参差不齐，导致实践中容易出现调解程序混乱、调解不规范、调解成功率不够高等问题。

（三）司法资源短缺

目前五塘法庭只配置了三名员额法官，其中两名法官承担了法庭领导职务，除了办案之外还需要处理如何建设法庭、与当地政府联系等其他具体行政事务，两名法官助理无独立办案资格，且审判经验缺乏，只能辅助法官审理一些简单案件。虽然“族老”可以帮忙化解部分案件，但是化解的这些案件仍然需要法官进行审核把关，制作裁判文书，甚至需要法官共同参与调解工作。在“族老”化解的案件之外，法官还有许多案件需要自己审理，因此，审判力量难以适应工作需要。在司法资源短缺的情况下，法官已无充足的时间对“族老”的各项工作进行细致的指导、总结、提升，法官助理的辅助能力有限，目前只能对涉及程序性的工作进行把关，司法资源的短缺容易使“族老”调解的部分案件未能达到良好的社会效果和法律效果。

（四）缺少时间节点管理

五塘法庭在诉前、诉中、诉后都引入了“族老调解”机制，但是在每个阶段却没有明确的时间限制，也没有出台相应的管理规定进行节点管理。特别是在诉前调解阶段，有些案件调解太久没有结果，又不能及时立案进入诉讼，不仅浪费了“族老”和当事人的时间与精力，同时也容易让当事人对司法产生不信任感，有损司法权威。而进入诉讼的部分案件，在“族老”手上调解太久，最后调解不成功又进入法官审判阶段，此时案件审理期限已经过了一大半甚至将近到期，容易使法官审判陷入被动状态。

（五）缺乏经费保障

2016 年，最高人民法院出台《关于人民法院进一步深化多元化纠纷解决机制改革的意见》，意见中提到“各级人民法院要主动争取党委和政府的支持，将纠纷解决经费纳入财政专项预算”。但是具体如何纳入地方经费预算，并未详细说明。五塘法庭“族老调解”目前的经费是由兴宁区法院多元化解纠纷经费中统一划拨。调解成功的补助为每件 300 元，调解不成功则无补助。此外，经过兴宁区法院的积极争取，“族老”协助送达被告当事人诉讼材料成功并进行“固定当事人身份信息”“固定当事人联系方式”“固定诉讼请求”“固定送达地址”等四固定的，补助为每件 100 元。虽然在调解成功或者固定成功之后有一定的经费奖励，但从调解成功到拿到经费耗时一般在两个月左右，且经费奖励相对较低，经费类型相对单一。因此“族老”多倾向于调解一些相对简单的案件，对复杂案件调解意愿不大，与经费保障亦有直接的关系。

（六）缺乏对“族老”的培训及考核机制

目前“族老”在调解案件时仍主要运用乡村生活习惯、自身调解经验以及个人影响力来进行调解。然而随着社会进入转型期,调解不仅需要经验,还需要掌握相应的调解技巧、法律法规、时事政策、心理学知识甚至是现代金融、互联网、计算机等方面的知识。这些知识的获得,单靠"族老"自身学习是远远不够的,还需要派出法庭进行详细的培训与讲解。然而,由于法庭案多人少的压力在不断加大,加上司法资源相对缺乏,使每年对"族老"的培训次数严重不足,导致部分案件"族老调解"的效果与预期存在较大差距。

此外,"族老"的考核机制也相对缺乏。考核机制是对"族老"进行管理的一种有效方法。对于考核优秀的"族老"给予一定绩效奖励和精神鼓励,可以给"族老"带来一定的激励作用。但是五塘法庭目前并未出台对"族老"的考核机制,对"族老"工作上的管理比较薄弱。

三、路径探析:完善"族老调解"机制之进路

多元化纠纷解决机制改革是全面推进司法改革的一项重要内容,同时也是打造共建共治共享的社会治理制度,推进国家治理体系和治理能力现代化的题中之义。法院作为推动多元化纠纷解决机制改革的主体,应该准确定位其在改革中的角色,根据自身职能特点及优势,遵循司法工作规律,发挥主观能动性,促进纠纷的顺利解决,维护社会稳定。"族老调解"机制作为多元化纠纷解决机制中的一种,在现代社会中应被赋予新的定位与定义,法院也应该不断完善自身工作的方式方法,选择适合"族老调解"机制发展的路径,最大限度地发挥"族老调解"的优势,使其与法院工作形成一个良性互动的有机整体。

(一)厘清法院审判与"族老调解"的关系

一直以来,司法的被动性要求法院在处理纠纷时应保持被动和消极的姿态。但是,在社会转型期,矛盾逐渐增多,法院"案多人少"的压力越来越大,此时不宜再一味地强调司法的被动性,而应赋予法院新的职责定位,即法院在遵循司法被动性的同时,也应强化司法的能动性。在审判实践中,法院应积极寻找解决矛盾纠纷的方式方法,主动承担起化解纠纷、维护社会稳定的司法职责。因此,多元化纠纷解决机制成为现代法院探索如何能更好地化解纠纷的一项重要课题。

"族老调解"是五塘法庭多元化解决纠纷机制中的一种。两千多年的自然经济使中国农村人与人之间的联系亲密无间,内化于心的自然感情渗透到了社会成员的内心深处。当遇到诸如人身财产损害赔偿纠纷、相邻关系纠纷、抚养赡养纠纷、土地权属纠纷等民事纠纷时,当事人在冷静地权衡利弊后更希望通过调解解决,即"找个更

权威的人来评个理”。[1] 五塘法庭就是在此状态下选择“族老调解”。法官通过联系“族老”,运用多元化的方式,淡化法律的界限,动之以情,晓之以理,积极疏导当事人的情绪,从普通公众的视角出发判断是非,促使当事人达成和解。

司法审判和“族老调解”均是化解农村地区社会矛盾纠纷的一种方式,法院不应只强调其主导地位而忽视“族老调解”的力量。司法裁判是冰冷的,而“族老调解”是有温度的,两者并不是排斥的关系,而是相辅相成的关系。用“族老调解”方法来让调解更具人情味,再通过法院的司法裁判力予以确认,法院既要恪守谦抑,又要主动引导“族老”的调解,二者携手共同解决现阶段矛盾多发期农村范围内的部分民事纠纷。

(二)建立与完善“族老”名册

为了进一步推进“族老调解”机制,更好地实现公平正义,在运用“族老调解”方式时,不仅法院可以选择“族老”,当事人也应该有选择“族老”的权利。因此,“族老”名册的建立和完善就显得尤为重要。

“族老”可以通过推荐方式确定。推荐主体可以是村委或者地方党委政府。理由是:第一,村委是村民选举产生的群众性自治组织,其对村里的大小事务以及每个村民的品行、能力都比较了解。第二,“族老”一般都是热心于维护乡村秩序,紧跟党委政府政策的人士,其与地方党委政府也有一定的联系,经常为公安、司法、民政、宣传、国土、环保、计生、扶贫等部门在基层的工作提供支持,地方党委政府对这些“族老”们也有所了解。而且,司法行政部门主要负责指导人民调解工作,对于“族老”的调解经验、能力等各方面的素质较为清楚。因此,法院可以考虑邀请村委或者当地上述政府部门对“族老”进行推荐。

法院对推荐的“族老”人选进行相应的资格审查,将符合条件的“族老”纳入名册,同时可以充分运用大数据时代的网络资源,建立相应的数据库,将“族老”们的个人特点、调解经验、“从业”年限、擅长解决的纠纷领域等方面进行分类,以方便法院或者各方当事人选择适合的“族老”进行调解,提高纠纷解决的效率与效果。“族老”名册可以考虑每五年进行一次更新,根据工作能力和工作意愿,允许新“族老”的加入,也允许原“族老”的退出。

(三)设立“族老”服务联系点

2020年10月,五塘法庭开展了“一村一法官”活动,在辖区行政村及社区居委会均配备了责任法官和联络员,悬挂便民联系牌。各村委(社区)相关工作负责人还与

---

[1] 参见李鸿斌:《巡回审判应该围绕“四点”转》,载《人民法院报》2014年9月10日,第5版。

法官建立了服务工作微信群，后续将会以线上线下双线服务的方式，为群众提供“家门口的司法服务”。借着该项活动，同时也可以设立“族老”服务联系点，即在行政村不仅悬挂法官、联络员的联系牌，同时也悬挂“族老”联系牌，公开“族老”的姓名、照片及联系方式，法官与“族老”共同为村民提供司法服务。例如，村民之间发生了矛盾纠纷，可以直接先联系“族老”进行调解，如果调解成功需要进行司法确认的，则可以由“族老”带着双方来到法庭，由法官制作调解书确定相应的权利义务。如果“族老”难以调解的，则可以联系法官进行调解。这样一来，将调解“关口前移”，从根源上解决农民群众的矛盾纠纷。

（四）加强节点管理

以审判信息管理系统为依托，加强“族老调解”工作的流程管理，出台相应的规章制度，对诉前、诉中、诉后阶段等各个节点、环节进行合理划分和监控，扎实有效推进“族老调解”工作的开展。

第一，在诉前审查阶段应积极引导当事人选择“族老调解”化解矛盾纠纷，在收到材料后 3 日内将案件材料移交“族老”。“族老”在收到案件材料后应在 7 日内组织当事人进行调解，对于较为疑难复杂的案件可以在 15 日内组织调解。如果当场可以调解结案，应在当日立即联系法官进行审查与司法确认，实现诉前调解与司法确认的有效衔接。如果不能当场调解的，应在 30 日内调解结案，当事人同意的，可以顺延至 60 日。调解不成的，法院应立即立案进行审理。

第二，在诉讼审理阶段法官应积极邀请“族老”参与案件调解，该类案件可以不拘泥于具体期限的限制，但是要加强审限预警，做好审限管理。在调解过程中法官应同时注重归纳争议焦点、证据采信以及法律适用，以便调解不成功时可以及时在审限内依法裁判，提高审判效率。

第三，在判后答疑阶段可以邀请“族老”参与，坚持便民、为民、利民的原则，明确答疑期限及法官与“族老”的分工协调，共同做好答疑，努力实现案结事了。答疑期限建议定 1 个月为宜，在答疑后如果当事人仍然坚持上诉的，则及时办好手续，将案件移送上级法院。

（五）加大财政支持力度

目前法庭对于“族老”们的工作虽然有一定的补贴，但补贴金额不高，标准不统一，没有相应的文件来固定补贴标准，且补贴有时不能按时发放。有的“族老”因补贴太少或不能及时拿到而不愿参与案件的调解。如果缺乏资金补助，“族老调解”工作可能难以长久开展。因此，需要加大财政支持力度。

首先,法庭需要积极与当地党委政府联系,为"族老调解"争取资金支持政策。其次,在取得财政支持的前提下,可以成立"族老调解专项基金",强化资金统筹使用,制定具体操作规程,明确"族老"工作补贴标准,按标准及时兑现,确保各项补贴政策落实到位。

(六)加大培训力度

在审判工作实际中,派出法庭应协助指导"族老"的调解工作,着重指导案件调解的方式方法,使"族老"能更好地掌握调解技巧,对调解中出现的问题也能够及时跟法官反馈并沟通解决。而且法律是在不断发展和更新当中的,如果继续抱残守缺而不学习新的法律知识,"族老"的权威也会大打折扣。定期对"族老"进行相应的培训,让"族老"的法律知识与时俱进,不仅可以增强其法律素养,还可以为其赢得当事人的尊重,更好地促进案件的调解。

第一,制订培训计划与方案。明确培训的重点,合理安排培训经费,深入研讨培训内容,积极邀请法官、专家、学者或者有经验的人民调解员给"族老"们授课,确保培训质量。

第二,创新培训形式。培训可以采取理论学习与实操训练相结合的形式进行。根据学习的内容组织"族老"前往兴宁区法院本部或者其他法院参观、学习借鉴多元化解纠纷的先进经验与调解方法、技巧,通过全方位、多层面、系统性的学习,为"族老"们的工作提供新的思路,从而提升"族老调解"的效果。

四、结语

司法主导下的"族老调解"合乎现阶段中国国情,是中国特色社会主义法治制度的新发展,能够有效化解法院"案多人少"的矛盾,是一项具有生命力的制度。现代社会治理应当将情与法有机统一起来,使两者相互协调,既"以德治国",又"依法治国"。立法是归纳整理并将人情吸纳进法律的环节,司法是将斟酌考量人情并将之应用于具体案件的处理环节,执法是安抚人情的环节,守法则是民众认识判断情并以之来引导自身行为的一个环节。[1] 如果法律实践中各个环节合乎人情,那么人们内心自然有守法的积极愿望,法律也因此能够有效地树立本应有的尊严和权威,社会矛盾也将会在法律和道德的共同引导下逐步减少。司法主导下的"族老调解"制度还在发

〔1〕 参见丁英、张福坤:《中国传统审判制度中"情"的现代解读》,载《人民法院报》2014年6月13日,第5版。

展完善阶段，仍有一些不成熟的地方需要改进，在下一步工作中，仍要不断总结经验，不断创新思路方法，不断提高人民法庭化解社会矛盾的能力和水平，以适应司法改革后人民法院的司法工作能够顺利进行。

关于新时代人民法庭工作调研情况的报告

最高人民法院咨询委员会第九调研组*

根据咨询委员会年度调研工作安排，最高人民法院咨询委员会第九调研组深入吉林、河北两省多地法院就新时代人民法庭改革发展建设情况开展了专题调研。最高人民法院于2021年9月13日下发《关于推动新时代人民法庭工作高质量发展的意见》（以下简称《意见》），后期调研重点放在《意见》的贯彻落实方面。现将调研情况报告如下：

一、吉林省、河北省贯彻落实《意见》的总体情况

《意见》及时将全国各地法院近几年探索实行的一些经验做法进行系统梳理并固定成为制度，是最高人民法院贯彻落实习近平法治思想、更加注重强基导向的重大决策部署。吉林、河北两省法院探索的很多做法被吸纳到《意见》中，反映的多数困难和问题在《意见》中也得到考虑和解决。河北调研期间，各级法院特别是人民法庭对《意见》的制定出台给予高度评价，认为最高人民法院最近两年做出加强人民法庭工作的一系列决策部署特别是制定出台《意见》，抓住了新时代人民法庭工作改革发展建设的关键，契合了新时代人民法庭工作需要，为新时代人民法庭改革发展建设提供了基本遵循。吉林、河北高院以及一些市县法院

---

* 调研组成员：最高人民法院咨询委员会委员（调研组组长）、广西壮族自治区高级人民法院原院长罗殿龙，最高人民法院咨询委员会副主任、最高人民法院原政治部主任周泽民，最高人民法院咨询委员会委员、江苏省高级人民法院原院长公丕祥，最高人民法院咨询委员会委员、甘肃省高级人民法院原院长梁明远。黄浩廷、王文兵、沈才能、马建伟、刘强；执笔人刘强。

及时贯彻最高人民法院的决策部署，主动向当地党委政府汇报人民法庭积极参与基层社会治理、服务保障经济社会发展的措施成效，得到当地党委政府的高度肯定。主要做法有：

（一）有力服务全面推进乡村振兴

一是服务乡村产业振兴。沧州献县等法院建立人民法庭法官联系企业制度，服务保障供给侧结构性改革；廊坊固安工业园区法庭邀请工业园区管委会、调解委员会等参与调处纠纷，服务保障地方拆迁转型、重大项目落地，成功化解一起涉百户村民的亿元合同纠纷。二是维护农民合法权益。依法妥善审理劳动争议、道路交通、土地承包经营权、医疗损害等涉民生纠纷案件。河北省人民法庭审理的涉民生类案件调撤率由 2018 年的 39.8% 攀升至 2021 年的 57.8%，审判质效不断提升。三是积极参与乡村建设。妥善审理婚姻家庭、邻里纠纷案件，弘扬优良家风和传统美德；妥善审理环境资源、旅游资源纠纷案件，服务生态建设。吉林梨树县法院制定《关于为黑土地保护进一步提供司法服务和司法保障的实施方案》，制定黑土地保护工作制度及十项具体措施，梨树县法院郭家店法庭根植黑土、司法为农，积极保护黑土地这个“耕地中的大熊猫”。

（二）有力服务基层社会治理

一是推动健全基层社会治理体系。吉林、河北两地人民法庭积极融入党委领导的基层治理体系，开展矛盾纠纷化解。吉林省全面推广梨树法院“法官进网格”工作经验，全省基层法院和人民法庭均安排法官对接辖区基层网格，形成“网格吹哨、法官报到”工作新模式。吉林丰满家事法庭创造“五位一体”家事纠纷预防化解新机制，充分发挥司法裁判示范引领作用。吉林舒兰法院积极探索乡村治理新模式，着力打造舒兰地域特色品牌，推动实现“小事不出村、大事不出乡镇”。长春湖西法庭引入“法院＋工会”机制协调化解劳动争议，得到全国总工会充分肯定。河北高院推动出台《河北省多元化解纠纷条例》，推动地方立法规范促进多元纠纷化解工作。河北省积极弘扬“廊坊经验”，廊坊中院研究制定《关于实施“廊坊经验”重塑工程的意见》，拓展诉非衔接工作模式，联动化解矛盾纠纷。二是加强源头预防化解纠纷。坚持和发展新时代“枫桥经验”，持续深化“百姓说事、法官说法”工作机制和“无讼村屯、无讼社区”建设，深入田间地头、村屯场集广泛开展普法宣传和矛盾排查，从源头预防和化解纠纷。2020 年，河北省共有 3092 个自然村（街道、社区）成为“无讼村（街道）”，4 乡镇被评为“无讼乡镇”（全省总数为 50,201 个自然村）。三是推动法治社会建设。对农村土地承包、宅基地等案件中发现的共性问题加强分析研判，指导基层政府及村委会规范土地流转程序，因地制宜调处矛盾，化解纠纷；广泛开展法治宣传，涵养乡村良好法治生态；协助建立村规民约，促进乡村社会文明。

（三）有力服务人民群众高品质生活需要

一是优化法庭布局。吉林高院推动出台《关于优化全省人民法庭布局进一步加强人民法庭建设的意见》《全省人民法庭优化布局方案》等文件，按照以乡镇法庭为主、城区法庭和巡回审判点为辅的思路统筹布局，着力打造“半小时诉讼服务圈”；因地制宜设立家事、道交、环保、旅游等专业法庭 17 个，推动相关案件专业化审理。河北高院对 2015 年在全省设立一乡（镇）一法庭的做法，于 2021 年进行了调整，建立起以乡镇法庭为主、城区法庭和巡回审判点为辅的法庭布局新模式。二是全面推进一站式建设。坚持把非诉讼纠纷解决机制挺在前面，完善诉调对接平台建设，加强特邀调解、委托调解、委派调解力度，推动法庭工作从司法裁判为主向注重诉前化解转变。推动智慧法院建设成果下沉，打造“厅网线巡”一体化诉讼服务体系，吉林、河北两省 90% 以上的法庭实现跨域立案、网上立案、电子送达、庭审直播、远程接待、在线调解。三是坚持和完善巡回审判制度。吉林法院创新发展“马锡五审判方式”，全面推行“立案到乡镇、开庭到村屯、调解进家门”便民服务措施。通化二密法庭深入田间地头开展巡回审判，被群众亲切称为“大山里的巡回法庭”，被央视作为党史学习教育先进典型作专题报道。保定易县法院太行水镇法庭、狼牙山法庭，雄安新区安新法院白洋淀巡回法庭，吉林白山安图法院长白山保护区法庭等巡回法庭及时化解旅游纠纷，便利群众诉讼。雄安新区容城法院容东片区巡回法庭、北部郊野公园项目流动法庭，为近 2 万名群众、7000 余个家庭顺利征迁安置提供了有力司法支撑。

二、存在问题及改进建议

后期调研中，我们组着重围绕更好地贯彻落实《意见》进行了研究与思考，与基层法院的同志进行了探讨，并就以下问题提出改进建议。

（一）认识问题

《意见》开宗明义强调了加强新时代人民法庭工作的重要意义。从调研的情况来看，无论是与我们接触的省、市、县的有关领导，还是我们法院的同志，在对这个问题重要性的认识上，都与《意见》有差距。我们询问了几个市、县的主要领导，他们表示没有看到《意见》，原因是法院没有报这个信息。习近平法治思想的一个重要内容，是以人民为中心和强基导向，“十四五”期间要努力实现人民对美好生活的向往。人民法庭承担着全国法院近 1/4 的案件审理。毋庸置疑，基层法庭强则全国法院强。对人民法庭工作的重要性,要持续加大宣传力度,尤其要在党政领导干部群体(这是短板)和各级法院领导班子成员的宣传上下功夫、见成效。

在调研中我们思考,如果一些省、市、县主要领导同志都不知道《意见》,法院的同志也不主动报告,何以让党政领导重视这项工作,《意见》中的若干改革举措怎么可能得到有力落实?

(二)管理机构问题

当下,绝大多数法院参照最高人民法院的做法,成立人民法庭工作领导小组,同时下设办公室,办公室通常设在民事审判部门(民一庭)。应当说,这个管理机构,在人民法庭的建设上做了大量工作,功不可没,要充分肯定。现在的问题是,形势变了,任务重了,对这个管理机构应作适当调整与加强。比如,人民法庭工作,是法院系统的一项重要的常项工作,需要各级法院有一个常设的管理机构来谋划、调研、协调、督察落实。目前的这种领导小组下设的办公室,大多是无固定编制人员、无固定处(科)室,重视的时候集中"抓一抓",平时组织处于松散状态。再如,目前的人民法庭建设主要短板在于综合保障方面,其办公室依托的审判业务部门面临十分繁重的审判任务,再投入人民法庭工作精力明显不足,难以有效发挥统筹协调作用,实现新时代人民法庭工作战略构想。(建议:对这个管理机构不适应的问题,应组织力量作深入调研,提出改进加强的办法)

(三)压实中级人民法院责任问题

全国第四次人民法庭工作会议以来,各级法院都把人民法庭工作列为工作重点,层层开会部署、印发文件,完善工作机制、出台落实措施。在调研中我们发现,从检查工作落实的角度来看,不同程度存在"以会议传达会议、以文件落实文件"的问题。四级法院抓人民法庭工作的职责分工不够细化,重点不突出,工作不够精准,存在"上下一般粗"的现象。

调研中我们思考,就人民法庭建设而言,中级人民法院起着承上启下、力扛大鼎的作用。比如,人民法庭的布局问题,县法院难以有效发挥对县委的建议推动作用,高级人民法院是宏观指导,也难以抓这么具体,唯有中级人民法院有条件和资源,将最高人民法院和高级人民法院的要求落实到位,就是落实不了的中级人民法院,也好查出问题,高级人民法院再督促落实。在责任分工上,要细分最高人民法院、高级人民法院、中级人民法院、基层人民法院的责任。最高人民法院、高级人民法院多为指导责任,中级人民法院负起本辖区的落实责任,基层人民法院负起本地区的实施责任。四级法院中,要突出并压实中级人民法院责任,加大对中级人民法院院长的考核力度。

（四）人民法庭布局和队伍建设问题

关于人民法庭布局问题。吉林法院在《意见》下发前，对全省人民法庭布局已着手进行，认识正确，将一些往基层法院靠的人民法庭改回原位，动作比较大。河北法院将 2015 年实行的“一乡一庭”作了调整，主要原因是法官不够，难以为继。从我们考察的情况来看，作为一个中级人民法院辖区，到底是几个乡镇设一庭，难以作出统一规定，只能依据各地经济发展、人员居住情况、法院能派出法官等诸多因素，本着“三便”原则，合理安排。从河北法院情况来看，原来实行“一乡一庭”，增加了法庭庭长的职级，现在如果要撤并法庭，将会减少法官职级数量，省三级法院难以下定减裁数量的决心。（建议：要研究人民法庭的布局及标准的指导意见。）

关于人民法庭队伍建设问题。这次到河北法院我们调研了 8 个人民法庭，上次到吉林调研了 7 个人民法庭。这几年两省法院对加强人民法庭队伍建设做了许多工作，较之前有很大进步，从现在状况看，有以下问题：一是人民法庭庭长职级待遇不统一。有的法庭庭长比公安派出所所长的职级低，这既挫伤了人民法庭干警的工作积极性，也不利于人民法庭协调推进工作。二是上下流动难。基层法院的法官往人民法庭流动难，人民法庭的法官往基层法院流动也难。我们所到的吉林、河北几个人民法庭的庭长，有的在这个岗位一干就是七八年，难以流动。法官助理也很少往基层法院流动。三是招人留人难。人民法庭处于乡镇，环境相对艰苦简陋，工作任务繁重，晋升渠道不通畅，干警普遍不愿到人民法庭工作，招录的法官助理和聘任书记员流失也比较严重。四是人民法庭人员配备不足。庭多人少、案多人少、事多人少矛盾突出。多数人民法庭仅配备一名员额法官，难以兼顾繁重的办案任务、综合事务、社会治理工作。

从全国而言，《意见》对加强人民法庭干部的培养锻炼机制作出规定，但是弹性较大。调研中我们思考，作为一个地域法院，应当加大力度，探索人才往基层流动、成长看基层经历的导向；应当学习借鉴军队的做法，凡是晋升将军的必须有基层担任连队连长、指导员的经历。作为法院，凡是晋升为基层人民法院院长、副院长、庭长的，必须有担任人民法庭庭长的经历。对于补选到中级人民法院、基层人民法院的法官、法官助理，应有计划地到人民法庭锻炼一两年。要采取多种办法，营造人才充实基层、人民法庭人丁兴旺的景象。可以选择几个法院试点，取得经验再予推广。

司法调研

广西法院关于近三年来醉驾类危险驾驶罪案件新情况新特点分析报告

张　帅*

一、广西法院近三年来审理的醉驾类危险驾驶罪案件情况

2018 年 1 月 1 日至 2021 年 2 月 28 日，广西法院共受理醉驾类危险驾驶罪案件 11,612 件 11,625 人，占该期间全区法院受理刑事案件总数 149,050 件的 7.79%。其中，2018 年受理 2094 件 2095 人，占全区法院全年受理刑事案件数 45,659 件的 4.59%；2019 年受理 4302 件 4307 人，占全区法院全年受理刑事案件数 48,944 件的 8.79%，案件受理数同比 2018 年上升 105.44%；2020 年受理 4482 件 4487 人，占全区法院全年受理刑事案件数 43,766 件的 10.24%，案件受理数同比 2019 年上升 4.18%；2021 年 1 月 1 日至 2 月 28 日已受理 734 件 736 人，占该期间全区法院受理刑事案件数 10,681 件的 6.27%。

其中，2021 年 1 月 1 日至 2 月 28 日各市法院受理醉驾案件数与 2020 年同期相比，南宁市法院受理 170 件 172 人，同比上升 9.65%，虽然上升的百分点不大，但由于南宁市 2020 年同期的醉驾案件基数大，因此新增的案件数量大；桂林市法院受理 30 件 30 人，同比上升 57.89%；梧州市法院受理 13 件 13 人，同比上升 160%；百色市法院受理 101 件 101

* 作者单位：广西壮族自治区高级人民法院刑二庭。

人,同比上升 134.88%;崇左市法院受理 65 件 65 人,同比上升 225%;钦州市法院受理 4 件 4 人,同比上升 300%;玉林、贵港、防城港市也均为上升;而贺州市法院受理 12 件 12 人,同比下降 73.3%;柳州、北海、河池、来宾市亦均为下降。

总体来看,醉驾案件数量上升趋势明显。可见,醉驾入刑后,近年来,酒后驾驶行为有所反弹。

二、对案件特点进行总结和原因分析

(一)关于被告人的身份等情况

1. 被告人绝大部分为男性。例如,崇左市法院审理的 650 件 650 人醉驾案件中,644 名被告人为男性,占 99.08%,6 名被告人为女性;防城港市法院审理的 310 件 311 人醉驾案件中,306 名被告人为男性,占 98.39%,5 名被告人为女性;贵港市法院审理的醉驾案件的男性被告人亦占 90% 以上。由于"饭局""应酬"的因素,以及受酒文化影响,醉驾类危险驾驶犯罪行为主要集中在男性。与此同时,我区法院审理的醉驾案件被告人多以农村男性为主。例如,崇左市法院审理的醉驾案件被告人的农民人数为 381 人,占 58.61%;南宁市、百色市、贺州市法院审理的醉驾案件被告人亦多为农村男性人员。这反映出目前对于酒驾、醉驾的危害和法律责任的宣传教育可能还存在不均衡的状态,对一定的群体存在宣教盲点。

2. 被告人年龄趋向于年轻化,集中在 20 - 57 岁。例如,崇左市法院审理的 650 件 650 人醉驾案件中,20 岁以下的 4 人(包含 1 名未成年人),20 - 39 岁的 345 人,40 - 59岁的 280 人,60 - 75 岁的 21 人;贺州市法院审理的醉驾案件中,20 - 50 岁年龄段被告人占总人数的 70% 以上;钦州市法院审理的 88 件 88 人醉驾案件中,有 39 人为 30 - 50 岁年龄段,占比 44%。其中,崇左市法院审理的醉驾案件出现年龄最小的 17 岁、年龄最大的为 72 岁,北海市法院审理的醉驾案件也首次出现被告人为未成年人的案件。原因分析:总体来看,该 20 - 57 岁年龄段人群多数或者得到家里经济支持,或者在工作事业上已取得一定成就,或者有一定经济基础,是社会生产消费的主要力量。小汽车拥有者、驾驶者也大都集中在该年龄段,该年龄段人群的"饭局""应酬""聚会"相比其他年龄阶段人群更多,受酒文化影响,出现酒后驾车的可能性更大。

3. 被告人的受教育程度普遍偏低。例如,崇左市法院审理的 650 件 650 人醉驾案件中,初中以下文化程度的被告人为 516 人,占 79.38%;钦州市灵山县法院审理的 12 件 12 人醉驾案件中,高中以下文化程度的被告人为 11 人,占 91.67%;南宁市法院审理的醉驾案件的绝大部分被告人集中于高中及以下学历，大专以上文化程度仅占少数；贺州市法院审理的醉驾案件被告人主要以初中、小学为主。总体来看，文化程度越高的人对于酒驾、醉驾的认识相对更高，遵守交规和法律的意识更高。

4. 被告人职业为无业、无固定职业的占据相当比例。事业单位及公职人员相对较少，原因可能在于工作单位加强了对工作人员的管理和对酒驾、醉驾的宣传教育，有工作单位的人在饮酒方面会更谨慎，会在饮酒后考虑驾车的后果。但是，近年来，南宁市法院审理的醉驾案件中，企事业单位党员干部、公职人员涉案逐渐增多，原因可能在于：一是醉驾违法成本低，二是涉案党员干部、公职人员规则意识、底线意识有所松懈或者缺失。

（二）关于案件情节

1. 案发时间多为夜间和节假日，尤其是晚餐时间至第二日凌晨为案发高峰期。我区各地法院审理的醉驾案件绝大多数案发于该时段。例如，柳州市法院审理的醉驾案件以晚上 9 时至第二日凌晨 3 时为案发高峰期，发案比例高达 90% 以上。

2. 酒后驾驶车辆类型以小汽车为主，摩托车次之。但是，在一些地区，二轮摩托车成为醉驾的主要工具。例如，在贵港市法院审理的 997 件醉驾案件中驾驶二轮摩托车的占了 70% 以上；上思县法院近年审理的醉驾案件中驾驶二轮摩托车的约占 70%；北流市法院审理的 2019 年至 2020 年 80 件 82 人醉驾案件中驾驶二轮摩托车的共计 46 人；贺州市法院审理的醉驾案件被告人多数为驾驶二轮摩托车。原因分析：一是在我区县城、乡镇及经济不发达农村，摩托车仍是主要交通工具。二是与摩托车费用低廉、操作简单、使用过程中灵活方便密切相关。三是摩托车醉驾被告人普遍认为醉酒驾驶摩托车至多被罚款或扣分，对危险驾驶罪和交通肇事罪没有清楚的认识。

3. 案件多发地点各地区各有不同。例如，桂林市法院审理的醉驾案件中案发于城镇区域的数量高于农村路段；北海市法院审理的醉驾案件则多发生在乡村及城乡结合地区的道路上，主要原因在于部分群众认为偏僻、人烟少的地方不会有交警检查，故酒后选择偏僻的小路行车以逃避交警的查处；防城港市法院审理的醉驾案件大多为驾驶二轮摩托车，案发地点多位于县城郊区、乡镇道路和县城中心。

4. 被告人的主观心态。部分醉驾被告人存在侥幸心理，不愿意找代驾、打的士；有的人意识到可能产生的危害后果但认为自己喝得不多，头脑清醒，应该不会出事；有的人纯粹逞强好胜，自认为车技好、反应快、车辆性能好，应该不会出问题；也有的人认为自己开车的距离较近，对周围交通路线较为熟悉且附近没有交巡警平台设卡专项检查，应该不会发生事故或被交警巡警查到。同时，醉驾案件中还普遍伴有无证驾驶、超速驾驶、严重超载、不戴安全帽驾驶摩托车等因素。

5. 案发原因多数源于交通事故或者公安交警执法检查。酒后驾车行为多伴有交通事故，因此醉驾案件多数是因交通事故或者交警例行执法、临时检查而被查获，少数为驾驶人因酒后发生刮碰而在与被刮碰人员就赔偿事宜协商不成的情况下被报警查获，还有少量为无证驾驶或者驾驶车辆与驾驶证准驾车型不一致，未被查处而主动到公安机关投案自首的为极少数。例如，南宁市法院审理的醉驾案件被告人多因发生道路交通事故及交警专项夜查等例行执法活动而被查获；扶绥县法院审理的34件34人醉驾案件中，30人因发生交通事故而被交警部门查处，其中20人在事故中负全部事故责任，未发生交通事故而在交警部门日常检查过程中被查处的有4人；凭祥市法院审理的25件醉驾案件中，发生交通事故的有21件，占84%。此外，出现有醉驾被告人抗拒检查以及实施其他违法犯罪行为的情况。例如，东兴市法院审理的被告人沈某一案，被告人醉酒后驾驶机动车，在民警依法对其进行检查时，持刀相对，后被依法判处妨害公务罪和危险驾驶罪。

6. 被告人血液乙醇含量呈走高趋势，醉酒程度深。根据相关规定，血液乙醇含量超过80mg/100ml即为醉驾，超过200mg/100ml不应判处缓刑。例如，南宁市法院审理的醉驾案件被告人绝大部分醉酒程度较深，血液酒精含量持续走高；钦州市法院审理的醉驾案件被告人血液乙醇含量最高的达到272mg/100ml，含量最低的也有112.2 mg/100ml，远远高于80mg/100ml的入罪标准；贺州市法院审理的醉驾案件被告人血液乙醇含量大部分超过80mg/100ml，最高达到319mg/100ml，亦远远高于醉驾入刑标准。这反映出醉驾案件的情节严重程度及社会危害性有增大的趋势。例如，2018年玉林市中级法院审理了一件因醉驾引发的故意杀人案，社会反响强烈。2017年8月9日21时20分许，被告人吴某某酒后驾驶小轿车在玉林市玉州区沂山路进士路口将行人刘某某撞倒后，又与被害人钟某驾驶的二轮摩托车发生碰撞，将钟某搭乘的另两人同时撞飞倒地，造成两车不同程度损坏，致刘某某与两名乘客受伤，而钟某与二轮摩托车被卡在吴某某驾驶的小轿车前保险杠上。吴某某肇事后当即刹停车，并在原地停留。旁人见状上前猛拍打吴某某的左前门车窗告诉其车前卡有人，但吴某某没有理会，也没有下车确认车前是否有人，又启动汽车前行，不顾多名路人的呼叫和制止，将被卡在其车前保险杠上的钟某及摩托车拖拽于汽车的车头之下，拖行900多米，直至钟某从汽车脱落，致钟某身体多处受伤，昏迷不醒。接着，吴某某继续驾车逃逸，逃至玉林市汽车总站附近时，被闻讯赶来的民警抓获。后钟某被他人送往医院经抢救无效死亡。经检验，吴某某案发时血液检出乙醇成分，含量为

271mg/100ml,已经远超 80mg/100ml 的醉酒标准,最终吴某某被法院判处死刑,剥夺政治权利终身。

（三）关于量刑

1. 对于被告人的强制措施主要是取保候审。例如,南宁市法院审理的醉驾案件中,98% 以上的案件在侦查及审查起诉阶段被采取取保候审的强制措施,仅有少数案件因被告人违反取保候审规定或涉其他案件等原因被逮捕后起诉;贺州市法院审理的醉驾案件中,公安机关或检察机关对相关被告人的强制措施亦主要是取保候审。原因在于本罪的法定刑较轻(一般判处拘役),被告人常具有配合执法或赔偿损失等从轻量刑情节,也与相关强制措施期限较短而侦查周期较长等客观情况有一定的关系。但是,对醉驾案件被告人采取取保候审存在风险:一是取保候审期间,被告人在开庭、宣判时拒不到庭,法院往往找不到被告人,保证人亦会推卸责任说无法找到被告人,导致案件无法审判,给案件的审判带来困难和风险;二是由于检察机关对本罪的量刑建议多为判处实刑,导致经法院审理采纳检察机关的量刑建议后,收监执行时被告人存在很大的怨言,甚至有脱逃的风险。

2. 对于量刑,在实刑或者缓刑的适用率方面,我区不同地区各有高低。例如,南宁市法院审理醉驾案件判处实刑率 75% 以上,宣告缓刑人数相对较少。原因在于,受理案件数量激增,案多人少矛盾突出,案件审理期限有限,对拟判处缓刑的被告人需要进行社区调查,但因为被告人户籍所在地、经常居住地与案发地不同,社区调查耗时长,影响案件的审理进度。但是,来宾市法院审理醉驾案件的缓刑适用率较高,所审理的 1427 件醉驾案件的 1428 名被告人中有 966 人被判处适用缓刑,缓刑适用率为 67.65% 。主要考虑的因素是,案件被告人的主观恶性均不大,且认罪态度好,大多未造成严重后果。柳州市法院在审理醉驾案件的量刑问题上,各地法院裁判结果各式各样,量刑不均衡,且各地法院对于适用缓刑的情况各异。

三、存在问题及建议

（一）从刑事审判专业角度提出需改进的问题及建议

1. 醉驾犯罪行为成本低,威慑力度有待于加强。主刑方面,我国刑法规定对危险驾驶的被告人量刑幅度小,顶格量刑也只有 6 个月拘役,对罪犯产生不了威慑力。有相当一部分被告人认为犯罪后拘役几个月就出来了,所以对判处刑罚抱着无所谓的态度。例如,来宾市法院 2020 年审理的醉驾案件刑罚多为拘役且并处罚金低,不起诉和适用缓刑的占比 73.08% ,既不能教育肇事者本人也不能警示社会,难以彻底遏制酒驾行为。附加刑方面，在适用认罪认罚从宽程序时，对罚金刑的工作没做到位，导致有的被告人在审理阶段以各种理由不缴纳罚金，罚金刑难以执行。民事责任方面，往往醉驾者拒绝赔偿，使刑事附带民事调解难以进行，被害人合法权益不能得到较好维护。

2. 缺乏对酒精含量检测流程的监督的问题。醉酒驾驶案发后一般情况下先进行现场呼气测试，如果测试酒精含量在 80mg/100ml 以上达到醉驾标准的话，会要求到医院进一步抽取血样进行酒精含量检验。法官在审判过程中对是否构成危险驾驶罪的证据认定为其血液酒精含量检验鉴定意见，但是对形成该鉴定意见前抽取血液及检测流程缺乏了解，比如对医生采血时用乙醇消毒液进行消毒后再抽取血液对检测结果的影响程度、抽取血液后协办单位是否按规定 24 小时内送检、超出 24 小时送检是否会影响检测结果等一系列问题不得而知。例如，南宁市法院审理的醉驾案件中，部分案件仍存在血液提取违法问题。根据《道路交通执法人体血液采集技术规范》及《车辆驾驶人员血液、呼气酒精含量阈值与检验》规定，抽取血样时不应使用醇类药品对皮肤进行消毒。南宁市法院审理的部分醉驾案件被告人的血液取样仍有使用含有乙醇等醇类的消毒液的情况。经查询类案，主要有以下三种处理方法：一是认为抽血违反程序，鉴定意见不作为定案依据，直接宣判无罪或者以酒精呼气测试数值综合被告人供述等证据予以认定；二是认为违反抽血规定属于瑕疵证据，不作为非法证据排除，不影响定罪；三是经过侦查实验认为不影响鉴定结果，予以定罪。对此，有两个问题需得到明确：其一，基于违反血液提取程序提取血液作出的鉴定意见是否予以排除？其二，若排除酒精含量鉴定意见，对有酒精呼气测试且达到入罪标准的案件能否以酒精呼气测试结果定罪处罚？

3. 我国刑法对危险驾驶罪的刑罚规定不细化，且过于窄。对从轻、从重以及减轻处罚等没有具体标准，使法院量刑时难以把握。法官大多数情况下只能凭审判经验、被告人血液酒精含量、行为造成的后果以及社会危害性等多个方面去自由裁量，为了避免同案不同判的现象，有的基层法院刑事审判庭只能在法定量刑范围内设置庭内量刑标准，力求达到量刑均衡。

4. 轻微醉驾案件标准的把握的问题。最高人民法院《关于常见犯罪的量刑指导意见(二)(试行)》对危险驾驶罪中醉酒驾驶机动车的情况作出了规定：对于醉酒驾驶机动车的被告人，应当综合考虑被告人的醉酒程度、机动车类型、车辆行驶道路、行车速度、是否造成实际损害以及认罪悔罪等情况，准确定罪量刑。对于情节显著轻微危害不大的，不予定罪处罚；犯罪情节轻微不需要判处刑罚的，可以免予刑事处罚。

同时广西壮族自治区高级人民法院《关于扩大量刑规范化罪名和刑种的指导意见(试行)》也对轻微醉驾案件可免予刑事处罚的情况作出了细化规定:(1)醉酒程度在100mg/100ml以下且系初犯,认罪、悔罪,未造成其他损失或后果的;(2)醉酒程度在150mg/100ml以下且系初犯,具有短距离挪动车位、非路检原因主动放弃醉驾且接受处罚、隔夜醒酒后开车等情形,未造成其他损失或后果的。从上述司法文件可以看出,针对醉驾案件广泛入刑的情况,司法的走向是把握情节轻微案件并予以区分。但审理实践中,对于符合条件的轻微醉驾案件,免予刑事处罚的适用率仍然较低,如何在司法中做到不枉不纵同时保持刑法的谦抑性原则,仍是今后值得探讨的问题。

5. 醉驾案件中关于自首的认定问题。目前,被交警查获的醉驾案件当中,行为人驾车经过卡点时被交警拦截进行吹气式酒精检测,发现存在醉驾嫌疑,遂被带至医院依照规定程序提取血液样本以作酒精含量鉴定。提取血液完毕后酒精含量鉴定结果出来之前,公安人员告知行为人在等待检测结果期间不得离开居住地所在县,并保持电话畅通,随传随到,配合调查。当血液检测结果显示行为人血液中酒精含量达到当前醉驾型危险驾驶罪刑事立案标准,公安机关遂立案并电话传唤涉案行为人,涉案人员接到公安机关电话后立即到公安机关配合调查并如实供述犯罪事实的行为是否属于自首或者准自首?我市法院目前的处理方式是依照有利于被告人的原则,倾向于认定被告人具有自首情节。实际上,这一认定是有一定争议的,因为在被告人到公安机关配合调查之前,公安机关已通过酒精呼气测试结果和血液酒精含量鉴定结果掌握涉案人员醉驾的犯罪事实和证据,已失去"自动投案"的时机。对此,向上级法院请示,在涉案人员酒精含量出来之后,被告人配合公安机关的侦查行为是否属于自首或者准自首。

6. 罚金问题与主刑之间存在不相适应的问题。在审判过程中罚金应该判处多少合适的问题,没有一个统一的标准。有的法官认为,并处的罚金要与判处的主刑相适应;有的则认为,危险驾驶罪社会危险性大,主刑规定幅度过小过于单一,要产生判决的威慑性,减少危险驾驶的现象发生就应该加大并处罚金的幅度。

7. 对被告人取保候审存在的现实难点问题。一是有的辖区案件在侦查机关对被告人采取取保候审措施后,公诉机关尚未继续取保或者变更强制措施的情况下,根据取保候审决定书等相关材料,审判机关无法及时掌握被告人被采取取保候审的期限,执行机关亦尚未在期限届满前书面通知受案机关,容易造成在审判机关立案初始被告人即处于脱管状态,从而导致违法。二是取保候审的执行机关为公安机关,一般为被告人户籍地或经常居住地的公安机关,但当前流动人口不断增多,一些被告人居住地难以明确，出现了取保候审执行公安机关相互推诿或者流于形式的情况，容易出现被告人脱管情况，造成审判工作困扰。

8. 判决后被告人收监执行难的问题。以南宁市法院对醉驾案件判处实刑率75%以上为例，醉驾案件被告人被提起公诉前基本都被采取取保候审的强制措施，但同时该类案件的判处实刑率较高，也就产生了对被告人收监执行的问题。为方便确定刑期起止、避免因客观原因导致判决耽误执行或无法执行的问题，我市法院在实务中通常采取先变更强制措施再确定判决的方式对被告人收监执行。但这种方式也存在一定的弊端：一是在审判阶段要变更取保候审为羁押的强制措施，只能由法院来决定逮捕，但我国《刑事诉讼法》对逮捕的适用条件具有严格限制，对危险驾驶这种法定刑在拘役的轻罪，原则上是不适用逮捕强制措施的。目前能够作为危险驾驶案逮捕的依据的只有最高人民法院《关于适用〈中华人民共和国刑事诉讼法〉的解释》第147条、第164条第9项，即法院可以根据案件审理情况作出逮捕决定的兜底规定，然而刑事诉讼法司法解释的运用是否与《刑事诉讼法》规定的初衷相违背，仍有待讨论。二是可能会造成诉讼过程的一定拖延，逮捕由公安机关执行，存在法院与公安机关对接不畅、被告人易脱管等问题。三是因身体疾病导致无法收押的被告人的羁押问题。

9. 建议：

(1)完善相关法律规定。当前，我国刑法对危险驾驶罪规定的刑罚过于单一，幅度过窄，给司法实践带来了诸多问题。对此，一是建议对危险驾驶罪的主刑进行修改，修改为判处有期徒刑、拘役或者管制，并处或者单处罚金。通过法条的表述让人民群众对危险驾驶罪产生震慑的效果，同时出台司法解释或相关规定解决危险驾驶罪被告人强制措施的问题，避免出现被判处实刑的被告人判决生效后逃脱的现象发生，节约司法资源。二是对危险驾驶的“情节严重”和“情节轻微”作出明确的规定、制定细则，避免裁量的不统一、司法公信受损。

(2)实行量刑规范化。危险驾驶罪是审判过程中常见的犯罪，应该实行量刑规范化，对量刑的起点、基准刑、加重和减轻的情节比例进行制定。目前对危险驾驶罪的办理中被告人的酒精含量成为一个关键的节点，参照故意伤害、交通肇事等案件的量刑规范根据被害人的损伤程度作为一个起点刑考虑的依据，那么危险驾驶罪可以考虑按照被告人的酒精含量作为一个量刑起点的依据，这样既可以体现出罪责罚的不一致，又能进一步规范刑罚裁量权。在此基础上，可以对其他的情节制定加重或者减轻的幅度。通过实行量刑规范化严格贯彻落实宽严相济的形势政策，增强量刑的公开性，实现危险驾驶罪的量刑均衡，彰显打击力度，增加公信力。

(3)进一步规范证据收集等侦查程序。公安部公布了《关于公安机关办理醉酒驾驶机动车犯罪案件的指导意见》,强调了及时固定犯罪证据,对查获醉酒驾驶机动车嫌疑人的经过、呼气酒精测试和提取血样过程应当及时制作现场调查记录;有条件的,还应当通过拍照或者录音、录像等方式记录;现场有见证人的,应当及时收集证人证言。在办理具体案件中,要严格遵循该意见所规定的血液提取、保存、送检等一系列程序,避免血液受到污染,并且建议侦查机关内部针对血液提取、存储、移送鉴定等具体操作问题制定一个明确、统一的标准;对于到案经过制定一份标准文书格式,客观反映被告人的到案情况;在侦查过程中,注意是否对同一行为进行重复评价的问题。

(4)发挥整体合力解决收监执行问题。强化公安、检察、法院等部门间的沟通协调,形成经常性会商机制。做好办案衔接工作,在案件侦查终结后,对醉酒驾驶机动车犯罪事实清楚,证据确实、充分的,移送人民检察院审查起诉,并用好取保候审强制措施,落实好监管工作,保证被告人能随时到审,不出意外。同时,检察机关真正发挥监督作用,对于已经立案的酒驾案件,公安机关因各种原因久拖不决的,应对公安机关加强监督,纠正违法或发检察建议,确保案件快速办理,且确保被告人供述的稳定。从公安机关、检察机关到审判机关,三家应当统一尺度,不定期地召开联席会议,针对醉驾案件达到如何的程度就需要关押的问题达成统一的意见,能在侦查阶段就关押的,尽量不要拖到审判阶段,避免引发不稳定的社会因素。最后,法院判决后要以执行通知书和裁判文书为依据及时将被告人送看守所执行。

(二)从社会综合治理视角提出发现的问题及建议

1. 传统的酒文化影响深远,劝酒等不良文化普遍存在。我国酒文化由来已久,走亲访友、应酬交际、婚丧嫁娶等活动均少不了酒,且我国的饮食习惯导致大多数人习惯在晚上宴请、款待。驾驶者往往为了顾及情面喝酒,常常前脚出酒店,后脚就上车驾驶车辆,最终导致醉酒驾驶行为的发生。

2. 酒后驾驶行为行政违法成本低,处罚措施单一。很多酒后驾车人员认为自己的酒驾行为即使被查到,也不过是被罚款几百元或者被扣分,顶多被拘留几天等,在自己的承受范围内。

3. 对醉酒驾驶的宣传教育不够全面,酒驾人员法律意识和安全意识淡薄,存在侥幸心理。醉驾入刑已经实行多年,尽管相关部门开展了一系列的法律宣传,但对于醉驾入刑及酒驾醉驾的危害性法律知识宣传形式单一,针对性和力度也不够。醉驾人员多数受教育水平不高,法律意识较为淡薄,特别是农村地区群众的法律意识和安全意识淡薄。也有部分人知道酒驾已入刑，但对于80mg/100ml的醉驾临界点还不清楚，认为喝一点酒达不到酒驾标准。更有甚者认为只有开“四个轮”才会被查酒驾，开摩托车不会被查。同时，在案件审理中发现，大多数被告人对醉驾在公共安全方面的危害性认识不到位，很多人存在侥幸心理认为不会被交警查处，或者认为自己酒量尚佳，醉酒驾车不会发生事故。

4. 建议。酒后驾驶行为产生的原因复杂，既受风俗文化、生活环境方面的影响，又与法律规范和社会治理的水平息息相关。预防和治理酒驾是一项系统化工程，必须在党委政府，公、检、法机关，媒体以及社会其他力量的共同参与下，从源头入手，从重点抓起，建立长效、联系、多层次的预防治理机制，才能有效降低醉驾类危险驾驶犯罪的发生。

（1）倡导积极健康的酒文化。中国酒文化源远流长，不可能摒弃之，对此需要政府引导人们树立健康饮酒、适量饮酒、酒后不开车的理念，在全社会倡导积极健康的酒文化，进一步加强饭店等场所的提醒责任，对驾车前来就餐的顾客及时劝阻其酒后驾车的行为。通过多种方式使“酒后不开车、开车不喝酒”的观念深入人心，逐步改变劝酒、拼酒等不良风俗习惯，使全社会形成禁止酒驾、文明驾车的浓厚氛围。

（2）交通管理部门加强对摩托车、电动车等的管理。桂林市法院审理的醉驾案件中，之所以存在肇事车型二轮车居多，无证驾驶占比近1/4的情况，很大程度上是因相关部门对此类机动车疏于管理、教育。对此，交通管理部门尤其应加强针对二轮车、三轮车、拖拉机等类机动车及非机动车的规范化管理，通过建立完善相关管理制度，筑牢制度笼子，从源头上遏制酒驾行为的发生。

（3）推进多部门多单位协作共治，提高酒驾违法成本。行政处罚方面，除了吊销驾照后5年内不能申领以外，可以考虑增加对达到较高血液乙醇含量的被告人延长不能申领的时限或者予以终身禁驾。公安交警部门要积极协调银保监、银行等机构，搭建信用信息共享平台，依照规定将酒驾人员违法情况纳入个人不良信用记录，降低酒驾者的信用等级，并建议用人单位将醉驾教育并入考核内容，将之作为一些行业、工作岗位招录人员的考量因素，以此提高酒后驾驶的违法成本，提升群众对酒驾、醉驾的重视程度。

（4）加强酒驾法治宣教，强化针对性。一是确立重点宣传对象和宣传场所，将摩托车驾驶员、农村务工人员、中青年作为重点宣传对象。同时，对于党员干部、公职人员等要加强教育培训学习，使之能够绷紧交通安全的弦，牢记交通安全的底线和红线，起到带头遵守交通规则作用。将车站、广场、餐饮娱乐场所等人员聚集地作为重点宣教场所，尤其是扩大对摩托车、二轮电动车、三轮电动车、拖拉机类的驾驶行为和无证驾驶行为的宣传教育。二是丰富宣传方式，在电视、电台、报纸杂志、新闻发布会、醉驾被告人现身说法、法官以案释法等传统方式的基础上，充分利用本地微信公众号、微博、快手、抖音、网络等新媒体，以小视频、法治情景短剧视频等老百姓听得懂、看得懂的内容形式，扩大宣传辐射面，提升宣传效果，形成强有力的社会舆论宣传氛围，达到全民共识。三是可以强化有奖举报、知识竞赛等形式，发动广大群众积极参与，促使形成禁止酒驾的全民共识。

(5)建立打击整治酒驾工作长效机制，常抓不懈。法律的威慑力不在于刑法和刑罚的威慑力，而在于法网的严密。醉驾类危险驾驶罪虽然是一个轻微犯罪，但当前社会公众对危险驾驶行为的反映仍较为突出。对此，交通管理部门应始终保持对酒驾严查严处严管的高压态势，通过加大排查频率和密度，拓展查处时间和范围，采取不定期查处、分散查处、巡逻查处等形式，确保路面见警率，凸显威慑作用。公安机关一旦发现醉驾行为均应当依法采取相应的侦查措施，严肃查处，并应建立长效工作机制，加强日常查处力度，持续威慑，有效整治社会交通秩序。

(6)政府鼓励引导、规范扶持代驾行业发展。酒驾事故的震慑、查处力度的加大及醉驾入刑的形势下，社会对“代驾”行业的需求也越来越大。政府应当重视和鼓励代驾产业的发展壮大，特别在饭店、酒吧等餐饮娱乐场所增加代驾服务项目。可以通过宣传、补贴等形式予以扶持，并督促建立完善合理的行业规范，通过出台地方性法规，规范代驾行业的发展方向，扶持和提升代驾行业的发展能力。

行刑衔接视角下的生产销售假药罪研究

邓剑星*

药品质量是最基本的民生问题,其关涉到社会公众的生命健康安全。在风险社会背景下,为了控制假药犯罪对人体生命健康安全侵害的风险,2011 年通过的《刑法修正案(八)》对生产、销售假药罪[1]作出了重大修改,将作为具体危险结果要素的"足以严重危害人体健康"的规定予以删除,使该罪从具体危险犯变为了抽象危险犯,进一步降低了入罪的门槛。然而自该修正案通过以来,生产、销售假药罪的条文规定只有"生产销售假药"的构成要件,与《药品管理法》对制售假药的行政处罚规定完全一致。由此,导致司法实践中对制售假药行为的行政违法性与刑事违法性界分不清,在从严打击假药犯罪的指导思想下,司法适用过程中往往将生产销售假药的行为全部纳入刑法规制范围。最终造成刑事处罚范围跨越自身界限向行政违法领域扩张,行政违法行为犯罪化的问题在司法实践中普遍存在,制售假药行为的行刑衔接[2]逐渐演变为行刑重合。自"倪海清案"被广泛讨论开始,尤其是当"陆勇案"发生后,生产、销售假药罪刑事处罚范围的不当扩张饱受诟病。虽然 2019 年修改的《药品管理法》已经将几种拟制假药的情形从假药的认定范围中排除出去了,《刑法修正案(十一)》也单独设立了妨害药品管理罪对制售拟制假药的行为予以规制,解决了将侵犯药品管理秩序的行为认定为

---

* 邓剑星,法学硕士,广西壮族自治区高级人民法院研究室法官助理。

〔1〕 虽然《刑法修正案(十一)》已将罪名修改为生产、销售、提供假药罪,但本文的研究只针对生产、销售假药的情形,对提供假药的行为不予讨论。

〔2〕 本文所称的行刑衔接均指实体上的行刑衔接,不包括程序上的行刑衔接。

生产销售假药罪的问题，在一定程度上限缩了该罪的处罚范围，但是由于抽象危险犯的立法模式尚未修改，制售假药行为行刑衔接不畅的问题仍未解决。因此，对制售假药行为行刑界分[1]的研究实属必要。

一、生产、销售假药罪的立法与司法现状

（一）生产、销售假药罪的立法沿革

1. 假药犯罪立法规定的变迁

关于生产、销售假药罪的立法规定始于1957年《刑法草案（初稿）》（第22稿）第191条，该条的罪状表述较为简单，以营利为目的制造和贩卖假药，要造成严重后果才能构成犯罪，且刑期设置为3年以下有期徒刑或拘役。而1979年《刑法》相较于1957年《刑法草案》而言，最大的改变就是降低了假药犯罪的入罪门槛，行为人只要以营利为目的，制造、贩卖假药的行为对人体健康造成危害就构成生产、销售假药罪，而不像1957年《刑法草案》规定的需要对人体健康造成严重后果才能构罪。随着经济体制改革和市场经济的发展，1979年《刑法》关于生产、销售假药罪的规定已经不能适应惩治假药犯罪的需要。在此背景下，全国人大常委会于1993年7月2日颁布了《关于惩治生产、销售伪劣商品犯罪的决定》（以下简称《决定》）这一单行刑法，该决定对生产、销售假药罪的修改幅度较大。首先删除了以营利为目的的构成要件要素，其次将实害犯修改为具体危险犯，只要生产销售假药的行为足以危害人体健康即可构罪，不要求对人体健康造成危害的实害结果，在1979年《刑法》的基础上进一步降低了入罪门槛，这也反映了随着社会环境的变迁和惩治假药犯罪的需要，假药犯罪的处罚范围不断扩大。而1997年《刑法》又提高了生产、销售假药罪的入罪门槛，将"足以危害人体健康"修改为"足以严重危害人体健康"，进一步限缩了假药犯罪的刑事处罚范围，这主要可能是考虑到《药品管理法》已经对生产、销售假药的行政违法行为作出相关处罚规定，为了突出《刑法》作为保障法和补充法性质的地位，确保行刑有效衔接，故提高其入罪门槛，只有达到足以严重危害人体健康的行为才能构罪。进入21世纪以来，假药犯罪活动呈现出井喷式增长的趋势，为了遏制与预防假药犯罪，2011年通过的《刑法修正案（八）》第23条对《刑法》第141条第1款进行了重大修改，删除了"足以严重危害人体健康"的罪状表述。至此，生产、销售假药罪也由具体危险犯转变为抽象危险犯。这意味着行为人只要实施了生产、销售假药的行为即可构罪，极大地

[1] 本文所称的行刑界分是指行政违法与刑事违法的区分。

降低了入罪门槛,加大了对制售假药行为的打击力度。同时,2020 年出台的《刑法修正案(十一)》对生产、销售假药罪也进行了修订,限缩了假药的认定范围,将原本作为拟制假药处理的几种情形予以删除,单独增设妨害药品管理罪予以规制,且将药品使用单位人员故意提供假药的行为纳入生产、销售假药罪的处罚范围。但是,该罪依旧沿袭着过去抽象危险犯的立法模式,关于对制售假药行为的行政违法与刑事违法进行正确区分的问题仍未予以解决。

2. 假药犯罪立法规定变迁的特征

通过梳理不同时期假药犯罪的相关立法规定可知,从 1957 年的《刑法草案》至《刑法修正案(十一)》关于生产、销售假药罪的立法规定历经六次变迁,主要呈现以下两大特征:一是生产、销售假药罪的入罪门槛总体呈降低趋势。由实害犯到具体危险犯再到抽象危险犯转变,犯罪构成要件要素不断减少,最终高度浓缩为"生产、销售假药的"罪状表述,既不要求行为人以营利为目的,也不要求行为"造成严重后果"或"危害人体健康"等实害结果,甚至连"足以危害人体健康"的具体危险程度都予以删除,只要是生产、销售假药的行为都可以认定为生产、销售假药罪,极大地扩张了该罪的刑事处罚范围,严密了假药犯罪的刑事法网。虽然在一定程度上对严厉打击假药犯罪起到了威慑和预防作用,但是在客观上一些不具有法益侵害危险性的行政违法行为也被纳入了刑法规制范围,使作为行政法规的《药品管理法》被虚置,作为保障法和补充法的《刑法》"从幕后走向台前",造成刑事处罚范围不断向行政违法领域扩张,行刑衔接不畅的局面出现。二是对于生产、销售假药罪的处罚呈现出重刑化倾向。从 1957 年《刑法草案》规定的最高刑期 3 年,到 1979 年《刑法》规定的最高刑期 7 年,再到 1993 年单行刑法规定的死刑,完全体现出对生产、销售假药行为的严厉惩治。这种立法的重刑化倾向源于该罪的社会危害性程度较高,假药犯罪对人体健康危害较大。但是由于生产、销售假药罪既包含了人体生命健康法益,又包含了药品管理秩序法益,且两种法益之间并未区分主次,随着《刑法修正案(八)》的出台,抽象危险犯的立法并不要求对行为的法益侵害危险性进行具体判断,只要在形式上符合犯罪构成要件即可构罪,导致司法实践中均笼统地将两种侵害不同法益的行为都认定为是生产、销售假药罪,由此造成了罪刑的不均衡,而这种重刑化的倾向更将致使侵害药品管理秩序法益的行为获得重刑处罚,由此出现了倪某青案、陆某案等与公众朴素正义观相冲突的判决。

3.《刑法修正案(八)》出台后的立法目标流变

根据《〈中华人民共和国刑法修正案(八)草案〉的说明》可知,《刑法修正案

（八）》对生产、销售假药罪修改的背景在于加强刑法对广大人民群众生命健康的保护，加大对民生犯罪方面的惩处力度。因为在1997年《刑法》中生产、销售假药的行为要足以严重危害人体健康才能纳入犯罪圈。一方面，“足以严重危害人体健康”的构成要件限缩了假药犯罪刑事处罚的范围，许多不具有足以严重危害人体健康危险的犯罪被排除在刑事法网之外，对假药犯罪的打击起不到威慑作用和积极的预防效果，部分不法分子在暴利的驱使下依然游离在行政违法与刑事犯罪之间，导致假药犯罪活动愈演愈烈。另一方面，在司法实践中判断“足以严重危害人体健康”的标准较为模糊，在具体个案认定过程中的结果千差万别，容易造成同案不同判的局面，且假药犯罪的行为与严重危害人体健康结果之间的因果关系认定较为困难，公诉机关的举证难度较大，导致许多生产、销售假药的行为在缺乏证据证明的情况下只能被认定为生产、销售伪劣产品罪，因此饱受诟病。在风险社会理论和积极主义刑法观的影响下，立法者为了回应民生立法的诉求，将具体危险犯修改为抽象危险犯，旨在法益保护的前置化，提早了刑法的介入时间节点，将药品监管秩序这种集体法益作为对人体健康法益保护的前阶，直接纳入刑法的保护范围，这种将既遂状态前置的立法将会导致法律竞合，刑法将会取代前置法对一般违法行为予以刑事处罚，造成司法适用存在诸多困境。

纵观生产、销售假药罪的立法变迁，可以发现《刑法修正案（八）》之前的立法目的都在于保护人体生命健康法益，只有对人体生命健康法益的侵害具有高度危险的行为才能构成犯罪，如果仅侵犯药品监管秩序法益而对人体健康没有造成危害的行为一般都适用《药品管理法》中的行政处罚。而《刑法修正案（八）》对生产、销售假药罪的修改，则将药品监管秩序这种空洞的集体法益前置，认为只要侵害了药品监管秩序必然会造成损害人体健康法益的高度危险。所以，只要存在生产、销售假药的行为，就可以认定为生产、销售假药罪的既遂。且这种前置立法的方式会导致将原本仅存在关联关系的两种不同法益被同等看待，将集体法益分解为个人法益，将违法行为认定为刑事犯罪，将轻罪认定为重罪。诚然，这种立法目标的流变对于打击假药犯罪更为便捷有效，但是在司法实践中会造成生产、销售假药罪的认定流于形式，与制售假药的违法行为并无二致，关于制售假药的行政处罚规定失去独立适用的空间，刑法的谦抑性悄然退却。立法由实害犯到具体危险犯再到抽象危险犯的巨大转变，使犯罪的实质违法性被忽略，导致罪状的空洞化和形式犯的滋生。

（二）生产、销售假药罪的司法适用困境

《刑法修正案（八）》对生产、销售假药罪的修改在于克服1997《刑法》第141条的

立法缺陷，即为了解决假药入刑过程中“足以严重危害人体健康”难以认定的司法难题，从而加大对假药犯罪的打击力度。[1] 但是在该修正案出台不久后，这种矫枉过正的规定在司法适用过程中又面临着新的困境，倪某清案、陆某案等就是最好的例证。从这些案例中折现出的核心问题就是行政违法行为与刑事违法行为失去了区分的界限，司法实践中普遍存在将行政违法行为犯罪化的问题。具体问题体现在以下三个方面：一是对抽象危险犯的立法存在误解，导致司法认定产生偏差，将侵犯药品监管秩序的行为认定为生产、销售假药罪；二是刑法与行政法规制裁方式的功能错位，即为了控制假药犯罪所产生的社会风险不惜以刑代罚，刑事处罚范围不断占据行政处罚的适用空间，将行政法规虚置，严重违反了刑法的谦抑性原则；三是罪状的空洞化使该罪沦为了形式犯，在认定过程中只注重违法的形式特征，而忽视了行为的实质危害，罪名的扩张适用导致罪责不相适应。

1. 对抽象危险犯的误读导致司法认定产生偏差

“抽象危险犯的构成要件设置是一种对于法益的提前而周延的保护，也可以说是对法益保护的前置化措施。”[2] 将生产、销售假药罪设立为抽象危险犯是立法者为了将人体生命健康法益的保护从侵害结果发生后提前至对该法益具有侵害危险状态之前，通过禁止他人实施妨害药品监管秩序的危险行为从而达到对风险的控制。但是这并不意味着实施了妨害药品监管秩序的行为就必然会对人体生命健康法益具有侵害的紧迫危险。抽象危险犯的成立并非不需要考虑行为危险与法益侵害危险之间的关系，只是这种法益侵害发生的危险性通过行为予以征表，需要司法工作人员通过行为危险性的判断来确定是否成立犯罪。如果实施的行为没有法益侵害发生的现实危险，则不能构成犯罪。而在司法实践中，往往对抽象危险犯进行误读，认为只要实施了生产、销售假药的行为，对人体生命健康法益侵害的抽象危险就立即发生，将药品监管秩序法益与人体生命健康法益之间稀薄的法益关联性充当抽象危险犯正当化的根据。因此，自《刑法修正案（八）》对该罪进行修改以来，两种法益的保护似乎显得同等重要了，不管行为人的行为侵犯了人体生命健康法益还是药品监管秩序法益，都“一刀切”地认定为构成生产、销售假药罪。“这种法益混同、兼顾保护的立法模式，

[1] 参见储槐植、李莎莎：《生产、销售假药罪若干问题研究——以〈刑法修正案（八）〉第23条为视角》，载《江西警察学院学报》2012年第1期。

[2] 陈京春：《抽象危险犯的概念诠释与风险防控》，载《法律科学（西北政法大学学报）》2014年第3期。

造成了两功能的同时受损。"[1]一方面,行为人销售所含成分与国家药品标准规定的成分不符的药品,但并未对不特定多数人的身体健康造成现实危害,甚至某些民间偏方或中草药等有利于疾病的治疗,仅因违反国家对药品监管秩序的规定而被认定为销售假药,会导致轻罪重刑或无罪入刑的情况出现,难以符合国民普遍的正义观。另一方面,生产、销售假药的行为只要不造成严重后果,其与违反药品监管秩序的行为在刑法上所获得的评价和量刑是一致的,在利益的驱使下反而会激励更多的人去生产、销售真正意义上的假药,难以实现刑法的一般预防功能。在这种抽象危险犯的立法模式下,司法机关顺利地跨越了"足以严重危害人体健康"的认定难关,只要是具有生产、销售假药的行为,不管该行为侵犯的是人体生命健康法益还是药品监管秩序法益,都符合生产、销售假药罪的构成要件,而不需要进行具体区分和实质判断。由此,生产销售假药罪的空洞罪状表述似乎可以囊括一切关于药品方面的违法行为。从而,在司法认定过程中只注重形式,忽视了行为具有法益侵害性才是犯罪的本质这个问题。

由于药品监管秩序法益与人体生命健康法益存在牵连关系,立法者为了加强对假药犯罪的打击力度,索性将这两种法益等同看待。在这种立法观念的指导下,司法适用过程中往往会将侵犯药品监管秩序的行为以生产、销售假药罪定罪量刑。如仇某与丈夫周某在未经药品监督管理部门批准的情况下即对黄柏、郁金、川乌、鸡血藤等中药材加工成中药饮片对外销售,虽然没有对他人身体健康造成危害,甚至有助于疾病的治疗,但仍被法院以生产、销售假药罪判处有期徒刑一年零六个月,罚金人民币20万元。[2] 从该案来看,仇某的行为并未侵犯人体生命健康法益,至多违反了国家对药品监管秩序的规定,司法机关却以生产、销售假药罪将其定罪处罚,究其原因在于双重法益保护的立法模式容易导致司法认定产生偏差,将社会危害性较轻的妨害药品管理秩序行为视为销售假药的行为。且该案是在新《药品管理法》出台后所作的判决,假药的认定范围虽然已经做了限缩,但是司法机关对生产、销售假药罪的认定却未做出改变。因为侵犯药品监管秩序法益必然会危害人体健康法益的观念在司法实践中已经根深蒂固了。

---

〔1〕 于冲:《药品犯罪的法益分立:监管秩序从生产销售假药罪的剥离与独立化保护》,载《青海社会科学》2020年第2期。

〔2〕 参见贵州省石阡县人民法院(2020)黔0623刑初81号刑事判决书。

2. 刑法与行政法规制裁方式的功能错位

关于生产、销售假药行为的处罚，不仅有刑法的规制，在《药品管理法》中也有相关规定。在《刑法修正案(八)》出台之前，行政处罚与刑事处罚之间的界限就在于生产销售假药的行为是否产生了“足以严重危害人体健康”的具体危险结果。但是，由于生产、销售假药罪抽象危险犯的立法修改使该罪的构成要件与《药品管理法》规定的行为类型完全一致，均表现为生产、销售假药的行为，导致制售假药的刑事违法行为与行政违法行为之间仅有的区分界限丧失。在司法实践中，为了秉持从严打击假药犯罪的理念，裁判者往往热衷于动用刑罚。因为行为人制售假药的行为在形式上本身就符合生产、销售假药罪的罪状表述，且在两法竞合的情况下刑罚比行政处罚更具威慑力。在这种刑事处罚优于行政处罚的选择下，《药品管理法》的规定也逐渐失去了适用的空间。最终导致的结果就是在司法适用中对于制售假药的行为以刑代罚，刑法丧失其保障法和补充法的功能，造成刑法与行政法规制裁方式的功能错位，行政处罚措施成为刑事处罚措施的补充。在我国违法与犯罪并存的二元制裁体系下，对行政违法行为只需进行行政处罚，而制售假药的刑事违法行为所产生的法律后果则是刑罚和行政处罚两种。在缺乏区分要素的情况下，将制售假药的行为一律认定为生产、销售假药罪势必会造成罪与非罪的认定错误，行政处罚措施也失去了其独立存在的空间。[1]

由于在立法层面没有明确制售假药行为刑事违法与行政违法之间的界限，在没有明确的判断标准的情况下司法工作者也懈于区分两者之间质或量的差别，从刑法的积极预防角度出发一律将生产、销售假药的行为纳入刑事法网。这种做法导致在司法实务中“以刑代罚”的案件层出不穷。典型的案例如王某在呼和浩特市药品展销会上购进 18 盒“五毒透骨胶囊”给其患有相关疾病的妻子服用，其妻子反馈药效不错后，王某以每盒 15 元的价格向土默特右旗三间房稳正药店的李某销售“五毒透骨胶囊”10 盒，获利 75 元。李某又以每盒 20 元的价格对外销售 2 盒，获利 10 元。涉案药品无有毒、有害成分，没有危害到特定人的生命健康，两人却均被法院以生产、销售假药罪定罪量刑。[2] 前述案件中，行为人的行为并未产生危害人体健康的后果，甚至有利于维护人体健康，且涉案金额分别仅为 75 元和 10 元。对于如此轻微的违法情

〔1〕 参见刘晓莉、逄晓枫：《制售假药行为之行政处罚与刑罚适用研究》，载《中国刑事法杂志》2012 年第 9 期。

〔2〕 参见内蒙古自治区土默特右旗人民法院(2020)内 0221 刑初 190 号刑事判决书。

节，从实质性判断的角度而言本不应构罪，且对行为人进行行政处罚就足以达到惩治和预防的作用，而司法机关却依旧要采取刑事处罚措施。显然，《刑法修正案(八)》对生产、销售假药罪的修改，确实导致了该罪在司法适用中行刑衔接不畅的问题，刑法不断占据了行政法规适用的空间。

3. 罪名的扩张适用导致罪刑失衡

在风险社会背景下，风险刑法也在不断扩张，其表现最为突出之处就是在立法过程中扩大刑事处罚范围，以处罚危险犯的方式更早期地、更周延地保护法益，进而实现刑罚的积极的一般预防目的。[1] 生产、销售假药罪的修改，一方面，将既遂状态前置化，提早了刑法介入的时间节点，将本是行政违法的行为或不值得刑法科处的行为都纳入刑事处罚范围，不当地扩张了该罪的适用范围；另一方面，由于抽象危险犯的性质导致对该罪的认定流于形式，且该罪中糅杂了人体健康法益和药品监管秩序法益两种客体，但是相对侵犯人体健康法益而言，妨害药品监管秩序行为的社会危害性显然要轻，对不同性质的法益侵害行为进行同等法律评价，必然会导致罪刑失衡。"足以严重危害人体健康"作为生产、销售假药罪入罪门槛的限定要素被删除，其罪状表述与《药品管理法》的规定已完全重合，刑法失去了其独立判断的内容，行政法规与刑法规定两者相互交织，刑事处罚的边界肆无忌惮地延伸，吞噬了对制售假药行为行政处罚的功能，罪名的适用最终变得随心所欲。而生产、销售假药罪也沦为了一个黑洞，既可以包含制售假药的行政违法行为，也可以评价侵犯药品监管秩序的犯罪行为。

因此，在司法实践中，经常会出现将违反行政法规的无罪行为或犯罪情节轻微危害不大的行为认定为生产、销售假药罪，将轻罪行为认定为重罪，出现了司法公正与国民普遍正义观背离的现象。倪某清案就是生产、销售假药罪适用范围不当扩大造成罪刑不均衡的最佳例证。倪某清因偶然机会获得他人祖传秘方，在此基础上经过其精心研制，发明了一种治疗晚期癌症的中草药秘方，之后还获得了肿瘤内服中草药片剂的国家发明专利，该药在临床实验中取得了一定疗效，故其将该药对外销售，救治了众多晚期癌症患者。但是因其研制的药品并无生产许可证及药品管理部门的批准文号，被金华市婺城区人民法院以生产、销售假药罪判处有期徒刑 10 年，并处罚金 100 万元人民币。[2] 在倪某清案中，其制售的药品不但没有危害人体健康，反而对晚

[1] 参见吴轩：《论风险刑法理论的正当性根据》，载《淮海工学院学报(社会科学版)》2011 年第 19 期。

[2] 参见浙江省金华市婺城区人民法院(2012)金婺刑初字第 489 号刑事判决书。

期癌症具有治疗作用,其行为不具有刑法意义上的社会危害性。虽然倪某清在没有取得批准文号的情况下销售其药品,侵犯了国家对药品的监管秩序,但是不足以将其认定为生产、销售假药罪,且判处 10 年有期徒刑,罚金 100 万元。本可由行政机关通过行使行政手段来调整和规范的行为,为何要将其纳入刑事处罚范围呢?退言之,即使倪某清的行为严重侵犯了药品管理秩序法益,值得刑法科处,为何要将其轻罪重刑化呢?这恐怕不是司法所能左右的,最终的症结还是要归咎于生产、销售假药罪前置保护的立法模式导致的罪责刑不相适应。

二、制售假药行为行刑衔接的理论前提

针对上述问题,要实现制售假药行为的行刑衔接顺畅,必须厘清三个理论层面上的问题:一是要对抽象危险犯立法的本质进行重新认识,弄清楚抽象危险犯的危险本质是什么,如何在司法适用中对抽象的危险结果进行判断,以及其与行为犯、具体危险犯之间的关系和区分界限;二是要对生产、销售假药罪的保护法益进行辨析,正确认定该罪的保护法益以限缩生产、销售假药罪的处罚范围,为制售假药行为的行刑界分奠定理论基础;三是要正确选择行政违法和刑事违法的界分理论,从行刑衔接演变为行刑重合的原因出发,分析两种违法行为之间的属性差异或本质区别,为行刑的界分方法和衔接适用提供理论借鉴。

(一)生产销售假药罪抽象危险犯立法的本质认识

制售假药行政违法行为犯罪化的问题,其根源主要在于生产、销售假药罪抽象危险犯的立法模式只规定了制售假药的行为类型作为犯罪构成要件,缺乏危险结果要素,导致司法实践中存在对抽象危险犯的认识错误,将抽象危险犯等同于行为犯予以认定,对行为的构成要件符合性仅进行抽象化、形式化认定,认为行为一经实施犯罪就立即成立,忽视了对行为危险性的实质审查抑或是无视行为危险性与法益侵害可能性之间的关系。因此,为了对制售假药的行政违法行为与刑事违法行为进行准确界分,应对抽象危险犯的危险本质和具体判断有一个正确的认识。

1. 抽象危险犯立法的正当化根据

在传统刑法理论中,犯罪的成立基本都要求行为对法益造成了现实侵害结果,而在风险社会背景下为了将侵害重大法益的风险控制在适当的范围,提出以行为的危险性作为刑事处罚的根据,无须法益侵害的实害结果发生,以此将风险刑法理论作为

传统刑法理论的补充。[1] 对于假药犯罪而言，如果在制售假药的行为已经发生侵害人体生命健康安全的实害结果之后再动用刑法予以惩治和预防显然已过于迟缓，对于法益的保护存在滞后性和不周延性。在此种情况下，符合风险控制逻辑的抽象危险犯的立法模式在风险社会背景下被广泛提倡。关于生产、销售假药罪抽象危险犯的立法主要有三个方面的考量：首先是为了防控药品领域的风险对公众生命健康安全的威胁，提早了刑法的介入时间节点，对法益进行前置化保护，避免实害结果的发生，[2] 即为了保护人体健康法益免受侵害的风险，对某些仅违反药品监管秩序而无法益侵害性的制售假药行为在刑法上做出否定性评价，通过危险行为的无价值判断进一步阻止可能侵害法益行为的实施。其次是为了加强积极的一般预防作用，将所有的制售假药的行为全部（在二元处罚体系下，制售假药的行为有行政违法和刑事违法两种属性）纳入刑事处罚范围，向公众昭示违反规范的后果是遭受严厉的刑罚打击，从而加强民众的规范意识，以达到预防犯罪的目的。最后，抽象危险犯的立法有利于避免司法认定中的证明困难，因为在实害犯或具体危险犯的场合需要对行为与结果之间是否存在因果关系进行举证，但在司法实践中这种因果关系的证明较为复杂和困难。而抽象危险犯则不要求司法工作人员对法益侵害的危险性进行具体审查，有利于避免证明上的困难，节约司法认定成本。

虽然抽象危险犯的立法能够有效预防假药犯罪领域对人体健康法益产生的风险，但是这种法益保护早期化的立法蕴含着刑事处罚范围不当扩张的风险，容易导致行政违法行为被纳入刑法规制范围，行刑的界限变得模糊不清。这也是在司法实践中将作为公法益的药品监管秩序法益与作为个人法益的人体健康法益相混同，进而对两种不同性质法益的侵害行为进行同等法律评价的主要原因。这种行为无价值的判断俨然已经冲击了法益侵害是犯罪的本质的理论，对法益保护的前置化立法可能会演变为对纯粹行政不法行为的刑事处罚，忽视了行为本身是否具有法益侵害危险性的判断。同时，能够保护法益的手段和措施多种多样，并非只有科处刑罚才能发挥积极的一般预防作用，根据刑法谦抑性原则的要求，只有通过其他手段不足以保护法益才能动用刑罚，在行为不具有法益侵害危险性的情况下，通过行政处罚措施依旧可以达到预防法益遭受侵害风险的目的。最后，为了避免证明上的困难将生产、销售假

〔1〕 参见齐文远：《刑法应对社会风险之有所为与有所不为》，载《法商研究》2011 年第 4 期。

〔2〕 参见王霖、阎二鹏：《抽象危险犯认定路径检思与谦抑认定机制重构》，载《国家检察官学院学报》2017 年第 2 期。

药罪由具体危险犯改为抽象危险犯的立法是值得质疑的。恰恰由于抽象危险犯不需要对法益侵害的危险性进行具体判断，导致形式上符合构成要件的行为本身不管是否蕴含着侵害人体生命健康法益的危险性，都笼统地被认定为生产、销售假药罪，将行政违法行为犯罪化处理，导致行刑衔接演变为行刑重合。当然，生产、销售假药罪抽象危险犯的立法已成既定事实，为了行刑的有效衔接，只能从抽象危险犯的本质出发在司法适用过程中对其刑事处罚范围进行限缩。

2. 抽象危险犯的危险本质

抽象危险犯是立法者为了防控某类重大法益遭受不法侵害的风险，根据社会一般观念将某些具有典型性危险的行为类型化为构成要件而被刑法所禁止的犯罪类型。由上述概念可知，行为的危险性和法益侵害的抽象危险结果是抽象危险犯具有刑事可罚性的核心，虽然刑法对于危险的结果没有在构成要件中明确规定，但是抽象危险犯的危险结果显然是一种不成文的构成要件要素，是判断罪与非罪的标准。当行为缺乏危险性时，刑法对该行为的处罚也就失去了意义。因此，对于抽象危险犯的正确认识，其核心在于对抽象危险的本质进行辨析，抽象危险犯的危险性质关涉到犯罪成立的判断标准。为了正确认定抽象危险犯的成立，有必要对其危险的具体内涵进行分析。学界关于抽象危险犯的危险性质目前主要有“拟制的危险说”和“一般的危险说”两种学说，具体展开论述如下。

拟制的危险说认为：“抽象危险犯是立法上假定，特定的行为方式出现，危险状态及伴随而生；具体个案纵然不生危险，亦不许反证推翻。”〔1〕即使在具体案件中行为的危险性显然不足以对法益产生侵害的威胁，但是由于行为符合刑法条文规定的行为类型也通常被视为抽象危险结果已经发生，不允许被告人反证危险的不存在。一般的危险说认为抽象危险系由立法者依其生活之经验大量观察，认为某一类型行为具有法益侵害的一般性危险。〔2〕由此可知，抽象危险犯的危险本质在于行为本身能够对法益造成侵害的危险性。只有危险的行为在社会一般观念中被认为能够产生法益侵害的可能性才能将该行为纳入刑事处罚范围。

拟制危险说在法律上并不承认在具体情况中部分行为存在欠缺法益侵害的客观危险，只要行为在形式上符合构成要件的要求，在法律上就能认定行为具有抽象的危险，把立法理由作为危险的本质。其实质上是将抽象危险犯与行为犯不加区别地予

〔1〕 林东茂：《刑法综览》，中国人民大学出版社 2009 年版，第 62 页。

〔2〕 参见林山田：《刑法通论》（上册），北京大学出版社 2012 年版，第 12 页。

以认定，将抽象的危险认为是法律拟制出来的危险并没有实质地赋予犯罪成立的基础，不能清楚地解释抽象危险犯的刑事处罚根据，这是对刑法的责任主义的公然违反。[1] 而一般危险说则是基于类型化的行为在一般情况下具有对法益侵害危险的高度盖然性而将其作为处罚的根据。[2] 但是，这种法益侵害的高度盖然性只是立法上的推测，应在法律上承认少数情况下行为并不会产生法益侵害的客观危险。在法益侵害说或结果无价值的立场上，允许司法适用过程中对行为是否符合犯罪构成要件要求的行为类型进行实质判断，在一定程度上可以通过对行为危险性的判断限缩抽象危险犯的处罚范围。因此，从罪责主义的角度而言一般危险说比拟制危险说更为合理，应将一般危险说作为抽象危险犯的危险本质。具体到生产、销售假药罪中，应将制售假药行为对法益侵害的危险性作为抽象危险的本质，以便在司法适用过程中依据抽象危险的本质对制售假药的行为进行正确的行刑界分。

3. 抽象危险犯的危险判断

在刑法中，对于抽象危险犯的立法一般只规定了行为类型作为构成要件，作为危险结果的抽象危险并没有在条文中予以明确规定，只要行为在形式上满足构成要件的要求即可成立犯罪。由此，抽象危险犯的立法模式与作为近代刑法基石的法益侵害原则难以协调，可能会引起刑法的工具化和象征性倾向，导致抽象危险犯对法益的侵害进一步稀释。[3] 在抽象危险犯的犯罪构成要件缺乏危险结果要素的情况下，为了避免将仅违反规范的行政不法行为认定为刑事犯罪，在司法认定过程中应对抽象危险犯的危险进行正确判断，尤其是以危险行为与法益侵害之间的关联性为标准进行判断。在刑法理论中，关于抽象危险犯的危险判断有形式说和实质说两种理论的争议。

形式说的观点认为立法者在立法过程中已经通过经验法则的判断预先设定某类行为具有对法益侵害的抽象危险性，在具体情况中无论是否会发生法益侵害的危险都已经具备法律上的可罚性，立法的危险拟制不容许反驳，只要对行为的构成要件符合性进行形式判断即可。而实质说则认为对抽象危险的判断不能仅从形式上看行为

〔1〕 参见［日］曾根威彦：《刑法学基础》，黎宏译，法律出版社2005年版，第85－86页。

〔2〕 Kindhäuser, Gefährdung als Straftat, Vittorio Klostermann Verlag, Frankfurt am Main, S. 225.

〔3〕 参见黎宏：《论抽象危险犯危险判断的经验法则之构建与适用——以抽象危险犯立法模式与传统法益侵害说的平衡和协调为目标》，载《政治与法律》2013年第8期。

是否符合刑法条文所规定的行为类型，还要根据各个具体的事情加以实质判断。[1]虽然刑法设定的行为类型在一般情况下都有法益侵害的危险性，但是在实践中也会经常出现立法设想范围之外的情形，因此，在司法认定中要把行为对法益侵害的危险性作为不成文的构成要件要素，对抽象的危险进行具体判断。

形式说是站在形式违法性的立场上依据刑法条文的字面意思对行为进行认定，以危险是法律拟制的结果为由省略对抽象危险的判断环节，从单纯违反规范的形式标准出发确认行为的危险性，把对抽象危险犯的危险判断交由立法裁决而否认司法上的判断。此种做法使抽象危险犯的处罚范围过于宽泛，混淆了罪与非罪的界限，危险的泛化认定会导致行政违法行为犯罪化。同时，对危险的形式认定也使抽象危险犯的刑事违法性缺乏实质根据，法律拟制的不法性造成实质的有责性缺失。行为对法益造成侵害或危险是启动刑罚权的前提性条件，在法益没有受侵害之风险时刑法无介入之必要。[2] 因此，应当否定将形式说作为抽象危险犯的危险判断标准。实质说从抽象危险犯的刑事可罚性根据出发，主张在司法认定过程中不能只对行为进行形式符合性上的审查，而要依据行为的危险性与法益侵害可能性之间的关联程度对危险进行实质判断。因为只有行为本身能够产生对具体法益的侵害危险性，该行为才值得动用刑法予以规制，这也是责任主义的要求。刑法设立抽象危险犯的根本目的在于保护特殊法益免受某些类型化的行为侵害，在法益发生实害结果之前进行预先保护，如果针对单纯违反秩序规定而没有法益侵害危险性的行为进行惩处，抽象危险犯的立法显然没有意义，因为使用其他措施足以预防法益遭受侵害的风险。因此，对抽象危险犯的认定应将行为是否具有对法益侵害的抽象危险性作为不成文的构成要件要素予以实质判断，才能对罪与非罪进行正确界分，实现罪责相适应，有利于对抽象危险犯的处罚范围进行限缩。

综上所述，在生产、销售假药罪中，虽然抽象危险犯的立法只将生产、销售假药的行为类型作为犯罪构成要件，但是对于犯罪的认定不能仅依据行为类型进行形式判断，而需要从抽象危险犯的危险本质出发，对制售假药行为的危险性和人体生命健康法益侵害性之间的关联性进行判断。司法实践中普遍存在对抽象危险犯的误解，认为行为只要在形式上符合生产、销售假药的条文规定就应该成立生产、销售假药罪，

---

〔1〕 参见江岚、赵灿：《抽象危险犯与行为犯之界限——以"抽象危险"的认定为路径》，载《湖北大学学报(哲学社会科学版)》2012 年第 2 期。

〔2〕 参见刘军：《抽象危险犯的理论基础与实践边界——以法教义学为分析视角》，载《法律方法》2014 年第 1 期。

而忽视了制售假药行为对法益侵害的抽象危险性才是该罪具有刑事可罚性的根据。

（二）生产、销售假药罪的法益辨析

“刑法的任务是保护法益，是19世纪提出来的一条重要理论。所以，没有或者不允许有不针对特定法益的刑法规定。”[1]由于具体犯罪的法益对刑事司法具有重要指导作用，所以必须明确刑法规定该罪是为了保护何种法益。在生产、销售假药罪中，由于其抽象危险犯的立法目的在于法益保护的前置化，那么对该罪所保护的法益进行辨析显然十分重要。因为如果把药品监管秩序法益作为生产、销售假药罪的保护法益，那么抽象危险犯的法益保护前置化属性就会造成具有妨害药品监管秩序危险性的行为被纳入刑法评价范围。由此，对法益的保护将会提前至对具有侵犯药品监管秩序可能性的行为进行打击的阶段，最终导致行为的危险性与人体生命健康法益的侵害性毫无关联。将一种具有行政不服从倾向的行为纳入刑事处罚范围是难以符合国民预测可能性的，会导致社会公众时刻陷入被刑事处罚的担忧和惶恐之中。因此，为了还原生产、销售假药罪的犯罪本质，有必要对其保护的法益进行辨析。

1. 生产、销售假药罪法益的理论争议

关于生产、销售假药罪所保护的法益，学界的观点众说纷纭，总体而言主要可以分为单一法益保护说和双重法益保护说两大类，且两类学说内部也存在不同的分歧。在单一法益保护说里，又可以具体分为药品监管秩序法益说和人体健康法益说两种。而双重法益保护说显得更为复杂，不仅存在具体的双重法益保护内容的分歧，还对两种保护法益的主次位阶关系存在不同的见解。具体的理论争议观点如下：

药品监管秩序法益说。部分学者认为生产、销售假药罪所保护的法益是国家对药品监管秩序的维护。从该罪的犯罪构成来说，作为该罪行为对象的“假药”的认定是以《药品管理法》的相关规定为基础的，不仅包括真正对人体健康具有危害性的假药，也包括充满国家行政管理色彩的拟制假药。行为人只要具有生产、销售《药品管理法》所规定的假药的行为，就可以构成生产、销售假药罪，而不论该行为是否对人体生命健康具有危害风险。[2] 从生产、销售假药罪在刑法中所处的章节而言，该罪既可以置于“危害公共安全罪”一章中，也可以置于“破坏社会主义市场经济秩序罪”这一章中，立法者将该罪归于后者而非前者，从立法意图上看，生产、销售假药罪主要保

[1] [德]冈特·施特拉腾韦特、[德]洛塔尔·库伦：《刑法总论Ⅰ——犯罪论》，杨萌译，法律出版社2006年版，第29页。

[2] 参见曲新久主编：《刑法学》，中国政法大学出版社2009年版，第286页。

护法益是国家的药品监管秩序。[1] 由此,从该罪的立法和所处章节设置上可以看出其主要在于保护药品监管秩序法益。

人体健康法益说。有些学者主张生产、销售假药罪的设立旨在保护不特定多数人的生命健康安全。首先,从法益分解和转化的角度来说,"无论是社会法益还是国家法益,最终都应还原为人身、财产等个人具体的法益……社会主义市场经济秩序也不过是对人身、财产等个人法益的抽象化,保护社会主义市场经济秩序最终必然是为了保护个人的具体法益"[2]。尽管将生产、销售假药罪放置在"破坏社会主义市场经济秩序罪"这一章中,该罪的规定也包含着侵犯药品监管秩序的行为,但是其最终的表现还是对人体生命健康法益的侵害。其次,从该罪的刑罚来看,"立法者将生产、销售假药罪的法定最高刑由 7 年直接升至死刑。在倡导轻刑化,废除死刑的经济犯罪中,假药犯罪的死刑规定显得格格不入,这也反向证明了假药犯罪不应列入经济犯罪,其主要危害的不是国家对药品的经济管理秩序,而是不特定多数人生命健康安全"[3]。因此,部分学者从生产、销售假药罪的法益表现和量刑轻重的角度出发主张该罪所保护的法益为人体健康法益。

双重法益说。学界通说观点认为:生产、销售假药罪所保护的法益既包含人体生命健康法益,也包括药品监管秩序法益。因为《药品管理法》是生产、销售假药罪关于假药认定的前置法,行为人在实施制售假药的行为过程中必然会违反《药品管理法》的相关规定,从而造成对国家药品监管秩序的侵犯。在侵害人体生命健康法益必然会伴随对药品监管秩序法益侵害的逻辑下,生产、销售假药罪保护的是双重法益便成为学界的共识。当然,在双重法益保护说内部也存在主次法益之分的争议。有学者认为,在侵犯复数法益的犯罪中,犯罪行为侵犯何种法益的社会危害性程度更高,则说明该法益是主要法益,应予优先保护。在生产、销售假药罪中,人体生命健康法益属于个人法益,处于优势保护地位,而药品监管秩序法益作为秩序利益则处于从属地位。[4] 另一种观点则认为,生产、销售假药罪处于"破坏社会主义市场经济秩序罪"这一章之中,其保护的主要法益应是作为秩序利益的药品监管秩序,人体健康法益的

[1] 参见马克昌主编:《百罪通论》(上卷),北京大学出版社 2014 年版,第 185 - 186 页。

[2] 陈洪兵:《生产、销售伪劣商品罪的法益及其展开》,载《政治与法律》2011 年第 3 期。

[3] 王慧君:《生产、销售假药罪法益辨正与"假药"刑法内涵分析》,载《福建警察学院学报》2019 年第 3 期。

[4] 参见时方:《生产、销售假药罪法益侵害的规范解释——主次法益价值冲突时的实质判断》,载《政治与法律》2015 年第 5 期。

保护只是附带的。[1] 还有学者从假药的认定范围出发,主张生产、销售假药罪所保护的法益为用药人的生命健康安全和药品的知识产权,其认为对假药的解释不能从实质角度出发,可参照美国的相关立法规定,将侵犯药品知识产权的冒牌药也纳入假药的认定范围,药品的知识产权也应该成为该罪所保护的法益之一。[2] 其实,笔者认为药品知识产权的保护在侵犯知识产权罪这个章节中已有专门的罪名予以保护,若将其纳入生产、销售假药罪中予以保护不仅会造成罪名体系的混乱,而且两者在法益关联性上的逻辑也难以融洽。

2. 药品监管秩序法益之否定

针对上述理论争议,笔者认为,无论从犯罪的本质还是从行刑界分的角度而言,都不能将药品管理秩序作为生产、销售假药罪的法益。具体理由如下:

首先,由罪名的体系来判断该罪保护的法益具有局限性。尽管从罪名所处的章节体系来判断该罪所保护的法益类型的方法在通常意义上具有一定合理性,但是制售假药的行为不同于普通的破坏市场经济秩序的行为,药品的真假最终指向的是不特定多数人的生命健康安全,而不是国家的药品监管秩序。不能仅因生产、销售假药罪被放置在“破坏社会主义市场经济秩序罪”这一章中就认为该罪侵犯的是药品监管秩序法益。其实,在侵犯复数法益的犯罪中,这些罪名所保护的最终法益必然是单一的,只是由于结果的发生必然包含手段行为对他种法益的侵害,导致被误认为侵犯了复杂客体。例如抢劫罪,行为人以暴力胁迫的方法抢取他人财物的行为既侵害了他人的人身权利,又侵犯了他人的财产权,但是立法者却将该罪置于“侵犯财产罪”一章中而不是“侵犯公民人身权利、民主权利罪”之中。又如抗税罪,行为人采用暴力威胁的方法拒不缴纳税款的行为不仅侵犯了国家的税收管理制度,同时也侵犯了税务人员的人身权利,但是该罪却处于“破坏社会主义市场经济秩序罪”之中,而没有将其纳入“侵犯公民人身权利、民主权利罪”这章之中。这是因为采用暴力压制他人反抗、采用暴力抗税的手段行为所侵害的人身权利是实现目的行为所伴随的结果,刑法设立抢劫罪和抗税罪不是为了保护公民的人身权利,而是对财产权的保护和对税收管理制度的维护。同理,生产、销售假药罪的设立也不是单纯地维护药品监管秩序,而是对不特定多数人的身体健康安全进行保护。因此,以罪名所处的章节体系来判断该

〔1〕 参见孙国祥、魏昌东:《经济刑法研究》,法律出版社2005年版,第191页。

〔2〕 参见肖怡、龚力:《对生产、销售假药罪的探讨与解析》,载《首都师范大学学报(社会科学版)》2016年第2期。

罪所保护法益的方法是不可取的，药品监管秩序法益作为制售假药的手段行为所侵害的法益，不能凸显生产、销售假药罪的实质，不能成为该罪保护的法益。

其次，药品监管秩序本身不是刑法值得保护的法益。“只有当某种公法益与个人法益具有同质性，能够分解成或者还原成个人法益，是促进人类发展的条件且具有重要价值时，才是值得刑法保护的法益。”[1] 其实，侵犯药品监管秩序的行为本身并不值得科处刑罚，之所以将其认为是犯罪行为，其本质是因为该行为造成了侵害人体健康法益的后果。犯罪的本质在于侵害法益，若制售假药的行为仅侵害药品监管秩序，没有造成人体健康法益的危害后果，由相关行政法规处理即可，只有生产、销售真正能够危害人体健康安全的假药的行为，才能被认定为生产、销售假药罪。因此，单纯的药品监管秩序法益在不能还原为个人法益的情况下，不能作为生产、销售假药罪的保护法益。

最后，药品监管秩序法益与生命健康法益在属性上具有本质区别。药品监管秩序代表的是一种秩序利益，侵犯药品监管秩序的行为只是违反国家药品管理法规的行政违法行为，而侵犯生命健康法益是对个人实质利益的损害，两者不能等同视之，否则就会将无罪行为认定为有罪，将轻罪行为认定为重罪。《药品管理法》虽然是认定生产、销售假药罪的前置法，但其只是从行政管理的角度来界定假药的范围，并不意味着违反药品监管秩序就可以构成生产、销售假药罪。且《药品管理法》的修改也明确将几种典型的拟制假药排除在假药的认定范围之外，从侧面证明了生产、销售假药罪保护的法益并不是药品监管秩序。虽然药品监管秩序法益与生命健康法益在时空的维度下具有紧密的联系性，即在生产、销售假药罪中侵害人体健康法益的行为必然会违反药品监管秩序，但是行为人实施了违反药品监管秩序的行为后并不必然会得出侵害人体健康安全的结论，甚至可能会有利于人体生命健康法益的维护。倘若将药品监管秩序作为生产、销售假药罪的保护法益，不仅会将有利于维护人体健康安全的行为认定为是犯罪，背离刑法的规范目的，加剧药品监管秩序法益和人体生命健康法益之间的价值冲突，而且还会导致制售假药的行政违法行为与刑事犯罪行为的区分界限更加模糊。因此，不宜将药品监管秩序作为生产、销售假药罪的保护法益。

3. 生命与身体健康法益之证成

“规则及其他各种形式的法一旦被创设，则应当根据其服务的目标被解释、阐述

---

[1] 张明楷：《避免将行政违法认定为刑事犯罪：理念、方法与路径》，载《中国法学》2017 年第 4 期。

和适用。"[1]刑法中每个罪名的设立都有其特定的法益保护目的,从生产、销售假药罪的立法变迁、构成要件、刑罚的配置以及相关司法解释的内容等都可以分析出人体生命健康法益才是生产、销售假药罪值得保护的法益。理由如下:

第一,从生产、销售假药罪的历次立法变迁可以看出该罪的立法目的在于保护公民的生命健康安全。从罪状表述上来看,都有危害人体健康的结果要求,从1979年《刑法》要求的制售假药"危害人体健康"到1993年《决定》规定的"足以危害人体健康"再到1997年《刑法》要求的"足以严重危害人体健康",就可以看出生产、销售假药罪的特定保护法益就是人体生命健康安全。由此可见,该罪的立法目的就是保护人体生命健康安全。《刑法修正案(八)》的修改删去了"足以严重危害人体健康"的要件,有人可能会认为该罪的立法目的是否转为侧重保护药品监管秩序呢?其实并非如此,该构成要件要素的删除并不意味着对生产、销售假药罪的认定不需要判断制售假药的行为对他人身体健康的危害风险,只是将原本具体危险的判断改为抽象危险的判断,在司法认定过程中更为宽松、便利,这反而是加大了对公民生命健康安全的保护力度。《〈中华人民共和国刑法修正案(八)草案〉的说明》作为立法的背景材料,明确指出为加强刑法对广大人民群众生命健康的保护而修改生产、销售假药罪的相关规定。这从立法层面上也佐证了生产、销售假药罪的立法目的就是保护公民的生命健康安全。

第二,从相关司法解释的规定可以佐证人体生命健康法益才是生产、销售假药罪的保护法益。2014年颁布的最高人民法院、最高人民检察院《关于办理危害药品安全刑事案件适用法律若干问题的解释》(以下简称《解释》)首先就开宗明义地强调,该解释的制定是为了依法惩治危害药品安全犯罪,保障人民群众生命健康安全。根据该解释第11条第2款的规定,行为人销售少量根据民间传统配方私自加工的药品、未经批准进口的境外药品,在没有对他人身体健康造成危害的情况下是不构成犯罪的。在此种情形下,行为人私自加工药品、销售未经批准进口的药品的行为显然已经侵犯了国家的药品监管秩序,但是由于没有造成人体健康危害的后果,所以不构成生产、销售假药罪。这充分表明了药品监管秩序并不是生产、销售假药罪的保护对象,国家对药品进行监管的最终目的也是保护公众的生命健康安全。虽然对侵犯药品监管秩序的行为予以打击有利于维护公众的用药安全,但是刑法作为最严厉的保障法,不能将违反药品监管秩序的行政违法行为当作犯罪行为予以处罚。因此,由司

---

[1] [英]蒂莫西·A.O.恩迪科特:《法律中的模糊性》,程朝阳译,北京大学出版社2010年版,第215页。

法解释的相关规定就可以证明生产、销售假药罪的特定保护法益是公众的生命健康安全。

第三,从刑罚的配置以及罪刑均衡原则的角度而言,生产、销售假药罪所保护的法益应为人体生命健康安全。生产、销售假药罪的刑期自 1993 年的单行刑法颁布开始,就从 1979 年《刑法》规定的 7 年最高刑期上升至死刑,且历次修法均未改变。在倡导立法废除死刑的背景下,立法者仍将该罪的最高刑期设定为死刑,其原因在于不特定多数人的生命健康安全这一重大法益对刑罚的配置起了决定性作用。[1] 而且,在社会公众的一般观念之中,侵犯药品监管秩序的行为比危害公众生命健康安全行为的危害性要轻得多,如果把药品监管秩序作为生产、销售假药罪的保护法益,就会导致轻罪重罚,造成罪刑的不均衡。在刑法中,各罪名的刑期配置是与该罪的犯罪性质以及其所造成的社会危害性程度成正比的。因此,从罪刑均衡的角度而言,只有侵害了不特定多数人的身体健康法益的行为才能被生产、销售假药罪所评价。

(三)制售假药行为行政违法与刑事违法的界分理论

1. 行刑衔接演变为行刑重合的原因

我国“行政处罚 + 刑事处罚”二元制裁体系的构建有利于实现惩治和预防犯罪的目的,但是在风险刑法理论的影响下,刑事立法逐渐向行政违法领域扩张,行政违法与刑事违法的界限模糊不清,导致行刑衔接演变为行刑重合的问题愈加突出。在司法实践中,关于制售假药的行政违法行为被认定为生产、销售假药罪的案件不胜枚举,反映出假药犯罪领域行刑衔接不畅的问题较为严重。在笔者看来,出现此种现象的原因如下:

第一,误将行政法规的衔接指引作为刑事处罚的根据。在诸多行政法规的条文中,均存在“构成犯罪的,依法追究刑事责任”的规定,这表明行政违法行为如果侵犯了刑法所值得保护的法益则可以将其纳入刑事处罚范围。该规定本身只具有指引刑法衔接处理的作用,但是由于扩张犯罪圈的需要,刑事立法逐渐将行政犯规定为抽象危险犯,其构成要件只有对行为类型的规定,与行政法规保持高度一致,在刑法缺乏定性或定量规范的情况下,直接将行政法规的衔接指引规定作为行政违法行为具有刑事可罚性的根据。在假药犯罪中,违反《药品管理法》规定的制售假药行为本身暂且只具有行政违法性,能否进入刑法的评价范围还需要对其法益侵害性或社会危害

〔1〕 参见张学永:《生产、销售假药罪的刑法教义学检讨》,载《中国人民公安大学学报(社会科学版)》2018 年第 3 期。

性程度进行具体判断。但是,一方面刑法条文对制售假药行为的刑事可罚性缺乏具体的判断标准;另一方面,由于风险刑法的影响,需要对假药犯罪加大打击力度,导致刑法只能将《药品管理法》第114条[1]的衔接指引性规范作为认定制售假药行为具有刑事可罚性的依据。由此,行刑衔接陷入了循环,刑法对行政违法行为的刑事可罚性判断需要从行政法规中寻找依据,最终导致的结果就是制售假药行为的行政违法性和刑事违法性没有本质区别,出现了刑法与行政法规的完全重合。

第二,罪状表述的抽象化和空洞化。"法定犯或行政犯以抽象危险作为不法的充分条件,在本质上是一种扩张处罚范围而非限制处罚范围或程度的方式。"[2]自《刑法修正案(八)》将生产、销售假药罪修改为抽象危险犯后,由于删除了"足以严重危害人体健康"的具体危险结果的要素,使该罪的构成要件被过度抽象化,仅剩"生产、销售假药"的行为类型,缺乏定性和定量要素的限制,导致其与制售假药的行政违法行为类型完全一致。这种罪状表述的抽象化和空洞化使制售假药行为的行政违法性和刑事违法性丧失了区分界限,造成了司法适用中罪与非罪、轻罪与重罪的认定具有极高的不确定性。"刑法分则将行为外表相同但对违法(法益侵害)与责任程度不同的自然犯与法定犯规定在同一法条中,导致法定犯与自然犯相混同。"[3]在这种自然犯与法定犯一体化的立法模式下,由于行为类型相同但侵害法益不同,容易导致不同类型的违法行为得到同等法律评价。因此,罪状表述过于简单和空洞是造成行政违法性和刑事违法性的区分界限模糊的主要原因。

第三,司法适用忽视了刑法的独立性判断和实质性审查。"由于行政犯本身缺乏具体的刑法的实质性描述,使其极容易成为刑法扩张的突破口,导致一些案件满足于行政犯的模糊性要求即被升级为犯罪。"[4]在司法实践中,对行政犯的刑事违法性判断经常采用"行政法定性+刑法定量"的模式,由于生产、销售假药罪作为抽象危险犯,刑法条文没有明确的定量规定。因此,司法人员从高效便利的角度出发,对构成要件仅作形式审查,缺乏以法益为核心的刑法独立性判断,只要行为人的行为具备行政违法性,就会被认定为是刑事违法行为,使不值得科处刑罚的行为也被纳入刑事处罚范围。如前所述,行政法规和刑法关于制售假药的行为类型在条文表述上是一致

---

[1] 《药品管理法》第114条规定:"违反本法规定,构成犯罪的,依法追究刑事责任。"

[2] 陈金林:《法定犯与行政犯的源流、体系地位与行刑界分》,载《中国刑事法杂志》2018年第5期。

[3] 张明楷:《自然犯与法定犯一体化立法体例下的实质解释》,载《法商研究》2013年第4期。

[4] 于冲:《行政违法、刑事违法的二元划分与一元认定——基于空白罪状要素构成要件化的思考》,载《政法论坛》2019年第5期。

的,而对于生产、销售假药罪的司法认定又流于形式,缺乏实质性判断,所以会导致制售假药的行政违法行为被认定为刑事犯罪,行刑的衔接由此演变为刑法和行政法规的竞合。

2. 行政违法与刑事违法界分的理论选择

在生产、销售假药罪的认定中,为了避免将制售假药的行政违法行为纳入刑事处罚范围,确有必要厘清两者之间的界定标准和范围。在进行正确区分之前,首要问题就是要弄清楚行政违法行为和刑事违法行为两者之间究竟有何本质差异。针对行政违法和刑事违法的属性差异问题,目前主要有"量的差异说"、"质的差异说"和"质量区别混合说"三种学说。

量的差异说主张行政违法行为与刑事违法行为在本质上没有区别,两者的主要差异在于行为客观方面的社会危害性程度大小,即刑事违法行为相较于行政违法行为而言,其社会危害性或不法的程度更大,已经达到值得用刑法予以惩罚的地步。[1]质的差异说认为行政违法与刑事违法在本质上属于不同种类的不法行为,行政违法行为仅是一种不服从行政管理秩序的行为,而刑事违法行为则是对他人具体法益造成现实侵害或具有法益侵害危险性的行为。[2] 质量区别混合说认为刑法有其核心区域和边缘区域之分,刑法的核心区域在于保护对社会共同体具有重要意义的核心价值(生命、身体、自由、财产等),边缘区域在于保护经济、卫生、环保等行政制度方面的集体法益。在刑法的核心区域,行政违法和刑事违法的区分在于质的差异;而在刑法的边缘区域,行政违法与刑事违法之间则仅存在不法程度的区别,即量的差异。[3]其实核心区域和边缘区域的划分就如同我国刑法理论对自然犯和法定犯的划分一样,由于自然犯所侵害的法益是刑法应当保护的涉及个人的核心利益,其具有较强的社会伦理上的可非难性,与行政违法行为具有质的区别,因此其违法性的认定要坚持刑法上的独立判断。而法定犯主要侵害的是国家的行政管理秩序,在法益属性上与行政违法行为所侵害的法益性质是一致的,只是由于危害程度不同,所以采用量的区分标准。

上述三种学说对行政违法行为与刑事违法行为的界分均具有一定的借鉴意义。但是实质而言,真正能够辨析行政违法和刑事违法之间的属性差异的方法只有两种,

---

〔1〕 参见孙国祥:《行政犯违法性判断的从属性和独立性研究》,载《法学家》2017年第1期。

〔2〕 参见蔡婷婷:《行政违法与刑事违法竞合关系下之归罪路径研究》,载《法律适用》2018年第5期。

〔3〕 参见王莹:《论行政不法与刑事不法的分野及对我国行政处罚法与刑事立法界限混淆的反思》,载《河北法学》2008年第10期。

即量的差异判断和质的差异判断,质量区别混合说并不是一种单独的判断方法,而是针对侵害不同法益属性的犯罪如何适用具体方法的情形。因为针对侵犯同一法益属性的犯罪不可能存在质的区别,如一般的非法经营行为和非法经营罪不可能存在质的差异,只有其社会危害性大小的差别;针对侵犯不同法益属性的犯罪也不能通过量的差别来判断行刑的界限,如抢劫罪中行为人只要实施了暴力、胁迫手段劫取他人财物的行为,就构成抢劫罪,无论劫取的财物是 1 元还是 100 万元。因此,在行刑界分的理论选择上,本文只对量的差异说和质的差异说进行分析。

关于量的差异说,其优点是便于司法实践进行认定和操作,只需将抽象的社会危害性程度转化为数额、情节等关于量的要素,在刑法条文中予以规定,那么在司法适用中关于行政违法和刑事违法行为的认定就非常清晰了,具备了量的要素即可将其纳入刑事处罚范围。但是,该学说的缺陷在于其仅适用于部分犯罪行为。因为量的差异说的理论前提是行政违法行为与刑事违法行为所侵害的法益必须具有同质性,此时两种违法行为才会存在量的差别,当采取行政处罚措施不足以实现法益的救济和保障时,就可以动用刑罚予以规制,顺畅地实现行刑的衔接。而对于行政违法行为和刑事违法行为所侵害的法益不具有同质性的场合,量的差别无法界分行政违法和刑事违法。具体到制售假药的行为中,无论行为人违反《药品管理法》的规定生产、销售了多少假药,销售假药的货值金额达到多少万元,只要行为人的行为没有侵害到不特定多数人的生命健康安全,就不能将其行为认定为是生产、销售假药罪。不能因为销售假药的数量和货值金额达到某个标准就将侵犯药品监管秩序的行政违法行为转化为侵害人体生命健康安全的犯罪行为。因此,由于药品监管秩序法益和人体生命健康法益在属性上不具有同质性,不能采用量的差异方法来判断制售假药行为的行政违法性和刑事违法性界限。

关于质的差异说,其优越性在于“强调社会价值的建构,有利于限制行政权的扩张,保障公民的权益”[1]。该学说强调刑法对违法性的独立判断,而判断的方法则是从行为的本质出发,行为的本质又具体征表在刑法设立该罪名的特定保护法益目的上。虽然法益通常是一个抽象的概念,但是具体罪名所保护的法益类型通过社会公众的一般认知即可判断,而且由于行政法规和刑法所处不同的法领域,其各自保护的法益也存在较大的差异,行为的性质易于识别,有利于行政违法和刑事违法的界分。

---

〔1〕 周兆进:《行政处罚与刑事处罚的衔接问题研究》,载《中国人民公安大学学报(社会科学版)》2017 年第 4 期。

在生产、销售假药罪的认定中,如果仅从行为的类型上是无法区分行政违法行为和刑事违法行为的,但是从行为的本质,即从法益侵害的角度出发,则可以迅速将侵害人体生命健康这种专属法益的行为认定为是刑事违法行为,将仅侵犯药品监管秩序的行为认定为是行政违法行为。因此,关于制售假药行为的行政违法与刑事违法的界分,应当采取"质的差异说"的理论进行判断。

3. 行政违法与刑事违法界分的两种路径

在明确制售假药行为的行政违法性和刑事违法性的区分采用"质的差异说"理论后,并不意味着这种抽象的"质的差异"就能顺利对行政违法和刑事违法进行界分,因为质的差异是一种极其抽象化的表述,其只是为两者的区分在方向上提供正确的指引而已。质的差异具体表现为法益属性上的差异,即秩序法益或集体法益这种公法益与人身、财产、自由等个人法益在属性上的区别。具体到制售假药的行为中,质的差异体现在侵犯药品监管秩序法益的就是行政违法行为,侵害人体生命健康法益的就是刑事违法行为。当然,这种法益类型的区分也许仍显得过于抽象。从具有实践可操作性的角度而言,此时可以借助条文规定的结果要素或司法者对构成要件的实质解释进行正确区分。换言之,就是在立法层面对现有生产、销售假药罪的条文规范进行修改,增加"足以严重危害人体健康"的结果要素;抑或是保持现有刑法规范不变,在司法层面对生产、销售假药罪的构成要件进行实质解释。

立法上,倡导具体危险犯的回归。正常而言,对于自然犯的刑事立法只要在构成要件中规定行为类型即可,因为行为类型本身已经包含对法益的侵害,不需要另行设置结果要素。而行政犯由于其行为类型本身不具有侵害刑法所保护法益的属性,如果不在刑法条文中设置结果要素,则使其与行政违法行为难以界分。学界通说观点认为,生产、销售假药罪是自然犯和行政犯的结合,自《刑法修正案(八)》将生产、销售假药罪中"足以严重危害人体健康"的结果要素删除后,该罪在性质上就变为了抽象危险犯,而抽象危险被误认为是立法所拟制的一种危险状态,导致在司法实践中对该罪的认定忽视了这种抽象危险的判断,最终放弃对危险结果的认定,只要具有生产、销售假药的类型化行为就该当犯罪的构成要件,自动赋予了行为的刑事违法性。值得质疑的是,抽象危险犯的本质是由于其本身所包含的对该当法益的严重侵害可能性而被具体构成要件禁止的行为,而制售假药的行为对人体健康的危害并不具有高度盖然性,相反还可能有利于人体健康法益的保护,将生产、销售假药罪改为抽象危险犯容易导致行政违法与刑事违法、罪与非罪的界限更为模糊。因此,制售假药行为的行政违法性和刑事违法性难以区分的症结在于刑事立法对法益的保护过于前置，抽象危险犯的立法模式导致两种违法行为所具有的质的差异被掩盖。为了鲜明地体现行政违法行为与刑事违法行为在本质上存在的差异，将抽象的法益变得具体化，建议在立法上对生产、销售假药罪进行修改，增加“足以严重危害人体健康”的定性要素，以明晰制售假药行为的行政违法性和刑事违法性之间的界限。虽然行政法规和刑法规定的行为类型都是“生产、销售假药”，但是加上“足以严重危害人体健康”的定性要素后，单纯违反药品监管秩序并不足以严重危害人体健康的制售假药行为就不会被纳入刑事处罚范围了，行刑界分的难题也就由此破解了。

司法上，对犯罪构成要件进行实质解释。“一个行为即使形式上违反了刑法规范并具备了刑法规定的犯罪构成，如果不能证明它实际上侵犯了法益，它就不具有实质的违法性，因而也就不是犯罪，国家不得予以处罚。”[1]因此，行为在形式上同时符合行政法规和刑法的要件时，要进行一般违法性和可罚必要性的规范审查。应当明确的一个立场是：对犯罪构成要件要素的认定需要在刑法上进行独立性判断，不能仅对构成要件进行形式审查就将其纳入刑事处罚范围。刑法的谦抑性原则要求，只有采取行政处罚措施不足以达到保护法益的目的时，才可以动用刑罚，刑法作为保障法和补充法具有最后性。“规范上虽没有要求危害结果或者规定抽象危险，也不意味着危害行为一经实施就可构成犯罪。就犯罪的概念看，除了需具备形式违法性，还需符合实质违法性，危害行为符合犯罪构成只是表明其达到了犯罪构成的要求，其是否具备实质要件，还须从危害行为是否侵害法益的角度进行考量。”[2]符合生产、销售假药的行为类型只是其具备刑事违法性判断资格的前提，但是否具有可罚的刑事违法性还需要对其是否侵害了值得刑法保护的具体法益进行实质判断。刑法的目的与任务是保护法益，刑法只能将侵害或威胁了法益的行为规定为犯罪，这种法益侵犯性就是实质的违法性。[3] 在现有刑法规范下，对于制售假药的行政违法行为与刑事违法行为的区分其实很难从法条中找到相关依据，因为行政法规和刑法的相关规定高度重合。此时，两者的区分就要在司法中对其构成要件进行实质解释，比如对假药范围的认定就不能再以《药品管理法》的规定为标准，虽然 2019 年《药品管理法》对假药的范围已经作了合理的修改，但是假药的认定仍要以是否具有实质危害性为判断标准。同时，正如上文所论证的，生产、销售假药罪的设立目的就是保护人体生命健康法益，

---

〔1〕 李海东：《刑法原理入门（犯罪论基础）》，法律出版社 1998 年版，第 16 页。

〔2〕 赵运锋：《行政违法行为犯罪化的检视与应对》，载《政法论丛》2018 年第 2 期。

〔3〕 参见张明楷：《刑法分则的解释原理》（上），中国人民大学出版社 2011 年版，第 340 页。

因此两者区分最为关键的就是生产、销售假药的行为是否真正侵害或威胁了人体健康法益。在司法认定过程中要对法益侵害进行实质审查，不能将仅侵犯药品监管秩序的行为认定为生产、销售假药罪。虽然立法中没有对实害结果或具体危险状态进行规定，但并不意味着在司法认定过程中不需要对实质违法性进行判断。所以，在司法中两者的区分就是以法益侵害为导向，将单纯违反行政管理秩序的行为认定为行政违法行为，将对人体健康法益具有侵害威胁的行为认定为刑事违法行为。

对于上述两种区分路径，相较而言，在司法上对犯罪构成要件进行实质解释的界分方法更为合理。首先，在立法上将生产、销售假药罪由抽象危险犯改为具体危险犯的方法表面上看似能够解决司法适用中行刑衔接的难题，为行刑的界分提供了明确的规范标准。但《刑法修正案（十一）》刚刚出台不久，短时间内对刑法再次进行修改可能性较小。其次，《刑法修正案（八）》之所以将生产、销售假药罪由具体危险犯改为抽象危险犯，是因为具体危险犯的立法模式在该罪的认定中难以证明制售假药的行为与生命健康法益侵害的具体危险结果之间存在因果关系，导致许多生产销售假药的行为在举证困难的情况下被认定为刑罚相对较轻的生产、销售伪劣产品罪，不足以对制售假药的行为产生威慑，行为也不能获得正确全面的刑法评价。如果再在立法上倡导具体危险犯的回归，可能会导致原来存在的问题重现。因此，主张通过修改刑法规定的做法既不具有现实可行性，也不利于维护刑法的权威。最后，在司法适用过程中对制售假药行为的抽象危险进行实质判断，对生产、销售假药的行为类型进行实质解释，能够实现对行刑正确界分的目的。因为“在规定各个犯罪的构成要件时，刑法不可能非常详细和具体，不可能达到‘事无巨细’的程度”[1]，需要司法工作者根据规范的意旨和法益保护的目的进行合理解释以弥合刑事立法类型化、抽象化的缺陷。法条的文义只是限制解释的范围，认定犯罪的成立与否需要进一步考察相关法条的规范目的。[2] 从制售假药行为的危险本质出发对刑事违法性进行实质判断，可以限缩抽象危险犯的处罚范围，将行政违法行为与刑事违法行为正确区分开来。因此，在刑法已经修改完成的情况下，从司法适用的层面通过实质解释对行刑进行界分的方法更为合适。

---

〔1〕 周光权：《刑法总论》，中国人民大学出版社 2016 年版，第 45 页。

〔2〕 参见劳东燕：《价值判断与刑法解释：对陆勇案的刑法困境与出路的思考》，载《清华法律评论》2016 年第 1 期。

三、生产销售假药罪行刑衔接的司法适用

(一)现有行刑界分方法之不足

针对制售假药的行为在司法实践中存在罪与非罪认定错误的问题,学界提出了危险反证说、但书说两种行刑界分的方法,但是这两种方法均存在一定的局限性。危险反证的方法在理论上存在障碍,课以被告人举证义务,有违无罪推定的原则;运用但书出罪的方法忽视了制售假药行为行政违法性与刑事违法性的本质区别在于质的差异而非量的不同,且"情节显著轻微危害不大"的判断标准过于抽象化,在司法适用中缺乏明确的判断标准。因此,危险反证和适用但书的行刑界分方法难以从根本上解决问题。

1. 制售假药行为行刑界分的观点

危险反证说。"在具体案件中,行为是否存在抽象的危险并非完全不需要作判断,而只是不需要作具体的判断,但仍然需要作一般性的判断。"〔1〕抽象危险从本质上来说其实是一种不成文的构成要件要素,只是立法者从相关的经验判断出发推定行为的实施必然会伴随高度的危险性,因而不需要在司法认定中进行具体判断。但是,刑法的目的是保护法益,从实质违法性的立场来看,对抽象危险犯也应有某种程度的要求。〔2〕且抽象危险犯本身就有扩张刑事处罚范围的风险,应当允许被告人进行反证抽象危险的不存在。在生产、销售假药罪中,不能仅因制售假药的行为存在就认定犯罪成立,应当允许行为人举证证明其行为在当时的情况下不具有对法益侵害的抽象危险,从而证明自己不构成犯罪。〔3〕当然,还有学者认为不应在犯罪成立的意义上允许危险反证,否则会导致抽象危险犯的立法被虚置,都需要在司法中对具体危险进行判断,因此其主张在量刑意义上适用危险反证原则,行为人能够证明制售假药的行为不足以危害人体健康的,可对其从轻、减轻或者免除处罚。〔4〕

但书说。针对司法实践中出现的对刑事违法性仅进行形式审查的现象,有部分学者提出应适用《刑法》第13条的"但书"规定予以出罪,以限制刑事处罚的范围向行政违法的边界扩张,即对于生产、销售假药行为情节显著轻微危害不大的,不应将

〔1〕 张明楷:《"风险社会"若干刑法理论问题反思》,载《法商研究》2011年第5期。

〔2〕 参见黎宏:《刑法学》,法律出版社2012年版,第92页。

〔3〕 参见孔祥参、刘芳:《论销售假药罪的重刑化倾向及其司法消解》,载《政治与法律》2013年第8期。

〔4〕 参见张平寿:《刑法"假药"界定的妥当性辩护》,载《中国人民公安大学学报(社会科学版)》2017年第2期。

其认定为犯罪。对于抽象危险犯而言,《刑法》第 13 条的但书规定是对其适用进行限制的唯一根据,因为但书规定能够为行为缺乏实质违法性提供规范依据和解释空间。[1] "但书实际上为司法机关设置了一个判断构成要件实质的可罚违法性的义务,应发挥但书的限制入罪功能。"[2]

2. 现有行刑界分方法的局限性

上述方法对于制售假药的行为在司法适用中出罪具有一定程度的借鉴意义,但是这些方法在理论上的逻辑难以自洽,学界对其合理性存在诸多争议,认为其具有一定局限性,不能从根本上解决行政违法行为犯罪化的问题。

危险反证的方法在理论上存在障碍。首先,允许被告人对抽象危险的不存在进行反证,会与无罪推定原则相抵触。根据无罪推定原则,认定犯罪成立的证据均由控方承担举证责任,被告人不负有证明自己无罪的义务。若要求被告人证明自己的行为不具有法益侵害的抽象危险,则明显违背了无罪推定原则,且将证明责任转嫁给被告人会对被告人科以较重的负担。其次,即使允许被告人对抽象危险的不存在进行反证,由于出现特殊情况时对行为没有产生法益侵害危险的取证是非常困难的,被告人在难以完成举证的情况下要承担不利后果,对于被告人而言是不公平的。且是否允许对抽象危险的不存在进行反证在理论上存在诸多争议,在司法实践中也没有相关判例,将理论学说作为出罪依据不具有法律上的正当性。最后,针对在量刑意义上适用危险反证原则的观点,笔者认为该观点是将抽象危险的存在与否作为量刑的根据,在本质上已经否定了生产、销售假药罪属于抽象危险犯的性质,将没有任何法益侵害危险的行为认定为是刑事犯罪,明显缺乏刑事可罚性依据。因此,允许被告人对抽象危险的不存在进行反证的去罪化路径在理论上存在诸多障碍,难以达到出罪的目的。

但书出罪的路径在抽象危险犯的场合具有局限性。首先,"情节显著轻微危害不大"所指向的是一个量的变化而非质的差异,但是制售假药行为的行政违法性与刑事违法性只存在质的区别,不存在量的差异,生产销售假药罪的成立不会因为销售假药的数量以及销售金额的多少而受影响。两种违法性的核心区别在于行为是否对人体生命健康法益产生侵害的危险性。如果说是在对生命健康法益的侵害程度上存在量

---

〔1〕 参见谢杰:《"但书"是对抽象危险犯进行适用性限制的唯一根据》,载《法学》2011 年第 7 期。

〔2〕 杜小丽:《抽象危险犯形态法定犯的出罪机制——以生产销售假药罪和生产销售有毒有害食品罪为切入》,载《政治与法律》2016 年第 12 期。

的差异,那么在生产、销售假药罪是抽象危险犯的场合下,只要行为对法益具有侵害的抽象危险性即可成立犯罪,又何来在法益侵害程度上的差异。其次,“情节显著轻微危害不大”是一个非常抽象和模糊的判断标准,同社会危害性概念一样,其只具有提示司法裁判者对刑事违法性进行实质判断的指引作用,而不能直接作为裁判的依据。究竟什么情形属于情节显著轻微和危害不大,无论是刑法规范还是司法解释都没有一个明确的界定标准,如果任意将其适用于司法裁判中容易导致司法擅断。所以,但书的规定不能成为生产销售假药行为行刑界分的依据。

(二)制售假药行为行刑界分应坚持的原则

在司法实践中,生产销售假药行为的行政违法性和刑事违法性难以区分的原因主要表现在两个方面:一是忽视了法益概念在司法适用中的解释指导功能,对构成要件符合性仅进行形式违法性的判断。二是在运用行政处罚措施能够有效实现法益保护和预防犯罪目的情况下也对其进行刑事处罚,导致刑事处罚范围不当扩张从而占据了行政处罚措施的适用空间。针对上述情况,为了对制售假药行为的行政违法和刑事违法进行正确区分,在司法适用中有必要坚持法益保护原则和刑法谦抑性原则为两者的界分提供指引。

1. 法益保护原则

在风险刑法理论中,虽然抽象危险犯的立法有法益保护前置化的目标任务,但是其并非是以行为无价值来决定刑事犯罪的违法性的,刑法的根本任务在于保护法益,不能因为预防风险的目的而摒弃法益的侵害性是刑事违法性实质的观点。刑罚虽然有助于稳固规范,但是不能为了稳固规范而稳固规范,稳固规范的作用实际上在于防止个人或者社会在将来遭受现实的损害(法益侵害)。因此,对规范的稳固最终服务于法益保护,如果没有这个目的,它将变得毫无意义。〔1〕法益保护原则决定了构成犯罪的最低限度只能是具有法益侵害危险性的行为,尽管行为在形式上符合刑法条文规定的构成要件,但若行为仅是单纯地违反了规范,在缺乏法益侵害危险性的情况下,其显然不具有科处刑罚的正当性。

法益的侵害性是区分行政违法行为与刑事违法行为的关键,法益保护原则要求在司法适用过程中应将不具有人体健康法益侵害危险性的制售假药行为从生产销售假药罪中排除出去。虽然在抽象危险犯的场合下行为的法益侵害危险性不能简单地从物理上观察和认知,但是也不能否认抽象危险行为对法益的侵害可能性是抽象危

〔1〕 参见[德]克劳斯·罗克辛:《对批判立法之法益概念的检视》,陈璇译,载《法学评论》2015年第1期。

险犯具有刑事可罚性的根据。因此,在认定生产、销售假药罪的过程中不能根据刑法条文的字面含义形式地将制售假药行为一律入罪,要对行为的相当危险性进行实质判断。具体而言就是,制售假药行为从性质上表现出来的对人体生命健康法益具有明确的、重大的危险性,会对不特定多数人的生命健康安全造成危险的结果。而对行为相当危险性的判断,则要求司法工作人员必须从"生产销售""假药"等构成要件要素出发,对其进行实质解释,把构成要件符合性的判断作为行刑界分的第一道程序。制售假药的行为在实质上具有构成要件符合性之后,则要对行为的危险性与法益侵害之间的关联程度进行具体审查,从社会一般观念的角度来讲,如果制售假药的行为能够对不特定多数人的生命健康安全造成侵害的现实危险性,就可以认定生产、销售假药罪的成立,对行为与法益侵害之间的关联性进行考察是行刑界分的第二道程序。由此可知,在法益保护原则下,生产、销售假药罪的认定不仅是对行为的构成要件该当性进行形式审查,更重要的是从法益侵害危险性出发,具体判断制售假药的行为是否具有刑事可罚性,以此来界分行为的行政违法性和刑事违法性。

2. 刑法谦抑性原则

刑法的谦抑性是指刑法应依据一定的规则控制处罚范围与处罚程度,即凡是适用其他法律足以抑制某种违法行为、足以保护合法权益时,就不要将其规定为犯罪;凡是适用较轻的制裁方法足以抑制某种犯罪行为时,就不要规定较重的制裁方法。[1] 刑法谦抑性原则一般认为是对刑事立法扩张属性的限制,但是在司法适用中其也可以作为刑法的理念为行政违法行为与刑事违法行为的界分提供指引。因为抽象危险犯的构成要件只有行为类型,而刑法和行政法规规定的行为类型又高度重合,在中国二元处罚的立法体系下行为具有行政违法性和刑事违法性两种属性,如果遵循"刑事优先"的处理原则,会形式地将行政违法行为一律纳入刑法规制范围,导致刑法的最后性手段变成前置的处罚措施。同时,刑法的适用范围似乎可以包含一切违法行为,若刑法替代行政法规对社会进行管理,则会损害刑法的谦抑性品格。为了正确对刑法与行政法规的规制范围进行界分,在司法适用过程中应从刑法谦抑性理念出发,遵循先行后刑的处理原则对行为的违法属性进行具体分析。在刑法理论中,刑法谦抑性原则的具体内涵包含以下两个方面的内容。

一是刑法的补充性。刑罚本身是重大的恶害,通过刑罚之外的其他法律手段能

[1] 参见张明楷:《论刑法的谦抑性》,载《法商研究(中南政法学院学报)》1995 年第 4 期。

够获得效果时,就不应科处刑罚。[1] 在我国违法与犯罪相区别的二元立法体系中,对于制售假药的行为除了刑法予以规制外,还有《药品管理法》对该行为设置了行政处罚措施。在司法适用过程中,不能简单地从形式判断的标准出发将制售假药的行为笼统地纳入刑事处罚范围,而是要坚持“行政优先”的处理原则,对行为危险性与法益侵害可能性之间的关联程度进行具体判断。从法益侵害说的立场而言,只要行为不具有侵害人体健康法益的危险性,行政执法部门就不能将案件移送刑事侦查部门,通过行政处罚即可实现预防目的,不必动用刑罚进行打击。由此,对制售假药行为的行刑界分一定要保持刑法的补充性和最后性,只有在运用行政处罚的手段仍无法为法益提供有效保护的情况下,适用刑法才具有正当性。

二是刑法调整范围的不完整性或片段性。刑罚是最严厉的强制措施,与其他法律手段相比具有本质上的区别,刑法不可能介入公民社会生活的各个方面,更不可能将所有违法行为作为规制对象,只有行为侵害了值得刑法保护的法益才能够被科处刑罚。因为刑法作为一部法律,不能在法律的功能之外去苛求实现其他的目的;同时,刑法作为部门法,不能够跨越自身的领域范围去解决其他法律所应解决的问题,否则刑法的保障法功能就会丧失,刑事违法与行政违法的界限就会模糊不清。[2] 刑法调整的不完整性决定了其规制的范围只能是对法益侵害或具有侵害危险性的行为,而不是一切违法行为。而制售假药的行为并非都对人体生命健康法益具有侵害的危险性,所以刑法不能将所有制售假药的行为全部纳入刑事处罚范围。虽然制售假药的行为在形式上符合生产、销售假药罪的构成要件,但是如果该行为缺乏法益侵害的危险性就表明其不具备实质的刑事违法性,不能对其进行刑事处罚。因此,根据刑法调整的不完整性,在生产、销售假药罪的认定过程中要对制售假药行为的法益侵害危险性进行实质判断,避免将不属于刑法规制的行政违法行为纳入其中。

(三)制售假药行为行刑界分的方法

为了实现生产、销售假药罪的行刑衔接适用,应从抽象危险犯的危险行为出发,将构成要件符合性的实质判断作为制售假药行为行刑界分的第一道程序。制售假药的行为在具备构成要件符合性之后,只是表明其已经具备了形式违法性,因为类型化的行为具有抽象性,不能完全涵摄具体的案件事实,可能会在特殊情况下导致具备构成要件符合性的行为缺乏实质违法性。因此,在具备构成要件符合性之后,还要将抽

〔1〕 参见[日]前田雅英:《刑法总论讲义》,曾文科译,北京大学出版社2017年版,第12页。

〔2〕 参见孙万怀:《风险刑法的现实风险与控制》,载《法律科学(西北政法大学学报)》2013年第6期。

象危险结果的审查作为制售假药行为行刑界分的第二道程序。

1. 对构成要件符合性进行实质判断

将构成要件符合性的实质判断作为制售假药行为行刑界分的第一道程序,是由抽象危险犯的构造侧重于对行为的危险性判断所决定的。具体原因有以下两点:一是生产、销售假药罪抽象危险犯的立法导致该罪的构成要件仅有生产销售假药的行为类型,在我国违法与犯罪相区分的二元制裁体系下,如果仅从形式上来看,制售假药的违法行为和犯罪行为没有任何区别。在刑法上,生产、销售假药罪的条文仅规定"生产、销售假药的,处……"在药品管理法上,对制售假药的行政违法行为也只规定了"生产、销售假药的,没收……"由此可知,刑法和药品管理法所规定的行为模式高度重合,在司法实践中如果依据法律条文的规定从形式上对制售假药行为的行政违法性和刑事违法性进行区分是异常困难的。因此,在制售假药行为可能具有两种不同违法属性的情况下,要从抽象危险犯的行为本质入手对构成要件符合性进行实质判断。二是抽象危险犯所设立的行为类型具有高度抽象化的特征,是立法者通过经验法则的判断将生活中具有典型危险性的行为进行归纳予以类型化的行为。然而在具体案件中的制售假药行为并非都蕴含着侵害人体生命健康法益的危险性,如果只通过行为的外在形式来判断构成要件的符合性,就会把实质上不符合构成要件的行为错误地认定为生产、销售假药罪,将行政违法行为犯罪化处理。因此,在行为类型具有高度抽象化特征的情况下,为避免扩大抽象危险犯的处罚范围,应对犯罪的各个构成要件要素进行实质解释。

具体而言,生产销售假药罪的构成要件是"生产销售假药"的行为,对其构成要件符合性进行实质解释就要从"生产""销售""假药"等构成要件要素出发,结合行为发生时的各种客观事实情况进行具体判断。需要说明的是,这并非要求司法工作人员根据具体情况对法益侵害的具体危险状态进行判断,而是对是否存在生产销售假药行为的构成要件进行实质判断,这种做法并不是把抽象危险犯当作具体危险犯来认定。在司法实践中,"生产"和"销售"行为作为记述的构成要件要素在判断时并无多大争议,最为关键的是要对作为规范的构成要件要素的"假药"进行实质判断。如果假药的认定范围过于宽泛,则势必会引起刑事处罚范围的扩张,造成罪与非罪界分不清。为了正确界分制售假药行为的行政违法性与刑事违法性,有必要对假药的认定范围坚持刑法上的独立判断标准。犯罪的本质是法益侵害,法益概念具有解释指导功能,对构成要件进行解释时要以该罪所保护的法益为指导。正如前文所论述的,生产、销售假药罪所保护的法益是人体生命健康安全,而不是药品监管秩序。因此，在刑法上对假药的认定应坚持药品对人体生命健康安全是否具有危害性的判断标准。

在《刑法修正案（十一）》未出台前，刑法上对于假药的认定是以《药品管理法》的相关规定为判断标准的。但是《刑法修正案（十一）》对生产、销售假药罪的修订已经将"本法所称假药，是指依照《药品管理法》的规定属于假药和按假药处理的药品、非药品"的规定予以删除。这是否意味着刑法上关于假药的认定不必再以《药品管理法》的规定为判断标准？笔者认为，虽然假药认定的立法前置规定已被删除，但是刑法条文也没有明确假药的认定方法，在此种情况下仍应以《药品管理法》第 98 条第 1 款的规定为参照，在司法适用中由法官结合具体事实情况，依一般社会生活的经验法则对药品本身是否具有侵害人体生命健康安全的危险性进行判断。换言之，就是把《药品管理法》规定的四种假药情形作为刑法上假药认定的基础范围，然后再通过药品对人体健康安全是否具有侵害危险性的实质判断来进一步限缩假药的认定范围，最终在构成要件符合性上把制售假药的行政违法行为从犯罪圈中排除出去。之所以将《药品管理法》规定的假药情形只是作为假药认定的基础范围而不直接将其作为判断依据，是因为行政法规和刑法分别属于不同的法领域，规范的制定目标会有所不同。《药品管理法》所认定的假药并不一定具有危害人体健康法益的风险，为了禁止处罚不当罚的行为，防止刑法保护过于前置所引发的行刑界分不清的问题，应该更加侧重于对药品客观危险性的审查。比如"药品所标明的适应症或者功能主治超出规定范围"这种情形，并非药品在成分上存在造假行为，也不是药品本身对疾病无治疗功效，而是将药品的主要治疗功能范围夸大了，甚至某些药品对超出主治功能范围的疾病确实具有治疗效果，只是国家药典委员会认为此种情形不是该药品的主要治疗功能而将其作为假药处理。例如行为人生产销售的咽炎片标明可以治疗鼻塞的症状，在司法实践中就不能形式地以药品标明的适应症超出规定范围来认定构成要件的符合性，结合具体的事实情况通过一般社会生活经验来看，具有鼻塞症状的病人吃了咽炎片不会对其身体健康造成危害，所以也就不能认定生产、销售假药罪的成立。

总而言之，在生产销售的药品本身不具有危害人体健康的危险性的情况下，该行为就不符合犯罪的构成要件，当然也就不具有刑事违法性。立法者通过经验法则观察预先设立的危险行为类型在实际生活中并非都符合其预想范围，毋宁说是一种立法推测，需要在司法实践中通过对具体行为事实的判断对其进行验证，才具有处罚的正当性，否则会对无辜的行为科以严厉的刑罚，限制公民的人身自由。

2. 对抽象的危险结果进行实质审查

抽象危险犯顾名思义就是危险行为对法益造成了抽象的危险结果，正如前文在对抽象危险犯的本质进行分析时所述，在刑法条文中抽象危险犯虽然只规定了行为类型，但是抽象危险犯的危险本质要求在司法适用中应将抽象的危险结果作为不成文的构成要件要素予以判断。因为法益侵害性是奠定刑事可罚性的基础，也是区分行政违法行为与刑事违法行为的核心标准。为了消解生产销售假药罪抽象危险犯立法的工具化倾向，赋予其刑事可罚性内涵，应以是否产生人体生命健康法益侵害的抽象危险结果为判断标准，对制售假药行为的实质违法性进行审查。通常在行为具备构成要件符合性的情况下，该行为已经被推定具有了刑事上的不法性，但是行为本身的危险性并不会必然导致抽象危险结果的发生。因此，有必要将抽象危险结果的审查作为制售假药行为行刑界分的第二道程序，通过事实性的结果危险对具有推定性质的行为危险进行二次限缩，以发挥其对犯罪的过滤功能。对抽象的危险结果进行实质审查其实就是判断危险的行为与法益侵害的危险性之间是否存在较强的关联程度。换言之，就是行为的实施能否产生对法益侵害的抽象危险性。

对于抽象危险结果的审查，虽然不像具体危险犯那样要求行为必须导致法益侵害的紧迫危险状态发生，但是在司法适用中也要以社会一般观念为视角对行为与法益侵害可能性之间的关联程度进行判断。这种关联程度必须要具有相当性，即行为从性质上表现出来的危险性要能够与法益遭受侵害的可能性相匹配。具体到生产、销售假药罪的认定中而言，制售假药的行为本身所具有的危险性至少要在社会一般观念看来能够引起人体生命健康法益侵害的可能，此时才能认定行为造成了抽象的危险结果，具备构成要件符合性的行为才真正具有刑法上的实质违法性。比如《药品管理法》将"以非药品冒充药品或者以他种药品冒充此种药品"作为假药的一种情形，行为人生产销售上述假药的行为符合生产、销售假药罪的构成要件。因为从实质上来看，由于"以非药品冒充药品或者以他种药品冒充此种药品"的假药在客观上对特定疾病并无治疗作用，行为人将上述假药进行出售的行为会耽误他人对疾病的治疗，间接地造成他人身体健康的侵害，所以该行为具备实质的构成要件符合性。但是，把前述情形再具体化到现实的案件中就会发现，某些具备构成要件符合性的制售假药行为在社会一般观念看来对人体健康法益不具有侵害的可能性，应当将其作无罪处理。譬如，被告人龙某以红糖为主要成分冒充感冒冲剂销售给前来就诊的感冒患者，获利1000多元。对于这种以红糖冒充感冒冲剂进行销售的行为是否成立生产、销售假药罪？结果显然是不言而喻的。尽管该行为具备构成要件符合性，但是由于行为的危险性与法益侵害的危险性之间的关联程度较低，把红糖当作感冒冲剂的行为在社会一般观念看来不可能会对人体的身体健康造成危害，就算会延误感冒的治疗也不可能造成重大法益的侵害，只能将其认定为违反药品管理秩序的一般违法行为，对其进行行政处罚即可。这样的案例在司法实践中不胜枚举，如果仅对行为的构成要件符合性进行判断，不根据案件的具体事实对行为的实质违法性进行审查，就会不当地将行政违法行为纳入刑事处罚范围。因此，在司法适用中对生产、销售假药罪的认定，必须要结合具体案件事实对制售假药行为的危险性与人体健康法益侵害的可能性之间是否具有相当性进行考察，将人体健康法益侵害的抽象危险结果作为刑事可罚性的根据。

结　语

随着风险社会的来临，刑法中抽象危险犯的立法会越来越多，法益保护前置化的立法模式固然能够周延地保护法益免受侵害，但是在立法的时候也要防止刑事处罚范围不当地向其他法律领域扩张。因此，刑事立法在应对社会风险的同时也要遵循刑法谦抑性原则、法益保护原则、罪责主义原则以及比例原则，尤其是对于行刑、民刑等交叉领域的犯罪，要明确不同法律规制范围的界限，以免发生罪与非罪认定错误的问题。如何在风险防控和自由保障之间寻找平衡点是需要学界共同努力应对的课题。

司法论坛

涉走私犯罪的“自洗钱”行为定罪量刑研究

孔庆龙　徐　丽*

一、我国走私罪与洗钱罪的立法沿革

(一)走私罪的立法沿革

我国走私犯罪的立法萌芽于西周时期。《周礼·地官》记载“凡货不出于关者,举其货,罚其人”,这是我国历史可考证的关于走私立法最早的表述。此后各个朝代,均以明文立法对走私行为予以打击。中华人民共和国成立后,1979 年《刑法》以三个条文对走私犯罪进行规定,但是当时的立法规定较为粗糙,走私犯罪立法表述十分笼统,没有具体区分走私犯罪的各种行为类型,这为打击走私犯罪的司法实践带来了诸多困难。

1997 年《刑法》全面修订了走私犯罪,走私罪单独成节,属于“破坏社会主义市场经济秩序罪”,对走私对象、行为方式进行了具体划分,并规定直接购买走私物品等间接走私行为以走私犯罪论处。再之后,历经三个刑法修正案,[1]走私犯罪的刑事立法规定逐渐完善。同时,在两个《关于审理走私刑事案件具体应用法律若干问题的解释》(已失效)的指

* 孔庆龙,广西壮族自治区南宁市中级人民法院刑事审判第二庭二级法官;徐丽,广西壮族自治区高级人民法院审监二庭四级高级法官。

〔1〕 参见《刑法修正案(四)》、《刑法修正案(七)》以及《刑法修正案(八)》。

导下,相关司法解释的出台也为实践中对打击走私犯罪提供了更多依据。[1]

(二)洗钱罪的立法沿革

我国现代意义上的反洗钱刑事立法经历了"从无到有"、"单独设罪"和"三次修正"的发展过程。[2] 整个历程主要包括刑法修正案对洗钱罪的上游犯罪"扩容"以及将自洗钱行为纳入打击范畴,最终形成目前的我国打击洗钱犯罪的核心罪名。

全国人大常委会于1990年12月通过的《关于禁毒的决定》是中华人民共和国历史上最早的洗钱犯罪立法,其中第4条规定为掩饰、隐瞒毒赃性质、来源罪。[3] 尽管这一规定只是局限于毒品犯罪的下游犯罪这一方面,但这对于我国的洗钱犯罪刑事立法来说具有开创性意义。

随着国际合作越发深入以及我国对洗钱犯罪的认识不断上升,我国洗钱犯罪的刑事立法从单薄笼统走向了系统全面。1997年《刑法》正式设立了洗钱罪,其中第191条奠定了洗钱罪的犯罪构成和刑罚的基础。随后,根据国际洗钱犯罪发展动向及实践总结经验,我国立法机关对《刑法》第191条适时进行修订。一方面,表现在上游犯罪的扩容上,从一开始三种犯罪类型增加吸收了恐怖活动犯罪、贪污贿赂犯罪、破坏金融管理秩序犯罪、金融诈骗犯罪。另一方面,微调洗钱行为的具体行为方式,例如增加"有价证券"为转换财产的对象。这些努力都展现了我国推进反洗钱的体制与国际标准并轨的坚定决心,以及作为负责任国际大国的担当。

2021年,根据新形势下的新变化,《刑法修正案(十一)》再次修订洗钱罪,内容涉及自洗钱、洗钱罪行为方式、"明知"主观要素和罚金刑等问题。尤其是明确自洗钱行为构成洗钱罪、删除"明知"这一主观要素,是对当下主流的积极刑事立法观念的鲜明贯彻。

《刑法修正案(十一)》及时回应了社会将自洗钱行为入罪的呼吁,但是新的规定在解决旧的问题时,难免带来新的疑惑。此次修订为洗钱罪的司法适用带来的诸多疑惑,尤其是针对视为本次修订最大亮点的自洗钱行为入罪规定,对直接销售走私犯罪之物的行为如何定罪量刑、直接购私行为与洗钱罪的区分问题,都必须尽快厘清。

---

〔1〕 参见最高人民法院《关于审理洗钱等刑事案件具体应用法律若干问题的解释》(法释〔2009〕15号)。

〔2〕 参见王新等:《自洗钱行为立法的争议、理论与实践依据》,载《当代金融研究》2020年第2期。

〔3〕 掩饰、隐瞒出售毒品获得财物的非法性质和来源的,处7年以下有期徒刑、拘役或者管制,可以并处罚金。

二、自洗钱行为独立成罪的必要性与现实困境

(一)自洗钱行为入罪的现实必要性

学界关于实施上游犯罪的“本犯”能否成为下游洗钱行为的主体这一争论已有多年。肯定者的理由有:第一,认为上游犯罪并不必然导致自洗钱行为,自洗钱是独立于上游犯罪的行为,对上游犯罪的评价并没有包含自洗钱行为;[1]第二,认为如果不承认自洗钱犯罪,“对于在国外或境外实施了我国不能行使刑事管辖权的上游犯罪后入境自行洗钱的犯罪行为,我们既不能以洗钱罪对其起诉,也不能以洗钱罪的上游犯罪罪名对其追究责任,”[2]这就出现了明显的处罚漏洞。而对于持否定观点的学者来说,理由同样主要有两种:其一是以正当法律程序原则对其进行否定,认为“以刑法的手段威胁,要求犯罪人主动交出犯罪所得,等于要求犯罪人向司法机关自行承认犯罪,也等于要求犯罪人自证己罪”[3]。其二是在坚持传统赃物犯罪的刑法理论的立场下对其进行否定,认为洗钱罪与上游犯罪存在紧密的依附关系,“本犯”实施洗钱行为是上游犯罪的延伸和后续行为,属于“不可罚的事后行为”。

尽管争议很大,但是《刑法修正案(十一)》最终以积极预防的刑法观对洗钱罪这一严重侵犯金融管理秩序犯罪进行了修订,通过立法方式删除了“明知”“协助”等要件,为用刑罚手段打击自洗钱行为“解缚”。诚如刘艳红教授所指,当刑法日益使用危险犯来保护集体法益时,立法者就必须详细论证此种集体法益在刑法上被保护的必要性。[4] 目前,自洗钱行为独立成罪从国家治理和外部国际形势来分析,具有现实必要性。

1. 保护国家安全的需要

对国家和社会来说,洗钱的危害不言自明,这与其对犯罪行为的滋养作用是密不可分的。除了为洗钱罪立法规定中明确规定的上游犯罪提供作案“燃料”之外,也因为洗钱活动的隐蔽性和迷惑性给打击上游犯罪活动增添了更大困难,这就全方位地为上游犯罪的日趋猖獗提供了更多养料。另外,由于洗钱活动主要涉及金融领域,银行以及各类金融机构是洗钱犯罪的主要场地,因此洗钱就必然给一个国家的金融体

---

〔1〕 参见王新等:《自洗钱行为立法的争议、理论与实践依据》,载《当代金融研究》2020 年第 2 期。

〔2〕 龙在飞等:《自洗钱行为独立定罪问题省察》,载《人民检察》2015 年第 8 期。

〔3〕 林东茂等:《一个知识论上的刑法学思考》,中国人民大学出版社 2009 年版,第 265 页。

〔4〕 参见刘艳红等:《积极预防性刑法观的中国实践发展——以〈刑法修正案(十一)〉为视角的分析》,载《比较法研究》2021 年第 1 期。

系带来系统性的风险。正如金融领域的著名论断:洗钱是“一种能吞食掉全球金融体系的癌症”〔1〕。自2014年确定总体国家安全观后,我国对反洗钱重要性的认识开始发生质的提升,反洗钱的工作在国家战略被予以高度重视。〔2〕《刑法修正案(十一)》顺应我国经济社会情况发生的诸多新变化对洗钱罪进行适时修订,体现了刑事立法对总体国家安全观的积极反应。

2. 参与国际打击洗钱犯罪的需要

我国很早就参与了打击洗钱犯罪的国际治理体系。1988年12月20日签署了《联合国禁止非法贩运麻醉药品和精神药物公约》,2000年12月12日签署了《联合国打击跨国有组织犯罪公约》。为了响应联合国决议,我国人大常委会于2001年12月29日修改了我国《刑法》第191条,将恐怖活动犯罪明确规定为洗钱犯罪的上游犯罪,以防范和打击资助恐怖主义的行为,于2001年11月13日签署了《制止向恐怖主义提供资助的国际公约》,2003年12月10日签署了《联合国反腐败公约》。另外,2007年6月28日我国正式成为全球反洗钱和恐怖融资的最具权威性的政府间国家组织——“金融行动特别工作组”(FATF)的正式成员国。毫无疑问,这是我国积极融入反洗钱国际体制的重大举措,具有重大的里程碑意义。

在加入FATF之后,FATF对我国反洗钱和反恐怖融资工作的合理性和有效性的检视工作从未停止。2018年,FATF组成国际评估组对我国的反洗钱和反恐怖融资工作进行全面的“外部体检”,然而,评估结果却并不尽如人意,尤其在核心项目“洗钱犯罪化”方面被认定为“部分合规”。因此,出于落实FATF评估程序规则的义务要求,以及切实维护我国负责任国际大国的形象的目的,对洗钱罪进行修订成为不可回避的必然选择。

(二)涉走私自洗钱行为定罪量刑的现实困境

作为自洗钱行为的主要类型,涉走私自洗钱行为在定罪量刑上所遇到的现实困境实际上体现在两个维度:一是自洗钱行为如何认定为洗钱罪的问题;二是《刑法》第155条第1项与第191条之间的关系问题。

1. 自洗钱行为侦查定罪难

自洗钱行为难定罪实际上是根植于洗钱犯罪认定难这一顽疾之上的。根据中国

---

〔1〕 蔡清祥:《刑事经济犯罪之研究——防制洗钱之探讨》,载《法学家》1996年第3期。转引自白建军主编:《金融犯罪研究》,法律出版社2000年版,第532页。

〔2〕 王新:《〈刑法修正案(十一)〉对洗钱罪的立法发展和辐射影响》,载《中国刑事法杂志》2021年第2期。

人民银行2019年公布的《中国反洗钱报告》,在反洗钱的工作如火如荼展开背景下,2019年以洗钱罪定罪的人数也仅有83人,并且根据年初公布的《最高人民检察院工作报告》,2020年全国检察机关起诉洗钱犯罪的人数仅有707人,这显然与我国严峻反洗钱的形势不相符合。随着自洗钱行为纳入洗钱罪的范畴,可以预想的是如果不解决洗钱罪认定的难点,实践中将难以产生良好的司法效果。

洗钱罪认定难的主要问题有以下几方面:一是刑事打击的观念问题,公检法等执法司法机关长期以来形成的"重上游犯罪、轻洗钱犯罪的倾向",重视打击上游犯罪,忽视打击下游的洗钱犯罪,认为打击上游犯罪即可达到目的;二是实践中的权责问题,以涉走私的洗钱犯罪为例,查处走私犯罪为海关部门职责,洗钱犯罪则是由公安机关侦查。由于部门之间联动性难以保障,这为相关犯罪的线索搜集、立案侦查都带来了很大困扰,即便案件进入司法程序,却会因证据问题而难以定罪量刑。尤其是在目前自洗钱行为入罪的情况下,自洗钱的侦查部门如何确定更为困难,这更加造成了难以回避的现实困境。

另外,自洗钱行为定罪的困难主要是来自立法活动本身。《刑法修正案(十一)》是通过删除洗钱罪中的"明知""协助"等术语,而将自洗钱纳入打击范围。值得注意的是,《刑法修正案(十一)》之前的洗钱罪只能是"他洗钱",修订后洗钱罪的表现包括了"自洗钱"和"他洗钱"两种,两者的区别仅仅在于"明知""协助"二词吗?从逻辑上看,如果存在"他洗钱"行为,上游犯罪"本犯"对洗钱行为必然具有概括故意,甚至说"本犯"与"他洗钱"行为人是存有合意通谋的,因此存在"他洗钱"行为就一定存在"自洗钱"行为。此时难免产生疑问,自洗钱入罪到底是为了顺应严厉打击洗钱犯罪的背景,还是说变相地对实施了洗钱上游犯罪的行为人科以更为严厉的刑罚?除了上述疑惑外,由于目前洗钱罪的司法解释依然是立足于"他洗钱"的框架之下,[1]如果没有新的司法解释对自洗钱具体行为方式进行细化,自洗钱行为独立成罪的立法效果显然不会良好。

2. 自洗钱行为法律适用冲突

当《刑法修正案(十一)》删除洗钱罪罪状中"明知""协助"等术语之后,最直接的问题就是《刑法》第155条第1项与《刑法》第191条构成法条竞合的关系。购买走私物品的行为显然也是掩饰、隐瞒走私犯罪所得的行为,此时所面对的问题是前述两

---

〔1〕 参见最高人民法院《关于审理洗钱等刑事案件具体应用法律若干问题的解释》(法释〔2009〕15号)第2条。

条规定是特殊法与一般法的关系吗，对购买人到底是以走私罪论处还是洗钱罪论处？如果将刑罚的轻重作为判断标准，由于走私罪与洗钱罪的量刑幅度是交叉的，轻重是难以判断的，因此具体以何种罪名定罪也难以斟酌。从另一个角度看，由于自洗钱行为已经入罪，因此走私人贩卖走私物品似乎也应当认定为洗钱行为，那么作为购买者必然构成洗钱的共犯。基于此，由于走私人因为实施两个不同行为被认定为走私罪和洗钱罪，那么作为对向犯的购私人，应认定为洗钱罪也就更为合理。如此一来，《刑法》第155条第1项实质上丧失了司法上的意义。

3. 量刑难以均衡

上文已经提及对于走私罪的本犯既然认定了构成走私罪和洗钱罪、购私者成立洗钱罪，那么紧接着产生的疑问是怎样量刑才能实现整个走私、洗钱犯罪活动中各个行为人刑罚的均衡。自洗钱行为入罪，对自洗钱行为必须单独评价是没有分歧的，分歧点在于到底是与上游犯罪实行数罪并罚，还是从一重罪处罚。坚持数罪并罚的观点是站在自洗钱行为具有剥离上游犯罪独特社会危害性的立场，持从一重罪处罚观点是因为坚持认为自洗钱行为由上游犯罪衍生而来，对上游犯罪的社会危害性具有依附关系，并基于这一立场认为下游洗钱犯罪的处罚原则上不应重于上游犯罪的刑罚。[1] 可是这一观点在涉洗钱走私犯罪中显然无法起到罪刑相适应的效果。坚持这一立场，由于购私者应当定洗钱罪，且为本犯自洗钱犯罪的帮助犯，因此其刑责是轻于上游走私犯罪的。可是按照《刑法》第155条第1项的规定，购私人实际上应当承担与走私人所犯走私罪一样重的刑罚。从走私实际行为过程看，直接走私人员往往大量走私货物，分别销售给不同购私人员，购私者在数量上也明显区别于直接走私者。可见，购私行为的社会危害性小于直接走私行为，而完全一致的量刑标准将导致量刑不均衡。

三、涉走私自洗钱行为认定标准和刑罚

自洗钱行为单独入罪后，由此产生走私人员自己销售走私货物的行为、购私行为该如何定罪量刑的问题。笔者认为，行为人走私货物入境后继而销售走私货物的行为需结合行为人销售方式、手段、情节、主观目的综合认定其构成走私犯罪一罪还是走私犯罪、洗钱罪数罪。为了解决涉走私洗钱犯罪的认定问题，笔者试提出以下思路。

---

〔1〕 参见杨万明主编：《〈刑法修正案（十一）〉条文及配套〈罪名补充规定（七）〉理解与适用》，人民法院出版社2021年版，第161页。

（一）准确把握洗钱犯罪的本质特征

通俗地讲，洗钱指的是将犯罪所得的收入变换，将非法资金转为合法资金的过程。一般来说，洗钱行为有三个显著的特征，对洗钱目的的实现起着重要的作用。其一，处置：就是使犯罪收入的现金形式进入银行、赌博、证券等场所的过程。其二，分层：就是通过各种复杂的银行转账、金融交易等过程分散犯罪所得，使分置在银行、赌博、证券等场所的犯罪所得与其最初来源脱钩的过程。脱钩后的犯罪所得，很难成为警方追溯最初犯罪活动的线索。其三，一体化：通过进一步的房地产交易、借贷、虚构的进出口贸易等方式，将清洗后的资金与合法资金相混合，使犯罪所得得到合理合法的解释。[1] 从渠道来看，包括金融系统和非金融系统。前者包括利用银行转账、股票市场等洗钱，后者包括如利用不动产交易、专业服务洗钱等。总的来说，前述行为本质上都具有欺骗性和隐蔽性特征。

需要注意的是，我国将洗钱罪归属于“破坏金融管理秩序罪”，因此我国洗钱罪描述的是狭义的洗钱概念，所规制的应当是利用金融系统实施的洗钱行为，即典型的通过复杂的银行转账，证券、期货市场交易进行洗钱的行为才由洗钱罪所规制。对于非金融系统方面的洗钱行为，则可以由《刑法》第312条予以规制。

（二）涉走私自洗钱犯罪认定标准

在走私犯罪中，走私人在将货物运入境内之后，径直将走私货物贩卖给他人也是常见的现象，这也是《刑法》第155条第1项所规制的走私行为类型。由于贩卖的行为最常见的形式即为钱货交易，表象上符合将犯罪所得转换为现金的“自己犯罪自己清洗”的行为，因此最常见的误区就是将所有走私人贩卖走私货物的行为均认定为自洗钱行为，进而认定作为对向犯行为的购私行为也自然构成洗钱罪。如何走出误区，正确区分《刑法》第155条第1项所规定的走私罪与洗钱罪是亟待解决的问题。在笔者看来，判断走私人贩卖走私物品的行为是否为自洗钱行为，必须要看该行为是简单的将涉案财物进行物理转移还是复杂的“化学漂白”。也就是说，简单地以现金交易形式，甚至是以简单的一手银行转账方式买卖走私物品都不能认定为洗钱行为，此时走私人的简单贩卖行为只是属于走私变现的一种行为方式，主观上没有洗钱的故意，客观上也没有对犯罪所得进行清洗，因此贩私人这一简单变现交易的方式并不构成洗钱罪。只有当买卖双方以复杂的交易方式，企图将走私犯罪所得“合法化”，使非法

---

〔1〕 参见蔡清祥：《刑事经济犯罪之研究——防制洗钱之探讨》，载《法学家》1996年第3期。转引自白建军主编：《金融犯罪研究》，法律出版社2000年版，第529页。

资金混杂于合法资金流，使司法机关难以追查赃款赃物去向，足以侵害金融监管秩序时，才能将该贩私行为认定为自洗钱行为。

（三）涉走私自洗钱行为定罪量刑建议

对于涉走私犯罪中直接销售走私物品行为人的定性问题（前提是销售行为符合上文论述的洗钱罪的实质特征），存有不同的观点。有观点认为此行为分别侵害了走私犯罪和洗钱罪的保护法益，二者具备独立的刑法评价基础及其理由，故应考虑以走私犯罪和洗钱罪数罪并罚。〔1〕也有观点认为，从与其他犯罪相协调的角度来看，一般应实行从一重罪处罚。在具体量刑幅度上，洗钱犯罪刑罚原则上不应重于上游犯罪的刑罚，防止形成刑罚的“倒挂”现象。〔2〕在笔者看来，走私犯罪中行为人直接销售走私物品的洗钱行为，由于其具有一定的独立性，与传统赃物犯罪中销赃的行为不能同一而论，因此必须对其进行单独的刑法评价，否则无法实现对涉走私洗钱行为的完整评价。因此，对于走私犯罪中行为人直接销售走私物品从一重罪处罚的原则，笔者认为值得商榷。

关于如何正确全面评价涉走私洗钱行为，笔者试提出以下建议。第一种是数罪并罚。对于走私后用洗钱方式直接将走私货品出卖给他人的，由于存在“走私”和“洗钱”两个不同行为，因此应当以走私罪和洗钱罪数罪并罚。同时，对于收购走私物品的人来说，由于其行为显然可以评价为对走私人自洗钱行为进行帮助，因此此时收购走私货品人的行为构成洗钱罪和走私罪的想象竞合，应当从一重罪论处。由于《刑法修正案（十一）》加重了洗钱罪的刑罚，取消了对罚金刑的限制，因此对购私人定洗钱罪也是完全可以实现罪刑均衡的。另外，这样处置也更能发挥出打击洗钱犯罪良好的司法指引效果。第一种是坚持“双从重处罚”的原则。比如虚假诉讼罪中第3款的规定。〔3〕第二种是对于走私后洗钱的行为，笔者认为也可以定走私罪一罪，同时将洗钱的情节作为加重量刑情节进行考虑，这样也能实现罪刑均衡。可是这种方法也有不足：一是没有法律的明确规定，也没有相应的司法解释，因此不符合罪刑法定的原则。二是这种做法难以体现出严厉打击洗钱犯罪的国家政策取向。因此，笔者认为目前采用前述第一种建议较为妥当。明确涉走私自洗钱行为中各行为人的罪刑

---

〔1〕参见赵拥军：《涉走私犯罪的“自洗钱”行为认定》，载《人民法院报》2021年4月1日，第5版。

〔2〕参见杨万明主编：《〈刑法修正案（十一）〉条文及配套〈罪名补充规定（七）〉理解与适用》，人民法院出版社2021年版，第161页。

〔3〕《刑法》第307条之一第3款规定：“有第一款行为，非法占有他人财产或者逃避合法债务，又构成其他犯罪的，依照处罚较重的规定定罪从重处罚。”

问题后,《刑法》第155条第1项与第191条之间的区分也就容易识别了。笔者认为,当销售走私货物的行为是通过复杂的"化学漂白"洗钱方式进行时,贩私人应定走私犯罪和洗钱罪,数罪并罚;当直接销售走私货物的行为只是简单的钱货交易物理转移时,贩私人以走私犯罪定罪处罚。

关于加强打击自洗钱犯罪的几点建议:一是尽快出台自洗钱犯罪司法解释。建议最高人民法院、最高人民检察院等司法机关在《刑法修正案(十一)》的基础上,尽快研究出台自洗钱犯罪相关司法解释,进一步明确涉走私自洗钱行为认定标准及定罪量刑问题。二是及时发布涉走私自洗钱犯罪典型案例,用案例统一司法尺度和办案标准,及时解决司法实践中遇到的重点、难点问题。三是司法解释中进一步明确侦查机关,建议进一步明确自洗钱犯罪由上游犯罪侦查机关同时负责侦查,这样更有利于查明案件事实,提高办案效率;要求刑侦、禁毒、反恐、监委、海关等部门在查办上游犯罪时,同时同步跟进自洗钱犯罪,发现涉嫌自洗钱犯罪的依法立案侦查。四是开展打击洗钱犯罪专项活动,将自洗钱犯罪作为其中一个重点,通过严惩洗钱犯罪,彰显我国打击洗钱犯罪的态度和决心。

结 语

作为一种常见的经济犯罪,洗钱犯罪由于其严重的社会危害性特征,已在更高层面上得到全社会的重视。《刑法修正案(十一)》为处罚自洗钱行为"解缚",降低了洗钱犯罪的认定门槛,同时也产生了新的问题亟须解决。如洗钱罪的司法解释需要重新制定,自洗钱犯罪行为认定标准需要更为明朗。尤其是针对涉走私犯罪中的自洗钱行为,必须明确相应的行为定罪量刑标准,以期实现良好的裁判效果。

《民法典》背景下案外人执行异议中以房抵债问题在应用法学中认定研究

李　栋　谢　瑜*

随着房地产业的发展，房产在经济活动中的影响不断扩大，涉及各行各业。在司法实务中，以房抵债对抗强制性执行的问题比较突出，加剧了执行的难度，使执行难的问题难上加难。但是，现行法律规定遗漏、司法解释抽象、法理支撑不足等，造成案外人执行异议中以房抵债认定困难，进而影响强制执行的权威性，损害司法公正。因此，需要研究案外人执行异议中以房抵债认定问题，破解执行难题，增进司法公正。

一、案外人执行异议中以房抵债的动向

执行实务中案外人所提执行异议，多有涉及以房抵债的情形，在案外人相关房产权益被法院强制执行时，案外人可以通过就涉案房产权益提出执行异议抗辩强制执行。但是，司法实践中也存在相当部分案外人企图以执行异议或执行异议之诉的合法渠道，用以房抵债的串通行为抗辩执行的动向。这需要法院在审理案外人执行异议的以房抵债的情形时加以分析。

（一）以房抵债合同成立对抗执行

以房抵债合同存在的目的是抵销或抵扣前债务，用交付不动产房屋的特定方式来实现履行前债务或者对前债务进行特别担保，然后再以不动产买卖的合同形式来掩饰目的。被执行人将房产用买卖形式抵债给

* 作者单位：南宁铁路运输中级法院。

案外人时，案外人所享有的还是债权请求权。这与基于真实买卖意思而产生的物权期待权具有本质区别。对于以房抵债合同的成立与否，可依照《民法典》第483条、最高人民法院《关于人民法院办理执行异议和复议案件若干问题的规定》（以下简称《执行异议和复议案件规定》）第28条第1项规定进行审查。在实务中，需要特别注意是否存在被执行人与案外人恶意串通，假借合同之名，行对抗执行之意，执行人员在审查以房抵债合同是否成立时，需对照上述法条和司法解释具体分析。抛开合同已签订、登记已备案的合同当然成立的情况不讨论，还有两种实际成立合同的情形。

1. 合同未签订，完成登记备案则成立

依照《民法典》第214条〔1〕的规定，案外人虽未与被执行人签订以房抵债合同，但已经依规定完成变更登记的，可认定被执行人与案外人已实际符合合同书面条件，对合同的成立可以认可。

2. 合同未签订、未登记备案，价款已支付则成立

《执行异议和复议案件规定》第28条、第29条皆对案外人已支付全部价款（商品房为合同约定总价款的50%）购买不动产的情形加以认可。案外人如果以网银交易、线下汇款方式支付价款，执行人员需要审查相关银行流水凭证；案外人如果以现金方式支付，执行人员需要对相关收款票据进行审查，特别是现金的来源、支付地点，收款人取得现金的处置方式等。

（二）以房抵债合同生效对抗执行

法院在案件执行中，遇到案外人以具有不动产买卖合同为由提起执行异议的，执行人员首先应依照《民法典》第215条规定〔2〕，审查案外人提交的合同证据。

1. 以房抵债合同的基础法律关系不影响合同效力

在异议审查阶段，执行人员并不需要审查买卖合同的基础法律关系是否存在以房抵债的情形。因为以房抵债合同本身并不是法律所禁止的行为〔3〕，因此无论是一般的房屋买卖合同，还是以房抵债合同，依照《民法典》的规定，只要该合同的成立系双方真实的意思表示，不违反法律、法规的强制性规定，即使未办理物权登记，也不会

〔1〕《民法典》第214条规定：不动产物权的设立、变更、转让和消灭，依照法律规定应当登记的，自记载于不动产登记簿时发生效力。

〔2〕《民法典》第215条规定：当事人之间订立有关设立、变更、转让和消灭不动产物权的合同，除法律另有规定或者当事人另有约定外，自合同成立时生效；未办理物权登记的，不影响合同效力。

〔3〕最高法（2011）民提字第344号、最高法（2013）民提字第135号皆肯定借贷协议中约定的以房抵债合同有效。

影响合同的生效。

2. 以房抵债合同的真实意思表示决定合同效力

即便在房屋买卖合同中直接约定以房抵债的条款，或者另行签订以房抵债的协议，以担保之形式设定房产买卖合同并未违反《民法典》中有关合同生效的强制性规定，所以作为执行人员在审查合同时，更应尊重被执行人和案外人的意思自治权利，并对这种以物抵债形式加以确认。

正是因为在诸多的规范性法律和司法解释中都没有否认以房抵债合同的效力，并且在执行程序中，相关法条、司法解释都明文规定了以物抵债的做法。只要房产的价值在正常的市场价格范围之内，被执行人和案外人是否明确达成房产交易的真实意思表示，才是决定以房抵债合同生效的关键。故而，被执行人与案外人主观上恶意串通，为对抗法院执行所形成的以房抵债合同当然无效。

（三）以房抵债物权变动对抗执行

以房抵债合同与普通房屋买卖合同的物权变动要素基本上是相同的，满足最基本的《民法典》第 214 条规定，都可以发生物权变动。以房抵债当然是基于法律行为的物权变动，但以房抵债合同条款或另外签订的抵债协议内容，并不能直接产生物权变动的效果，所以在审查异议过程中，执行人员需要具体分析。

1. 基于法律行为的物权变动

以房抵债约定的设立、变更、转让和消灭物权的行为，依照《民法典》第 214 条规定，自记载于不动产登记簿时发生效力，即发生基于法律行为的物权变动。

2. 非基于法律行为的物权变动

在《民法典》尚未实施前，最高人民法院《关于适用〈中华人民共和国物权法〉若干问题的解释（一）》（以下简称《物权法司法解释（一）》）第 7 条[1]就已经确定了原则，而对此原则性规定，法院在实务中还是可以继承与适用的。原《物权法》规定的内容已经被《民法典》第 229 条规定所吸收，人民法院、仲裁机构的法律文书并非都能对以房抵债的约定产生变动效果，如在诉讼阶段达成的以以房抵债为基本内容的调解书，同样不能产生物权变动，因为这份调解书只是对两方当时人以房抵债意思的确认，还是需要变更登记才能发生实质上的物权变动。

（四）以房抵债物权优权对抗执行

首先，在执行异议之诉中，案外人若想实现以以房抵债合同来对抗执行实现救济

---

〔1〕《物权法司法解释（一）》第 7 条规定：对于能够导致物权变动的法律文书仅限于形成性文书，对此不作扩张解释，给付性文书和确认性文书不能引起物权变动。

自身权利，则会面临"权利冲突"的可能，即可能以房抵债物权难以被优先承认。根据最高人民法院《关于适用〈中华人民共和国民事诉讼法〉的解释》（以下简称《民事诉讼法司法解释》）第312条的规定，不难看出，案外人提出的以物抵债权利需要和申请执行人申请的权利比较优先性，且得有足够强势对抗执行程序的民事法益，才能获得相应救济。

其次，在执行异议中，相较于执行异议之诉程序，《执行异议和复议案件规定》对对抗强制执行房产的执行异议审查要求，如合同时间顺序、支付履行情况、是否实际控制房产等审查，更为严苛，对案外人排除强制执行的情形进行明确细化，细化的排除条件也更利于执行人员进行严格审查。例如，在时间节点上，规定要求"在人民法院查封之前已签订合法有效的书面买卖合同"[1]，仔细分析可以理解为：第一，被提起执行异议的不动产并非要求是被当前执行法院所查封；第二，案外人提出的以物抵债合同，必须是书面且有效的。那么执行人员在审查异议时，就应当对以物抵债合同签订的时间、合同的真实性进行审查，恶意串通的当然无效。因此，案外人的以房抵债物权在执行异议和执行异议之诉中皆存在优先性风险。

二、案外人执行异议中以房抵债认定的问题

（一）以房抵债认定的理论模糊

1. 以房抵债认定债权理论模糊

近年来，随着执行案件的不断增加，在法院执行不动产财产时，经常会遇到案外人持有房屋买卖合同来申请执行异议，执行人员经过调查、审查后发现，多数房屋买卖合同的本质其实是以房抵债合同。以房抵债合同作为特别的债务履行方式或担保方式，时常被使用在民间借贷关系中。目前在国内的民事部门法律中，并没有以房抵债的确切定性，根据以房抵债合同生效及无权变动的条件来分析，其权利人若想实现以房抵债约定的物权变动，需要在行政机关办理登记备案。但是，按照合同理论通说，认为以房抵债合同属于诺成合同，即当事人双方意思表示一致时即可成立，不以一方交付标的物为合同的成立要件。而且，从合同法理论看，以房抵债不属于典型的合同行为，应属于无名合同。因此，以房抵债的债权理论不够清晰，为执行人员在实务操作上增加了困难。

---

〔1〕《执行异议和复议案件规定》第28条第1项。

2. 以房抵债认定物权理论模糊

在法理上，对于以房抵债权利人所享受的权利总体分为三种意见：第一种观点认为，依照物权变动的规则分析，在未办理过户登记备案的情况下，权利人不享有约定的物权，只能享有债权请求权；第二种观点认为，以房抵债权利人应该享有有限制的物权，只是不能对抗善意第三人，仅在内部对抗中成立有效物权支配权；第三种观点认为，即大部分学者和司法实践中，都认为权利人所享有的权利是物权期待权，其认为以物抵债合同的权利人，对不动产享有的权利与其他普通债权人的债权请求权大不相同，因为若没有申请执行人的出现，案外人可以在条件成就时获得相关的不动产。

第三种物权期待权说是前两种学说的结合，即在不认可案外人实际具有物权的情况下，为了给予案外人救济的权利，认可其具有物权的期待利益。物权期待权最早是由《德国民法典》所规定，案外人对已经签订协议但尚未办理手续的不动产享有期待权〔1〕，意在对不完整的不动产设定一定的救济制度。最高人民法院（2016）最高法民申 3620 号、（2017）最高法民申 1769 号、（2018）最高法民申 181 号等多个案例，都表示最高法的态度是认可物权期待权说的。但是，以房抵债的物权期待权只是具备物权的胚胎，不是真正意义上的物权，不可依据《民法典》物权编有关规定认定。这因理论与法律规定的脱节而影响执行异议中认定以房抵债的属性与法律效力。

（二）以房抵债认定的法律漏洞

以房抵债属于混合型的民事行为，不是典型的抵押或买卖行为，没有形成类型化的民事行为，在我国的民事立法中存在遗漏。在《民法典》出台前，《担保法》《物权法》《合同法》等法律没有规定以物抵债的规则，一些法条仅仅是对以房抵债情形的侧面反映。《民法典》依旧没有法条明确以房抵债的情形，导致在执行异议阶段认定适用法律困难，影响执法质量与效率。

（三）以房抵债认定的解释抽象

有关执行司法解释对以房抵债的认定，相较于民事法律来说还是比较多的。如最高人民法院《关于人民法院民事执行中查封、扣押、冻结财产的规定》（以下简称《执行规定》）、《执行异议和复议案件规定》、《民事诉讼法司法解释》。前述司法解释为以物抵债的法律效果提供了操作的指引，但《执行异议和复议案件规定》第 28 条、

〔1〕《德国民法典》第 873 条第 2 款。

第29条"其权利能够排除执行的",《民事诉讼法司法解释》第311－313条"足以排除强制执行的民事权益"、第491条"不损害其他债权人合法权益和社会公共利益的"还是比较抽象,对以房抵债认定的自由裁量较大,可操作性不强。而且,通过程序性的司法解释创设实体性权利效力,合法性与妥当性值得商榷。

(四)以房抵债认定的操作不一

诉讼实务中,除了运用有限的民事法律规定和限制极多的司法解释外,对以房抵债的认定,有些地方会出台一些内部性规定。例如,《江苏省高级人民法院审判委员会会议纪要》(已失效)就以房抵债的概念性质和效力进行划分,并制定当事人自愿达成以房抵债合同与惩罚利用以房抵债恶意串通进行虚假诉讼的处理规定;北京市高级人民法院《关于审理房屋买卖合同纠纷案件若干疑难问题的会议纪要》,为债务履行期限届满前,以房抵债如何进行司法处理制定了指导意见;广东省高级人民法院《关于审理房屋买卖合同纠纷案件的指引》对以房抵债效力协议的确认规定等。这些不一的司法操作,可以解决局部地区的以房抵债的执行问题。但是,各地情况不一、概念界定与适用条件不确定、文件形式多样等问题还是比较突出,不适合解决全国执行中的共性问题,破解执行难还是比较有限。

三、案外人执行异议中以房抵债认定的困惑

(一)以房抵债合同性质认定的困惑

以房抵债的合同性质到底为何?这个问题一直在学术界争论不休,在实务中裁判结果也是大有不同。

1. 以房抵债合同的本质是抵押担保合同,仅从合同内容来看,以房抵债合同设定的内容是在描述转移不动产的所有权,但是在实际合同目的上又是在为前债务设立房屋抵押权。基于此原因,便将以房抵债合同性质定性为不动产抵押。

2. 以房抵债合同的本质是让与担保,以房抵债的前因是存在一个债务关系,基于此,被执行人与案外人签订后一个房屋买卖合同为前债务提供房屋作为担保,所以案外人办理的预售备案登记也有让与担保的公示效力。[1]

3. 以房抵债合同的本质是债权性的担保约定,案外人根据合同内容只能享受合

---

[1] 参见张海鹏:《担保性房屋买卖合同法律性质之探析——兼析〈民间借贷司法解释〉第24条》,载《东方法学》2016年第2期。

同债权，仅仅有以房抵债合同不能产生《民法典》所规定的物权效力。[1]

（二）以房抵债合同效力认定的困惑

实务中，各家法院之间因为法理和法律规定上的内容缺失，对于以房抵债合同效力的认定路径也是各有不同。

1. 以房抵债合同是否因非真意表示无效

名为买卖实为抵债，是最常见的以房抵债合同，对这种合同的认定，首先可以否定合同双方具有买卖房屋的真实意思表示，因为合同描述的买卖约定只不过是双方为了抵债所作出的虚构表示。所以执行人员可以通过案外人提交的合同文本、借款协议、缴费凭证、过户登记等各类证据来审查债务履行的方式，购房价款的支付是否违背交易习惯，价款数额是否存在利息收益等，以判断这个合同内是否隐藏有借贷关系。一些法院的观点认为，没有真实购买房屋的意思表示所设定的房屋买卖合同无效。所以，案外人为了对抗执行行为而与被执行人恶意串通、假订立的房屋买卖合同，当然无效。

2. 以房抵债合同是否受禁止流押的限定

在以房抵债合同中，如果双方在合同中约定被执行人不能如期偿还案外人借款时，其房屋归案外人所有，则该合同约定在实务中容易被认定为流押约定。有的认为合同内约定在双方间形成让与担保，所以违反法律禁止的流押规定，或者有证据表示实为借贷担保，所以通过流押条款来否认以房抵债合同的效力。

有部分法院认为，以房抵债不因禁止流押而无效。因为依据以房抵债合同成立时间上的不同，将其分为两类：一是债务履行期届满前签订的以房抵债合同；二是债务履行期届满后签订的以房抵债合同。债务履行期届满前签订的以房抵债合同与流押多有相似性，所以实务上很难加以区别处置。

（三）以房抵债债务关系认定的困惑

分析基础债务关系是对以房抵债法律关系认定的本质追究，在学界和实务界也存在分歧困惑。

1. 代物清偿关系

成立代物清偿关系，需要三个条件：一是双方之间有金钱债务关系在先；二是双方就以物抵债达成合意；三是债权人接受他种给付以替代原给付。在法院的判例中，不少都强调了代物清偿的构成要件，认为以房抵债是诺成性合同，只有当债权人实际

---

〔1〕 参见高治：《担保型买卖合同纠纷的法理辨析与裁判对策》，载《人民司法》2014 年第 23 期。

获得房产所有权,完成物权变更登记才会产生代物清偿的法律后果,前金钱债务关系才会消灭。此观点认为代物清偿关系的效力主要在于清偿前金钱债务,而后担保物权等从权利也将随之消灭。

2. 新债清偿关系

在实务中,多数的以房抵债合同,都是在原有金钱债务关系的基础上签订的新合同,表现形式为房屋买卖合同。所谓新债清偿关系,是指只需要债务人一方承担交付房产的义务,而债权人需要给付的是前债务的债权请求权。新债清偿关系的构成要件与代物清偿关系有些相似:一是有先前债务在;二是设立新债是为了清偿之前的债务,使旧债消灭;三是因契约而存在。[1]

(四)以房抵债的物权变动认定的困惑

在同一个法院里,以房抵债的物权变动认定可能都有差异,而这个差异主要出现在审判和执行两个不同司法阶段。例如,在审判阶段,审理流程一般是先审查双方以房抵债合同是否成立、生效,然后再审查物权变动是否有登记备案,最后对于物权变动与否的结论,多是依照登记变动情况,根据原《物权法》、现《民法典》中关于物权变动的法律规定来作出裁判;而在执行程序中,当有人案外人以存在以房抵债为由提出执行异议时,执行人员则是依据《执行异议和复议案件规定》对案外人提出的异议申请进行审查,当案外人符合《执行异议和复议案件规定》的司法解释时即可排除强制执行行为,而这两条司法解释都没有要求案外人一定要办理完物权变动的登记备案,即在执行阶段认可案外人对房产的所有权并不要求权利人符合《民法典》登记备案才能产生物权变动的规定。

四、完善案外人执行异议中以房抵债认定的进路

(一)明确案外人执行异议中以房抵债认定的制度设计

执行异议此项制度功能在于,当案外人因法院强制执行而受到权益侵害时,可以向执行法院提出异议,对抗执行,从而获得相关的救济机会。制度设计的初衷自然是为了体现司法为民和公平正义,但是,一些被执行人利用执行异议机会联合案外人制造虚假材料来申请异议,企图以此来对抗或拖延执行,严重影响了司法公正和执行效率。因此,对于案外人执行异议中以房抵债异议的情况,需要严格限制能够排除强制执行的以房抵债范围,既要维护申请人的合法权益,又要避免案外人的合法财产遭受

[1] 参见黄立:《民法债编总论》,台北,元照出版有限公司 2006 年版,第 371 - 372 页。

侵害。因此，需要进行制度设计。一是在《民法典》规定以物抵债的规则，将司法解释经验上升为法律规范。二是通过司法解释完善。主要是对《执行异议和复议案件规定》“其权利能够排除执行的”、《民事诉讼法司法解释》“足以排除强制执行的民事权益”、“不损害其他债权人合法权益和社会公共利益的”进行细化，设置明确的判断标准与适用条件，增强可操作性。

（二）确立案外人执行异议中以房抵债认定的适用规则

案外人执行异议中以房抵债不断变化，通过出台法律和司法解释根本解决，不是理性的选择。对以房抵债认定法律问题时，可以借助法律适用规则理论，确立以房抵债交易认定的法律适用规则，增强司法应对能力。

1. 适用《民法典》合同编的一般规定认定

随着我国依法治国的理念不断推广，总体国民法律意识得到不断加强，在经济交易中就体现在约定事项的书面化、详细化、合法化。正如之前所述，以房抵债合同作为无名合同，可先适用《民法典》合同编的一般规定对其进行合法化审查，即只要合同内容约定以物抵债的意思表示真实，在不违反法律规定的强制性、禁止性规则时，法院就能够认定以房抵债合同的效力。

2. 运用《民法典》合同编的解释方法认定

在以房抵债合同中，若出现意思表示不明的情况，不适合以《民法典》合同编的一般规定时，可以运用相应的合同解释方法进行解释，而不是一味追求法律规定的明确规则限定。

3. 以执行异议的司法解释规定认定

《执行异议和复议案件规定》第 28 条、第 29 条对排除强制执行不动产的执行异议要求已经相当严苛，对案外人排除强制执行的情形进行明确细化，只需要执行人员严格审查相关证据材料，相信可以对以房抵债合同效力作出正确认定。

4. 以民事行为的意思自治原则认定

在以房抵债合同出现确切意思表意不明，在使用各种综合解释方法依然无法认定合同时，我们应当回归到市场交易意思自治原则本身，法无明文规定即可为。当然，若根据诚实信用原则以及公平原则，在发生欺诈、胁迫、显失公平、重大误解时，权利人还是可以通过相关诉求来进行救济的。

（三）明确案外人执行异议中以房抵债认定的操作重点

针对执行异议中的以房抵债的关系、性质、效力、物权变动等困惑问题，需要按照以房抵债行为的内在逻辑与法律逻辑，按照以下顺序审查重点问题，可以更加精准认定是否构成“足以排除强制执行”,从而顺畅强制执行程序。

1. 先明确以房抵债的买卖关系。《执行异议和复议案件规定》第 28 条规定,若想排除法院强制执行,以房抵债合同必须在签订时间、给付金钱、实际交付上符合条件。面对有效的合同约定,发生债权债务抵销时,一一对应的以房抵债价款可对抵购房款。如吉林省高级人民法院、江苏省高级人民法院制定的审理指南,也是持此意见,认定以房抵债合同符合一定条件的案外人可排除申请执行人的申请。

2. 再审查以房抵债的排除执行要件。对以房抵债价款的支付审查要加以重视,因为价款的实际支付一定程度上可以对审查以物抵债合同本身的真实性有很大帮助,申请执行人和案外人若存在恶意串通来对抗执行,即便是签订了书面的合同,实际可能并未发生真实的房屋及金钱给付行为,此类审查要件与审理民间借贷纠纷案件类似,可参照判定。

3. 后确定以房抵债的排除执行效力。对合法占有进行审查时,应从两个方向进行审查:一是认定案外人是否构成实际占有时,审查案外人是否实际取得房屋的支配和控制权;二是审查案外人多房屋的占有是否合法时,需要对占有支配本身是否合法进行认定。

(四)增加案外人执行异议中以房抵债认定的审查权限

在实务中,案外人执行异议中以房抵债认定的审查权限还是比较有限,主要是实体审查权限不足。依据《执行异议和复议案件规定》第 12 条的规定,案外人提出的重大意义事项,一般需要进行公开听证,而执行异议的审查期限只有 15 日。这使异议审查标准只能根据《执行异议和复议案件规定》第 24 条对以房抵债合同的合法性、真实性进行审查,却缺少了权利的对抗性和比较性审查。对案外人主张的不动产权利进行审查时,如涉及抵押权、租赁权、占有使用支配权等事由,难免会涉及对相关法律关系和事实行为的实体审查。在案外人执行异议中以房抵债认定时,对所有实体内容都要经过审判程序来裁判,不但会影响执行效率和增加司法成本,还可能会加剧案外人的恶意对抗执行情况的发生。所以,适当调整审查要求,增加执行异议一定的实体问题审查权限,可以更大程度发挥执行异议审查的作用,可以更高效、便利地保障案外人的权力救济。

结 语

以房抵债执行异议在司法实务中已然司空见惯,故对此问题的研究要处在当前《民法典》背景下才具有实务意义。在以房抵债合同成因复杂的现状下,在缺少法律规定、司法解释抽象和法理支撑不足的情形下，应当按照以房抵债的内在逻辑与法律逻辑，通过民事法律行为理论进行分析，提炼行之有效的司法经验，形成系统性的案外人执行异议中以房抵债认定的理论与规则，指导执行实践，规范执行行为，维护营商环境，促进司法为民。随着经济发展，以房抵债的形式还会不断发展，需要继续深入进行理论与实务研究，不断增强司法适应能力，促进司法治理能力现代化。

商业地产预租期间承租人的优先购买权问题研究

赵元松*

【裁判要旨】

合同双方当事人对尚未建造完成的房屋签订的租赁合同是预租合同。在合同签订之后至房屋实际交付使用的预租期内,承租人不享有优先购买权。

【基本案情】

2010 年 8 月 2 日,城投公司(甲方)与工贸公司(乙方)签订《柳州风情港房屋租赁合同》,约定城投公司将位于柳州市中山中路 9 号柳州风情港项目塔楼裙楼 1 – 6 层整体商场部分的场地和酒店商务楼 1 – 5 楼整体商场部分的场地,以及与此相关配套的设备设施项目出租给工贸公司使用。合同第 2.1 条约定:租赁期限共计 240 个月(20 年)。自甲乙双方签署《房屋交接单》之日起,工贸公司享有 5 个月的免租筹备装修期,筹备装修期结束后的第二天为租赁年度起始日,并自此开始给付租金。合同第 3.6 条约定:在终止合同时,工贸公司有权在合同终止之日起 30 日内拆除和撤回其投资增加的设施设备,如逾期没有拆除或撤回的,设施设备的所有权无偿转为城投公司所有。合同第 5.2 条约定:租赁期间,甲方出售租赁物,须提前 5 个月书面通知乙方,在同等条件下,乙方有优先购买权。

2011 年 11 月 28 日城投公司与北部湾公司签订《柳州风情港建设项

---

* 赵元松,现任广西壮族自治区高级人民法院研究室副主任、四级高级法官。

目投资框架协议》，约定城投公司将柳州风情港在建工程项目转让给北部湾公司下属广西泛宇房地产开发有限公司（以下简称泛宇公司）在柳州设立的项目公司，城投公司在具备销售条件时，与北部湾公司签订买卖合同，将物业转让项目下的建筑物及地下车位按该协议约定的价格卖给北部湾公司。2013年1月9日，城投公司、北部湾公司与泛宇公司三方签订《关于〈柳州风情港建设项目投资框架协议〉的补充协议二》，共同确认泛宇公司系《柳州风情港建设项目投资框架协议》中约定的北部湾公司指定的项目公司。2013年4月17日和2013年11月7日城投公司向工贸公司发出《关于风情港A座设备设施划分、停车管理的回函》，告知工贸公司，风情港A座裙楼及设备设施、商场配套停车位等已交至泛宇公司，裙楼产权、设备设施产权及车位使用权属泛宇公司所有。城投公司于2014年7月11日将风情港2号楼租赁物交付给工贸公司，工贸公司接收后进行装修和使用，用于经营百货商场。2014年12月2日，泛宇公司指定顺捷公司为风情港A地块商业物业的购买方。2014年12月12日城投公司与顺捷公司签订《商品房买卖合同》，约定城投公司将风情港2栋1－1号房产出售给顺捷公司。2016年6月21日顺捷公司取得柳州风情港2栋1－1号房屋的不动产权证书。

工贸公司向法院起诉请求：（1）判令城投公司向工贸公司赔偿因丧失优先购买权而导致的损失130,000,000元；（2）判令城投公司向工贸公司赔偿其他损失。城投公司辩称：（1）被告出售涉案的房产不是在与原告的租赁期内，原告并不享有优先购买权。（2）在2013年被告曾经两次告知原告房产已经出售，但是原告长期以来并未提出异议，反而进行装修和缴纳租金，以其行为表示认可。（3）即使原告的优先购买权受到损害，在2013年告知其房产出售之时其应该知道受到损害，现在主张已经超过了诉讼时效。顺捷公司述称，其与本案没有关系。

一审法院判决：驳回原告诉讼请求。工贸公司不服提起上诉，二审法院判决驳回上诉，维持原判。

【裁判理由】

生效判决认为，工贸公司与城投公司于2010年8月2日签订的《柳州风情港房屋租赁合同》，系双方当事人真实意思表示，未违反法律、行政法规的强制性规定，合法有效，双方均应按照诚实信用原则全面履行合同约定的义务。城投公司与工贸公司之间在2010年8月2日签订《柳州风情港房屋租赁合同》时，作为租赁物的房屋在合同签订时尚未建成，系对未来建成房屋的预租。根据双方合同约定及法律规定，工贸公司尚无法依据上述合同的约定对案涉租赁物享有优先购买权。工贸公司在知晓案涉房屋已经出售的情况后，既未提出异议，亦未提出购买，而是在房屋竣工验收合格后接收租赁物,并进行装修、增添附属设施等,开始使用租赁物,进行商场经营,系以其实际行为表明不主张购买,而选择了租赁,已丧失优先购买权。且工贸公司在知晓案涉房屋出售后,也未在法律规定的2年内向法院起诉主张损害赔偿,已过诉讼时效,对其主张不予支持。

【案例注解】

本案的争议焦点和审理难点在于:在租赁合同成立生效后但正式租赁关系发生之前,出租人在出售租赁物业时未通知承租方,是否侵犯承租人的优先购买权?

审理好本案,需要解决以下几个问题:一是本案中城投公司与工贸公司签订《柳州风情港房屋租赁合同》的性质。二是本案中城投公司(甲方)与工贸公司(乙方)签订《柳州风情港房屋租赁合同》的效力。三是本案中租赁合同成立生效后至房屋交付之前的期间,是否属于租赁期间,城投公司是否侵害工贸公司的优先购买权。四是承租人优先购买权的行使期限和优先购买权损害赔偿的诉讼时效。针对这些问题,本文拟从预租合同的概念、预租期间是否享有优先购买权、优先购买权的行使期限、优先购买权损害赔偿的诉讼时效等问题出发进行研究。

一、预租合同概述

本案中,对城投公司与工贸公司签订《柳州风情港房屋租赁合同》,一审法院和二审法院均认为其系预租合同。

(一)预租合同的概念

房屋预租的出现与商品房经济的发展息息相关。一般来说,房屋租赁合同成立的前提是有实体房屋的存在,但随着商品经济的发展,在房屋尚处于建设阶段乃至于设计阶段就开始签订房屋租赁合同的情况也越来越多,特别是在商业和工业地产租赁中。预租在国外的立法和惯例中是被认可与保护的。这种权利在英美法上称为"有效产权"或"公义式产权"或"衡平法上的产权"。法国有些学者则称之为"先期不动产所有权"。基于这样的规定,开发商就可将这种期待的权利进行出售、出租或抵押,于是就出现了预售、预租以及在建工程的抵押。在订单式房屋建造并出租[1]的

[1] 订单式商业地产,在国内是大连万达集团首创,即商业房地产商与零售商约定,在指定区域内房地产商完全按照商家的设计、使用功能、建设标准、配套设备等特定的要求,建造特定的商业房地产,商业房地产建成之前,双方就已签订长期的预租协议,并由商家预先支付一定资金。一般而言,订单式商业房地产预租合同的租期都是15年(如沃尔玛预租合同)至20年(如东方家园预租合同),有的甚至在合同中直接约定20年期满后再续租20年(如东方家园、北京华联预租合同)。参见王英民、孙良泉:《商业房地产预租法律问题研究》,载《兰州学刊》2007年第4期。

情况下，房屋预租更是属于普遍现象。开发商在项目立项或者项目建设过程中就与承租方签订协议，约定日后租赁的各项事宜。预租对出租人来说，较好地解决了房屋建成后的出租问题，易订立长期租赁合同，有助于出租人防范经营风险；承租人预先支付的款项使出租人可以在施工过程中获得一部分资金，减轻了资金压力。对承租人来说，此类出租模式在房屋建造阶段较好地考虑到了承租人对房屋平面布置、建筑结构及建筑、装饰、设备、配套设施标准等的特殊要求。因此，商业地产预租较其他的合同而言，预租模式的履行期限长。在我国台湾地区不动产营销中普遍存在"委托建屋租赁"的商品房开发形式在一定程度上也可以视为预租。

关于房屋预租合同的概念，目前并无权威的定义，全国性立法尚未对此作出回应。一般认为，预租合同是指在房屋尚未办理房地产初始登记或取得房地产权属证书前，出租人与承租人就房屋租赁事宜签订的合同。上海市、黑龙江省等地的地方性规范性文件中对此作出了一些规定（见表1）。1997年《上海市外销商品房预租试行办法》（已失效）第1条规定："商品房预租是指房地产开发经营企业在新建商品房未办理房地产权属初始登记、取得房地产权证前，与承租预约人签订商品房租赁预约协议，并向承租预约人收取一定数额的预收款的行为。"随后的《上海市商品房预租试行办法》继承了这一定义。《黑龙江省城市房屋预租、先租后售、售后包租管理试行办法》第4条规定："商品房（含经济适用住房，以下均称商品房）预租是指房地产开发修正业在新建商品房未办理房地产初始登记，经当地房地产行政主管部门核准，与承租人签订商品房租赁预约协议，并向承租人收取一定数额的预收款的行为。"《哈尔滨市城市房屋租赁管理办法》（已失效）第7条规定："……商品房预租，是指房地产开发企业依法投资开发的商品房未竣工前，向承租人约定预出租商品房并收取一定金额预收款的行为。"《重庆市城镇房地产交易管理条例》第72条规定，商品房预租是指房地产开发企业或商品房预购人以预售（购）房的租赁期权让渡给预租人并收取租金的行为，包括以在建的商场、铺面、市场摊点或办公用房向社会公开招租和以在建商品住宅、公寓楼预约出租。在司法实践中，最高人民法院有判决认为，房屋预租合同是我国房地产市场快速发展的产物，即房地产开发企业将在建房屋，或者未取得房屋所有权的买受人将购买的房屋预先出租给承租人，待租赁的房屋具备合法使用条件以后，双方正式签订或者履行租赁合同。[1] 最高人民法院有法官认为，商业房地

---

〔1〕"北京中粮广场发展有限公司与北京和德俱乐部有限公司房屋租赁纠纷上诉案"，参见最高人民法院（1998）民终字第116号民事判决书。

产预租,具体是指开发商与零售商约定在指定区域内,开发商完全按照零售商的设计标准、使用标准、建设标准等特定要求建造特定的商业房;商业房建成之前,双方签订长期预租合同,零售商预先支付部分租金或者缴纳保证金。[1]

表 1　对商品房预租的立法统计

规范性文件	效力层次
《上海市外销商品房预租试行办法》(已失效)(1997 年 10 月 1 日起实施)	地方政府部门规范性文件
《上海市商品房预租试行办法》(1998 年 9 月 1 日起实施)	地方政府部门规范性文件
《上海市房屋租赁条例》(1999 年 12 月 27 日起实施,已被修改)	地方立法
《上海市房地资源局关于贯彻实施〈上海市房屋租赁条例〉的意见(一)》(2001 年 7 月 1 日起实施)	地方政府部门规范性文件
上海市房地资源局和上海市工商管理局《上海市房屋租赁(商品房预租)合同样本》	地方政府部门规范性文件
《重庆市城镇房地产交易管理条例》(2002 年 8 月 1 日起实施,已被修改)	地方立法
《黑龙江省城市房屋预租、先租后售、售后包租管理试行办法》(1999 年 8 月 2 日起实施)	地方政府部门规范性文件
《哈尔滨市城市房屋租赁管理办法》(2005 年 9 月 10 日起施行,已失效)	地方政府部门规范性文件

这些定义基本上符合当前我国房屋预租市场的基本情况,但并不全面。首先,预租合同的标的并不限于未建成的房屋,其实已经建成的房屋也可以成为预租合同的标的。比如,合同双方约定,在将来的某一时间出租人将房屋租赁给承租人。其次,出租人并不能仅限于房地产开发企业,任何民事主体都可以成为出租人。最后,承租人并不必须向出租人预先支付一定的资金。因此,本文认为预租合同的定义应是:出租人与承租人签订租赁合同,约定将来某一时间开始租赁行为的合同,租赁物通常是未建造完成或未取得房屋权属证书的在建房屋或其他未达到交房条件的房屋,承租人一般会预先支付给出租人一笔预付款。

---

〔1〕 参见于蒙:《房屋预租合同的效力如何认定——浙江银泰投资有限公司与包头市中冶置业有限责任公司房屋租赁合同纠纷案》,载最高人民法院民事审判第一庭编:《民事审判指导与参考》,人民法院出版社 2019 年版,第 543 页。

(二)预租合同的性质

1. 预约还是本约

对于预租合同的性质,主要有"预约"和"本约"之争。上海、黑龙江、重庆等地方立法和规范性文件均认为预租合同是预约合同,许多理论观点也认为是预约,[1]但也有理论观点和司法实务观点认为是本约。此外,还有观点认为应根据合同具体内容进行判断是"预约"还是"本约"。

在民法理论中,可将契约分为本约与预约。[2] 预约,也可以称预约合同、预备合同、预备性合同等。在大陆法系,"预约通常被认为是将来订立一定契约之契约。换言之,预约是与本约相对的,履行预约于将来订立的契约是本约,缔约人因预约而负有缔结本约的义务"[3]。《澳门民法典》第404条对预约进行了比较简洁的描述,预约即"某人基于一协议而有义务订立特定合同"[4]。王利明认为:"所谓预约,是指当事人之间约定将来订立一定合同的合同;将来应当订立的合同,称为本约。"[5]史尚宽认为:"预约,谓将来订立一定契约之契约,其将来应订立之契约称为本契约。"[6]王泽鉴认为:"预约乃约定将来订立一定契约的契约,本约则为履行该预约而订立的契约。"[7]英美法上对预约有多种表达方式,主要有"preliminary agreement"和"pre-contract"。美国学者范斯沃斯认为:"预约(preliminary agreement)指这样的协议:它订立于谈判期间,并期待着稍后作为谈判终极点的协议,而无论它在法律上是否可以强制执行。"[8]目前,我国尚无对预约的立法规定,最高人民法院《关于审理商品房买卖合同纠纷案件适用法律若干问题的解释》第4条和第5条的规定被视为我国对预约制度的规定。[9] 第4条规定:"出卖人通过认购、订购、预订等方式向买受人收受定金作为订立商品房买卖合同担保的,如果因当事人一方原因未能订立商品房买卖

---

[1] "预租是一种在房屋产权不进行转移的、未完成产品阶段的、使用行为的预约行为。"参见马凤玲、高岩:《商品房预租行为的法律问题》,载《商场现代化》2007年第26期。

[2] 参见林诚二:《民法债编各论》(上),中国人民大学出版社2007年版,第31页。

[3] 史尚宽:《债法总论》,中国政法大学出版社2000年版,第12页。

[4] 赵秉志主编:《澳门民法典》,中国人民大学出版社1999年版,第113页。

[5] 王利明:《民法》,中国人民大学出版社2005年版,第464页。

[6] 史尚宽:《债法总论》,中国政法大学出版社2000年版,第13页。

[7] 王泽鉴:《债法原理》,中国政法大学出版社2001年版,第147页。

[8] FARNSWORTH, E. ALLAN. Precontractual Liability and Preliminary Agreement: Fair Dealing and Failed Negotiations. Columbia Law Review, 1987, 87: 249.

[9] 参见毛建军、石晓莉:《预约合同制度探究》,载《四川师范大学学报(社会科学版)》2006年第4期。

合同,应当按照法律关于定金的规定处理;因不可归责于当事人双方的事由,导致商品房买卖合同未能订立的,出卖人应当将定金返还买受人。”第 5 条规定:“商品房的认购、订购、预订等协议具备《商品房销售管理办法》第十六条规定的商品房买卖合同的主要内容,并且出卖人已经按照约定收受购房款的,该协议应当认定为商品房买卖合同。”

在司法实践中,主流观点认为判断某协议究竟为预约抑或本约,区分标准有四项:一是意思表示标准。当事人所订立的合同究竟是本约合同还是预约合同,应依照当事人的意思表示判断,如果明确约定合同性质为预约合同,即使合同的内容符合本约合同的内容,内容完备,也应当认定为预约合同。二是名称加内容标准。预约合同内容无须包括本约合同的主要条款,预约合同的内容一般较为简略,并不直接指向具体的权利变动内容。本约合同的条款则较完备。如果合同约定有“意向”“预定”“诚意金”“另行签订正式合同后终止”等字样,一般情况下为预约合同。三是履行标准。如果一项预约的主要内容比较完备,且一方当事人履行了主要合同义务,此类合同应该被倾向于认定为本约合同;另外,如果合同主要内容不够完备,即使履行了合同义务,也不能认定为本约合同。四是违约责任条款标准。预约合同一般不会约定违反本约合同责任,当事人通常约定在一定期限内订立本约合同,而本约合同通常需要约定违反合同所要承担的责任。〔1〕

本文认为,上述的四条规则中履行标准和违约责任条款标准并非实质性标准,而是辅助性标准;另外违约责任条款标准可归入内容标准,履行与否与合同性质的认定之间并无直接关系。〔2〕 鉴于此,本文认为,区分预约与本约的标准应是意思标准和内容标准。(1)意思标准。在协议中是否体现另行订立合同的意思或设立具体交易关系的意思,是否约定将来条件成就时另行签订正式合同。我国台湾地区司法实务

〔1〕 参见最高人民法院民法典贯彻实施工作领导小组主编:《中华人民共和国民法典合同编理解与适用(一)》,人民法院出版社 2020 年版,第 237 页。

〔2〕 最高人民法院《关于审理商品房买卖合同纠纷案件适用法律若干问题的解释》第 5 条规定“内容”和“履行”要件的目的在于探求当事人的真意,而非以此为标准。一般情况下,只要合同内容完备,即可推定当事人之间成立的是本约,是否实际履行并不是判断商品房认购书是预约还是本约的标准,但若根据合同内容可知当事人的真实意思在于为将来订立本约而作预先安排,并非最终确认,则即便此时认购书内容极其完备,法院也不能认定为商品房买卖合同,除非当事人已全部或部分履行(以行为表明双方当事人之间成立的是本约)。参见朱树英主编:《法院审理房地产案件观点集成》,中国法制出版社 2012 年版,第 415 页。

界认为:契约有预约与本约之分,两者异其性质及效力,预约权利人仅得请求对方履行订立本约之义务,不能径依预定之本约内容请求履行。[1]“当事人订立之契约,为本约抑预约,应就当事人意思定之。当事人之意思不明或有争执时,则应通观契约全体内容定之,若契约要素业已明确合致,其他有关事项亦规定綦详,已无另行订定契约之必要时,即应认为本约。”[2]预约直接指向本约,其标的即未来缔结特定交易契约之行为,而非直接指向交易活动中具体权利义务的构建。本约直接指向具体的债权债务关系,标的即具体交易活动中的各种给付行为。预约是一份约定将来缔结契约的契约,当事人在未来某时间还须缔结另一契约,这就要求预约必须体现出当事人另行订立本约的意思;本约直接产生相应的交易关系,必须体现出当事人欲直接进入具体债权债务关系的意思。如果协议内容主要内容具备,也未约定将来再签订正式合同,则为本约。如当事人直接在预订单、订购书等预约合同中明确表示,此预约的法律效力与本约一致。基于对当事人意思的遵守,此时的预约合同被赋予了具体交易给付之效力,本约的债权债务得以提前履行,完全没有必要再另行缔结本约,应将其认定为本约合同。[3]“倘当事人就契约之所有内容,以意思表示一致,无论冠以何名称,均系契约本身(即本约),而非预约。”[4](2)内容标准。判断某协议究为预约抑系本约,主要是确认该协议的内容是否具备本约合同的主要内容。参见前述“名称加内容标准”,如商品房预售合同具备《商品房销售管理办法》第16条[5]规定的商品房买卖合同的主要内容,说明已经跨过了预约阶段,缔约障碍已经消除,此时的预

---

〔1〕 参见1972年台上字第964号判例;参见林诚二:《民法债编各论》(上),中国人民大学出版社2007年版,第32页。

〔2〕 王泽鉴:《债法原理》,中国政法大学出版社2001年版,第148页。

〔3〕 参见我国台湾地区“1976年台上字第1178号判决”;参见薛波、刘浩然:《预约合同法律问题研究——以〈买卖合同司法解释〉第二条解释与适用为中心》,载《新疆社科论坛》2015年第5期。

〔4〕 我国台湾地区“1993年度台上字第2号判决”。转引自林诚二:《民法债编各论》(上),中国人民大学出版社2007年版,第32页。

〔5〕 原建设部《商品房销售管理办法》(建设部令第88号,2001年6月1日起施行)第16条第2款规定:“商品房买卖合同应当明确以下主要内容:(一)当事人名称或者姓名和住所;(二)商品房基本状况;(三)商品房的销售方式;(四)商品房价款的确定方式及总价款、付款方式、付款时间;(五)交付使用条件及日期;(六)装饰、设备标准承诺;(七)供水、供电、供热、燃气、通讯、道路、绿化等配套基础设施和公共设施的交付承诺和有关权益、责任;(八)公共配套建筑的产权归属;(九)面积差异的处理方式;(十)办理产权登记有关事宜;(十一)解决争议的方法;(十二)违约责任;(十三)双方约定的其他事项。”

售合同实为本约;[1]如若不具备,则认定为预约合同。例如,"张某案""万里路案"[2]。在"王某平案"中,法院认为须要对订购书是否具备"主要内容"进行严格审查,订购书关于房屋面积的计算、交付标准、产权证的分割办理等内容均未涉及,否认该订购书具备主要内容。[3]受最高人民法院《关于审理商品房买卖合同纠纷案件适用法律若干问题的解释》第 5 条的影响,许多人认为该标准系主要标准,实际上意思标准才是首要标准。如虽协议主要内容具备,但明确约定将来条件成就时就交易内容继续磋商直至最终确定或者在将来某时间另行订立本约,比如约定"关于交货时间、付款日期等其他未决内容于下个月另行洽商,并签订最终合同。"此类条款已经足以表明当事人双方缔结预约的内心真意,即使预约已具备或者可以从中推导出本约的全部内容,也应当充分尊重其意思自治,不再通过其他努力探究合同性质,直接将其认定为预约。对于当事人意思表示不明确的,应结合协议整体进行判断。"当事人意思不明,应通观合同全体内容定之。若合同要素已明确合致,其他事项也规定綦详,无另订合同之必要,应认定为本约。"[4]在"成都讯捷通讯连锁有限公司与四川蜀都实业有限责任公司、四川友利投资控股股份有限公司房屋买卖合同纠纷"一案中[5],当事人签订的协议名称为《购房协议书》,协议中明确了拟买卖的房屋的位置、面积和价款,并约定了定金条款以及违约金条款,具备了正式房屋买卖合同的主要内容,可直接据此履行而无须另订本约。但是,当事人同时约定:"甲、乙双方应就购房合同及付款方式等问题在本协议原则下进行具体磋商""甲乙双方就该宗房屋买卖合同签订时,本协议自动失效"。由于付款方式等问题需要日后进一步磋商,且约定将来订立一个新的合同,故二审法院认为一审认定《购房协议书》的性质为本约有误,纠正为预约。在该案中,二审法院指出,"仅根据当事人合意内容上是否全面,并不足以界分预约和本约。判断当事人之间订立的合同系本约还是预约的根本标准应

---

〔1〕 参见耿利航:《预约合同效力和违约救济的实证考察与应然路径》,载《法学研究》2016 年第 5 期;叶锋:《论预约合同的出路——以类型系列的构建为分析视角》,载《法律适用》2015 年第 9 期。

〔2〕 在"张某诉同力创展房地产公司商品房预售合同案"中,法院认为"判断涉案认购书为预约还是本约最主要的是看其是否具备《办法》第 16 条所述的主要内容。"参见《最高人民法院公报》2012 年第 11 期。在"万里路公司与辰泰房地产公司商品房买卖合同案"中,法院认为涉案合同"不具备《办法》第 16 条所述的主要内容,仅满足作为买卖预约的条件,应为预约。"参见(2008)珠中法民一终字第 104 号民事判决。

〔3〕 "王某平与君泰置地投资公司商品房预售合同案",参见安徽省高级人民法院参考性案例 3 号。

〔4〕 王泽鉴:《债法原理》,北京大学出版社 2013 年版,第 168 页。

〔5〕 参见《最高人民法院公报》2015 年第 1 期。

当是当事人的意思表示，也就是说，当事人是否有意在将来订立一个新的合同，以最终明确在双方之间形成某种法律关系的具体内容。如果当事人存在明确的将来订立本约的意思，那么，即使预约的内容与本约已经十分接近，即便通过合同解释，从预约中可以推导出本约的全部内容，也应当尊重当事人的意思表示，排除这种客观解释的可能性”。

以上观点是判断房屋预租合同是预约还是本约的基本原则。基于此，房屋预租合同可能是本约也可能是预约，具体需根据合同内容进行判断，不能简单论之。本案中，双方当事人签订的租赁合同内容完备，也无另行签订合同的约定和意思，应为本约。在“北京中粮广场发展有限公司与北京和德俱乐部有限公司房屋租赁纠纷上诉案”中，最高人民法院认为，预租合同属于合同法上的预约合同，也可以视为附期限的租赁合同。如果预约合同的内容具备了本约的要件，从合同法的原理上说，就应当按照本约合同对待。一方当事人违反合同约定的，应当按照合同约定或者合同法规定的违约责任承担相应的责任。[1]

2. 附期限合同还是附条件合同

《民法典》第158条至第160条规定了附条件合同和附期限合同。民事法律行为可以附条件，附生效条件的民事法律行为，自条件成就时生效；附解除条件的民事法律行为，自条件成就时失效。民事法律行为可以附期限，附生效期限的民事法律行为，自期限届至时生效；附终止期限的民事法律行为，自期限届满时失效。

（1）预租合同与附期限合同。依民事法律行为的一般理论，附始期的合同在期限届临之前，合同虽成立但未生效，其效力处于一种未定状态，债权人不确定地享有债权，而只有期待权，须待期限到来，该合同方才生效。有人因为预租合同也有“期限”之约定而误以为其为“附始期合同”，但附期限合同的“期限”是对合同本身效力进行限制的“期限”，预租合同的“期限”是对合同的实际履行所附的“期限”，两者的区别是显而易见的。由于在房屋预租合同签订时，房屋尚未建造成功，在合同中一般均会约定在合同签订之日起一定期限内或在某一确定时间时完成房屋的建造并交付，并把这个期限的到来作为租赁合同权利义务发生法律效力或失去效力的根据。也就是说，预租的房屋使用权不是在交易成立时转移的，而是在预租合同约定的将来某个日期转移的。从这个意义上来讲，预租合同应属于附开始期限的合同。但预租合同在签订时即已经成立并生效，只是合同期限与租赁期限并不完全重合，这并不符合附期

[1] 参见最高人民法院（1998）民终字第116号民事判决书。

限合同的定义。

(2)预租合同与附停止条件的房屋租赁合同。预租合同与附停止条件的房屋租赁合同都是关于房屋租赁的交易行为,二者具有一定相似性。交易当事人订立预租合同或者附停止条件的合同,房屋租赁合同的生效都具有不确定性,二者都具有延缓正式房屋租赁合同发生法律效力的功能,故容易将二者混淆。事实上,二者具有不同的性质和特征,预租合同具有附停止条件的房屋租赁合同所不具备的功能和价值。首先,二者的权利义务关系不同;预租合同依法成立时,合同就生效,当事人就应当按照约定履行合同的义务。而附停止条件的合同,虽然房屋租赁合同已经成立,但是合同的生效仍有待于条件的成就,合同并不一定生效,双方当事人并不发生权利和义务的履行。其次,预租合同的成立条件比附停止条件的房屋租赁合同宽松。预租合同只要当事人对将来订立房屋租赁合同的行为合意即可,对其涉及的房屋租赁合同具体条款的详尽程度并无要求,当事人可以根据磋商的进程对房屋租赁合同的条款进行约定,以此作为未来缔结房屋租赁合同的基础。相反,附停止条件的房屋租赁合同则需要双方事先对房屋租赁合同的具体条款,至少得对其主要条款进行磋商并确定,合同乃成立。最后,二者的法律规制不同。违反预租合同应当承担违约责任,然而,在房屋租赁合同尚未生效时,违反附停止条件的合同承担的是缔约过失责任。这两种责任在归责原则、证明责任及损害赔偿等方面存在许多区别,违约责任更能有效保护当事人的权益,故预租合同不同于附停止条件合同,且具有独特的功能和价值。因此,房屋预租合同既不属于附期限合同也不属于附条件合同。

3. 是否属于远期合同

远期合同是指双方约定在未来的某一特定时间履行权利与义务的合同。其特点是:即时生效,远期履行。远期合同双方当事人达成协议的时间与实际交易发生的时间存在较长的时间间隔。预租合同符合远期合同这一根本特征。房屋预租合同的标的物属期房,或称房屋期权,经约定在将来的某一时间竣工交付使用,但预租合同本身的效力并不因为该约定时间时至而受影响,乃即时生效,远期履行,故属于“远期交易合同”。

4. 是否属于融资租赁合同

依据《民法典》第735条的规定:“融资租赁合同是出租人根据承租人对出卖人、租赁物的选择,向出卖人购买租赁物,提供给承租人使用,承租人支付租金的合同。”在实践中,承租人在预租期内一般都会事先支付一笔预租资金,解决开发商前期资金链的缺口问题,这与融资租赁合同十分类似。但融资租赁合同在合同中会对租赁期满租赁物的归属进行约定，租赁物按商业惯例可能会归承租人所有，但房屋预租合同则不会对此进行约定，租赁期满房屋基本上不会归承租人所有。因此，房屋预租合同不属于融资租赁合同。

还有观点认为，房租预租实质上是一种融资行为。理由是：就房屋租赁合同的固有特性而言，承租人承租房屋的目的是占有并使用房屋，房屋租赁合同订立时，房屋尚未建成，承租人自然无法占有使用租赁标的物，因此房屋预租合同不符合合同法规定的房屋租赁合同的基本特征。[1] 但从合同目的来看，即使预租人提前向出租人支付了部分资金用于项目的建设，其目的并非收取支付资金的收益，而是在将来使用房屋，故双方间的主要权利义务符合房屋租赁合同的固有特征，应参照适用房屋租赁的相关规定调整双方间的权利义务关系。

5. 房屋预租合同是诺成性合同

一般房屋租赁合同的成立除双方意思表示一致，内容合法外，还要求以房屋实际交付手续为要件，即合同性质为实践性合同。而房屋预租合同与一般房屋租赁不同，交易时房屋尚不存在，且从预租到房屋竣工交付一般需要1年至2年甚至更长的时间，具有合同履行期长的特点。因此，对房屋预租合同不能要求以实物交付作为合同成立的要件，其在客观上也是不可能做到的。房屋预租合同只能是诺成性合同，只要双方当事人意思表示真实一致，不违反国家的法律法规，则合同成立，就具有法律效力，任何一方违约都要承担违约责任。如果强调房屋预租合同的实践性，则预租房屋在交付之前，预租方的利益与权利一直处于一种不确定的状态中。

（三）房屋预租合同的效力

关于房屋预租合同的效力问题，主要有以下观点。

第一种观点认为，房屋预租合同只要是双方当事人的真实意思表示，开发商依法取得房地产项目的合法建设等相关审批文件，一般倾向于认定为有效。如果开发商在预租或者向承租人交付租赁房屋前未取得合法建设手续，特别是未取得建设工程规划许可手续，应参照最高人民法院《关于审理城镇房屋租赁合同纠纷案件具体应用法律若干问题的解释》第2条的规定，应依法认定无效。这种观点是司法实务中的主流观点。[2] 在浙江银泰投资有限公司（以下简称银泰公司）与包头市中冶置业有限责任公司（以下简称中冶公司）房屋租赁合同纠纷案中，内蒙古高级人民法院和最高

〔1〕 参见王永起：《关于房地产合同效力认定的若干问题》，载《山东法官培训学院学报》2018年第4期。

〔2〕 参见王永起：《关于房地产合同效力认定的若干问题》，载《山东法官培训学院学报》2018年第4期。

人民法院认为:"中冶公司作为出租人在 2011 年 6 月 22 日与承租人银泰公司签订《房屋租赁合同》时未取得建设工程规划许可证,至本案法庭辩论终结前亦未取得,故 2011 年 6 月 22 日银泰公司与中冶公司签订《房屋租赁合同》无效。"在西宁华联生活超市有限公司与青海隆丰房地产开发集团有限公司(以下简称隆丰公司)房屋租赁合同纠纷[1]中,西宁中级人民法院也认为:"2013 年 12 月 16 日原华润公司与隆丰公司签订的《房屋租赁合同》及《协议书》相互关联,不可分割,因签订合同时隆丰公司并未取得相关建设项目的相关手续,故双方签订的《房屋租赁合同》及《协议书》违反法律、行政法规的强制性规定,应属无效协议。"

第二种观点认为,房屋预租应符合以下条件:(1)在主体上,预租的出租方必须为房地产开发企业,而不能为个人或其他单位;商品房预购人不得将预购的商品房预租。在雷某群等三十五人诉重庆超霸房地产开发有限公司(以下简称超霸公司)租赁合同纠纷案中,重庆地区法院一致认为:"超霸公司与雷某群等申诉人所签订的摊位租赁合同虽是双方当事人的真实意思表示,但因合同签订时港渝广场尚未竣工验收,不具备交付经营使用的条件。同时,超霸公司在签订租赁合同时,既未取得商品房预租许可证,也未依法取得房屋所有权证,故其不具备签订出租合同的主体资格,其与雷某群等申诉人所签订的租赁合同有悖于国家法律、法规的规定,应属无效合同。"(2)在前提条件上,预租的商品房应当符合商品房预售的条件,并依法取得市或者区、县房地产管理部门核发的商品房预售许可证[2]。(3)房屋未被预售。[3] (4)在登记备案上,双方当事人签订预租合同后,在 15 日内持预租合同和有关材料办理预租合同登记备案(此登记备案应为预告登记性质),签署预租商品房使用交接书后再办理登记备案,领取租赁合同登记备案证明。(5)在限制性条件上,商品房未经初始登

---

[1] 参见青海省西宁市中级人民法院(2020)青 01 民终 2999 号民事判决书。

[2] 《上海市房屋租赁条例》和《哈尔滨市城市房屋租赁管理办法》都规定,房地产开发企业预租商品房,应当符合商品房预售的条件,并依法取得房地产管理部门核发的商品房预售许可证明。而《上海市外销商品房预租试行办法》、《上海市商品房预租试行办法》及《黑龙江省城市房屋预租、先租后售、售后包租管理试行办法》规定的条件则比上述两个规定更加严格,除了要求具备商品房预售条件外,还要求建筑物已完成主体工程结构及经过验收合格,等等。

[3] 有一些法院也认可这种观点。如上海市高级人民法院民一庭认为,当事人主张商品房预租合同关系成立的,除要举证证明符合合同成立的一般要件外,还应当证明具备下列构成要件:(1)商品房预租人系房地产开发企业;(2)预租商品房应当符合预售条件,并依法取得商品房预售许可证明;(3)预租商品房未被预售。参见上海市高级人民法院民一庭《城镇房屋租赁合同纠纷办案要件指南》(沪高法民一〔2010〕13 号)。

记、取得房地产权证前，承租人不得将预租的商品房转租、房屋承租权转让或者承租权交换。上海市等地的地方性法规规章均作类似规定。

此外，还有观点认为，预租合同能否有效关键是要看其预租行为是否得到政府部门的批准或许可。[1] 更有观点认为，应以取得房屋所有权属证书为条件。

第三种观点认为，预租标的在预租合同签订时尚不存在，造成合同内容的不确定性，所以预租合同无效。

本文认为：首先，关于合法性问题。现行立法并未对房屋预租行为作出禁止性规定，预租行为并不违法。[2] 其次，关于合同有效性问题。从合同效力立法变迁来看，对合同效力的认定条件越来越宽松，不应在法律规定的范围之外另行规定新的限制条件。我国现行法律、行政法规未禁止商品房预租，也未规定商品房预租的条件，在无其他影响合同效力的因素下，从鼓励交易的合同法立法目的出发，只要不违反民法上合同效力的一般规则（“行为人具有相应的民事行为能力、意思表示真实、不违反法律或者社会公共利益”），均应认定为有效。早在1997年，就有学者认为：“预租行为与现房的租赁行为是不同的，不能套用法律法规中关于现房租赁行为的规定。对于房屋预租，现行法律法规并无禁止性规定，根据‘法无禁止即为自由’的原则，当事人通过真实意思表示而签订的预租合同，可以确认为有效。”[3] 在“北京中粮广场发展有限公司与北京和德俱乐部有限公司房屋租赁纠纷上诉案”[4] 中，最高人民法院认为，双方当事人签订的《商场租赁初步合同》，确认了双方的认租关系，是双方真实、自愿的意思表示，内容不违反法律规定，该合同合法有效，双方均应按照合同的约定履行各自的义务。在“西安交通大学第二医院与陕西惠源物业管理有限公司投资建房、房屋使用权纠纷案”[5] 中，最高人民法院认为：“本案中涉及的合同实际上是房屋预租合同。目前法律对此没有明确的规定，《合同法》关于二十年租赁期限的规定不适用房屋预租的情况。但在实务中其有无法律效力是有争议的，因为国有划拨土地进入市场经营导致国家土地收益的损失。本案承办法官考虑到，一审判决被告在房屋建成投入使用后应将该房屋土地收益部分上缴国家，用这种方式来解决建房未交土

---

〔1〕 参见陈应春：《商品房涉及租赁的各种交易形式的探讨及其合法性把握》，载《中国民商法实务论坛论文文集》，第121－124页。

〔2〕 参见金可可、鲁立全：《商品房预租合同的法律思考》，载《上海政法管理干部学院学报》1996年第6期。

〔3〕 沈明磊：《新类型房屋租赁案件的审理》，载《法律适用》1997年第11期。

〔4〕 参见最高人民法院（1998）民终字第116号民事判决书。

〔5〕 参见最高人民法院（2002）民一终字第41号民事判决书。

地出让金的问题，也就避免了损害国家利益；再说《合同法》实施后，总的精神是不轻易认定合同无效，只要没有违背法律禁止性规定，就应当充分尊重合同当事人的意思表示。”在“西安九龙房地产开发有限责任公司与陕西兵器工业西北公司、西安市赛格商贸有限公司房屋租赁合同纠纷上诉案”[1]中，最高人民法院进一步指出：“当事人以其在建的房屋作为租赁标的物，签订了《租赁合同书》。此后，租赁人将其承租部分与他人签订《房屋转租合同》，均为各方当事人真实意思表示，内容不违背法律，应为有效合同。本裁判意见明确了对此类纠纷案件的处理规则，即依法正确判定此类合同效力。人民法院审理在建房租赁合同纠纷案件，对合同效力的判断标准，同其他普通合同一样，主要审查内容是否违反了法律、行政法规的强制性规定和社会公共利益。由于无效合同具有违法性，因此，租赁合同也实行国家干预原则，即不待当事人请求无效，人民法院主动审查合同是否存在违法性，不具备法定的无效要件的租赁合同，应当尊重双方自治意思表示，并依据约定认定双方的权利义务。”

其他观点具有不合理之处，下面予以辨析。(1)关于签订预租合同必须以取得房屋所有权或符合预售为前提。根据《城市房地产管理法》(1994 年)第 52 条的规定，房屋租赁，是指房屋所有权人作为出租人将其房屋出租给承租人使用，由承租人向出租人支付租金的行为。建设部(已撤销)1995 年发布的《城市房屋租赁管理办法》(已废止)第 6 条规定，未依法取得房屋所有权证的房屋不得出租。由于预租的标的物是尚在建设中的房屋，出租人不可能取得房屋的所有权，故该观点认为，由于商品房预租不满足房屋租赁合同对出租人的资格要求，商品房预租合同实际上是对出租房屋应当具有房屋所有权权属证书法律规定的规避，实乃脱法行为，且违反相关法律规范的禁止性规定，故应当认定无效。本文认为，该观点混淆房屋预租合同与房屋租赁合同的性质。房屋预租合同的一大特点是房屋可能尚未建成甚至尚未开建，如果以取得房屋所有权为前提则绝大多数的房屋预租合同都将失去效力，这不符合交易习惯规则，也不利于促进市场交易。住房和城乡建设部于 2010 年 12 月 1 日发布的《商品房屋租赁管理办法》对《城市房屋租赁管理办法》(已废止)作了多处修改，取消了“未依法取得房屋所有权证的”不得出租的规定。上海市高级人民法院《关于民事案件审理的几点具体意见》第 26 条对于“房地产开发经营企业未取得房地产权证出租房屋，是否有效?”的回复颇具有参考及指导意义。回复认为，房地产开发经营企业对于所开发的房地产具有期待产权，所以不宜一概认定预租无效，对于权属无争议，暂时未

[1] 参见最高人民法院(2002)民一终字第 75 号民事判决书。

取得产证的预租,可以认定有效。关于商品房预租是否需办理商品房预售许可证,因现行法律、行政法规及部门规章对此无任何规定,且商品房预售与预租性质不同,所以商品房预租无须办理商品房预售许可证,商品房预租合同不以办理商品房预售许可证为生效要件。[1] 如果在预租合同约定的期限内,出租人未取得房屋所有权或未达到交房条件,则应承担违约责任而非认定预租合同无效。(2)认为预租的出租方必须为房地产开发企业,而不能为个人或其他单位的观点,限制了市场交易的主体。诚然,我国房地产市场开发的主力是房地产开发企业,但在集体所有土地上房屋以及个人所有的房屋,其权利人并非房地产开发企业,将这些主体排除在预租合同的出租人之外,并不合理。(3)关于商品房预购人不得将预购的商品房预租或房地产开发企业不得将已将预售的房屋进行预租的规定,对预购房屋出租的限制可能来自对预购房屋出让[2]的限制。《上海市外销商品房预租试行办法》《上海市商品房预租试行办法》《黑龙江省城市房屋预租、先租后售、售后包租管理试行办法》《重庆市城镇房地产交易管理条例》都承认商品房预购人可以作为商品房预租合同的预出租人,但《上海市房屋租赁条例》持更严格的立场。在实践中,商铺的销售经常有"售后返租"或预购时即签订租赁合同的情形,这些商业模式并不违反法律法规的强制性规定,认定预购人不能预租房屋缺乏法律依据,也不符合市场交易现状。预购人作为商品房预售合同的买受人,虽然尚未取得商品房的所有权,但是其已经享有对房地产开发经营企业请求交付房屋的债权,应当允许预购人进行预租。[3] (4)关于备案登记。上海等地的规范文件大都规定了双重登记制度,即商品房预租合同的登记备案制度和正式租赁合同的登记备案制度。本文认为,房屋租赁合同登记备案制度并非属于合同成立生效的要式要求。房屋租赁备案制度的意义就在于登记备案是一种当事人可以

---

〔1〕 参见熊学军:《商品房预租10大疑问细说分晓》,载《长江日报》2005年8月26日,第20版。

〔2〕 预售商品房的转让,又叫"期房转让",是指商品房预售法律关系中的预购人将购买的未竣工的商品房再行转让给他人的一种法律行为。(参见陈耀东:《商品房买卖法律问题专论》,法律出版社2003年版,第62页)在商品房预售中,预售商品房的转让问题亦成为商品房交易市场中的焦点问题。为了防止"期房转让"可能导致的投机行为,2005年4月,原建设部等七部委联合下发了《关于做好稳定住房价格工作的意见》,明确禁止商品房预购人将购买的未竣工的预售商品房再行转让,从而限制了预购人的权利。

〔3〕 参见熊学军:《商品房预租10大疑问细说分晓》,载《长江日报》2005年8月26日,第20版。

自由选择的行为,是否登记备案不影响房屋租赁合同的效力。[1] (5)是否需进行审批。《上海市商品房预租试行办法》第3条规定,房地产开发经营企业投资建造的内销商品房(包括外资内销商品房)需预租的,应当向项目所在地的区、县房地产管理部门提出预租许可申请。该规定确定了商品房预租的行政审批制度。虽然该规定已经废止,但在实践中也有一定的影响力。本文认为,《上海市商品房预租试行办法》设立的行政审批制度违反了《行政许可法》的主体资格的规定,[2]也不具备任何法理基础。(6)其他限制条件。《上海市商品房预租试行办法》第4条规定,房地产开发经营企业申请预租商品房,应当具备以下条件:已按规定支付全部的土地使用权出让金,土地使用权已经依法登记并取得房地产权证书;取得商品房的建设工程规划许可证和建设工程施工许可证;预租的商品房主体结构完工,已经市或区、县的建设工程质量监督部门验收合格;已落实市政、公用和公共建筑设施的配套建设计划并已确定该预租商品房一年内能竣工交付使用。本文认为,这些规定均属于管理性规范而非效力性规范,出租人违反这些规范,应按照规定给予行政法上的制裁而非在民法上认定合同无效。(7)关于开发商在预租或者向承租人交付租赁房屋前未取得合法建设手续,特别是未取得建设工程规划许可手续时的效力。本文认为,因预租合同一般签订在房屋建造完成之前,相关手续是否能够齐备尚处于未知状态,以将来的事态来决定目前的合同效力是不符合法理的。且最高人民法院《关于审理城镇房屋租赁合同纠纷案件具体应用法律若干问题的解释》第2条、第3条所规定的因未取得合法建造手续的租赁合同的标的物是签订合同时就已存在,合同双方当事人均明晰租赁房屋的合法状态。再者,该司法解释也规定只要在一审辩论结束前取得合法手续的,就应认定合同有效。(8)关于预租标的物在签订合同时尚不存在的情况对于合同有效性的影响。认为有影响的人主要认为民事行为的内容尚不确定,不能据此划定合同当事人的权利义务范围,所以不是一个有效的民事行为。这其实是一种误解,预租合同

---

[1] 参见杨立新主编:《最高人民法院审理城镇房屋租赁合同纠纷案件司法解释理解与适用》,中国法制出版社2009年版,第46页;李朝晖:《论房屋租赁合同登记备案制度的立法价值目标》,载《广西社会科学》2008年第2期;熊学军:《商品房预租10大疑问细说分晓》,载《长江日报》2005年8月26日,第20版。

[2] 参见《行政许可法》第15条第1款规定:本法第十二条所列事项,尚未制定法律、行政法规的,地方性法规可以设定行政许可;尚未制定法律、行政法规和地方性法规的,因行政管理的需要,确需立即实施行政许可的,省、自治区、直辖市人民政府规章可以设定临时性的行政许可。临时性的行政许可实施满1年需要继续实施的,应当提请本级人民代表大会及其常务委员会制定地方性法规。

签订后,出租人即负有无延迟地完成建筑物而使承租人为使用受益的义务,承租人有支付预付款或者定金的义务,民事行为内容并非不确定,只是合同的标的尚未完成,但其在将来具有实现的可能性。在融资租赁合同、商品房预售合同、国际货物买卖合同中,签约时标的物往往也不存在,但这并不影响合同的效力。

(四)房屋预租合同的法律适用

房屋预租合同作为无名合同的一种,虽然与房屋租赁合同有着不同之处,但从合同目的来看,出租方的最终目的仍是收取租金,承租方的最终目的仍是对租赁物进行使用、收益,故双方的主要权利义务仍然符合房屋租赁合同的特点,在法律适用上,应参照适用房屋租赁的相关规定调整双方间的权利义务关系。[1] 在"浙江银泰投资有限公司与包头市中冶置业有限责任公司房屋租赁合同纠纷案"中,最高人民法院明确指出:"关于房屋预租,在现行法律、行政法规没有规定的情形下,可参照适用有关房屋租赁的规定。"同时,也有观点认为,预租也是对未来建成房屋的权益的预先处分,和商品房预售有相似之处,应当也可参照适用有关房屋预售的规定。[2]

二、房屋预租合同中承租人优先购买权问题

(一)承租人优先购买权的行使条件

承租人优先购买权是指住房承租人在所有权人或出租人出卖其所租赁住房时,同等条件下有优先于第三人购买所承租住房的权利。承租人优先购买权源于拜占庭时期的罗马法于租佃关系中优先权制度,[3]"二战"后首次在《德国民法典》中进行规定,之后为各国立法所承受,并成为当今世界各国普遍确立的一项民事法律制度[4]。

---

〔1〕 参见王永起:《关于房地产合同效力认定的若干问题》,载《山东法官培训学院学报》2018 年第 4 期。

〔2〕 参见于蒙:《房屋预租合同的效力如何认定——浙江银泰投资有限公司与包头市中冶置业有限责任公司房屋租赁合同纠纷案》,载最高人民法院民事审判第一庭编:《民事审判指导与参考(2017 年卷)》,人民法院出版社 2019 年版,第 543 页。

〔3〕 参见石鲁夫:《先买权制度研究——以租赁关系为中心》,东北财经大学出版社 2014 年版,第 6 页。

〔4〕 参见王利明:《物权法研究》,中国人民大学出版社 2002 年版,第 343 页;许尚豪、单明:《优先购买权制度研究》,中国法制出版社 2006 年版,第 70 页。

我国立法上也多次进行规定。[1]

《民法典》第726条规定:"出租人出卖租赁房屋的,应当在出卖之前的合理期限内通知承租人,承租人享有以同等条件优先购买的权利;但是,房屋按份共有人行使优先购买权或者出租人将房屋出卖给近亲属的除外。出租人履行通知义务后,承租人在十五日内未明确表示购买的,视为承租人放弃优先购买权。"一般认为,承租人行使优先购买权,应符合以下条件。(1)租赁合同合法有效。承租人行使优先购买权必须以合法有效的租赁合同为前提。因住房租赁合同不成立或无效、住房租赁合同因期限届满而终止、住房租赁合同已被解除、住房承租人已实际搬离租赁住房等事由,承租人均不能行使优先购买权。(2)在租赁合同有效期内出租人有出卖租赁房屋的行为。首先,出租人出售房屋。优先购买权的行使以出卖人和第三人已经订立买卖合同为前提,若出租人没有出售租赁住房的意思表示或行为,承租人不能强迫出租人出售住房,承租人对租赁住房的购买权无从产生。只有在出租人出卖租赁住房时,承租人才享有优先购买权。德国学者鲍尔教授和施蒂尔纳教授认为:"先买权行使之前提条件,为出卖人与第三人之间已达成有效之买卖契约。"[2]《德国民法典》第463条规定:"就某一标的物而言有优先买受的权利的人,一经义务人和第三人订立关于该标的物的买卖合同,即可以行使先买权。"第469条第1款规定:"义务人必须将与第三人订立的合同的内容不迟延地通知先买权人。"《瑞士民法典》第681条a项规定:"出卖人须将买卖契约的缔结及内容告知先买权人。先买权人欲行使先买权的,须在知悉契约的缔结和内容之日起的三个月内行使该权利。"其次,只能对房屋租赁期间的出租人的出卖行为行使优先购买权,对租赁期限之前或之后发生的房屋出售不享有优先权。(3)在同等条件下承租人表示购买该房屋。住房承租人行使优先购买权,是按照等价有偿的原则,在与第三人同等条件下购买出租人的租赁住房,是一种机会的优先,而不是以优于第三人的购买条件强制订立购买租赁住房合同。(4)承租人在

---

〔1〕最初由《城市私有房屋管理条例》(1983年12月17日起实施,已失效)第11条确立,其后最高人民法院《关于贯彻执行〈中华人民共和国民法通则〉若干问题的意见(试行)》(1988年4月2日起实施,已失效)第118条加以重申,而《合同法》(1999年10月1日起实施,已失效)第230条和《民法典》第726条再次肯定了承租人的此项权利。此外,最高人民法院《关于贯彻执行民事政策法律若干问题的意见》(1984年8月30日起实施,已失效)第57条、《城市公有房屋管理规定》(1994年3月23日发布,已失效)第36条、《城市房地产抵押管理办法》(2001年8月15日起实施,已被修改)第42条也述及了承租人的优先购买权。

〔2〕[德]鲍尔、施蒂尔纳:《德国物权法》(上册),张双根译,法律出版社2004年版,第468页。

合理期限内行使优先购买。[1] 优先购买权行权有期限限制，在规定的期限内不行使的，将丧失优先购买租住房屋的权利。结合本案的争议焦点问题，本文重点探讨“房屋出售”“租赁期间”“通知义务的履行”“行权方式”“行权的合理期限”等几个问题。

（二）关于“房屋出卖”及“出租人通知义务时间点”的理解

1983 年《城市私有房屋管理条例》（已失效）第 11 条和 1988 年最高人民法院《关于贯彻执行〈中华人民共和国民法通则〉若干问题的意见（试行）》（已失效）第 118 条也均规定，房屋所有权人有出卖租赁房屋行为的，应该在出卖前三个月通知承租人。1999 年《合同法》（已失效）规定为出租人应在“出卖之前的合理期限内”通知承租人，鉴于“出卖之前”通知出租人存在操作上的困难，2009 年最高人民法院《关于审理城镇房屋租赁合同纠纷案件具体应用法律若干问题的解释》（法释〔2009〕11 号，已被修改）第 21 条仅规定出租人出卖租赁房屋“未在合理期限内”通知承租人的应承担赔偿责任。2020 年《民法典》第 726 条又继承了《合同法》的规定。在实践中，许多合同也作类似的规定，要求出租人在出卖前一定时间内通知承租人。但在司法实践中，各方当事人往往是由于对“出卖”及通知的时间点和通知的方式存在不同的理解，导致纠纷的发生，因此有必要对其文义进行解释。因为文字是法律意旨所在，也因为它是法律解释活动的最大范围，所以，着手解释法律时，首先必须确定文义涵盖的范围。[2]

1. 关于房屋“出卖”的理解

关于出租人“出卖房屋”的理解，存在三种观点：第一种观点认为，出租人向第三

---

〔1〕 关于承租人优先购买权的行使条件，另有观点认为前提条件：一是基础法律关系的存在，即房屋租赁关系的存在；二是标的物（租赁房屋）的出卖；三是需要第三人的参与。参见尹樯：《优先购买权的制度检视与构建路径——以承租人优先购买权视角为论证范式》，载《河北法学》2016 年第 3 期。也有观点认为承租人在合理期限内行使不是行权的前提条件。参见徐力：《房屋承租人的优先购买权——〈合同法〉第 230 条规定的解释与适用》，载万鄂湘主编：《债法理论与适用 Ⅰ（总论及合同之债）》，人民法院出版社 2005 年版，第 274 页。

〔2〕 参见黄茂荣：《法学方法与现代民法》，中国政法大学出版社 2001 年版，第 276 页。

人作出出卖房屋的要约或第三人向出租人作出购买房屋的要约，即构成出卖房屋；[1]第二种观点认为，出租人与第三人就房屋的买卖达成协议时构成出卖房屋；第三种观点认为，房屋所有权的完成移转即过户登记完成时构成房屋买卖。[2]

本文认为，承租人优先购买权能够行使的基础是出租人出卖房屋，并且只能在同等条件下优先购买。“同等条件”的限制则表明承租人只能在出租人与第三人达成协议后才能行权，这就要求承租人行权的前提是必须有出租人与第三人的买卖合同成立并生效，并且该买卖合同内容完备，是购买房屋的本约而非预约。因此，本文认可第二种观点，“出卖”应理解为出租人与第三人之间的房屋买卖合同成立生效。《德国民法典》第 504 条规定，对标的物有优先购买权的人，在先卖义务人与第三人对标的物订立买卖合同时，可以行使优先购买权。《法国民法典》规定只有在让与的价格和条件确定后，出卖人才能通知优先购买权人。如此看来，如果出租人或第三人只是有出售或购买的意向，或者仅作出要约行为，此时合同并未成立，是否最终缔约尚处于不确定的状态，相应的“同等条件”也无从谈起，承租人并无行权的基础，在出卖房屋的行为有效成立后对承租人的通知才有意义。因此，第一种观点不能够成立。此外，也有观点认为出租人应在已与第三人达成签约意向之后但尚未签订合同之前通知承租人，[3]通知内容为拟订立合同条款，同时出租人也应当在磋商时向第三人披露可能由于优先购买权行使导致合同无法成立的风险。本文认为，由于拟定的合同内容有可能还会变更，此时通知承租人的内容并不能作为“同等条件”，承租人行权的

---

〔1〕 该观点认为：(1)《合同法》第 230 条条文中没有涉及买受人，这意味着构成此条件并不需要涉及买受人，仅有出卖人就可以成就此条件。(2)在只有一方当事人的前提下，对“出卖”的理解就只能理解为一方出卖租赁房屋的意思表示。(3)从《合同法》第 230 条条文结构分析，该条还要求出卖人应当在出卖之前的合理期限内通知承租人，出卖人的通知义务是在出卖之前，买受人是否承诺对出卖人的通知义务没有影响。(4)提前通知是出卖人基于租赁合同的法定义务，出卖人不履行通知义务即向第三人作出出卖租赁房屋的意思表示，其行为本身就不符合诚实信用原则的要求，理应受到一定的制裁，无须再以第三人是否作出承诺作为先决条件。参见徐力：《房屋承租人的优先购买权——〈合同法〉第 230 条规定的解释与适用》，载万鄂湘主编：《债法理论与适用 Ⅰ（总论及合同之债）》，人民法院出版社 2005 年版，第 274 页。

〔2〕 参见徐力：《房屋承租人的优先购买权》，载最高人民法院民事审判第一庭编：《民事审判指导与参考》(2003 年第 3 集)，法律出版社 2003 年版。

〔3〕 参见江西省婺源县人民法院，(2014)婺民二初字第 15 号民事判决；湖南省常德市中级人民法院(2015)常民一终字第 299 号民事判决；张乐跃：《承租人优先购买权行使中的“通知义务”》，载法律资讯网，http://m.dyzxw.org/? act = a&aid = 129576&cid = 1，最后访问日期：2021 年 1 月 30 日。

基础也并不牢固。如果在房屋已经办理过户登记手续,房屋出卖程序在法律上已经完成时才通知承租人行权,将使已经确定的事实重新处于不确定状态,如果承租人行权,还需要撤销登记等程序,这既不利于承租人的权益保护也不利于第三人的权利保护,还会增加行政管理机关的工作。[1] 因此第三种观点也不能够成立。

关于出卖的方式,在实践中并不能仅限于"一方将标的物所有权转让于他方,他方支付价款"的典型方式,"视为出卖"的情形也应赋予承租人优先购买权。从承租人优先购买权制度设置的目的来看,法律确立承租人优先购买权,一方面体现了对租赁关系中相对弱势一方的承租人的保护,另一方面也体现了维护因承租人使用收益租赁房屋而形成稳定的生产生活秩序的必要。因此,以房屋作价投资入股、以房屋抵债以及拍卖[2]等情形,承租人理所应当地享有优先购买权。[3] 但以房屋本身的使用价值进行投资时,此时作为交易的是房屋的使用价值,该房屋或许是因为所处的地理位置具备某些区位优势,或许是内部结构较为独特,使其具备了投资的不可替代性。同理,出租人与第三人进行房屋产权交换时,双方考虑的可能并非单纯是经济价值,可能更多的是各自房屋的特殊使用价值。此时承租人即使以等额的现金客观上也无法满足同等条件的要求,优先购买权将不再适用。在因赠与、遗赠、继承、公用征收等非因买卖而转移标的物时,理论界和实务界的共识是不得行使优先购买权,否则会扩大优先购买权的行使范围,造成对他人权利的过分干预。

2. 关于"通知的时间点"的理解

我国立法从 1983 年《城市私有房屋管理条例》(已失效)、1988 年最高人民法院《关于贯彻执行〈中华人民共和国民法通则〉若干问题的意见(试行)》(已失效)开始,至 1999 年《合同法》(已失效)和 2020 年《民法典》,均要求出租人在"出卖前"一

---

〔1〕 该种观点也有另外一种理解,即虽将出卖理解为变更登记,但按照"出卖之前合理期限通知承租人"的法律规定,则合理期限的起算点则倒推至出租人与第三人签订买卖合同之后,变更登记之前(参见郭明瑞:《论优先购买权》,载《中央政法管理干部学院学报》1995 年第 5 期;蒋丽丽:《先买权制度研究》,复旦大学 2010 年硕士学位论文)。这时其实又回到了第二种观点。

〔2〕 关于拍卖形式,承租人在拍卖过程中能否行使先买权,外国立法存在分歧。《法国民法典》和《瑞士民法典》规定权利人于拍卖时可以行使优先购买权。而德国民法却禁止此行为,《德国民法典》第 471 条规定"出卖系以强制执行方式或就支付不能的财产为之的,先买权消灭。"我国《民法典》第 727 条规定:出租人委托拍卖人拍卖租赁房屋的,应当在拍卖 5 日前通知承租人。承租人未参加拍卖的,视为放弃优先购买权。

〔3〕 参见姚辉、邱鹏:《房屋承租人优先购买权之研究》,载王利明主编:《判解研究》2005 年第 5 辑(总第 25 辑),人民法院出版社 2006 年版。

定期限内通知承租人。从字面来进行理解，是要在出卖合同成立生效前进行通知，这给出租人履行通知义务造成了困难：房屋尚未签订买卖合同，合同内容尚未确定，如何通知承租人？如仅通知出卖的意向，又不符合法律对“通知内容”确定性的规定，承租人也无法行权。并且，生活是千变万化的，并非所有的行为都有事先的计划安排，对于临时起意的出售行为如何能够提前 3 个月或一定期限进行通知？或者将“出卖”理解为办理过户登记手续，出租人在房屋出卖合同成立生效后，在通知承租人后 3 个月再办理过户登记手续？但该种理解又与承租人在收到通知后 15 日内行权相矛盾。

通知义务的起点主要有以下三种观点〔1〕：第一种观点以出租人仅具有出卖意向而没有与第三人达成买卖合同时为通知义务起点，其内容是出卖的意向。〔2〕第二种观点以出租人和第三人已经达成买卖关系为起点，通知内容还包括买卖合同交易条件。第三种观点认为，出租人的通知时间应在与第三人签订了房屋买卖合同之后，但尚未真正实际履行合同之前，且应明确告知具体的合同交易条件。在司法实践中，当事人往往从字面意思理解法律条文，持第一种观点，认为出租人未在出卖前（签订合同前）按照合同约定的时间期限或一段合理期限内通知承租人，便已经侵害了承租人的优先购买权，要求出租人承担损害赔偿责任。法院往往也持此种理解意见。本文认为，法律的规定不能仅从字面意思进行理解，应结合实际情况进行理解和适用。在出租人与第三人成立有效的买卖合同之前，优先购买权尚不具备行使的基础事实——同等条件，出租人也缺乏通知的事实基础。即使出租人在具有出卖意图时就通知承租人，承租人也必须等到出租人与第三人的合同内容确定后才能行权。如果按照第一种观点仅通知出卖意向，出租人与第三人订立合同后需要再一次通知以告

---

〔1〕 参见丁春艳：《论私法中的优先购买权》，载《北大法律评论》2005 年第 1 期。

〔2〕 第一种观点的一个理由是：出卖人将出卖意图告知承租人，当后者表示不予买受标的物之后，出卖人再考虑其他的买受人。这样可以避免使出卖人处于必然向第三人和承租人其中一人承担违约责任的境地。本文认为，承租人是在“同等条件”具有优先购买权，而非具有优先洽谈权。实践中，出卖条件是需要在磋商洽谈中才能确定，最终条件特别是价格可能比出租人最初的价格高也可能会低，在出卖条件未最终确定时即要求出租人通知承租人，有可能会出现出租人故意设定较高的条件来阻却承租人购买，在承租人放弃后再降低条件。并且关于出租人也并不必然要向第三人或承租人其中一方承担违约责任，只要出租人在订立合同中诚信，如实告知房屋存在出租的现状，即使承租人行使优先购买权，出租人也无须向第三人承担违约责任。

知具体交易条件。[1] 本文认为，第一次通知并无实质性的意义，徒增出租人的负担。在合同签订之后，承租人可以主张同等条件下行使优先购买权来阻却第三人与出租人之间的房屋买卖合同的继续履行，其权利并未受到侵害。

从立法本意考虑，规定出租人履行通知义务，无非督促出租人及时通知，以便承租人及时考虑权利行使与否。绝对化地要求在"出卖前"履行通知义务，既不符合市场交易的客观实际，也不利于承租人权利的真正行使。因此，基于前文对"出卖"概念的理解，本文认为，法律关于出租人通知时间点的规定应解读为：出租人应在与第三人的买卖合同成立生效后合理期限内（3 个月）通知承租人，在承租人行权期限届满之前不得履行与第三人之间的房屋买卖合同。

《德国民法典》第 496 条规定："出租人履行出租义务时应该已经和第三人签订买卖合同。"台湾地区"民法"第 426 条第 2 款规定："前项情形，出卖人应将出卖条件以书面通知优先承买权人。优先承买权人于通知达到后十日内未以书面表示承买者，视为放弃。"如果因出租人未在出售房屋前通知承租人就认为出租人侵害了承租人的优先购买权，[2] 是属于对法律规定理解的不到位。这样的解读也适用于"出租人在房屋租赁期间转让租赁房屋的，应提前__日（月）通知承租人，承租人在相同条件下有优先购买租赁房屋的权利"等租赁合同中常用的约定条款。最高人民法院在其主编的《中华人民共和国民法典合同编理解与适用（三）》一书中也持此观点，许多学者也认可。[3] 因此，出租人通知义务的时间起算点应是与第三人之间的房屋买卖合同成立生效的次日。同时，本文也建议对《民法典》第 726 条进行修改。

3. 关于出租人履行通知义务的期限

最高人民法院《关于贯彻执行〈中华人民共和国民法通则〉若干问题的意见（试行）》（已失效）第 118 条、国务院《城市私有房屋管理条例》第 11 条均规定，出租人出卖出租房屋，应提前 3 个月通知承租人。考虑到 3 个月的时间过长，不利于出租人利

---

[1] 有观点认为，可参考最高人民法院 2004 年《关于人民法院民事执行中拍卖、变卖财产的规定》第 14 条、第 16 条规定思路，出租人应履行两次通知义务：出租人出卖房屋时作出出卖意思表示，第一次通知承租人；出租人和第三人就房屋买卖主要条款达成一致时，作出第二次正式通知。参见丁春艳：《论私法中的优先购买权》，载《北大法律评论》2005 年第 1 期。

[2] 在司法实践中，许多法院往往受制于法律规定的字面意思作出错误的判断。参见广东省深圳市中级人民法院（2010）深中法民五终字第 1180 号民事判决书；上海市杨浦区人民法院（2009）杨民四民初字第 3177 号民事判决书；深圳市宝安区人民法院（2011）深宝法民三初字第 854 号民事判决书。

[3] 参见常鹏翱：《论优先购买权的行使要件》，载《当代法学》2013 年第 6 期。

益的保护和经济效率的提升,《合同法》《民法典》规定为合理期限,即根据租赁房屋的具体情况、交易习惯等因素综合确定期限内容。在实践中,法院在确定合理期限时还是会参照最高人民法院《关于贯彻执行〈中华人民共和国民法通则〉若干问题的意见(试行)》(已失效)的规定。

在拍卖、变卖出租房屋的情况下,按照最高人民法院《关于人民法院民事执行中拍卖、变卖财产的规定》第11条,"人民法院应当在拍卖五日前以书面或者其他能够确认收悉的适当方式,通知当事人和已知的担保物权人、优先购买权人或者其他优先权人于拍卖日到场。优先购买权人经通知未到场的,视为放弃优先购买权"之规定,拍卖前5日须告知承租人,此种情况下的"合理期限"为拍卖前5日。

4. 关于通知方式理解

关于通知方式,法律无明文规定。在比较法上,仅有个别地区规定必须采取书面形式,如我国台湾地区"耕地三七五减租条例"第15条规定出卖人应当以书面方式通知承租人。[1] 我国也有许多人主张可参考最高人民法院《关于人民法院民事执行中拍卖、变卖财产的规定》第11条的规定,采取书面形式,或者其他能够确认收悉的适当方式,通知优先购买权人。2001年《城市房地产抵押管理办法》(已被修改)第42条也规定,在抵押权人处分抵押房地产时,应当书面通知优先购买权人。

司法实践中,有法院也认为必须是书面形式,如2008年江苏省高级人民法院《关于审理城镇房屋租赁合同纠纷案件若干问题的意见》(已失效)第10条第1款规定:"出租人出卖租赁房屋时,必须以书面方式通知承租人本人或者授权的代理人。"本文认为,对于通知的形式并不必须以书面通知为形式要求。法律对房屋租赁合同都未要求必须采取书面形式,对通知承租人行使优先购买权的形式必须采取书面通知未免要求过高。出租人可采取足以将出卖意思表达清楚的、能够确认承租人收悉的适当通知形式,未采取书面形式并不影响通知的效力。但从避免纷争出现及保存证据出发,本文也建议尽可能采取书面形式。[2]

对于在租赁房屋处张贴告示,在网络、新闻媒体上刊登公告等方式是否属于合适的通知方式,有裁判观点认为:"被告对外出售房屋时,在媒体上刊登公告的行为应该

---

〔1〕 参见高益民主编:《房屋租赁合同纠纷诉讼指引与实务问题解答》(第2版),法律出版社2012年版,第298页。

〔2〕 在司法实践中,对于口头通知的,除非有证据能够证明,否则法院一般不予采信。在远大公司案中被告主张其员工能证明曾口头通知原告,法院不予采信该证据。参见(2009)杨民四(民)初字第3177号民事判决书。

视为被告履行了通知义务。”[1]但司法实务中多不认同，如在“万某某与某百货大楼等承租人优先购买权纠纷上诉案”[2]中，某百货大楼主张拍卖公告足够表明自己已经通知到万某某，法院并不认可。上海市高级人民法院《关于处理房屋租赁纠纷若干法律适用问题的解答（二）》第23条规定：出租人无论以什么形式通知，都应当以送达承租人为必要；单纯以登报公告等形式进行通知，而未针对承租人进行通知的，不发生通知的效果。拍卖公告的目的是广而告之，吸引更多人参加拍卖，其目的不是通知特定的承租人，并不能保证承租人一定知晓。通知与拍卖公告在行为人、行为相对人、行为期限、行为目的等要素上都不同。[3] 本文认为，江苏省高级人民法院《关于审理城镇房屋租赁合同纠纷案件若干问题的意见》第10条规定比较合理，一般情况下应采取专门送达承租人的通知方式，但当承租人无法联系上时，采取公告、张贴通知等方式也应予以认可。

5. 关于通知内容的理解

我国法律对通知的内容也没有作出明确的规定。学术界对此有两种观点：第一种观点认为，通知内容只要包含出租人出卖房屋的意愿即可，而不是具体出售条件。[4] 《俄罗斯民法典》第250条第2款，《澳门民法典》第418条第1款等持此立法例。第二种观点认为，通知的内容不仅应当包含出租人出卖房屋的意愿，还应当包含

---

〔1〕 参见兰州市城关区人民法院(2016)甘0102民初4044号民事判决书。

〔2〕 参见(2012)宁民终字第2550号民事判决。

〔3〕 参见戴孟勇：《房屋承租人如何行使优先购买权——以〈合同法〉第230条为中心的解释论》，载《清华大学学报(哲学社会科学版)》2004年第4期；李小强：《论我国民法中优先购买权的保护和规制》，中国政法大学2007年硕士学位论文。

〔4〕 参见魏秀玲：《出租房屋承租人优先购买权法律问题之探讨》，载《政法论坛》2003年第3期；在“沈某与王某承租人优先购买权纠纷上诉案”中，出租人在出卖涉案房屋之前，口头询问过承租人是否愿意购买涉案房屋。法院判决，出租人告知承租人将要出售涉案房屋，并询问承租人是否购买的行为，应视为出租人在合理的期限内将要出卖租赁房屋的情况通知了承租人，视为出租人已经履行了通知义务。

明确具体的交易条件。[1]《德国民法典》第510条第1款、第1099条第1款,《瑞士民法典》第681a条第1款等均规定出卖人应当将具体的出卖条件乃至交易第三人告知先买权人。第二种观点是主流观点,本文也认可该观点。出租人只有将出卖房屋的具体条件准确地通知给承租人,承租人才能在"同等条件"下作出是否行权的决定。出租人通知的具体出卖条件内容不真实、不全面或者在出卖条件发生变化后未及时告知承租人的,应当认定为未履行通知义务。[2]

关于"再行通知"的问题。在为第一次通知后,无论权利人是否已行使优先购买权,当"同等条件"发生变更时,出卖人均须再行通知权利人,而不管变更后的同等条件是否比之前更为优惠。

(三)关于"租赁期间"的理解——预租期间是否属于租赁期间

住房和城乡建设部《商品房屋租赁管理办法》第13条规定:"房屋租赁期间出租人出售租赁房屋的,应当在出售前合理期限内通知承租人,承租人在同等条件下有优先购买权。"原《合同法》第230条规定出卖行为须发生在租赁期间内,承租人方能行使优先购买权。本案中,双方当事人也约定:"租赁期间,甲方出售租赁物,须提前五个月前书面通知乙方,在同等条件下,乙方有优先购买权。"如果是常规的房屋租赁合同,租赁期限自然不存在太大的争议,但对于房屋预租合同,合同签订后至房屋实际交付使用的期间,即预租期是否属于租赁期则因没有法律的规定存在争议,理论界和实务界也少有人讨论。本案中的关键争议焦点即对租赁期限的确定,这直接影响到承租人是否在此期间内享有优先购买权。

1. 租赁期间、合同期间和预租期间的辨析

租赁期间或租赁期限,也称租期,是指租赁合同关系中,当事人权利、义务存续的

[1] 参见王忠:《房屋承租人优先购买权若干实务问题研究》,载王利明主编:《判解研究》(第18期),人民法院出版社2004年版;李开国、黄明耀:《论房屋买卖中的优先购买权》,载《中南政法学院学报》1993年第2期。在"枝江市金属材料公司诉郑某明未按其通知的期限交款丧失优先购买权租赁到期后返还房屋案"中,出租人对郑某明等11户承租人发出《购房通知书》,载明各承租户若想购买承租房屋,必须于1997年10月31日前交清16.5万元购房款,逾期交付即视为放弃购房。一审和二审法院均认为,出租人需要向承租人告知出卖房屋的具体条件才算对告知义务的完全履行;"陈某玉诉黄某荣、庞某侵犯房屋优先购买权纠纷案"中,出租人向承租人发放出售其出租房屋的"通知"和"意向登记表",法院认为,被告没有将出卖房屋尤其是交易价格和交易方式等条件通知原告,因此视为其没有履行通知义务。

[2] 参见江苏省高级人民法院《关于审理城镇房屋租赁合同纠纷案件若干问题的意见》(2008年,已失效)第11条,《北京市高级人民法院关于审理房屋租赁合同纠纷案件若干疑难问题的解答》第28条。

期限。合同期间一般与租赁期间是重合的，但在预租合同等特殊情况下，双方并不一致。如前所述，预租合同签订时往往房屋尚未建造完成，这时的合同期限是大于租赁期限的。有时，合同期限也会小于租赁期限，如在租赁合同到期后，承租人继续使用房屋并缴纳租金，出租人也继续收取租金的情况。对于租赁期间，双方合同约定明确的，按照双方约定进行确定，但最长期限不得超过20年。对双方约定不明的，租赁期间的起算点应从房屋实际交付之日起计算比较公平合理。[1] 如在预租合同中，因从合同签订到实际交付通常需要数年的时间，如果将合同期限等同于租赁期限，这对双方当事人都是不公平的，会导致其实际出租年限少于原来设定的年限。

关于预租期间。在预租合同签订后至房屋实际交付，这段时间合同已经成立生效，一些合同约定的权利义务双方也已经开始履行，如承租人开始支付约定的资金，出租人按照承租人的要求进行设计、施工，但如前所述，租赁期限尚未开始计算，这段时间本文称之为预租期间。

此外，在实践中还有免租期。在商业租赁中，出租人一般在交付房屋后会根据情况给予承租人一段时间进行装修或试营业，在此期间免除租金的收取。免租期是出租人对承租人按照市场惯例给予的优惠期，在免租期内租赁期限已经开始计算。在"上海九韵置业有限公司与康成投资（中国）有限公司房屋租赁合同纠纷上诉案"[2]中，法院认为，合同中关于租赁期限从大型综合超市对外营业日起计算之条款，只是双方对租金起算日期的约定，开业之前应为免租期，但此与租赁关系的成立并无关系，不能以租金的起算期限尚未届至为由否定租赁关系的成立。

2. 租赁权及承租人优先购买权的取得时间

《民法典》第703条规定："租赁合同是出租人将租赁物交付承租人使用、收益，承租人支付租金的合同。"租赁合同的标的为租赁物的使用、收益权，即在租赁期内，出租人丧失了租赁物的使用、收益权，承租人取得排他性的使用、收益权。

关于租赁权取得时间。有观点认为，租赁权的取得时间应是房屋的交付时间，承租人行使先买权必须基于合法有效的租赁关系实际地占有、使用、管理该房屋，这样才能现实地使用房屋、获得收益，进而与之形成较为密切的联系。只有形成了依赖关系才需要从立法上保护承租人的利益，才有赋予承租人先买权的正当理由。[3] 如果

---

〔1〕 参见王永起：《关于房地产合同效力认定的若干问题》，载《山东法官培训学院学报》2018年第4期。

〔2〕 参见上海市高级人民法院(2009)沪高民一(民)终字第1号民事判决书。

〔3〕 参见陈小君主编：《合同法新制度研究与适用》，珠海出版社1999年版，第399页。转引自张艳、马强：《承租人优先购买权行使条件的探讨》，载《法律适用》2006年第7期。

承租人未占有房屋、未居住其内，甚至出租人尚未交付房屋给承租人，即便承认房屋承租人先买权，也无法减少变更利用等成本、无法减少事后发生纠纷的可能，所以此种情况下不必认可承租人优先购买权。[1] 另有观点认为，租赁合同系诺成合同，合同成立与生效不以租赁物的交付为要件，是否占有房屋并不影响租赁合同的成立和效力。法律也没有规定承租人行使先买权要以占有房屋为必要条件。只要存在合法有效的房屋租赁合同，承租人就有法定的优先购买权，此规定同样适用于商品房预租。[2]

分歧意见出现的原因在于未能真正认识合同成立生效与合同实际履行之间的关系。[3] 租赁合同的成立生效与租赁合同的实际履行是两个阶段，租赁合同生效后，双方取得的权利为合同之债，但承租人取得的合同之债并不是租赁权，而是要求出租人交付租赁物的权利，即合同签订后，承租人并未实际取得“占有、使用、收益”的权利，而仅仅是可以预期“占有、使用、收益”，而这一预期利益仍要通过取得租赁物来实现；若不能取得租赁物，该预期利益只能通过违约责任来获得补偿。对此，我国台湾地区相关部门认为，租赁契约的法律关系应该包括两个阶段：一是合同订立时至履行前；二是合同履行中。在租赁合同履行前，因租赁物尚未交付，承租人只能请求出租人交付出租物或承担其他违约责任，性质上与一般契约所取得的债权并无不同。此时承租人对租赁物不享有直接支配的权利。[4]

本文认为，可以租赁房屋实际交付作为租赁期限起算和租赁权取得的时间点。理由如下：(1)从优先购买权制度的设置来看，其目的有四：一是稳定经济秩序。法律赋予承租人优先购买权，目的就是将承租人占有使用租赁物的客观事实状态予以最大限度的维持，避免其因租赁物被变卖而使日常生活发生太大的变动，利益遭受损害。二是资源有效利用。当出租人出卖租赁房屋时，承租人优先购买权的实现，可使房屋的所有权和使用权合二为一，提高了不动产的利用效率。三是降低交易成本。承租人行使优先购买权，可以降低双方一方的交易成本。四是维护公平正义。承租人优先购买权的立法目的在于对弱势群体的保护，使承租人在租赁期间的价值投入得到最大限度的保障。若出租人未实际交付房屋，承租人并未因租赁行为产生实际

---

〔1〕 参见黄健彰：《房屋承租人优先购买权的承认与建构》，载我国台湾地区《政大法学评论》2012年第128期。

〔2〕 参见熊学军：《商品房预租10大疑问细说分晓》，载《长江日报》2005年8月26日，第20版。

〔3〕 参见章杰超：《对所谓“债权物权化”的质疑》，载《政法论坛》2006年第1期。

〔4〕 参见张华：《我国租赁权对抗力制度的不足与完善》，载《法学评论》2007年第2期。

的使用收益,也就不具备予以特别保护的基础。(2)与其他法律制度相协调统一。例如,甲有一套房屋现出租给乙,因合同将于3个月后到期,乙也明确表示合同到期后不再续租。甲与丙签订房屋租赁合同,约定在原租赁合同到期后将房屋租赁给丙。在甲与丙之间的合同签订后不久,甲又与丁签订买卖合同,约定甲将房屋出卖给丁。在该案例中,甲与丙之间的租赁合同系双方真实意思表示,未违背法律、行政法规的强制性规定,在签订之日起即成立生效。因甲将房屋出售给丁,这时乙和丙谁享有优先购买权?很显然,应该是乙。甲与丙之间的房屋租赁合同虽然成立生效,但房屋尚未交付,租赁期尚未开始计算,租赁权也尚未取得,丙并不能享有优先购买权。从该案例可以看出,如果以租赁合同成立生效作为租赁期限开始计算的起点,有可能在同一房屋之上形成多个优先购买权。(3)最高人民法院《关于审理城镇房屋租赁合同纠纷案件具体应用法律若干问题的解释》第5条规定:"出租人就同一房屋订立数份租赁合同,在合同均有效的情况下,承租人均主张履行合同的,人民法院按照下列顺序确定履行合同的承租人:(一)已经合法占有租赁房屋的;(二)已经办理登记备案手续的;(三)合同成立在先的。不能取得租赁房屋的承租人请求解除合同、赔偿损失的,依照民法典的有关规定处理。"从该条优先保护实际占有租赁房屋的承租人的规定来看,实际支持了租赁物交付时取得租赁权的观点。

(四)关于承租人"行权方式"及"行权期限"的理解

为防止承租人不合理地拖延行使优先购买权,保证房屋交易的效率,平衡承租人和出租人、第三人的利益,必须对住房承租人行使优先购买权的期限作出限制。

1. 关于行使期限的性质

目前,主流观点认为承租人优先购买权的性质为形成权,其行使期限为除斥期间。[1] 依除斥期间之特性,原则上该期限不适用中止或中断,亦不能延长,除非法律另有规定。如果行使期限经过,权利人未予行使的,优先购买权即告消灭。

2. 期限的长度

可以分两种情况。(1)出租人履行通知义务的情形。对于优先购买权的除斥期间,各国(地区)规定不一。如《德国民法典》第469条第2款规定:"在土地的情况下,先买权只能到受领通知后经过两个月时为之行使之;在其他标的的情况下,只能

〔1〕 参见最高人民法院民事审判第一庭编著:《最高人民法院物权法司法解释(一)理解与适用》,人民法院出版社2016年版,第318页;[德]迪特尔·梅迪库斯:《德国民法总论》,邵建东译,法律出版社2000年版,第89页。

到受领通知后经过一个星期时为之行使之。就先买权的行使指定了期间的,所指定的期限代替法定期间。"我国台湾地区有关规定第 426 条第 2 款规定:"优先承买权人于通知达到后十日内未以书面表示承买者,视为放弃。"我国《民法典》第 726 条规定,出租人履行通知义务后,承租人在 15 日内未明确表示购买的,视为承租人放弃优先购买权。对于该条的理解,应是从承租人收到通知之日起而非出租人发出通知之日起进行计算,这也符合关于文书送达的通常理解。在 2009 年最高人民法院《关于审理城镇房屋租赁合同纠纷案件具体应用法律若干问题的解释》出台之前,实践中往往参照最高人民法院《关于贯彻执行〈中华人民共和国民法通则〉若干问题的意见(试行)》(已失效)第 118 条将 3 个月当作优先购买权的行使期限。[1]

(2)出租人未履行通知义务的情形。从设立优先购买权行使期限的立法初衷来看,规定优先购买权的行使期限的目的是平衡承租人、出租人和第三人的利益,避免出租人和第三人之间的交易长期处于未决状态。因此,在出租人未履行通知义务时仍应对优先购买权的行使期限予以一定限制,以避免出租人与承租人间利益调整失衡。《瑞士民法典》第 681 条规定:"先买权人应当在知道契约的缔结与内容之日起三月内行使其权利。已完成变更登记逾两年的,先买权人不得主张其权利。"此外,可借鉴《瑞士民法典》的规定,分为承租人知晓出卖情况的存在和不知晓出卖情况的存在两种情况进行分析。①在出租人未通知但承租人知晓出卖行为的存在,或虽进行通知但因通知内容不符合法律规定视为未履行通知义务的情况下,有观点认为承租人可在知道或者应当知道出租人出卖房屋之日起 15 日内主张优先购买权的行使,且不超过出租人与第三人签订合同之日起 1 年。[2] 多数观点认为承租人行使优先购买权的期限应该是自知道或应该知道该房屋出售之日起 3 个月,也有法院认为是 1 年。如在"刘某国诉万某、第三人李某梅承租人优先购买权纠纷案"[3]中,法院认为刘某国自知道租赁房屋出售后超过 1 年的时间未作出购买的意思表示,故认为刘某国已经失去行使优先购买权的资格。本文认为承租人在知晓房屋被出售后,不应被动等

---

〔1〕 参见史灿灿:《我国房屋承租人优先购买权制度的重构——从司法实况分析》,苏州大学 2012 年硕士学位论文。

〔2〕 参见《最高法院就审理城镇房屋租赁合同纠纷案件司法解释答记者问》,载 http://www.110.com/ziliao/article-265964.html,最后访问日期:2016 年 3 月 12 日;杜万华、冯小光、关丽:《〈关于审理房屋租赁合同纠纷案件具体应用法律若干问题的解释〉的理解与适用》,载《人民司法》2009 年第 21 期;北京市第一中级人民法院(2010)一中民终字第 20855 号民事判决书。

〔3〕 参见北京市第一中级人民法院(2010)一中民终字第 20855 号民事判决书。

待出租人的通知,应主动要求出租人披露房屋出售的详细合同内容,在有意购买时,应及时作出积极的意思表示。如果怠于行使权利,则优先购买权在知道之日起一定期限后丧失。关于这一期限,因考虑到承租人尚需向出租人询问出卖具体条件,15日的时间未免太短,3个月比较合适。[1] ②出租人未履行通知义务,承租人又一直不知道其优先购买权受到侵害的情形,有观点认为自出租人签订合同之日起,经过1年的时间,承租人的房屋优先购买权归于消灭,承租人不可再主张优先购买权。[2] 本文认为,《瑞士民法典》的规定比较科学,从房屋变更登记后超过一定时限,承租人不得再主张优先购买权。在此期限内,承租人可提起撤销权之诉,撤销第三人基于其与出租人之间的房屋买卖合同所取得的物权。这一期限的设定,考虑到原《合同法》第55条和第75条、《民法典》第564条对可撤销合同的撤销权和对债权人撤销权的期限都为1年,期限设定为1年比较符合我国的实际。[3]

3. 关于行权方式

承租人应作出积极的行权表示,以明确的态度告知出租人将要以同等条件购买房屋,在15日内不作答复或不作出明确答复的,或者不同意以同等条件购买的,均视

---

〔1〕 上海市高级人民法院《关于处理房屋租赁纠纷若干法律适用问题的解答(二)》第24条规定:承租人行使优先购买权的期间,应该为承租人知道或者应当知道出租人出卖房屋之日起的3个月。

〔2〕 参见王利明主编:《中国物权法草案建议稿及说明》,中国法制出版社2001年版,第328页。

〔3〕 也有观点认为,可参照关于按份共有人行使优先购买权的司法解释和公司法关于股东行使优先购买权的有关规定。最高人民法院《关于适用〈中华人民共和国民法典〉物权编的解释(一)》第11条规定:“优先购买权的行使期间,按份共有人之间有约定的,按照约定处理;没有约定或者约定不明的,按照下列情形确定:(一)转让人向其他按份共有人发出的包含同等条件内容的通知中载明行使期间的,以该期间为准;(二)通知中未载明行使期间,或者载明的期间短于通知送达之日起十五日的,为十五日;(三)转让人未通知的,为其他按份共有人知道或者应当知道最终确定的同等条件之日起十五日;(四)转让人未通知,且无法确定其他按份共有人知道或者应当知道最终确定的同等条件的,为共有份额权属转移之日起六个月。”最高人民法院《关于适用〈中华人民共和国公司法〉若干问题的规定(四)》第21条第1款规定:“有限责任公司的股东向股东以外的人转让股权,未就其股权转让事项征求其他股东意见,或者以欺诈、恶意串通等手段,损害其他股东优先购买权,其他股东主张按照同等条件购买该转让股权的,人民法院应当予以支持,但其他股东自知道或者应当知道行使优先购买权的同等条件之日起三十日内没有主张,或者自股权变更登记之日起超过一年的除外。”

作放弃行使优先权。[1]

三、对本案的分析

在本案中，城投公司和工贸公司在 2010 年 8 月 2 日签订《柳州风情港房屋租赁合同》。在签订合同时，作为租赁物的房屋尚处于建造当中，城投公司于 2014 年 7 月 11 日将柳州风情港 2 号楼租赁物交付给工贸公司。因此，在 2014 年 7 月租赁物建成交付给工贸公司使用之前，系对未来建成房屋的预租。法院对本案合同的定性是准确的。双方签订的《柳州风情港房屋租赁合同》内容齐备，也未约定需交付房屋时另行签订租赁合同，因此该合同系本约而非预约合同，且该合同系双方真实意思表示，也无违反《合同法》第 52 条规定的情形，合同应是合法有效的。

在本案中，工贸公司认为城投公司在合同有效期内出售房屋未按照合同约定提前 5 个月通知其出售事宜，侵害其优先购买权，应承担损害赔偿责任。城投公司答辩其出售涉案的房产不是在租赁期内，工贸公司并不享有优先购买权。根据双方签订的《柳州风情港房屋租赁合同》第 2.1 条之约定："租赁期限共计 240 个月(20 年)。自甲乙双方签署《房屋交接单》之日起，甲方同意乙方的筹备装修期为 5 个月，从签署《房屋交接单》之日起计，在该筹备装修期内机房免计租金；筹备装修期结束后第二天为租赁年度起始日，并以此开始计付租金。"第 5.2 条约定："租赁期间，甲方出售租赁物，须提前五个月前书面通知乙方，在同等条件下，乙方有优先购买权。"在房屋尚未建成交付给工贸公司使用之前，租赁条件尚不具备，双方租赁关系尚未开始，约定的租赁期间没有起算，案涉房屋的租赁期限应从 2014 年 7 月 12 日计算，而非从合同签订的 2010 年 8 月 2 日起算。因此，城投公司与工贸公司签订《柳州风情港房屋租赁合同》之日，即 2010 年 8 月 2 日至案涉房屋实际交接的 2014 年 7 月 11 日的这段时间，双方签订的《柳州风情港房屋租赁合同》已成立并合法有效，但双方的租赁关系自 2014 年 7 月 11 日起才开始。且双方在《柳州风情港房屋租赁合同》第 5.2 条明确约定，工贸公司对案涉租赁房屋享有优先购买权是在"租赁期间"。原《合同法》第 230 条规定，出租人出卖租赁房屋的，应当在出卖之前的合理期限内通知承租人，承租人

---

〔1〕 上海市高级人民法院《关于处理房屋租赁纠纷若干法律适用问题的解答(二)》第 22 条规定：放弃的形式有两种，明示和默示。明示表现为出租人向承租人作出出卖房屋的意思表示后，或者承租人知道房屋出卖事实的，承租人明确表示不予购买；默示可以表现为出租人向承租人作出出卖房屋的意思表示后，或者承租人知道房屋出卖事实的，承租人在合理期限内没有买受系争房屋的意思表示，或表现为积极为出租人寻找买家，承租人另行寻找租赁房屋等。

享有以同等条件优先购买的权利。最高人民法院《关于审理城镇房屋租赁合同纠纷案件具体应用法律若干问题的解释》第21条规定,出租人出卖租赁房屋未在合理期限内通知承租人或者存在其他侵害承租人优先购买权情形,承租人请求出租人承担赔偿责任的,人民法院应予支持。法律均规定承租人享有优先购买权的条件之一是出售行为发生在"租赁期内",本案中双方也是约定在"租赁期内"才享有优先购买权。因此,在房屋尚未建成交付给工贸公司使用之前,租赁条件尚不具备,双方租赁关系尚未开始,约定的租赁期间没有起算,工贸公司尚无法依据合同的约定对案涉租赁物享有优先购买权。因此,从权利基础来看,工贸公司不具备行权的权利基础。

城投公司在2013年4月17日和2013年11月7日两次告知工贸公司案涉风情港A座裙楼及设备设施、商场配套停车位等已交至泛宇公司,权属已为泛宇公司所有。但工贸公司收到后既未提出异议,亦未提出购买,而是在房屋竣工验收合格后接收租赁物,并进行装修、增添附属设施等,开始使用租赁物,进行商场经营。在2014年7月11日房屋交付时,租赁期间已经开始正式计算,工贸公司也从未表达过要购买房屋的意思。工贸公司系以其实际行为表明不主张购买,而选择了租赁。即使到了2016年5月,工贸公司发函给城投公司,仍称正在按程序研究制订相关处置方案,请城投公司慎重考虑《柳州风情港房屋租赁合同》第5.2条的约定,尊重工贸公司应当享有的权利与选择尊重其优先购买权。此时工贸公司仍没有明确向城投公司提出要求购买案涉房屋。之后工贸公司也一直未向城投公司提出过要行使优先购买权购买案涉房屋产权,直到2016年11月,房屋产权登记到泛宇公司指定的第三人顺捷公司的名下。最高人民法院《关于审理城镇房屋租赁合同纠纷案件具体应用法律若干问题的解释》(2009年,已被修改)第24条第3项规定,出租人履行通知义务后,承租人在15日内未明确表示购买的,承租人主张优先购买房屋的,人民法院不予支持。工贸公司在知晓城投公司出售案涉房屋后,并未在合理期间内主张优先购买权,已丧失优先购买权。

在通知时间上,虽然在2014年7月11日之前,租赁关系尚未实际发生,但双方的租赁合同已于2010年8月2日成立生效,城投公司应尽最大注意义务通知工贸公司有关案涉房屋的重大变化。城投公司在2011年11月28日与北部湾公司签订《柳州风情港建设项目投资框架协议》,约定将柳州风情港在建工程项目转让给北部湾公司下属泛宇公司在柳州设立的项目公司,城投公司在具备销售条件时,与北部湾公司签订买卖合同。此时已经达成交易意向,并且价格等合同具体条款已经成就,虽然合同名为"投资框架协议"但实质上是发生产权变动结果的买卖合同,应视为已经签订出售合同,城投公司应在签订合同之日起3个月内通知工贸公司案涉房屋产权变动的重大变化。但城投公司直至2013年4月17日才向工贸公司发出《关于风情港A座设备设施划分、停车管理的回函》,告知工贸公司,风情港A座裙楼及设备设施、商场配套停车位等已交至泛宇公司,裙楼产权、设备设施产权及车位使用权归泛宇公司所有。在通知内容上,城投公司仅告知出售行为的存在,未将合同具体内容进行告知。虽然在2014年7月11日之前工贸公司不享有优先购买权,但工贸公司毕竟是承租人,案涉房屋的出售与其权益密切相关,其有可能在条件满足时行使优先购买权,从诚信原则出发不能认为城投公司就已经尽到谨慎注意义务和诚实告知义务。

从理论上讲,承租人如果因未接到出租人通知进而因除斥期间已过而丧失优先购买权可请求损害赔偿。有观点认为:"承租人优先购买权是法律规定的特定权利,该权利受到侵害时,承租人享有损害赔偿请求权,也享有强制缔约请求权,两种请求权竞合,承租人可以选择一种请求权予以主张。"〔1〕该观点未曾考虑到承租人本就无意或无力购买房屋的情形。本文认为,在优先购买权和侵害优先购买权的损害赔偿两个诉求之间,承租人只能在无法行使优先购买权的情况下诉请损害赔偿,并且无法行使优先购买权的原因只能是客观上无法行使,而非主观上不愿行使。也就是说,即使出租人未按照法律规定或合同约定履行通知义务,但承租人在客观上已经知晓出卖的存在,在客观上承租人尚可以通过行使优先购买权取得房屋的,承租人应先主张优先购买权,只有在知晓时已过最长行权期限无法实现优先购买权时,才能认定侵害优先购买权事实的存在和侵害结果的存在,承租人才能主张损害赔偿。如果因出租人未履行通知义务(及未适当履行通知义务),就课以损害赔偿的责任,承租人也无意或无力购买房屋时反而可以向出租人主张一笔赔偿金或者通过诉讼恶意阻碍出租人与买受人之间的交易,这明显违背公平正义。〔2〕 最高人民法院《关于适用〈中华人民

〔1〕 房绍坤:《审理优先购买权纠纷应注意哪些问题》,载杨立新主编:《疑难民事纠纷司法对策》(第2集),吉林人民出版社1994年版,第334-335页;付俊伟:《试论承租人优先购买权》,载《苏州大学学报(哲学社会科学版)》2015年第2期。在石某涛与广西中鼎股份有限公司等租赁合同纠纷案中,法院一方面认定承租人在诉讼中未提出行使优先购买权的诉求,另一方面又认定出租人未履行通知义务侵犯了承租人的优先购买权应进行损害赔偿。参见南宁市中级人民法院(2011)南市民一终字第1680号民事判决书。

〔2〕 参见杨会、何莉苹:《论房屋承租人优先购买权的司法保护——基于实体与程序的双重视角》,载《天津法学》2012年第1期。实际上最高人民法院早在1952年5月17日发布的《解答关于处理房户行使优先购买权案件,发生疑义问题的函》中就指出"房户固然有优先承买房屋的权利,但这并不等于容许他们用不正当的手段,把持垄断房屋的买卖"。

共和国公司法〉若干问题的规定(四)》第21条第1款规定:“有限责任公司的股东向股东以外的人转让股权,未就其股权转让事项征求其他股东意见,或者以欺诈、恶意串通等手段,损害其他股东优先购买权,其他股东主张按照同等条件购买该转让股权的,人民法院应当予以支持……”紧接着第2款规定:“前款规定的其他股东仅提出确认股权转让合同及股权变动效力等请求,未同时主张按照同等条件购买转让股权的,人民法院不予支持……”在股东优先购买权受到侵犯之后,股东未主张行使优先购买权(主张按照同等条件购买转让股权)而仅仅主张其他救济的(如提出确认股权转让合同及股权变动效力等请求),法院并不支持。由此可见,在股东优先购买权受到侵害之后,股东应当主张行使优先购买权,行使优先购买权是其权利得到法律救济的前提。最高人民法院《关于适用〈中华人民共和国民法典〉物权编的解释(一)》第12条也规定:“……其他按份共有人的请求具有下列情形之一的,不予支持:……(二)以其优先购买权受到侵害为由,仅请求撤销共有份额转让合同或者认定该合同无效。”承租人优先购买权和股东优先购买权按份共有人优先购买权等诸多优先购买权的内在机理是相同的,[1]应按照共同的标准进行处理。

本案中,工贸公司在知晓案涉房屋被出售后,一直未曾主张过行使优先购买权,且在客观上工贸公司是可以通过主张优先购买权的——框架协议虽然在2011年签订,买卖合同在2013年签订,但直至2016年才办理登记过户手续,因此,其关于优先购买权的损害赔偿应不予支持。且工贸公司在知晓案涉房屋出售后,也未在法律规定的2年内向法院起诉主张损害赔偿,已过诉讼时效,法院对其主张不予支持是正确的。

---

〔1〕 参见常鹏翱:《论优先购买权的法律效力》,载《中外法学》2014年第2期。

论黑社会性质组织中犯罪成员的司法认定

方　晓*

一、问题的提出

扫黑除恶进入关键时期,组织、领导、参加黑社会性质组织罪是其中一个重要的罪名。笔者通过搜索类案智能推送系统,以“组织、领导、参加黑社会性质组织罪”“刑事”“二审判决书”为关键词,发现二审法院改判的案件中存在组织者、领导者认定不当,将不应认定的情形认定为黑社会性质组织的犯罪成员等问题,导致打击不当。如胡某、陈某组织、领导、参加黑社会性质组织、寻衅滋事一案中,二审法院认为一审判决对各被告人的区分不当,张某某等8名被告人参与次数相对较少、程度不深,主观恶性不大,以寻衅滋事罪定罪处罚能够罚当其罪,不宜按参加黑社会性质组织罪定罪处罚,但一审法院却将该8名被告人认定为其他参加者,依法予以纠正。此外,一些案件还存在适用罪名不当的情形。如认定被告人为组织者、领导者,罪名却直接写“组织、领导、参加黑社会性质组织者”,忽略了该罪名为选择性罪名。正确认定黑社会性质组织,准确认定犯罪成员,准确适用罪名,在审理过程中严格贯彻宽严相济的形势政策,关系到依法准确打击黑社会性质组织犯罪,关系到能否切实做到“打准打实”。《刑法》第294条将犯罪成员分为黑社会性质组织中的组织者、领导者、积极参加者、一般参加者,并规定了轻重不同的刑事责任,但其仅仅对行为人进行简单区分,以区别刑事责任的轻重,对如何认定及区分没有作出详细的规定,导致司法实践中对此存在一定的疑虑,特

* 方晓,玉林市中级人民法院刑二庭法官助理。

别是在黑社会性质组织以合法的公司、经营活动掩盖违法犯罪活动的情形下。2009年最高人民法院、最高人民检察院、公安部《办理黑社会性质组织犯罪案件座谈会纪要》(以下简称《2009年纪要》),笼统地界定了组织者、领导者的概念。2018年1月16日最高人民法院、最高人民检察院、公安部、司法部发布的《关于办理黑恶势力犯罪案件若干问题的指导意见》(以下简称《2018年指导意见》)作出了相应的解释,其不仅具体指出了组织者、领导者、积极参加者的行为表现,列举出一些不应认定为参加黑社会性质组织的情形,并进行了功能划分,指导性、实践性较强。准确认定黑社会性质组织的犯罪成员,前提是准确认定黑社会性质组织,下面笔者将首先厘清黑社会性质组织的特征。

二、黑社会性质组织的界定及四个特征

(一)黑社会性质组织的界定

《刑法》第294条规定了组织、领导、参加黑社会性质组织罪,其指的是组织、领导、参加黑社会性质组织的行为。适用该罪的关键在于黑社会性质组织的认定,目前学界就黑社会性质组织尚未形成一个统一的概念,但是对其"四个特征"已经有了界定和概括。黑社会性质组织是共同犯罪的高级形式,属于有组织犯罪的范畴。根据学界的观点,黑社会性质组织是我国现行刑法中最高级的共同犯罪形式。

(二)黑社会性质组织的四个特征

1. 组织特征

根据刑法规定,该特征即形成较稳定的犯罪组织、人数较多,有明确的组织者、领导者,骨干成员基本固定。组织特征是黑社会性质组织的最本质特征,反映了其成员的内在联系。对于人数的问题,2015年10月形成的《全国部分法院审理黑社会性质组织犯罪案件工作座谈会纪要》指出,黑社会性质组织应当具有一定规模,人数较多,组织成员一般在10人以上。但该规定容易导致人数在10人以下时司法机关凑人数情况的发生。因此,《2018年指导意见》指出对黑社会性质组织的成员人数问题不宜作出"一刀切"的规定。对于"人数较多"的理解,不同的学者有不同的理解。有人认为,参考各地的司法实践,结合立法关于黑社会的层级划分,"人数较多"的标准应当

限定在6人以上,只有达到这个规模,才能形成比较稳定的金字塔结构,满足阶层划分。[1]

2. 经济特征

黑社会性质组织的经济特征即有组织地通过违法犯罪活动或者其他手段获取经济利益,具有一定经济实力,以支持该组织的活动。

3. 行为特征

行为特征即以暴力、威胁或者其他手段,有组织地多次进行违法犯罪活动,为非作歹,欺压、残害百姓。该特征的关键是“有组织地多次进行违法犯罪活动”,其体现的是组织意志,且暴力或以暴力相威胁始终是黑社会性质组织实施违法犯罪活动的基本手段。

4. 危害性特征

危害性特征即通过实施违法犯罪活动,或者利用国家工作人员的包庇或者纵容,称霸一方,在一定区域内或者行业内,形成非法控制或者重大影响,严重破坏经济、社会生活秩序。学界普遍认为危害性特征是黑社会性质组织的核心特征。对于“一定区域”的理解,《2018年指导意见》认为,区域的空间大小、范围并不影响“一定区域”的判定。

(三)黑社会性质组织与恶势力团伙的区分

恶势力团伙在法律性质上既不同于一般的共同犯罪,也不同于黑社会性质组织犯罪,而是在从一般团伙犯罪向黑社会犯罪的动态发展过程中处于较高阶段的有组织犯罪形态,是黑社会性质组织的雏形。[2] 正确把握黑社会性质组织与恶势力团伙的界限,可以防止黑社会性质组织认定的泛化。笔者认为应当侧重从组织特征、经济特征、危害性特征等方面进行区分。一是恶势力团伙的组织结构严密程度不如黑社会性质组织,其组织结构相对松散,层级不高,尚未形成稳定的金字塔式结构。二是恶势力团伙的经济实力较弱或者不具备,因为其通过违法犯罪所获得的利益往往已经被团伙成员瓜分掉,而黑社会性质组织要求具备一定的经济实力。三是在追求并实现非法控制上的区别。危害性特征是黑社会性质组织的核心特征,也是与恶势力

---

〔1〕 参见袁建伟:《论黑社会性质组织的认定——以司法解释性文件和指导案例为视角》,载《中国刑法学研究会全国刑法学术年会文集(2018年度):改革开放新时代刑事法治热点聚焦》(下卷),中国人民公安大学出版社、群众出版社2018年版。

〔2〕 参见周光权:《刑法各论》(第3版),中国人民大学出版社2016年版,第369页。

团伙区别的关键。黑社会性质组织具有追求非法控制的目的，而恶势力团伙大多数是为了破坏正常社会秩序、寻求精神刺激，并未掌握在一定区域或者行业内的非法控制权或者对该区域行业产生重大影响，也尚未达到严重破坏经济、社会生活秩序的程度。

三、黑社会性质组织中犯罪成员的司法认定

《2009 年纪要》的解释比较笼统，而《2018 年指导意见》则具体指出犯罪成员的行为表现，且不同于以往，将组织者和领导者的概念进行了单独的定义及对功能进行了区分。此外，明确指出没有加入黑社会性质组织的意愿，受雇到黑社会性质组织开办的公司、企业、社团工作，未参与黑社会性质组织违法犯罪活动的，不应认定为“参加黑社会性质组织”。《2018 年指导意见》更加具备指导性，给司法实践更明确的方向。笔者认为，我们在司法实践中，应当根据黑社会性质组织的人员结构、层级、行为人在组织实施活动中的作用、地位，界定其是否属于黑社会性质组织的犯罪成员，以及属于组织者、领导者，还是积极参加者、一般参加者，从而确定犯罪成员的刑事责任犯罪。

（一）组织者、领导者的认定

1. 组织者、领导者的概念及条文规定

根据《刑法》第 294 条的规定，组织、领导黑社会性质的组织的，处 7 年以上有期徒刑，并处没收财产，在黑社会性质组织中起组织者、领导者作用的犯罪成员是组织者、领导者。根据百科定义，“组织”的解释为安顿、整顿使成系统，“领导”的解释为领导者为实现组织的目标而运用权力向下属施加影响力的一种行为或行为过程，领导者就是群体和组织中的领袖、首领。这就是我们对组织、领导最基本的理解，但是《刑法》第 294 条并没有明确黑社会性质组织中组织者、领导者的行为表征、作用大小等。《2009 年纪要》则指出，组织者、领导者是指黑社会性质组织的发起者、创建者，或者在组织中实际处于领导地位，对整个组织及其运行、活动起着决策、指挥、协调、管理作用的犯罪分子。该纪要并没有将组织者、领导者作出区分，解释也相对简单。《2018 年指导意见》将组织者、领导者进行了功能划分，并进一步指出，发起、创建黑社会性质组织，或者对黑社会性质组织进行合并、分立、重组的行为，应当认定为“组织黑社会性质组织”；实际对整个组织的发展、运行、活动进行决策、指挥、协调、管理的行为，应当认定为“领导黑社会性质组织”。有人认为，应以黑社会性质组织的成立时间为界，成立以前为了组织的成立实施组织、领导行为的犯罪成员认定为组织者，

将成立后为组织的存续发展实施组织、领导行为的犯罪成员认定为领导者。笔者认为这样的区分实无必要，在黑社会性质组织运行中组织者、领导者的作用可能存在交叉，甚至有可能集中在同一人身上，难以进行精准的划分。所以我国刑法将其统称为组织者、领导者，有其道理，但可以根据作用大小处以不同的刑罚。此外，《2018年指导意见》也明确了黑社会性质组织的组织者、领导者不仅包括通过一定形式产生的有明确职务、称谓的组织者、领导者，还包括被公认的事实上的组织者、领导者，这也是考虑到黑社会性质组织人员结构的复杂性，有些组织者在幕后操作，并不担任明确的职务。

2. 组织者、领导者的特征

黑社会性质组织的组织者、领导者是依附于黑社会性质组织的，是有组织犯罪的组织者、领导者。刘德法教授认为，黑社会性质组织犯罪的组织者、领导者有五个特征，分别是依附性、二元性、目的性、顶层性、明确性。[1] 笔者同意上述观点。第一，组织者、领导者是伴随黑社会性质组织的成立才得以产生，依附于特定的犯罪组织；第二，二元性指的是组织者、领导者的作用通常是有交叉的，角色存在转换；第三，组织、领导行为的目的就是通过有组织地违法犯罪活动获取经济利益，进而实现非法控制；第四，组织者、领导者之下还有基本固定的积极参加者及其他一般参加者，这些成员组成了一个结构较为稳定、层级明确的金字塔式组织，而组织者、领导者就是处于金字塔结构的顶层，负责指挥、参加实施有组织地违法犯罪活动；第五，《刑法》第294条在黑社会性质组织的特征中要求有明确的组织者、领导者，如《2018年指导意见》所言，这里的“明确”不仅是指通过一定形式产生的有明确职务、称谓的组织者、领导者，还包括被公认的事实上的组织者、领导者。

关于组织者、领导者的人数，在司法实践中也有争议。有人认为黑社会性质组织的组织者、领导者只有一人，因为其处于金字塔的顶端，也有人认为可以是数人。笔者认为，一般黑社会性质组织的组织者、领导者只有一人，但也不排除存在两个或者多个、互相之间不存在领导与被领导关系的组织者、领导者。

3. 组织者、领导者的刑事责任范围

黑社会性质组织的组织者、领导者，应按照组织所犯的全部罪行承担刑事责任。

---

〔1〕 参见刘德法：《论黑社会性质组织中的组织者、领导者》，载《中国刑法学研究会全国刑法学术年会文集（2018年度）：改革开放新时代刑事法治热点聚焦》（下卷），中国人民公安大学出版社、群众出版社2018年版。

这里涉及两个问题:一是组织者、领导者依附于黑社会性质组织,黑社会性质组织的形成时间影响着其产生的时间,最初的黑社会性质组织的组织者、领导者应当是与该组织同时产生的。由于组织者、领导者是对黑社会性质组织实施的违法犯罪活动承担刑事责任,所以黑社会性质组织形成的时间及组织者、领导者产生的时间影响着其刑事责任范围。二是组织者、领导者对有组织的违法犯罪活动承担刑事责任,那么组织成员的哪些违法犯罪活动能够纳入进来?《2018 年指导意见》第 10 条规定了 6 种违法犯罪情形应当认定为黑社会性质组织实施的违法犯罪活动,包括为组织利益的,按照组织纪律规约、惯例执行的,受组织领导者安排的,以组织名义实施得到组织领导者认可或默认的、为逞强争霸、插手纠纷、报复他人、替人行凶、非法敛财而共同实施,并得到组织领导者认可或默认的,以及其他应当认定的情形等。

我国《刑法》第 294 条规定,组织者、领导者犯组织、领导黑社会性质组织罪又有其他罪行的,依照数罪并罚的规定处罚。这里的其他罪行指的是组织成员进行的有组织的犯罪及组织者、领导者本人参与实施的具体犯罪,不能理解为组织成员所实施的一切具体犯罪。此外,该罪是一个独立的罪名,如果仅仅组织、领导有组织地多次违法活动,也可以单独构成该罪,不存在数罪并罚的问题。

(二)积极参加者的认定

在司法实践中,认定组织者、领导者相对容易,而对参加者则较难认定,很容易出现认定过于宽泛的问题。在刑法条文中,参加黑社会性质组织分为积极参加和一般参加。积极参加者即在黑社会性质组织中其他起组织、指挥作用的犯罪分子应当认定为积极参加者,也就是所谓的骨干成员,他们受组织者、领导者的领导管理。《2018 年指导意见》指出,多次积极参与黑社会性质组织的违法犯罪活动,或者积极参与较严重的黑社会性质组织的犯罪活动且作用突出,以及其他在组织中起重要作用的情形,如具体主管黑社会性质组织的财务、人员管理等事项,应当认定为“积极参加黑社会性质组织”。简言之,积极参加者指的是在组织中担任重要职务、负重要职责,或者在组织的具体犯罪活动中作用突出的犯罪成员。

笔者认为,组织者、领导者与积极参加者,积极参加者与其他一般参加者之间的界限划分,关键在于犯罪成员的作用大小。正如杨方泉所言,所谓积极参加不是指参加违法犯罪活动的次数,不是说三次以上参与有组织地违法犯罪活动就应当认定为积极参加者,而是说关键在于参加者在违法犯罪中所起的作用如何,即在黑社会性质组织违法犯罪中是否作用突出是区分积极参加者和其他参加者的界限。[1] 再者就是积极参加者与组织者、领导者的界限，积极参加者虽然可能在组织中担任重要职务，但往往限于组织内设机构或分支机构的事务，而组织者、领导者对整个组织的所有重大事务担任职责，且不受他人领导，如所设立公司的董事长等。

(三)其他一般参加者的认定

其他一般参加者是指除了积极参加者之外的一般参加者，他们处于黑社会性质组织的最低层级。黑社会性质组织的结构稳定，指的是骨干成员固定，而一般参加者往往是不固定的，这也就为认定黑社会性质组织的其他一般参加者带来了困难。

《2018年指导意见》第5条规定，知道或者应当知道是以实施违法犯罪为基本活动内容的组织，仍加入并接受其领导和管理的行为，应当认定为“参加黑社会性质组织”。从该条文我们可以看出，从主观及客观两方面认定一般参加者。主观方面的“明知”，要求行为人知道或者应当知道其加入的组织是以实施违法犯罪为基本活动内容的。在客观方面，行为人加入并接受领导、管理，表现出其个人真实意愿。在主观故意这方面，有人认为，如果行为人没有认识到所加入的是黑社会性质组织，则不能满足参加黑社会性质组织的认识因素要求，不能成立故意。[2] 但关于李某等参加黑社会性质组织案中，审判人员认为认定行为人构成参加黑社会性质组织罪不以明确知道组织的黑社会性质为前提。[3]

(四)不应认定的情形

《2018年指导意见》第5条规定，没有加入黑社会性质组织的意愿，受雇到黑社会性质组织开办的公司、企业、社团工作，未参与黑社会性质组织违法犯罪活动的，不应认定为“参加黑社会性质组织”。如没有加入黑社会性质组织的意愿，只是临时受雇参与黑社会性质组织的违法犯罪活动，次数不超过三次，不应认定为参加黑社会性质组织。

---

〔1〕 参见杨方泉：《黑社会性质组织犯罪成员的司法认定》，载《中国刑法学研究会全国刑法学术年会文集(2018年度)：改革开放新时代刑事法治热点聚焦》(下卷)，中国人民公安大学出版社、群众出版社2018年版。

〔2〕 参见王明辉：《参加黑社会性质组织论》，载《中国刑法学研究会全国刑法学术年会文集(2018年度)：改革开放新时代刑事法治热点聚焦》(下卷)，中国人民公安大学出版社、群众出版社2018年版。

〔3〕 参见陈攀、苗玉红：《李军等参加黑社会性质组织案——如何理解和把握参加黑社会性质组织罪的主观构成要件和积极参加行为》，载《刑事审判参考》2010年第3辑(总第74辑)。

四、黑社会性质组织“保护伞”的认定

“保护伞”并非刑法上的规范概念，而是具有一定政治性、社会性、政策性的用语，其指的是包庇、纵容黑社会性质犯罪的国家工作人员。但是“保护伞”并不是黑社会性质组织的必备要素，它只是黑社会性质组织犯罪实现非法控制的途径之一。2011年2月25日全国人大常委会颁布的《刑法修正案（八）》，吸收了这种观点，重申了“保护伞”在黑社会性质组织特征认定中的任择性地位。[1] “保护伞”是黑社会组织得以产生、发展壮大的根源。“打黑与反腐相结合，一案双查正是当前扫黑除恶专项斗争治理行动与以前不同的重要安排。”[2]虽然“保护伞”不属于黑社会性质组织的犯罪成员，但是我们在打击黑社会性质组织犯罪的同时，要注意对“保护伞”的打击，从规范层面寻找刑法上的规范应对，将其斩草除根，一网打尽。

从我国刑法条文来看，目前涉及黑社会性质组织“保护伞”的罪名主要是：包庇、纵容黑社会性质组织罪；玩忽职守罪、滥用职权罪、徇私枉法罪、徇私舞弊罪等渎职犯罪；受贿罪；组织、领导、参加黑社会性质组织罪等。司法实践中，国家工作人员为了包庇、纵容黑社会性质组织，可能会实施其他犯罪行为，涉及多个罪名。

在涉及的这些罪名当中，讨论最多的还是包庇、纵容黑社会性质组织罪。《刑法》第294条第3款规定，国家机关工作人员包庇黑社会性质的组织，或者纵容黑社会性质的组织进行违法犯罪活动的，处5年以下有期徒刑；情节严重的，处5年以上有期徒刑。从条文的结构上看，包庇、纵容黑社会性质组织罪与组织、领导、参加黑社会性质组织罪是紧密联系的，同样归入妨害社会管理秩序罪一章中。但是有学者认为，包庇、纵容黑社会性质组织罪具有明显的渎职罪属性，应当将其纳入渎职犯罪的范畴予以规定。其一，这可以明确纪检监察部门对涉黑腐败犯罪的侦查主体地位，从而实现对黑社会性质组织“保护伞”的有力调控。其二，将包庇、纵容黑社会性质组织罪纳入渎职犯罪，也可以厘清与其他渎职类犯罪的竞合关系，避免司法适用中可能导致的纷

---

〔1〕 参见徐永伟：《黑社会性质组织“保护伞”：规范应对、现实价值与评价模式》，载《中国刑法学研究会全国刑法学术年会文集（2018年度）：改革开放新时代刑事法治热点聚焦》（下卷），中国人民公安大学出版社、群众出版社2018年版。

〔2〕 疏义红：《“腐恶同除”培育立体社会公正》，载《人民法院报》2018年1月26日，第2版。

扰。[1] 笔者同意该观点,在扫黑除恶不断深入的进程中,我们更要将打击“保护伞”与反腐结合起来,况且实践中对“保护伞”的查处一般由监察机关完成。

五、结语

黑社会性质组织往往是一个关系网复杂的犯罪组织,人员结构相对稳定的同时也会有人员不断变更,这就给我们认定组织的犯罪成员带来一定的困难。但是笔者相信只要我们牢牢掌握认定标准,注重结合行为人在黑社会性质组织中的作用、地位,一定能够准确进行司法认定,做到精准打击。

---

〔1〕 参见徐永伟:《黑社会性质组织“保护伞”:规范应对、现实价值与评价模式》,载《中国刑法学研究会全国刑法学术年会文集(2018 年度):改革开放新时代刑事法治热点聚焦》(下卷),中国人民公安大学出版社、群众出版社 2018 年版。

企业刑事合规制度问题研究

尤海林　张　寒　季念勇*

企业合规，是近年来经济刑法领域的热点话题，也是司法机关改革试点的一个重点领域。企业刑事合规制度是贯彻中央保护民营企业和企业家合法权益的一项制度，有利于推动企业筑牢守法合规经营的底线。企业刑事合规作为舶来之物，在中国的本土化进行中，特别是在探索期存在些许不足，需要进一步探究，以期推动企业刑事合规制度有序开展。

一、企业刑事合规的内涵

"合规"最早是源于英文"to comply with"的表述，即遵守，符合，依从的意识。"合规"在广义上最早是被翻译为"法规的遵守"。随着"合规"内涵的不断拓展，其被引入企业经济学领域。在企业经济学领域中的"合规"侧重于企业内部是否遵守法律法规以及相关的标准和指令。早在20世纪30年代，美国金融和反垄断领域内，合规就作为企业应对政府严格监管而自觉选择的规避法律风险的措施。企业经济学领域中的合规更加侧重的是一种企业的自治行为。随着合规制度的不断发展，合规制度从最初的规则意识，演变到现如今的包括犯罪预防、犯罪应对以及程序规范等要求。广义而言，合规包括刑事合规、行政合规等内容。合规计划的激励措施既包括刑事处罚的从宽，更包括行政处罚甚至民事

* 尤海林，柳州市柳北区人民检察院第一检察部主任；张寒，柳州铁道职业技术学院辅导员；季念勇，柳州市城中区人民法院刑庭副庭长。

责任的减免。[1]

“刑事合规”是德国学者从刑事激励措施角度研究合规时“独创”的表述。[2] 企业刑事合规则被赋予一定的刑罚意义，即通过刑罚的加重、减轻甚至是不起诉的实施推动企业实施合规管理。在企业刑事合规审查制度中，刑罚成为推动内控的重要力量。韩轶教授将企业刑事合规界定为以刑事法律风险防控为基本内涵，以降低刑事犯罪风险为基础功能，同时还兼具推动企业合理承担社会责任的扩张功能，建构系统化的企业刑事制度将成为企业生存和发展的关键性环节。[3] 孙国祥教授认为，合规机会作为充满张力的概念，体现了风险社会刑罚积极一般预防的理念，具有预防前置化和“私有（企业）化”等特点。[4] 根据美国司法惯例，涉案公司在犯罪时以及在被起诉时合规程度的充分性和有效性以及为充分实施有效的合规程序和改进程度所做的补救措施都将成为检察官、法官对案件进行评判的一个重要参考。

二、企业刑事合规的功能定位

（一）影响企业的刑事法律责任

合规思想的出现最早来自经济刑法领域。根据当前的理论通说，合规审查的基础功能是从定罪和量刑两个角度来避免、减轻企业的刑事责任。涉案的企业通过制定有效的合规制度以获得刑事责任的减免。根据美国《组织量刑指南》的相关规定，检察官决定是否对涉案企业起诉的重要依据就是是否有一个有效的合规计划，同时这也是法官对犯罪企业进行量刑时的参考因素。[5] 在我国，根据罪刑法定原则，涉案企业是否构成犯罪是由相关法律规定的，即涉案企业的行为只要触犯了刑律，那么就构成犯罪。因此，在我国，企业刑事合规的影响主要在于是否起诉以及量刑上的考量。当涉案企业的合规计划符合一定要求时，检察机关可以依职权对其作出不起诉或者提出对其有利的量刑建议。在审判时，审判机关也会根据企业刑事合规的审查进行一个综合的考虑，以决定刑罚的轻重。

（二）强化预防企业犯罪功能

企业合规制度形成之初主要是企业自我约束的遵守规则意识。随着该制度的发

---

〔1〕 参见李勇：《企业合规需要重塑治理模式》，载《检察日报》2021 年 10 月 14 日，第 3 版。

〔2〕 参见李勇：《企业合规需要重塑治理模式》，载《检察日报》2021 年 10 月 14 日，第 3 版。

〔3〕 参见韩轶：《企业刑事合规的风险防控与建构路径》，载《法学杂志》2019 年第 9 期。

〔4〕 参见孙国祥：《刑事合规的理念、机能和中国的构建》，载《中国刑事法杂志》2019 年第 2 期。

〔5〕 参见陈瑞华：《美国〈反海外腐败法〉与刑事合规问题》，载《中国律师》2019 年第 2 期。

展，除了规避企业触犯刑事法律的风险外，还形成了一些附属的功能，比如犯罪预防、犯罪应对以及程序规范等。在上述附属功能中，预防企业犯罪的功能尤为突出。合规计划作为现代公司治理机制的一个重要组成部分，通过建立能够预防犯罪的各种合规组织，采取各种有效的合规性措施，旨在促进企业以最有效的方式预防经济犯罪活动，以消除或者减轻刑罚风险。〔1〕

（三）是企业公私共制的重要途径

随着社会经济的发展，单纯依靠刑法打击犯罪和预防犯罪，已无法适应当前经济的发展和时代的需求。同时，无论是经济法还是刑法领域都越发强调参与社会的综合治理。企业合规审查为国家有效规制企业的发展提供了新的模式——公私共制模式。此处的“公”指的是国家，“私”指的是企业，即国家、企业共治理。公私共制的本质是国家的相关规定为企业、公司的治理创设了较为详细的预定目标和行之有效的措施。〔2〕

（四）护航企业的健康、有序发展

企业刑事合规制度能通过刑事法律责任的承担、预防企业犯罪等功能，促进企业的健康、有序发展。第一，企业刑事合规制度能够最大限度避免企业触犯刑事法律的规定，避免企业受到刑事追责。第二，企业刑事合规能够避免因为触犯刑法而遭受到的经济惩罚，体现对企业经济的保护，最终实现经济利益的最大化。第三，企业刑事合规制度还能促使企业不断加强企业的文化建设，加强企业自身组织、管理架构的建设，从而增强企业的综合竞争力，提高企业参与全球竞争的风险防控能力。

三、对当前企业刑事合规的实践考量

（一）适用案件范围不明确

当前，我国企业刑事合规制度处于试点阶段，因此对哪些范围的案件才能开展企业刑事合规审查的规定不明确。从试点工作来看，目前开展企业刑事合规审查主要适用于以下几类案件：第一，民营企业；第二，中小微企业涉嫌的轻微犯罪案件，尤其是直接责任人可能被判处 3 年以下有期徒刑刑罚的轻微案件。〔3〕 对于试点阶段，大家都怀着谨慎的态度。同时，从企业合规的成本而言，需要投入大量的人力、财力、精

〔1〕 参见孙国祥：《刑事合规的理念、机能和中国的构建》，载《中国刑事法杂志》2019 年第 2 期。

〔2〕 参见张帆：《合规计划下企业犯罪刑事责任研究》，中央民族大学 2020 年硕士学位论文。

〔3〕 参见陈瑞华：《企业合规出罪的三种模式》，载《比较法研究》2021 年第 3 期。

力。中小微企业并非都具备合规的条件或者说所需要具备的能力。诸如法国，对于合规审查就要求满足用工人数达到500人以上，且要求达到营业收入1亿欧元。[1]因此，如果将企业刑事合规审查制度限定于如此狭隘的范围，则限定了企业刑事合规制度的发展，不利于其发挥制度优势，既浪费了司法资源，也和西方国家主要针对大型企业开展企业合规审查的趋势相悖。同时，我们需要考虑两个问题：一是是否只有民营企业才能适用企业刑事合规审查制度，国有企业、国有控股、国有参股企业是否能够适用企业刑事合规审查制度？二是若大型企业涉嫌犯罪，且直接责任人有可能判处3年以上的案件，是否应当一律排除在适用范围之外？

（二）企业刑事合规审查内容不明确

企业刑事合规审查的重中之重在于合规计划。企业合规计划的内容是否具有针对性，弥补漏洞的措施是否确实、有效，都将影响到合规审查的实质性效果。当前，各地检察机关对企业刑事合规审查内容进行了探索。但是，对于开展企业刑事合规具体的审查内容各地的做法不尽相同。一般情况都是进行比较笼统的、概括性的规定。对于司法实务界以及涉罪企业而言，更加希望能够通过翔实的规定对其进行细化，以增强其司法实操性。诚然，各地经济发展水平不一致、监管水平参差不齐，要制定全国性的操作细则是比较难的，但是可以考虑制定省、市统一的细则，以明确企业合规审查的内容。同时，在探索合规计划时，一般都将审查的重点放在内部治理机构、人员管理合规等方面，缺乏对企业文化，特别是合规文化的培育工作。

（三）企业刑事合规的激励措施不明显

目前，我国的企业刑事合规制度处于一个探索阶段。最初，各地检察机关积极探索对企业经营过程中引发的单位犯罪尝试合规不起诉，初见成效。根据最高人民检察院颁布的“企业合规改革试点典型案例”的分析，我们亦可以发现侧重点在于合规改革后，对企业的不起诉。对合规的企业作不起诉，符合党的十九届四中全会提出的“健全支持民营经济、外商投资企业发展的法治环境”，是落实最高人民检察院对于涉罪的民营企业家“可捕可不捕的不捕，可诉可不诉的不诉”的政策。这容易使人陷入一个误区，即企业刑事合规导致的法律后果是检察机关作出不起诉的处理，而没有其他的法律红利。特别是对于涉案金额比较大的企业而言，其明知无法获得检察机关的不起诉，自然而然就不愿意开展企业合规工作。当然，陷入该误区一个客观原因是人民对该制度的不理解，甚至是“不认识”。从企业刑事合规制度的概念以及内在功

---

〔1〕 参见陈瑞华：《法国〈萨宾第二法案〉与刑事合规问题》，载《中国律师》2019年第5期。

能的分析，可以发现其激励措施不仅仅在于免于起诉，对于起诉的案件亦可以通过企业合规来获得一定程度上的刑罚的减轻。但是，根据现行的检察机关、审判机关的量刑指导意见都没有其企业合规作为量刑的法定、酌定情节，导致司法工作人员在运用时于法无据，进而削弱了企业刑事合规的内在能力。

（四）刑事企业合规的监管主体不明确、职责不清

在我国不同地区的试点中采取的方法也有所差异，总体而言，主要有三种模式：第一种模式，由检察机关作为监督评估方；第二种模式，由行政机关作为监督评估方；第三种模式，委托第三方进行监督评估，其中又以律师事务所居多。上述三种监管模式各有优劣。在评价哪种监管主体更宜作为适格监管主体时应当充分考虑原单位的工作量、专业人才的水平以及客观、中立度等综合因素。但是，目前为止，尚未形成最终的方案。在试点地区，有的检察机关探索在全省范围内设立第三方机构作为监管机构，有的探索由律师事务所作为企业刑事合规的第三方机构。监管主体的不明确，进而导致权责不分，影响到合规计划的审核、监管工作。具体到监管主体的职责方面，因为各地也在进行探索，对其如何履职亦没有翔实的规定，导致了权利义务的真空。

（五）企业刑事合规的程序有待完善

程序的合法、完善将最终导致实体的处置。我国对企业刑事合规尚处于一个探索阶段，且该探索是自下而上的。因此，关于企业刑事合规制度尚没有充分的顶层设计方案，相关的规章制度也比较欠缺，进而导致了企业刑事合规程序的不完善。特别是对于企业刑事合规的启动程序、第三方组织主体的选任、合规考察期限等都没有进行明确的规定。启动程序将影响到企业刑事合规制度的启动，也影响到涉罪企业以及直接责任人等的切身利益。因此，有必要对启动程序、审查立案期限、回复期限及方式等进行进一步的规定。承担监督考察职责的第三方组织对合规计划的审查、引导、监督将起到至关重要的作用。如此，第三方组织的选任就成为企业合规无法规避的问题。第三方选任的不公以及无法胜任的问题一旦出现，将影响到企业合规审查的整体进程，甚至会误导司法机关对案件的处理。将企业合规纳入我国司法诉讼程序中，就应当科学设置一定的合规考察期限，以让企业在规定的期限内制定合规计划，并在规定的时间内进行合规治理。通过对相关规定的比对和对试点地区的探索实践，发现都没有对合规考察期限进行明确规定。在适用企业刑事合规不起诉的探索中，有的将企业刑事合规引入附条件不起诉制度，其考察期限亦适用附条件不起诉的规定，即6个月至1年。但是，在实践中会出现期限的不足，导致合规计划的制订和整治未彻底，影响到最终的效果。

四、完善企业刑事合规制度的对策

(一)明确企业刑事合规审查的适用范围

企业刑事合规制度不应当仅仅适用于中小微企业的轻微刑事犯罪,而应当无差别地适用于所有的涉罪企业。对于适用的企业类型亦应当包括所有的企业,即无差别地适用于民营企业、国有企业、国有控股企业,等等。同时,对于有可能被判处 3 年以上的案件也可以适用企业刑事合规审查制度。毕竟,企业刑事合规的法律后果并非只能是不起诉或者暂缓起诉,也有可能是刑期方面的减轻。

在对涉企案件进行分析时,应当从以下几个方面考量是否符合企业刑事合规审查的案件范围:第一,案件事实清楚,证据确实充分;第二,涉案企业及人员认罪认罚;第三,个案的考量;第四,涉案公司的考量。在涉案方面,应当重点查实涉案公司是否依法纳税、所拥有知识产权、在行业的竞争力等经济因素。同时,应当考虑涉案企业是否能够正常生产经营,是否自愿开展企业合规审查。

在以原则上应当普遍适用为原则的同时,应当对禁止适用的情形进行明确规定。参照最高人民检察院、司法部、财政部等《关于建立涉案企业合规第三方监督评估机制的指导意见(试行)》,禁止性规定主要应当考虑如下情形:第一,个人为进行违法犯罪活动而设立公司、企业的,此种情况应当作为个人犯罪,而不应当认定为单位犯罪;第二,公司、企业设立后以实施犯罪为主要活动的;第三,公司、企业人员盗用单位名义实施犯罪的;第四,涉嫌危害国家安全犯罪、恐怖活动犯罪的。[1]

(二)明确企业刑事合规审查的内容

1. 明确企业刑事合规审查的重点

企业刑事合规审查主要针对的是涉案企业在案发后是否针对存在的问题制定了相关弥补漏洞的措施。具体而言,可以分为企业内部治理机构的合规审查、规章制度的合规审查、人员管理的合规审查等方面。因此,涉案企业所提交的企业合规计划,既要围绕涉罪企业所涉嫌犯罪的罪行有密切关系开展,又要在企业内部治理结构、公司的规章制度、人员管理等方面提出具有针对性、确实可行的整改措施,以查补缺漏,以期构建有效的合规内部治理结构、健全的合规风险防范机制。

2. 将培育企业文化和合规文化纳入审查内容

建议将培育企业文化和合规文化作为合规计划的一个审查重点。企业刑事合规

---

〔1〕 参见《关于建立涉案企业合规第三方监督评估机制的指导意见(试行)》第 5 条。

审查制度的作用不仅在于通过刑罚威慑力、刑罚的手段督促企业遵守法律规定，也在于通过制度的事实培育企业的守法文化，以推动企业培育符合现代企业要求的企业伦理以及企业守法文化。诚然，企业伦理和合规文化的培育是一个系统性工程，首先要做好制度层面的顶层设计，并通过法律保障、约束合规义务的切实履行，从而在企业内部形成遵守社会公序良俗、严格守法的企业文化。同时，在强调企业文化重塑的同时，要用法律的手段进行市场的调控和企业文化的引导。对于违反法律规定的企业，则应当通过经济法、刑法手段予以调控。

（三）构建双重刑罚激励模式

1. 将企业合规审查作为是否起诉或者暂缓起诉的考量因素

将合规计划的制订与实施作为考察是否对涉案法人起诉的依据，可以帮助涉案企业建立和完善公司职业规范、守法计划和内控机制，从而取得与刑罚相同的效果。[1] 2020 年至 2021 年 3 月，检察机关所开展的企业刑事合规制度的探索主要是在最高人民检察院的推动和指导下，一些地方的检察机关开始对企业合规不起诉进行改革试点。2021 年 3 月，最高人民检察院将这一改革试点扩大到十个省市的部分检察机关。这也充分说明了，对于企业刑事合规的审查已经作为是否起诉的一个重要考量因素。同时，可以探索不起诉案件适用于单位犯罪，即在不起诉法人的同时也可以不起诉涉案单位，将情节轻微、已进行追赃挽损以及是否建立行之有效的合规计划作为适用相对不起诉的重要参考之一。在时机成熟时，可以考虑在我国《刑事诉讼法》中单独设立一章节，对企业犯罪进行特别的规定，通过法律的方式明确检察机关依照企业刑事合规作出不起诉或者暂缓起诉的法律依据，进而激励、规范企业建立合规制度。

2. 探索将企业合规计划作为减轻刑罚的法定情节

目前，根据相关的检察机关、审判机关的量刑指导意见，都未将企业合规作为减轻刑罚的法定、酌定情节，其可以说是于法无据。目前，我国对企业犯罪主要是处以罚金刑。以美国为例，美国的《联邦量刑指南》把企业的罚金刑分为四个步骤：第一步，确定犯罪等级；第二步，根据罪行等级计算罚款数额；第三步，确定罪责指数；第四步，根据罪责指数计算最终的量刑。倘若企业拥有有效的合规计划，那么罚款数额就可以相应降低。为了促进企业刑事合规制度的内在动力，可以将合规审查作为涉案企业量刑的一个重要参考。同时，建议将适用对象扩大至需要追究刑事责任的企业

---

〔1〕 参见孙国祥：《刑事合规的理念、机能和中国的构建》，载《中国刑事法杂志》2019 年第 2 期。

负责人。

（四）构建第三方监管机制

合规计划是否有效，是企业刑事合规制度的核心，直接关系到涉案企业的刑事责任问题，关系到后续司法进程。域外主要有两种审核模式：第一种是以法国为代表，采取的是由法院审核合规计划是否有效的司法模式；第二种是以美国为代表，采取的是由独立监管人审核并作为检察官的参考。在我国不同地区的试点中采取的方法也有所差异，总的主要有三种模式：第一种，由检察机关作为监督评估方；第二种，由行政机关作为监督评估方；第三种，委托第三方进行监督评估，其中又以律师事务所居多。上述三种方式各有优缺点，具体评析如下。第一，检察机关作为案件的承办机关，熟悉案件事实，监管更具针对性，且检察机关亲历监督过程，更有利于企业落实合规计划。但是，检察机关作为合规计划的监督机关亦有不足之处，即检察机关作为国家的法律监督机关，把合规监督的决定权、案件的处置权与合规监督执行权集于一身，不符合检察机关的定位和“决定权与执行权相分离”原则。[1] 第二，将合规的审查监督交由行政机关亦有利有弊：一方面，相关的行政主管部门熟悉相关业务和行政法规，能提出具有针对性的整改措施，能有效引导企业制定符合企业发展和行业规定的合规制度，且其监督合规的行为具有行政机关的强制属性。另一方面，将合规的审查监督交由行政机关会导致本来就具有较大工作量的行政机关增加更多的、职责之外的附加工作，也有可能会影响到合规的审查监督效果。相比较而言，委托第三方审查的效果会更佳。首先，第三方是中立于检察机关、行政机关、涉案企业的第三方，其所做的审查监督会更具中立性；其次，第三方是作为提供服务的一方，能提供较为专业的复合型人才，对于企业合规审查更加专业。但是，建立合规计划第三方评判机制时需要明确几个问题：第一，第三方监管机构并非必须是律师事务所。第二，第三方的组成人员应当具有相关的专业背景，如律师、注册会计师等。

在解决了监管模式的选择后，就应当考虑第三方组织的法律关系。首先，要保证独立监管人的适格性。在此，我们可以将独立性表述为中立性。只有确保第三方监管的独立性，才能保证第三方组织在履职的过程中不偏不倚，才能保证第三方组织尽到自己的职责义务。因此，应当附加禁止性规定，如第三方组织及其成员不得和涉罪企业具有利害关系。其次，应当保障第三方组织具有较高的专业性水平。企业合规

---

〔1〕 参见时延安：《单位刑事案件的附条件不起诉与企业治理理论探讨》，载《中国刑事法杂志》2020 年第 3 期。

计划涉及的领域比较广，如涉及法律、公司治理、人力资源配置、财务问题等多方面。因此，作为第三方组织应当具有相关专业知识背景和工作经历，以满足企业合规的多元化、专业化要求。尤其是对于独立监管人，可以试行专业等级、职业资格等标准的制定，并运用于企业刑事合规工作的开展。

（五）规范企业刑事合规审查的程序启动和运行程序

第一，规范企业刑事合规审查制度的启动程序。对于符合企业刑事合规审查适用条件的，检察机关可以依职权主动开展企业刑事合规审查的审查工作，对于符合条件的，要及时征询涉案企业以及涉案人员的意见。对于涉案企业、个人以及辩护人、诉讼代理人等提出开展企业刑事合规审查申请的，检察机关应当受理、审查，并及时答复申请人是否符合开展企业刑事合规的条件。第二，对于有条件的地方，可成立市一级的第三方机制管委会，并吸收具有律师、注册会计师等专业背景的人才进入人才库。对于负责审核、监管的第三方组织应当从人才库中随机抽取，并向社会公示，对于提出异议的，应当及时审核是否适格；若不适格作为第三方组织的，则应当另行挑选。第三，第三方组织应当切实履行审核监管职责，要对涉案企业合规计划的可行性、有效性、全面性进行审查，提出修改完善意见，并做好检查和评估工作。[1] 第四，检察机关应当将第三方组织所提供的合规考察书面报告、涉案企业的合规计划、定期书面报告等合规材料作为是否批准逮捕、是否起诉以及是否变更强制措施等决定，提出量刑建议等的重要参考。[2] 第五，科学设置合规考察期限。陈瑞华教授提出适用附条件不起诉的涉罪企业可以设定 1 年至 3 年的合规监管考验期。陈瑞华教授的建议有其实操性。同时，需要明确的是该合规监管考验期应当独立于司法机关的办案期限，而不能混为一谈。第六，加强企业合规材料的保密义务。对于企业刑事合规的材料是否能够公开的问题尚未引起理论界、实务界足够的重视。

五、结语

企业管理结构的缺陷、内部管控的不健全，催生了企业犯罪的内部情境，加之利益的驱使，促使企业发展存在从不合规到违法犯罪的一个越轨行为的选择空间。企业刑事合规主要通过对涉案企业提出具有弥补的漏洞措施，以企业内部治理机构的合规审查、规章制度的合规审查、人员管理的合规审查等为审查重点，以强化企业内

〔1〕 参见《关于建立涉案企业合规第三方监督评估机制的指导意见（试行）》第 12 条。

〔2〕 参见《关于建立涉案企业合规第三方监督评估机制的指导意见（试行）》第 14 条。

部管控机制和塑造符合时代需求的企业文化，预防企业再次犯罪，最终助推企业有序、健康的发展。企业刑事合规的中国化需要一个渐进的过程，需要通过立法的方式将该制度予以确认，同时要明确企业刑事合规案件的适用范围、审查重点，完善激励措施和第三方监管措施等方面不断进行强化。我们要充分认识到企业刑事合规审查不仅是诉源治理的一个有效措施，也是新时代司法机关责任担当的一种体现，是构建公正、规范、有序的法治营商环境的一个具体制度和导向。刑事企业合规所追求的不仅是避免因为犯罪行为而导致企业的无法“破产”和“歇业”，更要通过企业刑事合规审查和激励措施，让企业“活下去”，并且“活得很好”。当然，权利和义务是相统一的，企业应当积极承担自己应有的责任和义务。

厘清与透视

——实证分析视角下《民法典》中虚假行为规则与恶意串通行为规则的适用分析

杨　钉　欧阳鹏善*

我国《民法典》第 146 条规定："行为人与相对人以虚假的意思表示实施的民事法律行为无效"；同时第 154 条规定："行为人与相对人恶意串通，损害他人合法权益的民事法律行为无效。"虽然两种法律行为在法律效果上都是归于无效，但法理基础并不一样，虚假行为无效是基于意思表示的瑕疵，而恶意串通行为无效是具有损害他人合法权益的目的或不利后果。虚假表示与恶意串通，一新一旧并存在现在的《民法典》当中，某些法律行为在形式上往往具备二者的构成要件，尤其是虚假行为规则里虚假行为通常所具有的欺骗性和隐藏行为通常所具有的损害性极易与恶意串通规则里恶意串通行为的隐藏性、损害性相混淆。学界关于虚假行为与恶意串通行为之间是否存在交叉竞合，以及在交叉竞合情形之下如何适用条文也莫衷一是；审判实务中，相同或类似的案件事实，所引用的条文也不尽相同。因此，透视二者的构成要件、法律效果，厘清它们之间的关系，分析它们分别规范什么样的案件，是法律适用过程中一个无法回避的问题。本文拟从虚假行为与恶意串通行为的学理分析和实务研究出发，通过探究两种行为规则的体系定位来理解两种制度并存于《民法典》中的价值或意义，并对两种行为规则的典型特征进行解构，以期对审判实践作出更简洁明了的指引。

* 杨钉，广西高级人民法院立案庭法官；欧阳鹏善，南宁市青秀人民法院执行局副局长。

一、虚假行为与恶意串通行为的规范来源

(一)虚假行为的立法沿革

“所谓虚假的法律行为,是指在意思表示需要受领的法律行为中,意思表示的表意人与意思表示的受领人一致同意(同谋)而做出的旨在掩盖另外一项法律行为的外在的法律行为。”[1]换言之,表意人和受意人一致同意仅制造订立某项法律行为的假象,并且都认可该法律行为并不产生相应的法律效果。虚假行为的概念起源于德国民法,后被日本、韩国等采纳和发展,《德国民法典》第117条、《日本民法典》第94条、《俄罗斯联邦民法典》第170条、《韩国民法典》第108条等对虚假行为都有相应的规定。

我国《民法典》第146条规定:“行为人与相对人以虚假的意思表示实施的民事法律行为无效。以虚假的意思表示隐藏的民事法律行为的效力,依照有关法律规定处理。”该条文明确规定了虚假意思表示之法律行为及其法律效果,虽在原《民法通则》第58条、原《合同法》第52条能瞥见虚假意思表示之义,但二者还是存在显著差别,《民法典》第146条是我国民事立法的一项重要突破和发展。

(二)恶意串通行为的规范来源

“恶意串通”这一概念以法的形式最早出现于原《民法通则》第58条第1款第4项,该条款规定“恶意串通,损害国家、集体或者第三人利益的”,民事行为无效;接着原《合同法》第52条第2项又继续沿用了原《民法通则》的相关规定;再到2017年出台的《民法总则》(已失效)第154条依然延续了前述相关规则,该条规定“行为人与相对人恶意串通,损害他人合法权益的民事法律行为无效”。从比较法研究,我国恶意串通规则的制定是受苏联法影响的结果。《苏俄民法典》第32条规定:“由于欺诈、威吓、胁迫,或者他的代理人和对方互相勾结,或者由于严重的误解而实施的法律行为,可以申请法院宣告这种法律行为的全部或者一部无效。”[2]我国对恶意串通的立法虽受苏联民法的影响,但对该规则的适用范围进行了扩张,对该行为法律后果的规定也与苏联不尽相同。

---

[1] 李勇军:《虚假意思表示之法律行为刍议——对于〈民法总则〉第146条及第154条的讨论》,载《中国政法大学学报》2017年第4期(总第60期)。

[2] 《苏俄民法典》,郑华译,法律出版社1956年版,第10页。

二、对两种法律行为规则关键要素的厘清

要厘清虚假行为与恶意串通行为的边界，须从两种制度的关键要素如构成要件、适用范围、举证责任、法律效果等入手，才能更加全面地透视两种制度的内在运行逻辑。

（一）两种法律行为的构成要件分析

1. 虚假行为的构成要件

关于虚假民事法律行为的构成，学者认为须具备四个要件：一是须有意思表示之存在；二是须表示与真意不一致；三是须表意人知其表示与真意不一致；四是须表意人与相对人通谋。〔1〕笔者认为，虚假行为是存在行为人与相对人两个以上的主体实施的一种通谋行为；虚假行为的表意人与相对人不具有使法律行为发生预期效果的真实意思；虚假行为不以欺骗第三人为必要条件，这一点是区分虚假行为与恶意串通行为的关键要件。正如卡尔·拉伦茨所说："虚假行为的双方当事人大多是想欺骗某个第三人，如债权人或者税务机关等。不过，这一欺骗意图并不是构成虚假行为的必要前提。"〔2〕例如名为买卖实为借贷的合同，债权人与债务人签订买卖合同的目的并非取得物的所有权，也非为了欺骗第三人，而是为了保证将来债权的顺利实现。

2. 恶意串通行为的构成要件

恶意串通究竟属于何种性质的法律行为，学界一直未能形成较为一致的观点。有观点认为，恶意串通既是意思与表示不一致的法律行为，又属于内容违法的法律行为；也有观点认为，恶意串通既可构成虚伪表示，又属于违反公序良俗原则的法律行为。在审判实践中，法官对恶意串通规则理解和适用也大相径庭。例如，有的裁判观点认为恶意串通是基于虚假的意思表示；有的裁判观点将恶意串通定性为是一种不法行为；还有的裁判观点从某一法律行为内容所可能造成的非法后果来分析恶意串通行为。而《民法典》中关于恶意串通规定，较之于先前《民法通则》《合同法》的规定，在规范结构上有两处改动：一是增加了"恶意串通"行为的实施主体即"行为人与相对人"；二是将"国家、集体或者第三人利益"统称为"他人合法权益"，这一改动有助于更加明确恶意串通在民事法律行为无效事由规范体系中的功能定位。《民法典》

---

〔1〕参见杨立新：《〈民法总则〉规定的虚假民事法律行为的法律适用》，载《法律科学（西北政法大学学报）》2018年第1期。

〔2〕［德］卡尔·拉伦茨：《德国民法通论》，王晓晔等译，法律出版社2003年版，第497页。

第 154 条强调的是行为人与相对人所实施的法律行为对他人合法权益的一种现实侵害或者潜在侵害,其与意思表示瑕疵无关。

关于“恶意串通”的构成,在原《民法总则》出台之前,学界主要从主观与客观两方面来作分析:主观方面强调当事人有恶意串通的故意,即希望通过订立合同损害国家、集体或者第三人的利益;客观方面强调合同损害国家、集体或第三人的利益。“这些规范构造方法比较符合恶意串通规定的外在形式,但并未切入民事法律行为的内在特性,与分析侵权行为的思维方法颇为相似。”[1] 笔者认为,应从民事法律行为的构造来分析恶意串通行为的构成要件。恶意串通行为首先是基于真实的意思表示而成立的一种法律行为,这也是恶意串通行为与虚假行为之间的本质区别。其次,真实意思表示的作出须以行为人与相对人存在恶意串通为条件,此处的恶意串通并非侧重于意思表示瑕疵,而在于意思表示的“主观恶性”,即明知不可为而仍为之或偏为之。恶意串通行为意欲追求的不是或者不主要是民事法律关系本身(行为内容),而是该民事法律关系所可能产生的损害他人权益的后果(行为目的或动机)。如在审判过程中,被告与案外人串通转移房产的行为,其所追求的并不是房屋交易的合同法律关系,而是制造在判决生效后无财产可供执行的后果以达到规避执行的目的。最后,恶意串通行为须存在损害他人合法权益的现实或可能。将恶意串通的法律行为认定为无效,应立足于该行为成立之时的状态进行判断,不能以其履行之时甚至是履行之后的状况进行判断,这就有别于《民法典》侵权责任编中所采取的损害结果为基点的规范方法。

(二)两种法律行为规则的适用范围

1. 虚假行为规则的适用范围

以虚假的意思表示实施的法律行为无效,然包括哪些性质的法律行为,《民法典》未有详尽规定,适用于物权行为和债权行为学界基本都没有争议,但是否适用于以发生身份关系变动为目的的身份行为,如结婚行为、离婚行为、收养行为等,则存在较大争议。台湾地区陈聪富教授认为:“通谋虚假意思表示适用于债权行为、物权行为及身份行为(如假结婚或假离婚)。对于有相对人的单独行为(如虚假为合同解除),亦得适用 ;但对于无相对人的单独行为(如遗嘱、抛弃动产物权),则不适用。”[2] 杨立新教授认为,无论是物权行为,还是身份行为,以及其他法律行为,都可因虚假意思表

[1] 朱广新:《恶意串通行为无效规定的体系地位与规范构造》,载《法学》2018 年第 7 期。

[2] 陈聪富 :《民法总则》(第 2 版),台北,元照出版有限公司 2016 年版,第 258 页。

示而归于无效。而日本学者栗生武夫则认为:"交易契约,许其为虚伪无效之抗辩;而于婚姻,则禁止虚伪无效之抗辩。"[1]在审判实务中,身份行为是否可以归于无效,也存在不同的裁判观点,如"熊某慧与廖某禄排除妨害纠纷案"[2]中,该案的裁判观点认为,法律上并不存在所谓的"假离婚",只要离婚双方到民政部门办理了离婚登记,那么在法律上就产生离婚的法律后果,双方的婚姻关系即解除。而在"余某甲与李某离婚后财产纠纷案"[3]中,法院则认为此种情形下的离婚协议无效。笔者认为,虚假行为无效应适用于身份行为。首先,身份行为不仅事关当事人的身份利益还涉及公共秩序,如果仅遵从登记的形式要件而忽略当事人内心的真实意思表示来判断身份行为的效力,显然有违意思自治原则。其次,从《民法典》的体系来看,第146条属于总则部分的条款,而对于身份行为的规定则散布于各分编,各分编的条款应遵循总则部分,与总则部分的规定相一致,因此第146条的规定既可适用于合同编的合同行为,亦适用于婚姻家庭编的身份行为。最后,在审判执行实务中,利用虚假离婚来转移财产、规避执行的情况屡见不鲜,如果这种滥用权利的行为不加以规制,对社会的诚实信用会造成一定程度的破坏,对这种虚假的身份行为从效力上予以否定则能够有效堵塞这一漏洞。

2. 恶意串通行为规则的适用范围

我国《民法典》中关于恶意串通的规定主要是吸收了原《民法通则》和原《合同法》的相关条文内容,该规定适用物权和债权行为,学界对此几乎也没有争议,但是该规则是否适用于人身行为,学界对此讨论很少。笔者认为该规则不可能适用于人身行为,因为行为人与相对人共谋实施一项涉及人身的民事法律行为,如双方都是基于真实意思表示实施了该行为,虽然产生了损害他人合法权益的现实和可能,也不应认定是恶意串通行为,而应认定为基于真实意思表示而实施的法律行为所产生的应然的法律后果,行为人与相对人以外的主体对这种应然的法律后果负有容忍的义务。如果双方是基于非真实的意思表示而实施的涉及人身的民事法律行为,即便该行为具有损害他人合法权益的现实和可能,那么该行为也因欠缺真实的意思表示而被定性为虚假行为。例如,双方真实离婚的避税行为和名为真实离婚实为虚假离婚的避税行为在性质上存在本质的区别,判断二者的法律效力所援引的依据也截然不同。

---

〔1〕[日]栗生武夫:《婚姻法之近代化》,胡长清译,中国政法大学出版社2003年版,第59页。

〔2〕参见重庆市彭水苗族土家族自治县人民法院(2015)彭法民初字第02830号民事判决书。

〔3〕参见福建省福州市中级人民法院(2016)闽01民终3356号民事判决书。

(三)关于举证责任的分析

1. 虚假行为的举证

如表意人与相对人之外的第三人意欲以《民法典》第146条第1款去主张表意人与相对人实施的民事法律行为无效,那么其需证明行为人与相对人之间存在通谋,并证明双方以虚假意思表示实施了民事法律行为。但是因双方的通谋往往具有一定的隐蔽性,且意思表示涉及当事人内心的真实想法,第三人要想直接证明难度非常之大。故杨立新教授认为:"对于虚假民事法律行为,负有举证责任的一方如果能够证明间接事实,并据此推论要件事实,也可以认定构成虚假民事法律行为,并不以直接证明为必要。"[1]换言之,第三人只需要通过逻辑判断和经验法则,来证明间接事实与待证要件事实之间存在关联性,并能够使法官确信待证的要件事实是真实的,即认为举证责任完成。

对于虚假意思表示的证明,第三人要直接证明行为人与相对人的表示行为是不真实的、与其内心的效果意思不一致的,几乎难以实现。因此,只要能够证明行为人与相对人通过意思表示实施的民事法律行为并未实际实施,即表面上意欲为却未真正为之,那么便可推定双方可能存在虚假的意思表示。例如,寰球实业(安徽)公司与中能源电力燃料公司、淮南矿业公司、大唐电力燃料公司买卖合同纠纷一案,法院认为各方当事人均不能举证证明存在与案涉煤炭买卖合同对应的货物,也不能证明曾经从事过煤炭买卖、存储、运输、交付等任一与履行案涉煤炭买卖合同相关的行为,故对其主张案涉买卖合同系当事人真实的意思表示,确有证据不足之嫌而未予支持。[2] 对于双方当事人通谋的证明,只要能够证明行为人与相对人实施的民事法律行为与其真实意思不一致,即行为人与相对人知其表示行为与效果意思不一致而共同为之,便可推论双方存在通谋。

2. 恶意串通行为的举证

恶意串通是一种复杂的内心活动,"在强调恶意要件的不可或缺的同时,立法或实务上须认真对待恶意的证据、证明标准、推定等问题"[3]。实务中,如果当事人无法拿出足够的直接证据来证明行为人与相对人之间存在恶意的意思联络过程,通常

---

〔1〕 杨立新:《〈民法总则〉规定的虚假民事法律行为的法律适用》,载《法律科学(西北政法大学学报)》2018年第1期。

〔2〕 参见最高人民法院(2019)最高法民终1425号民事判决书。

〔3〕 张平华:《恶意串通法律规范的合理性》,载《中国法学》2017年第4期。

会被法官认定为证据与证明对象不具备关联性，而最终承担举证不能的后果。其实可以借鉴刑事审判的思维逻辑，刑事审判有时候往往也从被告的行为表现和损害结果去推导其作案时的主观心态。恶意串通往往具备损害他人利益的可能和现实。例如，在深天成律师事务所与天源科技公司确认合同无效纠纷一案中，法院认为天源科技公司在欠付巨额债务且不能清偿的情形下与深天成律师事务所签订《委托代理合同》，将其可能从深港公司处获得的款项以代理费的形式约定全部归深天成律师事务所所有，会损害天源科技公司债权人的利益，属于恶意串通的行为。[1] 因此审判实践中，法官可广泛适用推定，包括法律推定和事实推定，来软化恶意串通证明要求，提高法律规范的可操作性，即从结果的恶性或是不法性去推导当事人的主观恶意，同时法官还可根据履行事实、日常经验法则、市场交易主体行为习惯等去判断双方是否存在恶意串通。例如，在向某因与彭某辉、金某民、陈某、向某斌房屋买卖合同纠纷一案中，法院认为对于房屋买卖这种大宗商品交易合同来说其内容过于简单、粗糙，不符合一般生活经验；买受人彭某辉在未实地查看房屋状况、在合同条款所载明的内容与实际情况不符可能损害其权利的情况下仍然与金某民签订合同，亦与常理相悖，故认定彭某辉、金某民在订立、履行房屋买卖合同中存在恶意串通。[2] 此外，为了限制法官裁量的任意性，实现对当事人利益衡量的精准化，还有必要针对不同情形或程度的损害来明确恶意的具体表现形式，并限定恶意的推定规则。

（四）两种行为规则的法律效果

1. 虚假行为和隐藏法律行为的法律效果

关于虚假行为及其背后的法律效果，我国《民法典》第146条作了明确规定：一是虚假表示的法律行为无效，此处的无效是自始无效、绝对无效；二是隐藏的民事法律行为的效力，依照有关法律规定处理，即被隐藏的法律行为符合相关法律行为生效要件的，可以生效，否则亦可能无效。此处需要特别注意的是善意第三人的保护问题，我国《民法总则（草案）》中规定了虚假的民事法律行为无效，但是双方均不得以此对抗善意第三人，但在后面的讨论中将不得以此对抗善意第三人的规定予以删除。“从大陆法系国家和地区的立法及司法实践来看，或者在民法中明确规定通谋虚伪行为无效不得对抗善意第三人，或者在实践中通过不动产登记公信力、善意取得制度、债权的善意受让制度等给予善意第三人充分的保护，均反对将无效后果适用于善意第

〔1〕 参见最高人民法院（2020）最高法民申294号民事裁定书。

〔2〕 参见四川省高级人民法院（2019）川民再338号民事判决书。

三人。"[1]因此笔者认为,虽然《民法典》第146条中未规定善意第三人的保护问题,但是在司法实践中还是应保护善意第三人的利益,这样既体现了民法上的"信赖保护",也符合《民法典》的立法逻辑。

2. 恶意串通行为的法律效果

我国《民法典》第154条,"……损害他人合法权益的民事法律行为无效"的规定,延续了现有立法传统。然而有的学者提出,此处的无效应为相对无效而非绝对无效,因为"绝无效可能会使不法当事人逃离合同约束、从中非法获利,承认其只对恶意串通人无效、受害人有确认无效的权利,更有利于保护善意第三人"[2]。笔者认为,我国当下立法采用的是"无效—可撤销"的无效结构体系,无效的或者被撤销的民事法律行为自始没有法律约束力,我国《民法典》中对恶意串通行为规定为无效当然应当遵循这一结构体系。因此,在我国法律未对相对无效作出规定的情况下,应将法律行为的无效理解为绝对无效。但如前文所述,虚假行为被确定为无效之后仍需对善意第三人的信赖利益加以保护,恶意串通行为被确定为无效之后也会面临同样的情形。对此笔者认为,恶意串通行为的无效不得对抗善意第三人,司法实践中应注意保护善意第三人的信赖利益,以此来维护市场交易的诚信与稳定。

三、两种行为规则的适用分析

从前文分析可知,虚假行为和恶意串通行为具有很多共性,如两种法律行为都要求实施主体为两个或两个以上,且都强调行为人与相对人的意思联络,两种法律行为在法律效果上都是归于无效,等等。在某些典型情形之下,极易造成法律适用的模棱两可,只有真正厘清两种行为的认定规则,才能准确找到某一法律行为的评价依据。

(一)当事人意思表示真实与否

我国《民法典》第133条规定:"民事法律行为是民事主体通过意思表示设立、变更、终止民事法律关系的行为。"第143条规定:"具备下列条件的民事法律行为有效:(一)行为人具有相应的民事行为能力;(二)意思表示真实;(三)不违反法律、行政法规的强制性规定,不违背公序良俗。"因此,意思表示是民事法律行为成立不可或缺的关键因素,虚假行为之所以无效就是因为行为人与相对人欠缺让某一行为生效的真实意思表示,欠缺当事人真实意思表示的法律行为自然成为无本之木。例如,对于名

[1] 田韶华:《论通谋虚伪行为规则的司法适用》,载《北方法学》2019年第4期。

[2] 张平华:《恶意串通法律规范的合理性》,载《中国法学》2017年第4期。

为买卖实为担保的合同行为,最高人民法院《关于审理民间借贷案件适用法律若干问题的规定》第23条第1款规定:“当事人以订立买卖合同作为民间借贷合同的担保,借款到期后借款人不能还款,出借人请求履行买卖合同的,人民法院应当按照民间借贷法律关系审理。当事人根据法庭审理情况变更诉讼请求的,人民法院应当准许。”该司法解释背后的法理分析就是《民法典》第146条的内容,即虚假行为无效,只承认隐藏行为的效力。至于恶意串通行为,行为人与相对人其实都具有设立该法律行为的真实意思表示。例如,被告在判决生效前为了将名下的房产快速变现,与非善意第三人签订房屋买卖合同,将房屋低于市场价转让于非善意第三人,致使原告的债权难以实现。在此种情形之下,被告与第三人都具有订立房屋买卖合同的意思表示,但同时也具有损害他人合法权益的目的和后果,故此种行为应被评价为恶意串通。故虚假行为的行为人与相对人对于法律行为的设立都欠缺真实的意思表示,而恶意串通行为的行为人与相对人对于法律行为的设立通常都具有真实的意思表示。

(二)当事人的主观恶意

前文分析了虚假行为往往具有欺骗第三人的目的,但并不以此为必要条件,即某一行为能否适用虚假行为规则去评价不能过分着眼于当事人欺骗第三人的主观恶意。例如名为买卖实为借贷的行为,当事人在订立此类合同时的主观恶意是微乎其微的,其最主要的目的还是希望将来债权能够顺利实现。即便虚假行为的行为人与相对人具有主观恶意,这种恶意的程度也要明显低于恶意串通行为,因为双方即便怀揣着损害他人利益的目的设立法律行为,但是彼此并不想让这种恶意真正付诸实施,否则就变成了恶意串通行为。恶意串通行为则着重强调当事人的主观恶意,即当事人动机不良的故意,当事人设立法律行为是为了达到某种损害他人利益的目的,并在主观意思与客观行为上相互配合、彼此勾结。“民法关于恶意串通规定所强调的重点不是行为人与相对人在意思表示形成过程中的一般性配合或合作(合作达成合意),而是在一般性合作之外寻求以真实意思表示损害他人权益的更大合作。”[1]因此,虚假行为的行为人与相对人并不一定具有损害他人利益的主观恶意,即便有,也不追求这种恶意的真正付诸实施,而恶意串通行为的行为人与相对人的主观上具有明显的恶意,且积极追求这种恶意的实现。

(三)隐藏的是法律行为还是损害他人利益的目的

多数虚假行为往往都对应某一隐藏行为,但并非虚假行为背后一定都有隐藏行

---

〔1〕 朱广新:《恶意串通行为无效规定的体系地位与规范构造》,载《法学》2018年第7期。

为;与隐藏行为对应的必定是虚假的表意行为,如果与隐藏行为对应的是非虚假行为而是真实的表意行为,那么就超出了《民法典》第 146 条的评价范畴。在此种情形之下是真意行为之后隐藏了另一个真意行为,对于两个真意行为则依据一般的效力规则予以评价即可。如果某一虚假行为背后隐藏的是一个法律行为,无论隐藏行为的效力如何,都应适用《民法典》第 146 条来评价虚假行为。例如,成飞建设公司与大发实业公司建设工程施工合同纠纷一案,对成飞建设公司主张材料价格应按照投标书及附件的计价方式确定法院未予支持,理由是双方当事人实施的招投标行为系双方通谋以虚假意思表示实施的,目的在于办理相关施工手续,应属无效。[1] 当然,表意行为(虚假行为)背后的隐藏行为(真实行为)可以是一个恶意串通行为,如果隐藏行为是恶意串通行为,那么则应适用《民法典》第 146 条和第 150 条对两个行为的效力都予以否定。例如"阴阳合同"也称"黑白合同",即合同当事人基于某一特定目的,就同一合同内容所签订的两份不同内容的合同,"阴合同"往往对内,而"阳合同"往往对外。在审判实践中,名实不符的"阴阳合同"较为常见,如阴阳的房屋买卖合同、劳务合同、建设工程合同等,签订这类阴阳合同通常是为了避税、逃避行政监管等。对于"阳合同"因为行为人与相对人缺乏让该合同生效的真实意思表示,显然应适用《民法典》第 146 条来评价,而"阴合同"通常才是行为人与相对人真正要履行的合同,但这类合同往往具有损害他人利益的可能或现实,此时可能就需要适用《民法典》第 154 条来评价。

如果行为人与相对人串通设立某一法律行为所追求的仅仅是该法律行为可能或必然产生的结果,而这种结果直接或间接隐藏损害他人的合法权益的目的,那么则因适用《民法典》第 154 条予以评价。例如,在张某芳诉腾达房地产公司、聂某明确认合同无效纠纷案中,腾达房地产公司与第二买受人聂某明以损害第一买受人张某芳利益为目的签订虚假买卖合同,法院认定构成恶意串通行为。[2] 其实该种情形应适用虚假行为规则予以评价,因为串通双方即便具有且隐藏了损害他人合法权益的目的,但是他们的行为首先是因欠缺真实的意思表示而被判定为无效。

四、结语

通过识别虚假行为规则和恶意串通规则的典型特征,来对不同案件事实作结构

---

〔1〕 参见最高人民法院(2019)最高法民申 6227 号民事裁定书。

〔2〕 参见陈明生、熊海燕:《房价回到十年前合同被判无效　恶意串通伤害第三方利益》,载 http://cqfy.chinacourt.gov.cn/article/detail/2018/06/id/3335328.shtml,最后访问日期:2020 年 6 月 5 日。

化的剖析，且秉持《民法典》同时规定这两种行为规则的立法本意和立法精神，进而找到该评价案件事实的正确法律依据，不仅满足于裁判结果的正确性，同时还重视法律适用过程中逻辑演绎的正确性，这是《民法典》适用过程中应遵循的路径与原则。

十佳案例

庞某某走私毒品案

廖家胜　石　焱*

【裁判要点】

1. 人货分离走私毒品案件应严格贯彻主客观相统一的原则。

2. 走私毒品犯罪中犯罪嫌疑人、被告人采用高度隐蔽的方式交接毒品，明显违背合法物品惯常交接方式的，并且犯罪嫌疑人、被告人不能作出合理解释的，且不能提供证据证明确属被蒙骗的，可以认定其“应当知道”，具有走私犯罪的主观故意。

【相关法条】

《刑法》第57条第1款、第347条第2款第1项

【基本案情】

法院经审理查明：被告人庞某某与同案人袁某龙、梁某上（均已判刑）一起走私毒品。由袁某龙联系毒品的货源，亲自或通过庞某某运输毒品至东兴交给梁某上，梁某上将毒品藏匿到家用电器后，再交由庞某某安排出境，梁某上还将越南买家的购毒款通过银行转给袁某龙。

2014年7月13日，在得知越南买家要购买毒品后，袁某龙驾驶藏匿有毒品的粤G×××白色纳智捷越野车从广东湛江市到广西东兴市梁某上租住的东兴某小区，将4包毒品甲基苯丙胺（俗称“冰毒”）交给梁某上，由梁某上驾驶粤G×××咖啡色纳智捷越野车将毒品携带至招某

* 作者单位：防城港市中级人民法院。

艳(已判刑)位于东兴市湖南路某巷的住处床底存放。同年7月15日,庞某某驾驶藏匿有毒品的粤G×××白色纳智捷越野车从广东湛江市到东兴某小区,将6包毒品甲基苯丙胺交给梁某上。后梁某上驾驶粤G×××咖啡色纳智捷越野车将毒品携带至东兴某家电店购买一台洗衣机,并叫人拉运至招某艳的住处,梁某上将上述10包毒品甲基苯丙胺夹藏在洗衣机底部。随后,庞某某驾驶粤G×××白色纳智捷越野车从招某艳的住处将藏匿有毒品的洗衣机运至东兴口岸,并雇请搬运工阮某顺(另案处理)将洗衣机通过东兴口岸报关出境带至越南。梁某上还安排招某艳前往东兴口岸跟踪、监视该洗衣机出境情况。当日17时许,阮某顺携带洗衣机通关过境时被东兴海关查获,从洗衣机内缴获毒品甲基苯丙胺10包,净重9775克,含量在77.1%至83.9%。

2018年11月27日,庞某某在广东省恩平市沈海高速某服务区被民警抓获。

【裁判结果】

广西壮族自治区防城港市中级人民法院于2019年10月判决:(1)被告人庞某某犯走私毒品罪,判处无期徒刑,剥夺政治权利终身,并处没收个人全部财产;(2)扣押的被告人庞某某手机一部,予以没收。宣判后,庞某某提起上诉。广西壮族自治区高级人民法院于2019年11月作出刑事裁定:驳回上诉,维持原判。

【裁判理由】

法院经审理查明:虽然被告人庞某某归案后拒不承认参与走私毒品犯罪,但经综合分析,在案证据已经能够形成完整、闭合的证据链条,可以认定其参与走私9775克毒品甲基苯丙胺的犯罪事实。理由如下:

1.本案具有同案人指认被告人庞某某参与整个毒品犯罪过程的毒品长距离运输、雇请他人报关出境的直接证据,与在案的间接证据共同证实被告人庞某某参与毒品走私犯罪事实。同案人袁某龙亲自、指使庞某某从湛江长距离驾驶粤G×××汽车分别运送4包、6包毒品冰毒到东兴交给梁某上,梁某上在招某艳的租房内将10包冰毒藏匿于洗衣机后交由庞某某拉至口岸雇请越南妇女阮某顺搬运出境的事实。本案同案人梁某上到案后一直稳定供述且排除了刑讯逼供的可能,与同案犯招某艳供述相印证,并有证人证言、现场勘验检查和辨认笔录及照片、搜查笔录、扣押物品文件清单、毒品称量记录及照片、手机通话清单、毒品检验报告、高速公路通行记录、银行卡账户交易流水清单、监控视频、车辆销售合同发票、维修保养记录、出入境记录、涉案车辆行驶轨迹等证据予以佐证。且被告人庞某某并未否认驾驶涉案车辆从湛江到东兴找梁某上以及帮梁某上运洗衣机到口岸并雇请越南妇女报关出境的主要事实,只是对此辩称主观上未“明知”是毒品而参与犯罪。同案犯梁某上指证庞某某参与走私毒品的供述均有相关客观证据予以佐证,内容客观真实、自然,足以认定本案梁某上、袁某龙、庞某某等人结伙走私毒品犯罪的基本事实。

2. 庞某某的客观行为符合毒品犯罪被告人主观故意中“明知”的推定情形。最高人民法院、最高人民检察院、公安部关于《办理毒品犯罪案件适用法律若干问题的意见》(以下简称两高一部《意见》)明确列举了八种关于毒品犯罪被告人主观故意中“明知”的推定情形。具体到本案中,庞某某雇请越南妇女报关携带装有毒品的洗衣机出境,并在携带的洗衣机里面查获毒品,该行为不符合常理,具有逃避海关检查的性质。庞某某驾驶粤G×××汽车于深夜从湛江出发,凌晨4时到达东兴,对于长途驾车的时间不符合常理,且该车经过改装底部有铁盒可以藏匿涉案毒品,毒品运输、交接的方式高度隐蔽,明显违背合法物品惯常交接方式。故,庞某某的客观行为符合毒品犯罪被告人主观故意中“明知”的推定情形。

3. 被告人庞某某对其行为的解释并不符合常理,也未提出其确属被蒙骗的反证。两高一部《意见》同时也明确了对于推定需要结合审查被告人对其行为的辩解以及有无提出反证,即毒品犯罪主观“明知”的司法推定是允许提出反证的。具体到本案中,关于被告人庞某某供述其到东兴市的目的是找梁某上讨要工钱以及帮袁某龙配汽车钥匙的辩解,通过审查发现,梁某上并未供述其欠庞某某的工钱,幕后指使者袁某龙也未供述其让庞某某帮配钥匙,庞某某的该辩解无证据印证,也不符合常理。关于庞某某供述袁某龙让其将粤G×××汽车留在东兴,次日独自搭乘大巴离开东兴的辩解,与袁某龙的供述的庞某某未开车返回的原因存在矛盾。袁某龙供述因庞某某电话告知其因他帮梁某上托运给越南妇女带去越南的洗衣机中藏匿有毒品被海关查获,因害怕不想开车回去给其,而庞某某供述是因为汽车钥匙没配好所以将车留在东兴,二人的供述存在矛盾,庞某某对此所作的解释并不合理。且庞某某未提供证据证实其受蒙骗参与毒品犯罪。

综上所述,被告人庞某某到案后虽然辩解其到东兴的目的是向梁某上索要工钱和修配汽车钥匙,次日其未驾车返回,其不知道袁某龙借给其开的车里和梁某上叫其运送到口岸的洗衣机中藏有毒品,拒不供认其参与走私毒品的犯罪事实。但通过对在案证据的审查、判断,并结合其他相关证据进行比较分析,可以判断庞某某的辩解并不成立,从其客观行为推定其主观上明知是毒品而参与走私,符合主客观相统一的原则。加上同案人梁某上对其参与毒品犯罪的指证,以及缴获的毒品、银行流水、证人证言、鉴定意见、通话清单、刑事判决书等客观证据,认定本起走私犯罪事实形成了完整、闭合的证据链条,足以认定被告人庞某某参与走私毒品甲基苯丙胺9775克的犯罪事实。被告人庞某某违反国家毒品管理法规和海关法规,伙同他人逃避海关监管,走私毒品,其行为已构成走私毒品罪。公诉机关指控的罪名成立。

被告人庞某某参与走私毒品甲基苯丙胺9775克,毒品数量大,依法应处15年有期徒刑、无期徒刑或者死刑,并处没收财产。在共同走私毒品犯罪中,被告人庞某某跨省长距离运输毒品,并运至口岸出境,亦起主要作用,是主犯,依法应当按照其所参与的全部犯罪处罚。无证据证实其联系毒品货源、参与出资,且运输毒品的车辆亦非其提供等,与同案人袁某龙、梁某上相比,其作用相对较小,但其作案后潜逃多年,归案后认罪、悔罪态度差。故一、二审法院依法作出如上裁判。

【典型意义】

近年来,受国际毒品毒潮和国内因素影响,边境地区境内境外毒品问题相互交织,过境毒品犯罪仍处于多发高发态势,呈现出手段多样、分工细致、隐蔽性强的特点,对群众生命安全和身体健康、对边境地区社会安全稳定带来严重危害。

在向境外输出型走私毒品犯罪中,国内毒品幕后老板为逃避打击往往通过人货分离方式指使、雇请或者吸纳多人参与走私毒品的交接、运输、运送出境等环节,最终雇请他人将毒品藏匿在报关物品中运送出境。实践中,走私毒品的幕后组织者、指使者、雇佣者及部分参与者未能及时归案,长期逃匿在外,串供可能性高,到案后心存侥幸往往拒不供认罪行,为逃避处罚提出未参与走私毒品犯罪或者主观不明知是毒品等无罪辩解尤为常见,这在一定程度上增加了对案件事实审查判断的难度。应如何认定“零口供”被告人的主观明知是审理人货分离走私毒品案件的重点、难点所在。在司法实践中,审理这类案件应坚持主客观相统一的原则,结合同案人指证的基础事实,结合客观实际推定零口供被告人的主观明知,同时经综合分析判断若被告人的辩解不成立且亦未提出受蒙骗的反证的,可以认定零口供被告人的参与走私毒品犯罪事实。具体到本案中,本案从申报出境的洗衣机中查获毒品冰毒,并未当场抓获分别指使、参与交接、运送毒品、安排走私毒品出境等各环节行为人,庞某某参与走私毒品是同案人阮某顺、招某艳、梁某上、袁某龙先后归案后供述得以查证属实。庞某某并未否认自己深夜独自驾车至东兴、雇请越南妇女将洗衣机报关出境等基础事实,用于证实庞某某参与走私毒品、行为反常等的基础事实,除有同案人的印证供述外,还有诸多客观证据证实,为推定主观明知奠定了坚实的事实基础。依据行为人庞某某实施毒品犯罪的行为过程、方式、毒品被查获的情形等客观实际,结合其年龄、阅历、智力等情况进行综合分析判断,推定庞某某应当认识到其深夜独自长途驾驶车辆赶到边境地区并雇请越南妇女将洗衣机报关出境等行为是不符合普通民众行为习惯的反常行为，结合在案证据分析，认定庞某某对自己的反常行为提出的辩解并不符合常理及客观实际。再者，庞某某未提出过其行为系受人蒙骗，也无相关证据证实其确属受蒙骗，推定其主观明知是毒品符合客观实际。本案经主客观相结合的综合分析，认定零口供被告人庞某某明知是毒品仍参与结伙走私9775克毒品冰毒，案件事实的证据链条完整、闭合，证据确实、充分，足以认定。结合庞某某走私毒品的数量、在共同犯罪中的地位作用、社会危害性、人身危险性、认罪态度等情节，比照其他同案犯的量刑情况，判处其无期徒刑，罪罚适当。走私毒品犯罪给国家、社会、人民群众带来了严重的危害，该案有效打击了零口供毒品犯罪分子的嚣张气焰，坚决不给毒品犯罪分子可乘之机，具有强大的威慑作用，实现了三个效果的统一，昭示了人民法院依法全链条严厉打击过境毒品犯罪，严格贯彻落实从严惩处走私毒品犯罪分子的司法政策。

莫某全受贿、高利转贷案

——高利转贷罪中“过桥贷款”行为的认定

朱程路*

【裁判要点】

行为人通过“过桥贷款”方式，即高利贷款给他人的钱，不是直接用金融机构的信贷资金，而是来自其向第三人的借款，再使用银行贷款归还给第三人，违法所得数额较大的行为应当认定为高利转贷罪。

【相关法条】

《刑法》第175条

【基本案情】

法院经审理查明：2014年至2017年，被告人莫某全以其本人或者他人名义从银行贷款，并以高于银行贷款的利率转贷他人牟利，违法所得共计人民币364,072.7元。具体事实如下：

1. 2014年年初，莫某全从丁某明处借款30万元转借给曾某明。同年3月14日，莫某全以房屋装修的名义向广西壮族自治区三某县农村信用合作社（以下简称农信社）贷款60万元（银行贷款1），后将其中的30万元归还丁某明，以此获得银行贷款与借款给曾某明之间的利息差，违法所得1316.66元。

2. 2014年3月26日，莫某全将银行贷款1中的12万元，以高于银行贷款的利率转借给莫某军，以此获得银行贷款与借款给莫某军之间的利息差，违法所得16,319.86元。

---

* 作者单位：柳州市中级人民法院。

3. 2015年3月30日,莫某全以房屋装修的名义向农信社贷款80万元(银行贷款2)。同年4月2日,莫某全将其中的16万元以高于银行贷款的利率转借给张某凯,以此获得银行贷款与借款给张某凯之间的利息差,违法所得35,578.89元。

4. 2015年3月26日,莫某全将从丁某明处借得的100万元转借给罗某平、莫某刚。同年6月30日,莫某全让莫某正以房屋装修的名义,并以莫某全名下房产作为抵押,向农信社贷款150万元(银行贷款3)。莫某全分别于同年7月20日将银行贷款3中的80万元,及于同年4月3日将银行贷款2中的20.27万元归还给丁某明。莫某全以此获得银行贷款与借款给罗某平、莫某刚之间的利息差,违法所得5576.4元。

5. 因周某健欠莫某全150万元,所以,二人商量由周某健找人去向银行贷款150万元给莫某全。周某健以潘某强的名义向农信社贷款150万元(银行贷款4),并以莫某全名下房产作为抵押。莫某全后又将其中的15万元以高于银行贷款的利率转借给潘某强,违法所得33,597.64元;同月28日将其中的40万元以高于银行贷款的利率转借给莫某刚,以此违法所得8462元。

6. 2014年1月11日,莫某全将从丁某明处借得的50万元借给刘某旺。同年6月5日,被告人莫某全从柳州银行贷款130万元(银行贷款5),同日将其中部分钱款为抵押,以曾某玉的名义向柳州银行贷款58万元(银行贷款6)。2014年6月5日,莫某全用银行贷款6归还丁某明的借款。后莫某全用银行贷款2、3、4的钱来归还银行贷款6,从而保证给刘某旺的贷款。莫某全通过银行贷款与借款给刘某旺之间的利息差,违法所得共计263,221.25元。

【裁判结果】

柳州市某区人民法院作出刑事判决:被告人莫某全犯受贿罪,判处有期徒刑4年,并处罚金人民币30万元;犯高利转贷罪,判处有期徒刑1年6个月,并处罚金人民币40万元,决定执行有期徒刑5年,并处罚金人民币70万元。

柳州市中级人民法院作出裁定:驳回上诉,维持原判。

【裁判理由】

本案在审理过程中,对被告人莫某全没有直接用银行贷款转贷给他人,而是用第三人的借款转贷给他人,被告人再使用银行贷款归还给第三人是否能够认定为高利转贷罪,存在以下两种意见。

第一种意见认为不应当认定为高利转贷罪。理由是高利转贷罪侵犯的直接客体是国家对信贷资金的发放及利率管理秩序,所以行为人高利转贷给他人的资金应该是金融机构的信贷资金,行为人用第三人的借款转贷给他人的行为没有侵犯国家对信贷资金的发放和利率管理秩序,不应当认定为高利转贷罪。

第二种意见认为应当认定为高利转贷罪。理由是行为人使用“过桥贷款”的方式实施高利转贷,实质上是套取金融机构的信贷资金高利转贷给他人,应当认定为高利转贷罪。

我们同意第二种意见,具体分析如下:

一、高利转贷罪中“过桥贷款”的内涵

根据《刑法》第175条及相关法律规定,高利转贷罪是指违反国家规定,以转贷牟利为目的,套取金融机构信贷资金高利转贷他人,违法所得数额较大的行为。一般情况下,行为人向金融机构贷款获得低利率的信贷资金,然后再以高额利息转贷给他人牟利。但是在司法实践中出现了行为人为了逃避侦查,其高利转贷的行为方式进行诸多变化,从而掩盖自己高利转贷的事实。行为人使用“过桥贷款”的方式实施高利转贷行为正是其中一种。

所谓“过桥贷款”又称为“搭桥贷款”,该词来源于金融领域,是指金融机构甲拿到贷款项目后,本身由于暂时缺乏资金没有能力运作,于是和贷款机构乙商量,让乙帮忙发放资金,在甲金融机构资金到位后,乙则退出。这笔贷款对于乙来说就是“过桥贷款”。

在司法实践中,行为人甲为了高利贷款给他人牟利,故意不直接用银行的资金来放贷,而是向乙借款,用乙的资金贷款给他人,然后甲再向银行贷款来归还给乙,以此获得银行贷款与借款给他人的利息差。严格意义来说,该笔贷款对于乙而言系“过桥贷款”,但是实际上是甲在控制使用“过桥贷款”的资金实施高利转贷。

二、行为人实施了套取金融机构资金的行为

根据我国金融管理法规,贷款申请人必须向金融机构提供资金的合法用途、偿还方式、偿还能力,原则上应当提供担保。在“过桥贷款”形式的高利转贷案中,行为人以自己的名义或他人的名义向金融机构申请贷款,其一般会以虚假的贷款理由或者贷款条件向金融机构申请贷款。行为人正是通过虚构资金用途的方式套取金融机构资金,从而为实施高利转贷提供基础。因此,虽然行为人是直接用第三人的贷款转贷给他人,但是行为人实施了套取金融机构低利率资金的行为。

本案中,第一起事实中,被告人莫某全以房屋装修的名义向银行贷款套取资金,

但是从资金的使用用途来看却没有用于房屋装修;第四起、第六起事实中,莫某全让莫某正、曾某玉以房屋装修的名义向银行贷款套取资金,莫某全还以自己的房屋作为担保,但是这些银行贷款资金均没有用于房屋装修,而是被莫某全实际控制使用,以高于银行贷款利率转贷给他人牟利。因此,莫某全实施了套取银行信贷资金的行为,通过虚构资金用途的行为套取的低利率银行信贷资金系其实施高利转贷的基础。

三、行为人实际控制金融信贷资金高利转贷给他人牟利

1. 在"过桥贷款"形式的高利转贷犯罪中,行为人对于金融信贷资金具有实际控制使用权。行为人通过自己名义向金融机构贷款的资金自然拥有实际控制使用权。而行为人以他人名义或者以第三人名义向银行贷款,虽然金融机构贷款资金不是以行为人的名义发放,但是实际上,行为人通过债权债务关系或者其他关系实际控制使用银行信贷资金。

本案中,第一起事实中,莫某全以自己的名义向银行贷款;第四起事实中,莫某全让莫某正以房屋装修的名义,并以莫某全名下房产作为抵押,向农信社贷款;第五起事实中,由于周某健欠莫某全150万元,所以,二人商量由周某健找人去向银行贷款150万元给莫某全使用。因此,以上贷款虽然不是以莫某全的名义贷款,但是实际上,莫某全通过各种关系实际控制使用着银行贷款资金,系银行贷款资金的实际控制使用人,这也是能够确保莫某全高利转贷给他人牟利的基础。

2. 行为人通过实际控制金融机构资金获得第三人的钱款。行为人基于自己能够稳定从金融机构获得信贷资金才敢保证能够持续性偿还给第三人,进而能够持续地从第三人处获得钱款。虽然"过桥贷款"形式的高利转贷犯罪中,行为人表面上直接用第三人的资金贷款给他人,是出于行为人与第三人的自然人之间的债权债务关系。但是实质上,行为人所使用的第三人钱款与金融机构的信贷资金只是形式上的不同,实质上行为人高利转贷给他人牟利的是金融机构的信贷资金。第三人借款给行为人往往是知晓行为人能够从金融机构贷款获得信贷资金,否则正常情况下,行为人需要向第三人提供不动产担保或者保证,才能获得第三人的借款。

本案争议的第一、四、六起事实中,莫某全虽然直接用丁某明的资金高利转贷给他人,但是莫某全并没有给予丁某明任何的不动产担保和保证。实质上,丁某明的资金与银行信贷资金只是形式上的转化,即莫某全高利转贷给他人就是用银行的信贷资金。从莫某全借丁某明的资金到期后,莫某全均是用其实际控制的银行信贷资金归还丁某明的债权可以看出其本质。莫某全能获得丁某明的资金与其能通过自己向

银行贷款或者通过其他人向银行贷款,实际控制银行信贷资金有着直接的关系。

3.行为人使用第三人资金转贷给他人实质上系掩盖其高利转贷犯罪事实。在司法实践中,行为人为掩盖其高利转贷牟利的行为,直接使用金融机构资金转贷给他人牟取不法利益的行为产生了诸多变化。具体体现为:一是贷款名义上的变化。行为人不直接以自己的名义向金融机构贷款,而是用其他人的名义向金融机构贷款套取资金。二是在贷款先后顺序上变化。先借款给他人,后面才向金融机构贷款。三是资金性质上的变化。行为人高利贷款给他人不是直接用银行的贷款,而是用其他资金。但是,无论行为人如何进行高利转贷手段上的变化,其行为实质上都是通过利用银行的低利率信贷资金高利借贷给他人牟取利益。

"过桥贷款"形式的高利转贷案件中,行为人使用第三人资金来高利转贷给他人牟利,虽然资金属性直接体现为行为人的个人债务而不是银行贷款资金,但是行为人却最终要用银行贷款来归还给第三人,从而确保能够从银行贷款与借贷给他人之间获取利息差。因此,行为人使用第三人资金实质上是行为人为掩盖其使用银行信贷资金实施高利转贷犯罪的手段。

本案第一、四、六起事实中,莫某全高利转贷给他人的钱虽然都不是直接来源于银行贷款,而是来源于向丁某明的借款,该钱款属性体现为个人债务,但是莫某全最终是要用银行贷款才能归还给丁某明,最终获得其高利借贷给他人与低利息从银行贷款的差额违法所得。所以莫某全的行为构成高利转贷罪。

四、行为人具有高利转贷牟利的主观目的

行为人套取金融机构钱款高利转贷给他人的主观目的贯穿始终。在"过桥贷款"形式的高利转贷案件中,行为人用第三人的资金贷款给他人,但是其主观上却不是通过自然人之间的转贷牟利,第三人的资金实质上起到"幌子"的作用。因为,行为人自始至终的主观意图都是想最终通过实际控制的金融机构信贷资金高利转贷给他人牟利。从客观行为分析:其一,行为人虚构资金用途套取金融机构资金。其二,行为人高利借贷给他人与套取的金融机构资金有着直接的关系。其三,行为人会通过其个人或者他人名义套取金融机构资金,然后归还第三人,让第三人的资金顺利退出。这些都能够体现出行为人用银行资金高利转贷给他人的最终目的。

本案中,莫某全在第二、三、五起犯罪事实中,均是典型的套取银行的信贷资金高利转贷给他人牟利。而在第一、四、六起事实中,莫某全虽然使用的是丁某明的钱来借贷给曾某明、罗某平等人,但是其并不是通过利用丁某明的资金牟利。实际上,莫

某全在获得银行信贷资金后通过归还给丁某明，让丁某明的资金退出，最终利用低利率的银行信贷资金与高利率的转贷给他人之间的利息差实现其牟利的目的。莫某全也在3年间通过高利转贷的手段牟取非法利益共364,072.7元。

莫某全高利转贷是一个长期的、持续性的行为，无论是莫某全实施的典型的第二、三、五起高利转贷事实，还是实施的变相的第一、四、六起高利转贷事实，更无论其借款、贷款先后顺序，还是直接、间接用银行信贷资金高利转贷，或者用其本人名义或他人名义高利贷款，实际上，莫某全的行为均是为了掩盖其套取银行信贷资金高利转贷他人牟利的犯罪的事实真相，依法应当对其以高利转贷罪论处。

综上，可以看出，行为人通过"过桥贷款"方式进行高利转贷，实质上就是违反国家规定，以转贷牟利为目的，套取金融机构信贷资金高利转贷他人获取违法所得，是一种变相的高利转贷行为，根据法律规定应当构成高利转贷罪。同样，在司法实践中，行为人无论是通过改变借款、贷款的先后顺序，或改变高利转贷的资金性质，或直接向银行贷款，甚至今后还会出现其他变化，但是只要行为人实质上是套取银行的信贷资金高利转贷给他人牟利，都应当以高利转贷罪论处。

【典型意义】

高利转贷罪侵犯的是国家对信贷资金的发放及利率关系秩序，在司法实践中系较为常见的金融犯罪案件，且其案件数量呈逐年增长的态势。随着我国金融市场的高速发展，社会上高利放贷牟利行为增多，行为人为掩饰高利转贷犯罪，手段出现了诸多变化，给司法机关对高利转贷罪的准确定性提供了挑战。而且目前在法律规范层面，缺乏专门的高利转贷罪相关的司法解释，各地法院在办理此类案件时遇到了更为严重的困境。

本案中，行为人通过"过桥贷款"的方式实行高利转贷，就是其中一种典型的变相高利转贷行为。行为人为掩盖高利转贷犯罪事实用其他人的借款贷款给他人获利，再用银行低息贷款归还第三人借款，这种行为是否定性为高利转贷罪关系到在社会上对普通群众使用金融机构资金提供引导、参考作用，以及形成正确的金融资金使用规范，让群众正确使用金融机构的信贷资金，而不是想着如何变相将信贷资金高利放贷给他人牟利。

本案定性为高利转贷罪，也有利于司法机关在类似的变相高利转贷案件办理中正确适用法律，准确打击高利转贷犯罪。司法机关在办理高利转贷案件中，应当牢牢把握核心犯罪构成要件，即行为人无论主观上还是客观上最终是通过套取金融机构的信贷资金高利转贷给个人牟利。至于在实践中，行为人为掩盖其真实高利转贷的行为,是用自己名义还是用他人名义向银行贷款,或者以自己名义还是以家人、朋友的名义对外放贷,或者是先对外贷款,再向金融机构借款,或者在不同的人之间进行款项的流转等,这些均不能成为行为人高利转贷的正当理由,都应当以高利转贷罪论处。

被告人许某某犯信用卡诈骗罪、妨害信用卡管理罪、买卖身份证件罪、侵犯公民信息罪案

邵健锐　邓　娜*

【裁判要点】

1. 行为人从网上非法购买居民身份证件只要具备完整的居民身份证外部特征，足以在参与大部分社会事务和社会活动时使用，无论其非法购买的居民身份证是否在有效期内或是否为伪造、变造的假证，都侵犯了国家对居民身份证件的管理制度，应以买卖身份证件罪定罪量刑。

2. 行为人非法持有他人信用卡、非法购买身份证件的行为虽然与信用卡诈骗犯罪存在牵连意图，但这些行为并不是实施信用卡诈骗犯罪的必然行为，只是一种偶然的手段与目的的关系，具备偶然性，亦不构成牵连犯。

3. 行为人为实施信用卡诈骗犯罪而同时实施了非法获取公民个人信息、非法持有他人信用卡、非法购买身份证件等多个行为，侵犯了多个不同的法益，应当数罪并罚。

【相关法条】

《刑法》第 253 条之一、第 196 条、第 280 条第 3 款、第 177 条之一

【基本案情】

一、侵犯公民个人信息罪

2018 年 6 月 21 日，被告人许某某在南宁市兴宁区明秀东路荣和山

* 作者单位：南宁市宾阳县人民法院。

水绿城被公安民警抓获，民警在现场查获笔记本电脑、手机、银行卡等作案工具一批。经调取涉案电脑的电子数据，发现保存有包含车主姓名、手机号码、车牌号、车架号、身份证号码、住址等内容的公民个人信息102，862条，包含他人姓名、银行卡号或手机号的公民个人信息40，669条。

二、信用卡诈骗罪

1. 2018年6月21日，被告人许某某利用木马病毒通过短信方式植入被害人戚某某的手机，窃取戚某某的银行卡信息支付验证码，通过快捷支付消费方式盗刷戚某某共计5500元。

2. 2018年6月19日至21日，被告人许某某利用木马病毒通过短信方式植入被害人王某的手机，窃取了王某的四张银行卡信息及支付验证码，通过网上快捷支付消费方式盗刷王某共计13，018.6元。

综上，被告人许某某盗刷他人银行卡共计18，518.6元。另其家属已于2019年3月19日代为退出全部赃款，并取得被害人戚某某、王某的谅解。

三、买卖身份证件罪

2018年4月，被告人许某某在网上购买了6张他人的居民身份证，并用于网上账号的实名认证、酒店住宿及办理油卡。同年6月21日，许某某在广西南宁市兴宁区明秀东路荣和山水绿城被抓获，民警在现场查获了许某某购买的他人居民身份证6张。

四、妨害信用卡管理罪

2018年6月21日，被告人许某某在南宁市兴宁区明秀东路荣和山水绿城被公安民警抓获，民警在现场查获笔记本电脑、手机、银行卡等作案工具一批。经查，现场查获的12张银行卡中，有5张银行卡系他人姓名开户的银行卡。

【裁判结果】

宾阳县法院于2019年6月19日作出（2019）桂0126刑初×号刑事判决：（1）被告人许某某犯侵犯公民个人信息罪，判处有期徒刑4年，并处罚金人民币5万元；犯信用卡诈骗罪，判处有期徒刑1年6个月，并处罚金人民币2万元；犯买卖身份证件罪，判处有期徒刑1年6个月，并处罚金人民币1万元；犯妨害信用卡管理罪，判处有期徒刑10个月，并处罚金人民币1万元。合并执行有期徒刑6年6个月，并处罚金人民币9万元。（2）扣押在案的作案工具，由扣押的公安机关依法予以没收；其他物品，由扣押的公安机关依法处理。

南宁市中级人民法院于 2019 年 11 月 21 日作出刑事裁定,维持原判。

【裁判理由】

法院生效裁判认为:关于被告人许某某提出的其只购买了 3 万条左右的公民个人信息,获取的公民个人信息数量没有指控的那么多,有些信息二手电脑原本就存有的辩护意见和被告人许某某的辩护人提出的对于侵犯公民个人信息罪,被告人许某某购买的信息没有达到 143,531 条,因其购买的是二手电脑,不排除部分信息原本就存于电脑中,也不排除这些信息是重复、无效、不真实的信息的辩护意见。经查,被告人许某某供述其购买的公民个人信息内容包含机动车车主的姓名、身份证号码、手机号码、机动车车牌号、车架号、车辆品牌等,特征与涉案电脑中提取到的公民个人信息文档基本一致,其辩解自己只购买 3 万条信息,有些信息二手电脑原本就存有的意见与事实不符,亦与常理相悖,本院不予采纳。起诉书指控的公民个人信息数量有电子证据检查笔录、光盘、被告人供述等证据予以印证,足以认定,且根据最高人民法院、最高人民检察院《关于办理侵犯公民个人信息刑事案件适用法律若干问题的解释》第 11 条第 3 款的规定,“对批量公民个人信息的条数,根据查获的数量直接认定……”综上,对许某某及其辩护人提出的相关意见,本院不予采纳。

关于被告人许某某提出的其持有的 5 张银行卡,但只使用了 1 张的辩护意见。经查,被告人许某某从网上非法购买以他人身份信息开户的银行卡并非法持有,数量较大,其行为已经破坏了国家的金融管理秩序,其是否实际使用并不影响本罪的构成,因此对被告人许某某提出的相关意见,本院不予采纳。

关于被告人许某某提出的其只使用了 2 张身份证件,其他身份证是过期失效的,不应指控 6 张的辩护意见和被告人许某某的辩护人提出的对于买卖身份证件罪,许某某买回证件时有部分已经过期失效,而且这些身份证件的真实性也没有查明,如是过期失效或虚假的证件则不应计入犯罪数量的辩护意见。经查,被告人许某某从网上所非法购买的 6 张居民身份证均具备完整的居民身份证外部特征,足以在参与大部分社会事务和社会活动时使用,无论其非法购买的居民身份证是否在有效期内或是否为伪造、变造的假证,都侵犯了国家对居民身份证件的管理制度,应以买卖身份证件 6 张的事实定罪量刑。综上,对被告人许某某及其辩护人提出的相关意见,本院不予采纳。

针对被告人许某某的辩护人提出的,对于信用卡诈骗罪、妨害信用卡管理罪、侵犯公民个人信息罪这三个罪名不应该数罪并罚,被告人没有侵犯公民个人信息的犯罪故意，其只通过侵犯公民个人信息去诈骗，只存在信用卡诈骗的犯罪故意，以及这三个罪名是一个法条竞合的情形，不应该数罪并罚，应该只构成信用卡诈骗罪一罪的辩护意见。经查，被告人许某某为实施信用卡诈骗犯罪而实施了非法获取公民个人信息、非法持有他人信用卡、非法购买身份证件等多个行为，不符合法条竞合的情形，这些行为侵犯了公民人身权利，妨害了金融管理秩序，扰乱了社会公共秩序，社会危害性较大。许某某使用非法获取的公民个人信息，实施电信网络诈骗犯罪行为，构成数罪，应当依法予以并罚。其非法持有他人信用卡、非法购买身份证件的行为虽然与信用卡诈骗犯罪存在牵连意图，但这些行为并不是实施信用卡诈骗犯罪的必然行为，只是一种偶然的手段与目的的关系，具备偶然性，亦不构成牵连犯。同时，许某某明知自己的行为会发生危害结果仍去实施，具备多个犯罪故意，侵犯了多个不同法益。综上，本院认为应当数罪并罚才可以对许某某的行为进行充分评价，对辩护人提出的相关意见，本院不予采纳。

关于被告人许某某的辩护人提出的许某某到案后多次与家属沟通，积极退赃，并取得了被害人的谅解和许某某只使用了少量的银行卡和身份证，对社会危害性较小，以及许某某认罪认罚，如实供述自己的犯罪事实，认罪态度较好，且是初犯偶犯的三点从轻量刑情节的辩护意见。经查，被告人许某某在案发后积极退赃，并取得了被害人的谅解，又如实供述自己的犯罪事实，认罪态度较好，对辩护人提出的相关意见本院予以采纳并已在量刑时予以考虑。对辩护人提出许某某社会危害性较小的相关意见与事实不符，本院不予采纳；提出许某某是初犯偶犯的意见属实，但据此请求从轻处罚于法无据，本院不予采纳。

【典型意义】

电信网络诈骗现在越来越猖狂，电信诈骗具有覆盖面广、隐蔽性强、涉案金额大等特点。骗子的手段很狡猾，从最初的打电话、发短信，发展到使用QQ、微信号作案，从雇用“马仔”提取赃款发展到网上转账。同时，诈骗分子紧跟社会热点，不断变换升级骗术，针对不同群体量体裁衣、精心设计、步步设套，让人防不胜防。目前，电信网络诈骗类型有通过短信方式发送木马病毒链接、冒充公检法诈骗、冒充熟人诈骗、网络购物诈骗、冒充公司老板诈骗等多种手段，并且还在不断变化中。

该案件是一起典型的被告人网上购买身份证件、作案的银行卡和大量公民个人信息并利用木马病毒通过短信方式植入被害人的手机，通过窃取被害人的银行卡信息支付验证码，盗刷被害人银行卡的综合性的新型电信网络诈骗案件，具有代表性、典型性。案件的审理结果对同类案件具有示范和导向作用。

广西壮族自治区某市人民检察院诉某油料公司等公益诉讼案

成 靖*

【裁判要点】

不明知危险废物的运输者，由于不能从体形外观和物理性态判定所运输物品为危险废物，所获取的仅是普通货物的运费，且与危险废物其他控制者没有共同危害的意思联络，不因环境污染的“无过错原则”而承担连带赔偿责任。

【相关法条】

原《侵权责任法》第 8 条、第 65 条、第 66 条（现主要规定于《民法典》第 1168 条、第 1229 条、第 1230 条）

最高人民法院《关于审理环境侵权责任纠纷案件适用法律若干问题的解释》第 2 条、第 13 条、第 14 条

最高人民法院《关于审理环境民事公益诉讼案件适用法律若干问题的解释》第 18 条、第 20 条、第 21 条、第 22 条

【基本案情】

2016 年开始，刘某义为获取非法利益，分别联系某油料公司、某油料加工厂、关某平和冯某明，要求将生产润滑油过程中产生的废油交由其处置。某油料公司及其实际控制人刘某、法定代表人黄某添；某油料加工厂、刘某滨；关某平、冯某明明知刘某义无危险废物经营许可证仍将危险废物交由刘某义处置，并支付远低于市场价的处置费给刘某义。刘

* 作者单位：来宾市中级人民法院。

某义获得上述三家企业提供的4车废油后，交给韦某文处理，韦某文负责联系车辆将废油从上述三家企业跨省运输到广西某县境内交给韦某榜找场地倾倒。韦某榜则找到韦某林要求帮助其在某镇境内找场地倾倒废油，后韦某林、肖某隆、肖某龙提供某村“金竹窝”天然坑给韦某榜倾倒废油2车，并组织人员卸车；韦某林、张某来、余某文另提供某镇中塘村余某文的自留地给韦某榜倾倒废油2车，并组织人员卸车。2017年2月，某县环保局接到群众举报，上述两地倾倒有大量的固体废物，经环保部门采样监测，上述堆放、倾倒填埋点的固体废物为具有腐蚀性的危险废物。为减少倾倒填埋造成的二次污染，某县人民政府对现场采取了竖立警示牌、挖导流渠等一系列污染控制措施。2017年2月16日，某县人民政府启动突发环境事件Ⅳ级应急响应，全面排查污染源，按照环保部某环境科学研究所设计的处置方案，科学、合理处置危险废物。被告刘某、黄某添、刘某义、韦某文、韦某榜、韦某林、关某平、冯某明、张某来、余某文、肖某隆、肖某龙因非法处置危险废物的行为，对环境造成了污染，已构成污染环境罪，受到了相应的刑事处罚。经环保部某环境科学研究所对本次事件进行生态环境损害鉴定评估，某县堆放、倾倒填埋点的固体废物为具有腐蚀性的危险废物。某县境内需要处置的污染废物639.96吨（含废油及受污染土壤），其中某村“金竹窝”倾倒场地需要处置的污染废物253.33吨，某镇中塘村倾倒场地需要处置的污染废物386.63吨。两地点共造成直接经济损失112.44万元、生态环境修复费用4.15万元（后续用于客土回填、植被种植）、鉴定评估费15.14万元，共计131.73万元。某市中级人民法院于2018年8月7日依法受理该由公益诉讼起诉人某市人民检察院提起的环境污染责任纠纷公益诉讼案。

【裁判结果】

某市中级人民法院于2019年1月10日作出（2018）桂13民初×号民事判决：

1. 被告某油料公司、刘某、黄某添、刘某义、韦某文、韦某榜、韦某林、肖某隆、肖某龙连带赔偿某村的环境损害直接经济损失44.51万元，生态修复费用1.64万元，鉴定评估费5.99万元，共计52.14万元；

2. 被告某油料加工厂、刘某滨、关某平、冯某明、刘某义、韦某文、韦某榜、韦某林、张某来、余某文连带赔偿某县中塘村的环境损害直接经济损失67.93万元，生态修复费用2.51万元，鉴定评估费9.15万元，共计79.59万元；

3. 被告某油料公司、刘某、黄某添、某油料加工厂、刘某滨、关某平、冯某明、刘某义、韦某文、韦某榜、韦某林、肖某隆、肖某龙、张某来、余某文于判决生效后10日内通过《广西日报》向社会公众赔礼道歉；

4. 驳回公益诉讼人其他的诉讼请求。

宣判后，各方当事人均未提出上诉，判决已发生法律效力。

【裁判理由】

本院认为，被告某油料公司、某油料加工厂及关某平、冯某明经营的润滑油经营部，在生产经营过程中均产生废酸油渣，被告某油料公司、刘某、黄某添、某油料加工厂、刘某滨、关某平、冯某明为了获得非法利益，明知刘某义无危险废物经营许可资质，公然违反《固体废物污染环境防治法》第 53 条、第 55 条、第 57 条的规定，未向环保部门依法申报危险废物的种类、产生量、流向、贮存、处置等有关资料，擅自将生产润滑油过程中产生的危险废物交由刘某义处置。根据《危险废物经营许可证管理办法》第 15 条第 3 款“禁止将危险废物提供或者委托给无经营许可证的单位从事收集、贮存、处置经营活动”，以及《固体废物污染环境防治法》第 5 条“国家对固体废物污染环境防治实行污染者依法负责的原则。产品的生产者、销售者、进口者、使用者对其产生的固体废物依法承担污染防治责任”的规定，被告某油料公司、刘某、黄某添、某油料加工厂、关某平、冯某明作为危险废物的生产者、提供者，未按照国家有关规定处置危险废物，该行为与其他被告的行为相互结合，共同直接导致了本案损害后果的发生，应承担侵权责任。被告刘某滨作为某油料加工厂的个体经营者、负责人，根据原《民法总则》第 56 条的规定，应对该工厂非法处置危废物造成环境污染的行为承担赔偿责任。

被告刘某义、韦某文、韦某榜未取得危险废物经营许可证，违法从事危险废物收集、贮存、利用、处置的经营活动，擅自倾倒、填埋危险废物的行为，违反《固体废物污染环境防治法》第 17 条第 1 款“收集、贮存、运输、利用、处置固体废物的单位和个人，必须采取防扬散、防流失、防渗漏或者其他防止污染环境的措施；不得擅自倾倒、堆放、丢弃、遗撒固体废物”，以及该法第 57 条、第 59 条及《危险废物经营许可证管理办法》第 2 条的规定。被告刘某义、韦某文、韦某榜的行为与其他被告的行为相互结合，共同直接导致了本案损害后果的发生，应承担侵权责任。

被告韦某林、肖某隆、肖某龙、张某来、余某文为了获得非法利益，为刘某义、韦某文、韦某榜等人非法从事危险废物处置提供了场所和便利，该行为与其他被告的行为相互结合，共同直接导致损害后果的发生。因此，韦某林、肖某隆、肖某龙、张某来、余某文对其污染环境的行为应当承担侵权责任。

被告李某静、吴某文、银某、某灵等司机是否应承担侵权责任。本院认为，首先，根据《侵权责任法》第 65 条的规定，因污染环境造成损害的，污染者应当承担侵权责任。污染者是指污染源的控制和排放者。本案中,司机不是污染物的产生者,没有参与危险废物的堆放、倾倒及填埋,虽然进行了运输,但危险废物的实际控制人仍是刘某义等人,运输行为仅是刘某义等人处置危险废物的一个工具性的行为。其次,司机是从"货车帮"平台获悉运输的货物为"废机油",废机油并不属于国家危险品名录里的危险废物;司机获取的运费仅是普通货物的运费;并且上述危险废物本身没有特别标识,也不能直接从包装、气味等表征上判定所运物品可能为危险废物。公益诉讼起诉人追究司机侵权责任的依据是司机在"3·14环境污染"刑事案件中作为证人的证言,证言内容证明司机是通过"货车帮"平台承运货物,并证实其所运货物的出发地、目的地、联络人特征等信息,该证据不能证明司机与污染者存在污染环境的共同意思联络。基于以上理由,司机不是本案的污染者,不应承担侵权责任。对于公益诉讼起诉人依据被告某县开心汽运有限公司、某平安汽车运输有限责任公司、某联和汽车运输有限责任公司分别与被告吴某文、银某、某灵之间存在挂靠关系而主张上述三个运输公司承担连带责任的意见,因前述三人未构成侵权不应承担侵权责任,因此上述三个运输公司亦不应承担连带赔偿责任。

关于环境污染的责任应如何承担的问题。根据原《侵权责任法》第8条"二人以上共同实施侵权行为,造成他人损害的,应当承担连带责任"以及最高人民法院《关于审理环境侵权责任纠纷案件适用法律若干问题的解释》第2条"两个以上污染者共同实施污染行为造成损害,被侵权人根据侵权责任法第八条规定请求污染者承担连带责任的,人民法院应予支持"的规定,被告对相应地点所造成的损害后果,依法应互负连带赔偿责任。

由于刑事案件的证明标准和责任标准明显高于民事案件,环境污染犯罪行为造成损害后果的,固然应当承担相应赔偿责任,但未被认定为犯罪的危害较轻的污染行为,仍然要承担相应的民事侵权赔偿责任。本案中依法应承担赔偿责任的环境污染行为包括但不限于生效刑事判决所认定的环境污染犯罪行为,故被告提出赔偿责任应当仅以生效刑事判决所认定的污染物数量为标准的异议不成立,本院不予支持。由于危险废物从外包装无法辨识污染物的来源地,且废酸油渣具有强腐蚀性,受存放时间、环境等因素的影响,导致鉴定部门也无法对污染物的来源地与堆放地进行同一性检测。因此,根据现有证据,对某村、中塘村污染地的相关责任人的污染物数量、危险程度、危害大小以及作用力大小无法进行区分,因此,相应地点的相关责任人应对损害后果承担连带赔偿责任。

1.关于某村损害赔偿责任问题。被告某油料公司、刘某、黄某添违法提供废酸油渣的行为，与被告刘某义、韦某文、韦某榜、韦某林、肖某隆、肖某龙非法处置废酸油渣的行为直接结合，严重污染某村生态环境，造成直接经济损失44.51万元、生态修复费1.64万元、鉴定评估费5.99万元，共计52.14万元；上述被告应当对以上污染损害后果承担连带责任。虽然刘某、黄某添、刘某义、韦某文、韦某榜、韦某林、肖某隆、肖某龙的行为已构成刑事犯罪，但在承担相应刑事责任的同时仍然要承担相应民事侵权责任。某油料公司、刘某、黄某添否认其与某村污染点的损害后果存在因果关系与事实不符，本院不予支持。

2.关于某县中塘村损害赔偿责任的问题。被告某油料加工厂、刘某滨、关某平、冯某明违法提供废酸油渣的行为，与被告刘某义、韦某文、韦某榜、韦某林、张某来、余某文非法处置废酸油渣的行为直接结合，严重污染某镇中塘村生态环境，造成直接经济损失67.93万元、生态修复费2.51万元、鉴定评估费9.15万元，共计79.59万元；上述被告应当对污染损害后果承担连带责任。虽然刘某义、韦某文、韦某榜、韦某林、关某平、冯某明、张某来、余某文的行为已构成刑事犯罪，但基于该行为已承担的刑事责任不影响其同时承担民事侵权责任。

对于某市人民检察院请求判令上述被告通过公开媒体向社会公众赔礼道歉的问题。根据最高人民法院《关于审理环境民事公益诉讼案件适用法律若干问题的解释》第18条“对污染环境、破坏生态，已经损害社会公共利益或者具有损害社会公共利益重大风险的行为，原告可以请求被告承担停止侵害、排除妨碍、消除危险、恢复原状、赔偿损失、赔礼道歉等民事责任”的规定，赔礼道歉属于环境民事公益诉讼被告承担民事责任的方式。本案15个被告污染环境行为是对社会公众权益的损害，要求其通过媒体公开向社会公众赔礼道歉，既是公众合法权利的体现，也是对类似行为的警示。某市人民检察院代表社会公众要求污染环境的侵权行为人赔礼道歉具有合法性和合理性，本院予以支持。

【典型意义】

这是最高人民检察院、公安部和生态环境部挂牌督办的“3·14”跨省非法转移处置危险废物案，也是广西首例依法判决的由人民检察院作为公益诉讼起诉人提起的环境民事公益诉讼案件。其一经上诉，广西法检“两长”同庭履职，属全国首例，足以体现广西司法系统对该案的高度重视。本案涉及人数多，舆论关注度极高，法律影响力大，社会效果好。由于一审承办法官既能准确运用法律武器精准打击环境污染违法行为，又能充分保障各方当事人诉讼权利，2020年2月自治区高级人民法院授予其“三等功”。

为了强化生态环境保护的公众参与和社会监督，充分发挥典型案件的宣传教育警示作用，本案组成了包括4名陪审员在内的7人合议庭，由时任分管民事审判的副院长担任审判长。在该案的审理中，3个关联案件72个运输者是否追究环境污染赔偿责任是本案审理中很棘手的问题。合议庭经审理后认为，运输者李某静等人不应认定为本案的污染者。主要理由有：一是“废机油”并不是国家危险品目录里的危险废物，并不属于危险化学品。二是案涉运输者从“货车帮”平台获悉运输货物为“废机油”，而不是废酸油渣。废酸油渣等危险废物本身没有特别标示，不能从体形外观和物理形态判定所运输物品为危险废物，运输者尽到了运输一般货物的注意义务。三是案涉运输者与危险废物提供者、收集者、贮存者、处置者没有共同危害的意思联络。运输者没有参与废酸油渣的装卸行为，其运输行为是收集者刘某义等人非法处置危险废物的一个工具性行为，运输者仅间接辅助了污染物的位移，危险废物的实际控制人仍是刘某义等人。四是运输者获取运费仅是普通货物的运费，不应承担环境污染的相应责任。从立法本意来看，环境污染侵权行为中，之所以行为人要承担无过错责任，是因为行为人于环境污染要么造成了巨大的环境危害，要么获得了高额利润。根据“收益与风险相匹配”的原则，让运输者承担无过错责任也不符合环境污染的立法精神。五是运输行为与侵权后果不存在因果关系。在本案中追究运输者侵权责任的依据是李某静等人在“3·14环境污染”刑事案件中作为证人的证言，该证言也不能证明运输者与其他污染者存在污染环境的共同意思联络，在运输过程中李某静等人没有造成危险废物撒漏等污染环境的行为，也并非造成本案环境污染的直接行为人，其运输行为并不必然导致环境污染行为。综上，李某静等运输者不应承担损害环境的赔偿责任。

该案一审宣判后，某市人民检察院没有抗诉，其他当事人没有上诉，较好地体现了法律效果与社会效果的统一。在我国环境污染屡禁不止、环境风险日益凸显的背景下，对于跨境长途转移环境污染物，群众深恶痛绝，舆情风险极高。在打击环节上，存在发现难、取证难、追责难和赔偿难等种种问题。对于准确适用法律武器严厉打击环境污染中的提供、收集、运输、贮存、处置危险废物行为，让真正的环境污染者受到惩罚，避免那些人数众多且在污染环境中没有因果关系的运输者误受法律追究，该案例具有十分重要的参考价值。

众筹设立公司的行为属公司募集设立的范畴

——上诉人广西某餐饮管理有限公司、陈某某与被上诉人林某公司设立纠纷案

苏　珊*

【裁判要点】

发起人因设立公司之需与各投资人签订股权众筹协议，继而为设立公司实施的各种行为，均是为了履行与投资人之间关于设立公司的约定，应受到《公司法》的约束。发起人未按照合同约定设立公司，认股人请求其返还投资款及相应利息的，应予以支持。

【相关法条】

原《合同法》第77条、第94条（现主要内容规定在《民法典》第543条、第563条）

【基本案情】

法院经审理查明：广西某主题餐饮管理有限公司（以下简称某餐饮公司）是北海市海城区某音乐餐吧（以下简称某音乐餐吧）的股东，其法定代表人原为陈某某，后于2015年12月7日变更为陈某云。2015年8月23日，某餐饮公司向林某出具《收据》一份，确认收到林某交付的某意式休闲餐厅（三店）投资款15,000元，认购股权5股。2015年8月31日，林某与某餐饮公司签订《某旗舰店股权众筹委托投资协议书》（以下简称《协议书》）约定，众筹项目为某旗舰店，项目预计在2015年9月底试营业；林某参与本次众筹项目第1轮众筹，认购股权数量为5股，金额

* 作者单位：北海市中级人民法院民二庭。

为15,000元;本项目预计18个月至24个月可收回全部投资,每季度分红一次,分红时间为每年的3月、6月、9月、12月10日至15日,分红形式为现金分红,以银行转账的方式支付给林某;每位股东投资的金额返还等额的"通用券",每个季度返还一次,5年内返完,"通用券"是现金券,可当现金使用,在某联合集团北海事业部各门店均可使用;林某本人在某旗舰店消费可享受7.5折优惠(股东凭专用卡以及仅限本人消费时可享受),可享受某联合集团北海事业部其他门店消费VIP贵宾折扣(以各门店的优惠方案为准);林某与某联合集团签约成为公司外联客户经理,介绍的亲朋好友到某联合集团北海事业部门店消费,可获得5%的通用券提成;享有知情权,有权了解项目运营状况、各项财务报表、收支情况,可通过股东会参与项目的管理,为项目出谋划策等。2015年10月2日,某餐饮公司向林某发放《股权证书》(编号:A-045),载明企业名称为某餐饮公司,项目名称为某意式休闲餐厅(凯旋店)(以下简称某意式餐厅),股权人为林某,出资金额为15,000元,占股5股,占1%(A轮认购)。

另查明,广西壮族自治区北海市中级人民法院于2017年3月24日作出(2017)桂05民终××号民事判决,确认涉案的某意式餐厅没有成立,某餐饮公司、陈某某是某意式餐厅的发起人。庭审中,各方均认可某意式餐厅至今未成立。

某意式餐厅至今未成立,故林某起诉至法院请求判令某餐饮公司向其返还15,000元及按年利率6%计算利息,且陈某某对上述债务承担连带清偿责任。

【裁判结果】

广西壮族自治区北海市海城区人民法院于2019年9月26日作出一审民事判决,判决某餐饮公司、陈某某共负返还15,000元及利息(以15,000元为基数,按中国人民银行同期同类存款利率,从2015年8月23日起计至判决发生法律效力之日止)给林某的连带清偿责任。某餐饮公司、陈某某不服一审判决,向二审法院提起上诉。广西壮族自治区北海市中级人民法院于2020年3月26日作出二审民事判决,维持原判。

【裁判理由】

法院生效裁判认为:某餐饮公司与林某签订的《协议书》约定,林某以众筹的方式委托某餐饮公司投资参与"某旗舰店股权众筹",而林某认购该项目的5份股权,总金额为15,000元。之后,某餐饮公司收取了林某交纳的15,000元,并向林某发放了《股权证书》以证明林某是某意式餐厅的原始股东。另外,鉴于本院于2017年3月24日作出的(2017)桂05民终××号生效民事判决认定涉案某意式餐厅没有成立,且某餐饮公司、陈某某是该餐厅的发起人。故本案的募集行为实际为某餐饮公司、陈某某为设立某意式餐厅发起的股权募集邀约,而林某成功认购了该项目的股权。由此可知,本案是某餐饮公司、陈某某为通过募集方式设立某意式餐厅而与林某达成合作意向,但是双方因涉案公司是否实际成立以及林某请求返还投资款产生纠纷,符合公司设立纠纷的法律特征,本案定性为公司设立纠纷并无不当。关于某餐饮公司、陈某某应否返还林某 15,000 元及相应利息的问题。首先,依据原《合同法》第 77 条第 1 款的规定,某餐饮公司、陈某某没有举证证明与林某协商一致变更了合同的内容,那么就应当按照原合同的约定继续履行设立某意式餐厅的筹办义务。其次,综合本案证据,发起人某餐饮公司、陈某某没有根据相关法律的规定召开创立大会、进行验资、制定公司章程等,也没有到公司登记机关进行公司设立登记申请。并且,某餐饮公司成立的公司是某音乐餐吧,不是某意式餐厅。也就是说,涉案《协议书》中约定的某旗舰店项目至今未成立。最后,虽然某公司向林某的账户转入了五笔分红,但是某餐饮公司、陈某某没有提交证据证明已经与林某达成一致意见,林某同意将其认购的股权转化为某公司的股权,而林某亦予以否认,故某餐饮公司、陈某某提出已经按照《协议书》的约定将分红汇入林某账户的主张,二审法院不予确认。除此之外,某餐饮公司、陈某某没有证据证明已履行涉案《协议书》中的其他义务。因此,某餐饮公司、陈某某没有完成设立某意式餐厅的筹备工作。根据原《合同法》第 94 条第 2 项的规定,某意式餐厅至今未成立,作为发起人的某餐饮公司、陈某某应当对林某已缴纳的股款 15,000 元及利息负有连带清偿责任。

【典型意义】

股权众筹是一种“互联网 + 金融”的创新型融资模式,是公司通过互联网众筹平台出让部分股权以筹措资金的股权融资行为。虽然我国法律尚未对这一新兴产业出台明确的规定,但股权众筹作为发起人设立公司进行资金筹集的一种方式,涉及公司资金的募集,仍受到《证券法》和《公司法》的约束。

那么,发起人融资设立公司的行为是否属于公司募集设立的范畴,目前我国理论研究和实务工作中并无定论,主要存在以下两种观点:第一种观点认为,发起人与投资人之间达成筹集资金设立公司的合意后仅签订众筹协议,而设立公司的形式既不符合《公司法》规定的公司募集设立情形,又不符合股权众筹模式的要求,那么该行为则是一种面向大众募资以支持发起的个人或组织达成某种目的的行为,即众筹行为也称为大众筹资或群众筹资。第二种观点则认为,发起人基于设立公司的目的与投资人签订众筹契约,同意出让公司的部分股权以筹措资金的行为,系因发起人欲通过募集资金设立公司所起,应受到《公司法》关于公司募集设立相关规定的制约。

两种观点之间的差异主要在于融资设立公司的过程是否必须符合《公司法》关于募集设立的相关规定才属于《公司法》约束的范畴。相较而言，笔者更加认可第二种观点，具体理由如下：发起人因设立公司之需与各投资人签订股权众筹协议，继而为设立公司实施的各种行为，均是为了履行与投资人之间关于设立公司的约定。由此可知，因设立公司引起的系列问题均应受到《公司法》的约束。发起人是否履行了相关的权利义务、设立公司的程序是否符合法律的相关规定、公司是否成功设立等问题是公司设立过程中可能遇到的风险，并非判断是否募集设立的必备要件，且不影响发起人与投资人之间的合同效力，不能以此判定发起人的融资行为是否为公司募集设立的情形。另外，在此种情形下，若公司设立失败，投资人不仅可按照合同约定请求发起人承担违约责任，亦可依据《公司法》第 94 条的规定请求发起人对已付股款并加算银行同期存款利息的连带责任承担赔偿责任。此种做法的优势主要在于有效避免披着股权众筹的外衣，实则普通众筹融资，踩着“非法集资”的法律红线，打着法律“擦边球”，规避发起人连带责任、超越募集设立人数限制、非法集资罪等法律后果的发生。综上所述，笔者认为上述第二种观点更具合理性，更与立法规范目的相契，亦更能保护投资人的合法利益，应予以采纳。

我国股权众筹尚处于法律监管空白状态，为中小企业或新型企业带来机遇的同时也带来了风险。比如，公开宣传非法化、股权众筹平台异化、募集程序非法化、公司设立失败、资金安全问题，等等。然而，不管以何种方式设立公司，均为《公司法》约束的范畴。投资人在参与股权众筹时，应选择有股权众筹资质的互联网平台、不盲目“跟投”、找准项目定位、审慎审查项目及发起人的相关信息；在参与普通公司募集设立时，应明确项目为向社会公开募集还是向特定对象募集，向社会公开募集股份的项目是否由依法设立的证券公司承销，发起人是否已经完成书面认足公司章程规定其认购的股份等义务。

某化工有限责任公司破产重整案

林有坤*

【裁判要点】

某化工有限责任公司(以下简称某化工公司)“未产先破”,经债权人申请进行重整。该公司的控股股东某化工股份有限公司(以下简称某股份公司)系上市公司,重整过程中的任何信息均对其股市业绩产生影响。为了避免对股市造成大幅波动,获得最佳的重整效果,本案在审理思路上作了特殊的设计。一方面,经协商同意,将既是最大债权人,又是重整投资人的债权作为劣后债权;另一方面,说服重整投资人同意增加投入重整资金,提高债权清偿率。同时,加快审理速度、提高重整效率,在不足5个月的时间内将危困企业重整成功。此外,最大限度地维护了债权人的合法利益,除一个债权人的清偿率为40%外,其他债权人的清偿率均为100%,实现了债权人利益最大化,取得了良好的社会效果。

【相关法条】

《企业破产法》第2条、第86条、第87条

【基本案情】

某化工公司于2007年7月2日经南宁市工商行政管理局核准登记。公司注册资本为10,000万元人民币,由某股份公司与某投资集团有限责任公司出资成立,隶属某化工集团有限公司(以下简称某集团公司),属国有企业。经营范围为:对氯碱化学工业及其系列无机和有机化工生产的投资。成立某化工公司主要目的是在某工业园区投资建设30

* 作者单位:南宁市中级人民法院。

万吨/年离子膜烧碱及32万吨/年聚氯乙烯项目，为某股份公司生产基地整体外迁至该工业园区奠定基础。该公司成立至今，已投入资金人民币6亿多元，取得工业用地1048.66亩，并建设了办公区楼房、厂区道路、地下管网、专用变电站等基础设施，以及采购了生产设备，等等。因受征地拆迁以及国家高能耗行业政策调控的影响，项目建设一直未能完成，企业经营无法正常运转，不仅造成资金沉淀、经济损失严重，债务剧增，而且对某化工公司的控股股东即上市公司——某股份公司，产生了负面的社会影响。2014年1月，某集团公司（包括某股份公司、某化工公司）全部国有股份整体划转某国际港务集团有限公司管理。根据审计报告显示，某化工公司2017年12月31日资产总额为361,138,713.16元，负债总额为480,473,427.43元，净资产-119,334,714.27元，资产负债率为133%。

【审理情况及结果】

由于某化工公司不能清偿到期债务，并且资产不足以清偿全部债务，已明显缺乏清偿能力，作为最大债权人的某集团公司申请该公司破产重整。虽然某化工公司项目建设未完成、未投产即濒临破产，但由于前期取得大量工业用地，并完成了部分基础设施建设，如增加投资，调整经营方向和策略，仍很有希望恢复生产能力。据此，本案具有重整的可行性。

南宁市中级人民法院（以下简称南宁中院）于2018年9月10日裁定受理该重整案，并指定管理人。2018年11月12日，南宁中院召开第一次债权人会议，经核查，某化工公司涉及15家债权人，债权债务近5亿多元，其中，某集团公司享有4.68亿元债权，其他债权近1300万元（未含待定债权）。此后，管理人经公开招募，选定某集团公司为重整投资人。在南宁中院的指导下，某化工公司管理人、债权人和重整投资人等各方经过多轮谈判和反复沟通协调，解决了诸多分歧问题，最终某化工公司管理人与某集团公司签订了《重整协议》，并制定了重整计划草案。该草案明确：在破产清算状态下，建设工程价款优先受偿权债权清偿率为73.65%，普通债权清偿率为17.39%，重整后建设工程价款优先受偿权债权清偿率调整为100%，普通债权在5万元以上的清偿率调整为40%，普通债权在5万元（含本数）以下的清偿率为100%；重整投资人某集团公司享有某化工公司4.68亿元债权，再投入2000万元作为重整资金；重整投资人不适用以上受偿方案，待重整计划执行期结束后与某化工公司另行协商清偿方式；因某化工公司原出资人权益核定为负数，故将其权益调整为0。2019年1月17日，南宁中院主持召开某化工公司重整案第三次债权人会议，就该重整计划草案进行表决。建设工程价款优先受偿权债权组的债权人超过半数通过重整计划草案,并且其所代表的债权额为该组债权总额的 71.92%;大额普通债权组出席会议的债权人 100% 通过重整计划草案,并且其所代表的债权额为该组债权总额的 100%;小额普通债权组和出资人组未通过重整计划草案。经管理人、债务人与小额普通债权组、出资人组进行协商后,上述两个表决组进行了第二次表决,小额普通债权组出席会议的债权人 100% 通过重整计划草案,并且其所代表的债权额为该组债权总额的 99.02%;出资人组二次表决仍未通过。此外,本案不存在财产担保债权、职工债权、税款债权。2019 年 2 月 2 日,南宁中院依法裁定批准某化工公司重整计划草案,终止重整程序。2019 年 2 月,某集团公司 2000 万元重整资金到位。同月,某化工公司股权变更工商登记全部办理完成。后全部债权已清偿完毕。

【裁判理由】

一、案件审理的重、难点

某股份公司系上市公司,其既是某集团公司的子公司,又是某化工公司的控股股东。某化工公司在重整过程中的任何信息均对某股份公司的股市业绩产生影响,如若重整不顺利或重整不成功,则会产生负面的社会影响。因此,在案件审理过程中,南宁中院努力提高重整效率,并在技术层面上往有利的方向推进,避免对股市造成大幅波动。

二、对现有破产领域先进理论、经验的转化应用

依照破产法律规定,重整状态下普通债权的清偿比例要高于破产清算状态下的清偿比例。根据某化工公司破产清算状态下的清偿比例评估报告,本案在破产清算状态下,优先债权清偿率为 73.65%,普通债权清偿率为 17.39%。一般情况下会在高于并接近 17.39% 的比例确定重整状态下普通债权的清偿率。最初,重整投资人提交的重整投资方案中计划投入的重整资金为 1000 万元,优先债权清偿率为 70%,普通债权清偿率为高于并接近 17.39%。为了实现债权人利益最大化,同时为了维护股市稳定,经多次沟通协调和谈判,最终重整投资人同意提升重整资金至 2000 万元,优先债权清偿率为 100%,普通债权清偿率为 40%,清偿率大大提高。从本案的成果可以看出,为了获得更佳的重整效果,必须提高债权清偿率,必须增加重整投资资金,而为了达到该目的,必须把债权人利益最大化放在首位,根据案件实际情况,抓住有利因素,通过努力沟通协调和艺术的谈判来实现。

三、在目前理论、制度尚存在欠缺的情况下所作的创新及突破

按现行法律制度，债权人一般均在重整计划执行期根据清偿比例参与分配。在本案中，某集团公司既是最大债权人，又是重整投资人，且在国企框架下，与某化工公司存在上下隶属关联关系。基于企业主体这种特殊的关联和利益关系，本案在制订重整计划草案时，对债权受偿方案作了另外的设计。经充分协商，确定暂时搁置某集团公司的债权清偿或将其作为劣后债权，待重整计划执行结束后，再根据实际情况另行协商清偿方式，或通过集团公司内部调整、内部盘活资产等方式解决受偿问题。按此操作，不仅提高了重整效率，而且大大提高了其他债权人的受偿比例，有力地促进了企业重整成功。这是本案所作的一次突破性的尝试。

【典型意义】

一、释放了大量闲置资源，推动经济社会高质量发展

某化工公司成立后投入了巨额资金，取得大量工业用地（1048.66 亩）并建设了基础设施，以及采购了生产设备，等等。但项目建设因前述原因一直未能完成，企业不仅无法正常经营，没有产生任何效益，而且大量土地、房产、机器设备等生产资料闲置，造成极大的社会资源浪费。该案重整后，促进人力资源再就业并使人才重新发挥作用，释放了所有土地、厂房、基础设施、机器设备等闲置生产资源，促进这些生产要素的流动，使之重新投入市场有效利用，并增加政府税收，助力经济转型升级，推动企业高质量发展。

二、解决社会关注的问题

为了某化工公司的重整对其控股股东某股份公司的股市业绩不产生负面影响，在案件审理过程中，南宁中院制订了审理方案，尽最大努力加快重整效率，管理人加快债权核查、督促审计，评估机构尽快出具审计、评估报告，并与各方积极协调，不断优化重整计划草案，并传递正面积极信息等，促使在技术层面上往有利的方向推进，避免对股市造成大幅波动，缓解社会的担忧。

三、本案审理效率快、债权清偿率高

本案经南宁中院办案法官和管理人的共同努力，在不足 5 个月的时间内完成重整工作，不仅审理效率快，而且除一个债权人的普通债权清偿率为 40% 外，其他债权

人的清偿率均为100%，实现了债权人的利益最大化，取得了较好的重整效果。

四、重整效果有利于南宁市营商环境评估指标的提升

时间、成本、回收率是优化营商环境的重要考核指标内容。该案审理用时0.42年，成本占比1.51%，回收率为74.9%。实现了破产案件办理用时少、成本低、回收率高的效果，成为南宁市在优化营商环境工作中展现的典型案例。

五、重整的法律效果及社会效果

本案成功重整使“未产先破”的企业破茧重生，不仅最大限度地维护了债权人的利益，而且解决了困扰企业多年的债务和经营问题，盘活了企业资产，取得了很好的社会效果，对于推进供给侧结构性改革，完善市场机制，优化广西营商环境起到积极的促进作用。为此，《广西日报》《广西法治日报》专门对该案进行了报道。

方某础等诉刘某军、某焊接制造公司股权转让纠纷案

李婷婷　温清华*

【裁判要点】

1. 外国公司法人解散后，原股东仍以公司名义对外转让该公司在中国持有的境内公司股权，并以自己的名义诉请要求受让人直接履行给付对价义务的，人民法院应首先根据外国公司法人登记地法律的规定审查在该国法律体系项下对公司法人解散后果的相关规定，进而区分原股东在不同的公司解散方式下对公司财产作出分配决议的效力，判断其能否继受公司解散前的财产，以及是否享有相应民事权利能力和民事行为能力处置公司原有资产，并直接以自己的名义诉请主张公司权利。

2. 中国境内公司为其股东对外债务提供担保的，因该提供担保的公司股权全部由关联股东的家庭成员持有，所担保主债权指向基础法律关系中目标公司的部分受让股权，亦经关联股东再转让至该提供担保公司的其他股东名下，最终形成由担保公司全部股东均持有目标公司股权的情形，且所提供担保的公司及其关联股东均未就案涉担保行为提出异议，足以体现公司为其关联股东提供担保的行为系该公司的真实意思。

【相关法条】

《民法总则》第 189 条（现为《民法典》第 189 条）

最高人民法院《关于审理民事案件适用诉讼时效制度若干问题的规定》第 5 条

---

* 作者单位：柳州市中级人民法院。

《涉外民事关系法律适用法》第 14 条、第 41 条

《合同法》第 9 条、第 107 条(现主要规定于《民法典》第 469 条、第 577 条)

【基本案情】

某发展公司于 1992 年 11 月 23 日根据《纽芬兰拉布拉多省公司法》注册成立,发起股东为加拿大公民欧某某、方某础、方某娜(以下简称方某础三人)。1993 年,某发展公司与中国境内企业共同出资设立中外合资经营企业,该企业至 1995 年更名为某合金公司,性质为由某发展公司独资经营的外商独资企业。2005 年 8 月 2 日,方某础三人共同作出《某发展公司之公司决议》,将某发展公司予以解散,并决议将公司拥有在中国境内的"某合金公司及其资产"于方某础三位股东之间平均分配。此后,某发展公司于 2005 年 10 月 11 日根据《纽芬兰拉布拉多省公司法》第 341 节由公司注册官注销,且纽芬兰拉布拉多省服务厅商业注册处于 2014 年 10 月 5 日出具的《证明》反映,某发展公司至《证明》签发之日依然是一个被注销的公司。2013 年 1 月 9 日,方某础以某发展公司的名义与刘某军、某焊接制造公司签订《股权转让协议书》(以下简称《协议》)及《股权转让补充协议书》(以下简称《补充协议》),约定某发展公司将所持有的某合金公司 100% 的股份转让给刘某军,转让价格为人民币 500 万元(以下金额均为人民币),款项汇入方某础名下个人银行账户,并由某焊接制造公司对刘某军的债务提供连带责任保证,某发展公司均在两份协议上盖章确认,并由方某础作为其代表签署协议。2013 年 1 月 30 日,柳州市柳南区招商促进局出具《关于同意某合金公司变更股权的批复》,同意某发展公司转让某合金公司股权的行为,并确认某合金公司由外商独资企业变为内资企业。至此,刘某军成为持有某合金公司 100% 股份的股东。之后,刘某军于 2013 年 3 月 18 日又将其持有的某合金公司 45% 股份分别转让给其妻子李某娥及子女刘某、刘某芸。因刘某军未付清股权转让款,方某础三人作为共同原告提起诉讼,要求刘某军支付剩余转让款、违约金、逾期付款的利息损失,并要求某焊接制造公司作为保证人承担连带清偿责任。刘某军与某焊接制造公司提出抗辩主张认为,某发展公司已被解散注销法人主体资格,故不应具有任何权利义务。某焊接制造公司成立于 2012 年 2 月 3 日,法定代表人为刘某军,股东为刘某军、刘某芸、刘某。

【裁判结果】

一审法院裁判文书:广西壮族自治区柳州市中级人民法院于 2019 年 1 月 31 日作出(××××)柳市民二外字第××号民事判决,判令:(1)刘某军向方某础三人支付股权转让款 360 万元;(2)刘某军向方某础三人支付违约金 100 万元;(3)刘某军向

方某础三人支付利息18万元;(4)某焊接制造公司对刘某军的上述债务承担连带清偿责任。

二审法院裁判文书:广西壮族自治区高级人民法院于2019年12月25日作出(××××)桂民终×××号民事调解书,确认如下调解协议。

1. 刘某军、某焊接制造公司共向方某础三人支付400万元(其中360万元为股权转让余款,40万元为利息),具体支付时间及支付方式如下:

(1)刘某军、某焊接制造公司自签收调解书之日起1个月内,向方某础三人支付第一笔款50万元;

(2)刘某军、某焊接制造公司自签收调解书之日起3个月内,向方某础三人支付第二笔款100万元;

(3)刘某军、某焊接制造公司自签收调解书之日起6个月内,向方某础三人支付第三笔款100万元;

(4)刘某军、某焊接制造公司自签收调解书之日起1年内,向方某础三人付清第四笔款150万元。

上述应付款项支付至方某础三人共同指定的以下账户:

开户名:关某晃

开户行:中国建设银行开平支行

账号:6217 ×××××××× ×××7 494

2. 在刘某军、某焊接制造公司完成第三笔付款之日起的7个工作日内,方某础三人应向人民法院申请解封某焊接制造公司被查封的位于柳江新兴工业园四方片区东板区工业用地的土地使用权【土地权利证书号:江国用(××××)第××××××】;如方某础三人未向人民法院提出解封申请,则视为放弃主张余款150万元的权利,即刘某军、某焊接制造公司免除向方某础三人支付余款150万元的责任。

3. 刘某军应在签订调解协议之日向方某础三人提供其个人名下位于柳州市白云路2号加5栋1单元1－1号房屋信息,供方某础三人申请人民法院追加查封;方某础三人在刘某军支付完第四笔款之日起的7个工作日内,应向人民法院申请解除上述房屋的查封。

4. 若刘某军、某焊接制造公司未按照协议第1条的约定完全履行支付义务,双方的权利义务按柳州市中级人民法院(2015)柳市民二外字第15号民事判决确定,方某础三人可据此向人民法院申请强制执行,刘某军、某焊接制造公司已付款的部分可予以冲抵。

5. 本案一审案件受理费50,040元,欧某某、方某娜、方某础已预交,由方某础三人负担;二审案件受理费则由刘某军、某焊接制造公司负担。

【裁判理由】

一审法院认为:根据《涉外民事关系法律适用法》的规定,当事人可以协议选择合同适用的法律。当事人没有选择的,适用履行义务最能体现该合同特征的一方当事人经常居所地法律或者其他与该合同有最密切联系的法律。本案中,案涉《协议》《补充协议》的签订和履行均系在中华人民共和国境内,且各方当事人均同意适用中华人民共和国的法律,因此本案应适用中华人民共和国法律。

关于方某础三人的诉讼主体资格问题。《涉外民事关系法律适用法》规定,法人及其分支机构的民事权利能力、民事行为能力、组织机构、股东权利义务等事项,适用登记地法律。由于本案中签订《协议》《补充协议》的是已注销的某发展公司,而某发展公司为设立于加拿大国纽芬兰拉布拉多省的法人,因此,已注销的某发展公司签订《协议》《补充协议》的民事权利能力和民事行为能力应当适用其登记地即纽芬兰拉布拉多省的法律。该院通过对《纽芬兰拉布拉多省公司法》的查明、内容的确定,依据纽芬兰和拉布拉多政府服务部出具的《公司解散证明》以及《某发展公司之公司决议》,认定某发展公司属于《纽芬兰拉布拉多省公司法》所规定的解散类型当中的自愿解散,即在解散前,某发展公司已经通过股东决议对公司资产即所持有某合金公司股权进行了处置。全体股东一致决议同意将此部分公司资产分配给了其股东方某础三人,故该部分财产无须收归国有,方某础三人可以基于分配获得的股权自行行使权利,亦可处分该股权并获得相应对价,而作为权利享有者,同样具有以自己的名义直接向人民法院起诉的诉讼主体资格。

关于案涉《协议》《补充协议》的效力问题。根据原《合同法》的规定,当事人订立合同,应当具有相应的民事权利能力和民事行为能力,当事人采用合同书形式订立合同的,自双方当事人签字或者盖章时合同成立。方某础作为对某发展公司持有的某合金公司股权的享有者,具有签订《协议》《补充协议》的民事权利能力和民事行为能力,且方某础的签约行为亦得到了某发展公司的其他股东欧某某、方某娜的同意。因此,《协议》《补充协议》的签订各方均具有签约的民事权利能力和民事行为能力,前述协议均是各方当事人的真实意思表示,未违反中华人民共和国法律、行政法规的强制性规定,合法有效,股权受让方刘某军应按照合同的约定承担支付尚欠转让款、违约金、利息的责任。

关于某焊接制造公司是否应承担担保责任的问题。刘某军在取得某合金公司股权之后，将其持有的45%的股份转让给了妻子李某娥及二人的子女刘某、刘某芸，而某焊接制造公司的股东亦为刘某军、刘某、刘某芸。某焊接制造公司虽然为其关联股东刘某军的对外债务提供担保，但从已查明的事实可知，某焊接制造公司的其他股东对此应当知晓，亦获得受让股权。因此，某焊接制造公司为刘某军因某合金公司的股权转让事宜所作的担保，对外意思表示真实，合法有效，某焊接制造公司应承担相应的连带责任保证。

【典型意义】

1. 本案审理的重点和难点集中在对外国法的审查与适用，对类似涉外商事案件如何准确查明外国法，本案一审判决具有一定的借鉴意义。一般而言，可以由当事人提供当地律师或有权的机构出具的法律意见书，并同时委托国内有资质的第三方外国法查明机构对外国法进行查明和解释。但是，由于某些外国法在体系安排、内容结构、行文表述上有其特有的法理框架及法律逻辑体系，从其法律条文文本中无法直接得出关联性结论。因此，在审理案件中需要结合当事人现有的证据和已经取得的外国法解释文本，对外国法进行完整、系统的解释，并有针对性地在个案中予以具体适用。

本案中，由于《纽芬兰拉布拉多省公司法》在体系安排、内容结构、行文表述上有其特有的法理框架及法律逻辑体系，从其法律条文文本中无法直接得出关联性结论。在难以直接适用该外国法时，一审法院首先指导方某础三人对《纽芬兰拉布拉多省公司法》进行查明。为此，方某础三人提交了当地律师出具的《关于加拿大公司法之于中国法院诉讼的法律意见》。但该法律意见仅谈到已解散的某发展公司的股东通过一致决议将享有的中国公司股份转移给其股东，符合纽芬兰拉布拉多省公司法关于企业有权力转移其资产与财产，当资产包含公司的所有或绝大多数资产时，需要股东的特别决议以批准转移的规定，法律意见并未涉及已解散的公司主体资格、诉讼权利的解释说明。为此，一审法院委托第三方法律查明机构深圳市蓝海现代法律服务发展中心（以下简称蓝海法务中心）对《纽芬兰拉布拉多省公司法》进行查明。该法律查明机构提供的《纽芬兰拉布拉多省公司法有关公司解散的相关法律问题查明报告》显示，《纽芬兰拉布拉多省公司法》第16章规定，在当地设立的公司解散分为自愿解散和强制解散两种类型，公司解散即为公司主体资格消灭，且不同的解散方式，法律后果不一。但该报告一方面依然未能充分查明公司自愿解散和强制解散的法律后果；另一方面，蓝海法务中心经自行分析认为，由于方某础三人提交的资料不足以证实某发展公司系自愿解散，故某发展公司应属于被强制解散而丧失主体资格的情形，此种情形不应再以公司名义对外进行民事活动。同时,蓝海法务中心在报告中还称,公司在解散之后可按照法定程序申请恢复法人主体资格,法人主体资格恢复后视为未被解散或注销,已被收归国有的资产亦可以返还,公司在被解散期间从事的法律行为有溯及力,视为有效行为。因此,一审法院认为,本案仅凭该中心出具的报告分析观点尚不足以确定某发展公司的解散类型,且本案尚未查明该公司是否具有恢复法人主体资格的情形,故结合该份报告已查明的内容,继续指导方某础三人提供由纽芬兰拉布拉多省当地政府或相关部门出具的能够确认公司解散方式的文件材料,并要求蓝海法务中心出具结论对《纽芬兰拉布拉多省公司法》中关于自愿解散、强制解散的条件,及公司的两种解散类型法律后果所对应的具体法条内容,进行系统的、有逻辑的说明。最终,该院根据《纽芬兰拉布拉多省公司法》第 303 条、第 334 条、第 335 条、第 357 条关于公司被强制解散和公司自愿解散的具体条文内容,结合《纽芬兰拉布拉多省公司法有关公司解散的相关法律问题查明报告——补充查明报告》,依据方某础三人补充提交纽芬兰和拉布拉多政府服务部出具的《公司解散证明》就某发展公司解散形式所作出的说明,认定某发展公司属于自愿解散。该院又进一步查明,《纽芬兰拉布拉多省公司法》关于公司申请自愿解散的程序规定,其第一步程序条件是公司解散前,公司应通过股东决议授权董事对公司资产和债务进行分配和偿还,经股东批准后对公司资产的处置有效,第二步才是向当地政府部门申请自愿解散;若未按上述程序规定处理,公司主体资格随公司解散后灭失,公司剩余尚未处分的财产自动收归国有,公司需要通过法定程序恢复主体资格后才能处分未分配的财产,在公司没有依法恢复主体资格之前,财产为国家所有,股东没有权利代表公司处分资产。换言之,在公司申请自愿解散前,《纽芬兰拉布拉多省公司法》允许公司通过股东作出一致决议的方式将公司资产处分并偿还债务后剩余的资产在股东间予以分配,否则将收归为国有。《纽芬兰拉布拉多省公司法有关公司解散的相关法律问题查明报告——补充查明报告》还对纽芬兰财产法中关于财产的类型进行了解释,阐述了"股权属于动产的一种类型,股东对其享有的股权拥有占有、管理、控制、取得收益和本金、转让、继承和依法取得保护的权利"。本案中,某发展公司在解散之前形成的《某发展公司之公司决议》即该公司原股东在某发展公司解散之前通过决议的形式对公司财产的归属进行分配。根据其决议内容,某发展公司所持有的某合金公司的股权已经平均分配给股东方某础三人。也就是说,某发展公司持有的案涉股权在该公司申请自愿解散之前已处分完毕,此部分财产不会因在解散前未分配而依法收归国有,可遵从意思自治原则处理和分配该部分财产。据此,方某础三人依据股东会决议取得的公司财产属于其个人的财产,其三人依法可以对所取得的财产享有"占有、管理、控制、取得收益和本金、转让、继承和依法取得保护的权利"。进而一审法院根据原《合同法》及《公司法》等的相关规定,对《协议》《补充协议》效力进行确认并作出判决。

2. 本案就公司为其法定代表人暨关联股东的对外债务提供的担保,在未有证据显示形成公司机关书面担保决议的情况下,如何认定担保行为是否是公司的真实意思表示提供了可借鉴的、典型性的个案样本。一方面,提供担保的公司股东全部为关联股东的家庭成员,对关联股东的对外债务应是清楚明知的。另一方面,关联股东将公司所担保主债权指向的受让股权中的一部分转让至该公司的股东名下,使股东成为被担保的主债权指向的受让股权利益的享有者,并最终形成由担保公司全部股东均持有目标公司股权的情形,则查明的事实表明该担保行为本身亦与所提供担保公司的利益相一致。同时,提供担保的公司及其关联股东均未就案涉担保行为提出异议,故应结合案情综合考虑担保行为是否为公司的真实意思表示,而本案足以认定公司为其关联股东提供担保的行为系该公司的真实意思。

陆某利诉杭州网易某科技有限公司网络侵权责任纠纷案

李　延　田丽霞　朱子聪*

【裁判要点】

1. 游戏运营商在认定游戏玩家的游戏行为是否属于牟利时，对《服务条款》的解释应与其设定的游戏规则相适应，不能仅依据游戏后台查询的数据显示游戏玩家数据异常，直接引用《服务条款》的约定，认定玩家的游戏行为牟利，进而对玩家进行处罚。

2. 游戏规则是游戏运营商在开发游戏软件时已设定，游戏玩家作为游戏服务的消费者，在已设定的游戏规则内，有权根据个人喜好选择游戏的项目和行为方式，只要玩家不存在利用外挂或其他破坏游戏程序行为，也不违反已设置的游戏规则，就不能认定游戏玩家的游戏行为属于牟利。游戏运营商据此对游戏玩家处罚构成侵权。

【相关法条】

原《侵权责任法》第36条第1款

【案号索引】

一审：南宁市宾阳县人民法院（2017）桂0126民初2218号（2018年3月9日）

二审：南宁市中级人民法院（2018）桂01民终6387号（2018年9月

* 李延，广西壮族自治区高级人民法院审判监督一庭法官；田丽霞，广西壮族自治区高级人民法院审判监督一庭法官助理；朱子聪，广西壮族自治区人民检察院第六检察部副主任，四级高级检察官。

21日）

再审：广西壮族自治区高级人民法院(2019)桂民再681号(2020年4月27日)

【基本案情】

法院经审理查明：2013年7月11日，陆某利通过网易《倩女幽魂2》网实名认证申请注册了两个网易通行证账号，并分别在每个账号下创建三个人物角色。根据网易某公司设置的程序，注册网易通行证必须点击接受《网易通行证服务条款》《最终用户使用许可协议》《服务条款》《"藏宝阁"网上交易平台服务协议》等网络服务合同。网易某公司根据的"藏宝阁"数据，2015年2月22日，陆某利的两个角色ID在藏宝阁分别出售了9600万银两，交易价格均为800元人民币(包含交易手续费)，认为陆某利的游戏行为属于"牟取不正当利益"，于2015年2月24日对陆某利的6个角色进行了"角色隔离和扣除该角色游戏币"的处罚措施，处罚原因是"利用游戏内容牟取不正当利益"，并于2015年2月25日对两个角色下交易金额均为760.4元的合计1520.8元的交易款进行截留，处罚类型为"牟取不正当利益"。2015年2月27日，陆某利通过缴纳"保释金"5000元宝(游戏道具)的方式解除了对其中两个角色1D暂时隔离的处罚措施，解除角色隔离后，网易某公司未返还清除的游戏币，陆某利缴纳的元宝已领回，另外四个角色ID尚未解除隔离。网易某公司提供的玩家账号角色ID信息基本记录载明，陆某利的两个账号、6个角色人物的娱乐互动中"是否帮会""是否结婚"均为"否"，商城购买及"藏宝阁"购买记录均为"0"。网易某公司提供的"玩家自己组队赚钱牟利记录表"及"玩家任务记录"载明，2014年2月24日至2015年2月24日，陆某利在游戏中频繁利用自己多个游戏账号角色自己组队，钟爱"师徒""中三环"任务，共完成了"师徒"任务9182次，"中三环"任务3266次等，赚取大量银两。陆某利认为网易某公司的处罚行为侵犯其合法权利，向法院起诉请求网易某公司解除对其账号下所有角色人物的处罚措施，返还扣除的交易款1600元及利息500元，返还清空的游戏币，同时要求网易某公司向陆某利公开书面道歉并赔偿经济损失人民币63,623元。

【裁判结果】

广西壮族自治区宾阳县人民法院于2018年3月9日作出(2017)桂0126民初2218号民事判决：驳回陆某利的全部诉讼请求。

陆某利不服上诉。广西壮族自治区南宁市中级人民法院于2018年9月21日作出(2018)桂01民终6387号民事判决：驳回上诉，维持原判。

陆某利不服广西壮族自治区南宁市中级人民法院(2018)桂01民终6387号民事

判决，申请再审，认为其本人的游戏行为正常，不存在牟利情形，请求撤销原审判决，改判支持其诉讼请求。广西壮族自治区高级人民法院于 2020 年 4 月 27 日作出(2019)桂民再 681 号民事判决书，判决如下：

1. 撤销广西壮族自治区南宁市中级人民法院(2018)桂 01 民终 6387 号民事判决和广西壮族自治区宾阳县人民法院(2017)桂 0126 民初 2218 号民事判决；

2. 判决网易某公司于本判决生效之日起 10 日内解除对陆某利账号××××××74@163.com 下的角色 ID××××××254、××××××254，账号××××××7474@163.com 下的角色 ID××××××254、××××××254 的暂时隔离措施；

3. 判决网易某公司于本判决生效之日起 10 日内返还对 6 个角色 ID 清除的游戏币，即分别返还账号××××××74@163.com 下角色 ID××××××254、××××××254、××××××254 的游戏币 53,599,364 两、326,531 两、476,392 两，分别返还账号××××××7474@163.com 下角色 ID××××××254、××××××254、××××××254 的游戏币 17,099,749 两、344,505 两、176,481 两；

4. 判决网易某公司于本判决生效之日起 10 日内退还扣除的交易款 1520.8 元及利息损失(该利息损失以 1520.8 元为基数，从 2015 年 2 月 24 日起，按照年利率 6% 的计算标准，计至网易某公司退还交易款之日止)；

5. 驳回陆某利的其他诉讼请求。

【裁判理由】

法院生效裁判认为：本案的争议焦点是网易某公司对陆某利案涉游戏账号的相关处罚措施是否构成侵权。网易某公司抗辩认为陆某利在游戏中频繁自己组队，大量重复“师徒”“中三环”任务，刷取游戏币用于出售，而非用于提升角色实力，其游戏行为已经超出“正常的娱乐互动”，符合《服务条款》中关于“利用多个游戏角色以营利为目的交易游戏道具”的约定，属于“牟取不正当利益”，已构成违约，网易某公司据此作出的处罚行为不属于侵权。再审法院认为，每一款电子游戏的规则均由该游戏开发商在游戏软件设计时设定，作为提供游戏服务的网络平台经营者，如果要对游戏规则进行修改或限制，应当通过对游戏软件的设置进行修改、调整来实现。游戏玩家即网络游戏平台消费者在游戏软件设定的游戏规则内有权选择自己的游戏消费方式。本案中，网易某公司在再审中明确表示其提供的《倩女幽魂 2》游戏对玩家的账号注册并无数量上的限制，且每个账号在每个服务器最多可创建 4 个游戏角色，陆某利使用自己的身份证号注册了两个游戏账号，并在每个账号下分别创建 3 个角色，无论是注册游戏账号的数量还是创建游戏角色的数量，陆某利均符合该游戏软件设置的游戏规则,否则其账号注册及角色创建均不可能获得系统通过。同时网易某公司在再审中还确认,该游戏中设置的"师徒"任务中,师父每日可接"师徒"任务为30次,徒弟每日可接"师徒"任务为6次;"中三环"任务每日次数上限为5次,获得的奖励随着完成任务次数的增加而递减。根据原审查明的案件事实,2014年2月24日至2015年2月24日陆某利共完成"师徒"任务9182次,"中三环"任务3266次。一年按365天计算,陆某利两个角色ID每年最多可完成"师徒"任务26,280次[(30+6)×365×2],完成"中三环"任务3650次(5×365×2),陆某利完成"师徒""中三环"任务的次数并没有超出网易某公司提供的该游戏设定的任务次数上限。因此,陆某利用自己的身份证注册两个账号创建多个角色反复进行"师徒""中三环"任务符合网易某公司提供的《倩女幽魂2》游戏设定的规则,网易某公司据此作为处罚陆某利的理由没有事实依据。同理,陆某利把通过游戏规则获取的游戏币(银两)在该游戏设置的"藏宝阁"与其他玩家进行交易且交易成功,说明该交易行为亦不为游戏所设置的交易规则所限制,符合该游戏设置的规则。综上,网易某公司抗辩主张所列举的陆某利应受处罚的游戏行为均为其所提供的游戏项目的规则允许实施的行为,网易某公司对陆某利采取的处罚措施均无事实依据。

网易某公司引用《服务条款》约定,认为陆某利上述行为不属于网络游戏"正常的娱乐互动",对获取的游戏币不用于提升角色实力而用于交易属于"牟取不正当利益"。对此,再审法院认为,作为网络游戏服务提供者,对游戏服务消费者权利的设定和限制,应当以游戏项目本身设定的规则为基础,在游戏项目本身设定的游戏规则允许范围内,游戏服务消费者有权根据个人的喜好,选择游戏的项目和行为方式。如果游戏服务提供者认为消费者诸如频繁自己组队重复任务以及不用游戏奖励获取的游戏币用于提升角色实力等行为,影响游戏环境的公平性或平衡性,应当通过对游戏程序相关设置进行修改来限制消费者的游戏行为,而不能通过《服务条款》将玩家在游戏项目规则允许的范围内选择和操作的游戏方式、游戏行为定义为违反《服务条款》的行为,否则就是一种消费构陷,侵害消费者合法权益。网易某公司在没有充分证据证明陆某利存在利用"外挂"或其他手段修改游戏软件设置等行为的情况下,对陆某利案涉游戏进行角色暂时隔离,清除游戏币,并扣除交易款项等处罚,侵犯了陆某利作为网络游戏服务消费者的合法权利,根据原《侵权责任法》第36条第1款"网络用户、网络服务提供者利用网络侵害他人民事权益的,应当承担侵权责任"的规定,网易某公司应承担侵权责任,解除对陆某利游戏角色ID的隔离措施,退还扣除的交易款1520.8元,并返还清除的游戏币。

网易某公司在扣除陆某利交易款1520.8元期间，导致陆某利对被扣除的交易款无法占有和使用，网易某公司应承担赔偿交易款被占用期间的利息损失。参照最高人民法院《关于审理民间借贷案件适用法律若干问题的规定》(2015年)第29条第2款第1项"既未约定借期内的利率，也未约定逾期利率，出借人主张借款人自逾期还款之日起按照年利率6%支付资金占用期间利息的，人民法院应予支持"的规定，该利息损失应按照年利率6%计算。至于陆某利请求网易某公司公开书面道歉并赔偿经济损失63,623元的问题，因陆某利未提供证据证明其实际造成的损失为多少，也未提供证据证明其收入情况和名誉遭受损害情况，再审法院认为网易某公司的处罚行为客观上侵犯了陆某利的权利，但尚不足以造成其他经济损失和对其名誉的损害，因此对该项请求不予支持。

【案件注解】

本案案件事实新颖，是网络游戏运营商侵犯游戏玩家(消费者)合法权益的典型案例。网络游戏产业随着互联网与计算机技术的发展，已成为全球瞩目的顶尖娱乐产业，在文化产业链中占据重要地位。据《2019年中国游戏产业报告》显示，2019年中国游戏产业用户增长至6.4亿人，未来游戏用户规模将进一步扩大。一些对抗玩法的网络游戏发展成国家级甚至是国际级电竞比赛。随着网络游戏产业的迅猛发展，网络游戏纠纷案件也与日俱增。虽然我国推出了一系列政策法规规范游戏市场，但在维护网络游戏环境公平和利益平衡上，占主导地位的还是运营商。在游戏运营商与游戏玩家地位不完全对等的前提下，相关法律法规对运营商并未形成有效制约，运营商在履行监管职责时，常会出现侵犯游戏玩家合法权益的情形。不可否认，游戏运营商有维护游戏环境公平的监管职责，但游戏玩家作为游戏服务的消费者，有权根据个人喜好选择游戏的项目和行为方式，只要其在游戏规则范围内进行游戏活动，运营商便无权干涉玩家的游戏行为，游戏玩家就不应被处罚。如游戏玩家正常的游戏行为可能影响游戏环境的公平，则说明游戏规则存在漏洞，运营商应通过游戏后台修补漏洞，而不应将游戏玩家合法合规的游戏行为导致游戏环境不公平的过错归责于玩家。此外，对于"娱乐互动"的认定，没有统一标准，每个游戏玩家参与特定游戏的动机和获得的游戏体验都是主观的、个性化的，运营商作为游戏提供方，只能对游戏具体的娱乐形式进行设定，客观上并不能规定游戏玩家所能获得的游戏心理体验。

从游戏运营商的监管角度来看，游戏规则是运营商设置，网络服务合同也是运营商提供，对游戏环境的监管还是运营商，可以说，运营商在整个网络游戏服务中既是规则制定者，又是裁判员，往往会为了自身利益而损害玩家的合法权益。运营商直接以玩家游戏数据异常,认定游戏玩家存在不良游戏行为,并对玩家进行封号、隔离角色、清除游戏币、扣除交易款等处罚,没有确切依据。游戏数据异常可能会因多种情况导致,未必是因玩家使用了私服、外挂或其他破坏游戏程序的手段。运营商在认定玩家是否存在不良游戏行为时,应严格按照游戏规则和服务条款来认定,不能与自身设定的游戏规则相矛盾,否则处罚理由无法成立。如果运营商认为游戏场景存在漏洞,完全可以中止该场景或者对该漏洞进行修补。如果因客观原因不能立即实施中止或修补,运营商应对玩家公告该漏洞的具体情况,并公告禁止游戏玩家使用该漏洞以及对不正当使用漏洞的处罚措施,而不是武断地通过强硬手段对游戏玩家进行处罚。

从运营商提供的服务合同来看,运营商制定的处罚条款应符合法律规定。游戏玩家倾入大量时间和精力升级装备,提高等级,游戏装备、游戏币等均是玩家的虚拟财产,但游戏装备或者游戏币交易后兑换成人民币,就不再是虚拟财产保护的问题了。虽然运营商对游戏玩家的处罚属于约定事项,但运营商在服务协议中约定可以强制扣除玩家交易款的条款,违反了《行政强制法》关于行政强制措施应当由行政机关具备资格的行政执法人员实施,其他人员不得实施的相关规定。运营商不具有该项执法权,因此运营商无权扣除交易款。运营商拟制处罚条款时应严格按照法律规定,否则合同条款的效力是存在问题的。

本案的指导意义在于制约运营商的监管行为,规范运营商制定的网络服务合同。运营商在游戏玩家不存在过错的情况下对玩家进行处罚,清除游戏币甚至扣除交易款的行为实属侵犯了玩家的合法权益。游戏玩家与运营商之间是服务合同关系,运营商提供的网络服务合同是格式合同,游戏玩家在进入游戏前必须接受运营商提供的服务合同,而网络服务合同不乏霸王条款,游戏玩家被侵权后诉至法院,举证难度大,维权之路困难重重。因此,唯有制约运营商的监管行为的同时规范网络服务合同,双管齐下,才能更好地维护游戏玩家的合法权益。

A公司不服某市海洋与渔业局海洋行政处罚案

陆英涛[*]

【裁判要点】

1. 海滩涂虽然在退潮时具有一些土地的特征,但在性质上仍属海域,未经申请和批准,擅自将沿海滩涂填成海水无法浸没的土地,构成非法填海,依法应当受到海洋行政处罚。

2. 海洋行政处罚实施机关对情节复杂或者重大海洋违法案件进行会审,即履行了《行政处罚法》(2017年)第38条第2款规定的行政机关负责人集体讨论的法定职责。

【相关法条】

《行政诉讼法》第69条

《行政处罚法》第38条第2款

《海域使用管理法》第42条

【基本案情】

法院经审理查明:2016年5月12日,A公司(一审原告、二审上诉人)与B公司(一审第三人)签订《土地承包合同转让协议》,约定B公司将其与北海市铁山港区兴港镇石头埠村小组签订《农村土地租赁合同》以120万元价格转让给A公司,A公司取得B公司在原合同中的权利。原合同涉及租用的21.78亩海边空地有部分实际为浅海滩涂。2016年7月至9月,A公司将B公司在该片海域上吹填的沙堆进行了平整,并利用机械和车辆从外运来泥土、建筑废料进行场地平整,建设码

* 作者单位:北海海事法院。

头（俗称临时码头），形成了某市海洋与渔业局（一审被告、二审被上诉人）查处本案时的陆域现状，准备建设冷冻厂。2017年10月8日，某市海洋与渔业局立案查处，经过调查、听证和会审程序，于2018年4月8日作出行政处罚决定书，认定A公司填占海域面积为0.3804公顷，对A公司作出如下行政处罚：责令退还非法占用海域，恢复海域原状，并处非法占用海域期间内该海域面积应缴纳海域使用金15倍，计人民币贰佰伍拾陆万柒仟柒佰元整（￥256.77万元）的罚款。

【裁判结果】

北海海事法院于2018年9月17日作出（××××）桂72行初×号行政判决，认为被告某市海洋与渔业局享有海洋行政处罚职权，其作出的行政处罚决定认定的事实清楚，证据确凿，适用法律、法规正确，符合法定程序，驳回原告A公司的诉讼请求。一审判决后，A公司提出上诉。广西壮族自治区高级人民法院认为一审判决认定事实清楚，适用法律正确，程序合法，于2019年6月26日作出（××××）桂行终×××号行政判决：驳回上诉，维持原判。

【裁判理由】

法院生效裁判认为：A公司与B公司2016年5月12日签订《土地承包合同转让协议》后，在未取得海域使用权的情况下，于2016年7月至9月，组织人员利用机械和车辆从外运来泥土、建筑废料，对B公司在涉案海域上吹填的沙堆进行填充平整和围堰，形成临时码头，拟建冷冻厂并持续使用直至某市海洋与渔业局发出停工通知。B公司系以抽沙方式填入涉案海域，形成沙堆，并未形成岸线，签订转让协议后，未再使用涉案海域，而A公司则是自签订转让协议后开始实施平整、围填等占用海域的行为，其采用外运泥土及建筑废料的方式对涉案海域进行充填、平整及围堰，两者实施行为的时间、方式及性质不同，并非共同实施"同一违法行为"。B公司、A公司在主观上并无共同实施行为的违法故意，客观上属于两个独立的行为，应当分别进行处理。涉及B公司的问题，某市海洋与渔业局亦已另行立案调查。因此，案涉行政处罚决定确定A公司承担行政法律责任，对其违法主体的认定正确。经广西壮族自治区地理国情监测院勘测定界，A公司非法填占海域面积为0.3084公顷，该认定已扣除了办理相关土地证件的面积。故对违法行为的性质及占填海域面积的认定事实清楚，证据确凿充分。

某市海洋与渔业局在行政处罚过程中依法履行了立案、调查、勘察、检查、调查询问、委托鉴定、告知相对人权利、预告知拟处罚结论、组织听证、集体讨论等程序，符合《行政处罚法》及《海洋行政处罚实施办法》中关于海洋行政处罚的相关程序性规定，不存在程序违法。

A 公司不存在从轻或减轻处罚的情形。某市海洋与渔业局依据《海域使用管理法》第 42 条规定的并处占用海域使用金 10 倍以上 20 倍以下罚款,决定按 15 倍处罚,未违反《行政处罚法》第 4 章关于行政处罚适用的相关规定,符合中国海监总队《关于进一步规范海洋行政处罚裁量权行使的若干意见》对于行政处罚幅度中的一般处罚,并非从重处罚。且其依照财政部、国家海洋局《关于加强海域使用金征收管理的通知》(财综〔2007〕10 号)计算的罚款数额正确无误,处罚适当,不存在适用法律、法规错误的情形。

【典型意义】

非法用海行为是《海域使用管理法》严格禁止的,随着海洋强国战略的深入实施,海洋行政管理部门也逐年加大了查处力度。但是,由于我国海岸线漫长、相对人法律意识淡薄、执法力量薄弱等因素,针对非法用海行为的行政管理存在"调查难""处罚难""执行难"等问题。本案是北海海事法院自 2016 年依法受理海事行政案件以后受理的第一起不服海洋行政处罚案件。A 公司系某市海洋渔业养殖的龙头企业,其填占海域的行为和行政机关的处罚是否合法适当,备受社会关注。

案件经过一、二审审理后,A 公司自行恢复了海域原状,并主动缴纳了 256.77 万元罚款和追加的 50 万余元滞纳金,办案效果非常好。2020 年 6 月,北海电视台就本案相关情况进行了报道,进一步扩大了本案的办案效果。

案件的成功审理和执行,对用海单位和个人行为具有明确、良好的规范与指导作用;同时依法监督和促进了海洋行政主管部门的管海行为。对于用海单位和个人而言,使用海域必须依法向有关海洋行政主管部门提出申请并取得海域使用权证书。特别是海滩涂虽然在退潮时具有一些土地的特征,但在性质上仍属海域,未经申请和批准,擅自将沿海滩涂填成海水无法浸没的土地,构成非法填海,依法应当受到海洋行政处罚。本案在审理过程中,A 公司从立案、勘验调查、权利告知、听证、会审、执法人员资质等方面对某市海洋与渔业局的执法提出全方位质疑,一、二审法院全面严格审查了行政处罚的事实、程序和法律适用,令执法机关和行政执法人员深受教育,他们也对法院的审理工作给予高度评价。经过判后答疑和释法析理,A 公司对法院的判决也予以认可,并履行了相关义务。

2020 年 5 月 8 日,该案入选最高人民法院发布的"2019 年度人民法院环境资源典型案例",最高人民法院评价该案处理对非法围填海的主体认定、处罚正当程序及自由裁量权行使等均具有示范作用。充分表明人民法院坚持用最严格制度、最严密法治保护国家海岸线和海洋环境生态安全的决心，对于推进依法用海、管海，服务保障海洋强国战略具有积极意义。2021 年 11 月，第二批共 10 个中国环境资源审判案例被收录进联合国环境规划署环境法数据库中国环境司法裁判板块，该案是其中之一。

广西壮族自治区国有某林场与N市政府林地权属确权行政复议案

黄影颖*

【裁判要点】

《广西壮族自治区土地山林水利权属纠纷调解处理条例》第34条第7项以及《国务院批转广西壮族自治区关于处理土地、山林、水利纠纷的情况报告》(国发〔1980〕135号)第三大点第二小点规定中所称“当事人达成的协议”,应当是包含对所涉山林土地水利的权属边界指向清晰,四至明确的内容的协议,且没有相反证据予以否定,如此,才可作为争议地权属处理的证据使用。

根据《林木林地权属争议处理办法》第6条、《广西壮族自治区土地山林水利权属纠纷调解处理条例》第34条第6项规定可以作为确权依据的山界林权权属凭证,一般应当具备以下特征:一是土地权属来源清楚,也即应有土改、合作化、“四固定”等历史时期权属来源佐证或没有其他权属凭证与其相对抗,或已经当时的土地相邻权人或权利人确认;二是发证程序合法。

【相关法条】

《土地管理法》(2004年)第8条、第9条

《森林法》第3条

《林木林地权属争议处理办法》第6条

《广西壮族自治区土地山林水利权属纠纷调解处理条例》第34条第

* 作者单位:南宁市中级人民法院行政庭。

6 项、第 7 项

【基本案情】

被告 N 市政府于 2019 年 1 月 23 日作出《行政复议决定书》(N 府复议〔2018〕4 号,以下简称 4 号复议决定),认为第三人 × 区政府作出的《关于渌梯岭林地权属争议的处理决定》(NX 府决字〔2017〕1 号,以下简称 1 号处理决定)认定事实不清,足以影响处理结果,决定撤销 1 号处理决定,责令 × 区政府重新作出权属纠纷处理决定。

原告广西区国有 × × 林场(以下简称 × × 林场)与第三人某村民小组(以下简称某坡)争议的渌梯岭林地面积共 416 亩,双方均未能提供证明争议地在土改、合作化、"四固定"时期已经划分权属的有效证据材料。1976 年 3 月 18 日, × × 林场延河分场与那某大队某生产队代表签订《协议书》(1976 年《协议书》),其中第 1 条记载的内容为, × × 林场延河分场与那某大队某生产队的权属界线以渌梯山麓口至麓尾水流为界。1986 年 10 月 26 日,某县政府向某坡核发 1 × ×8 号《山界林权证》,证中记载地名为"渌梯"的面积为 380 亩,该《山界林权证》未附有附图;1986 年 12 月 31 日,原邕宁县政府向 × × 林场核发 5 × ×6 号《山界林权证》,该证所附记载有四至界限的卡片显示地名为"马安分区 18 林班"面积为 1258 亩,其中第 3、8、9 小班的管理范围包含争议地渌梯岭。某坡因认为争议地渌梯岭的权属为其所有,向 × 区政府申请确权。2017 年 11 月 27 日, × 区政府作出 1 号处理决定,将争议林地权属确定为 × × 林场所有。某坡不服,向 N 市政府申请行政复议。2019 年 1 月 23 日,N 市政府作出 4 号复议决定,认为 1 号处理决定认定事实不清,决定撤销 1 号处理决定并责令 × 区政府重新作出处理决定。 × × 林场不服,提起本案诉讼,请求撤销 4 号复议决定,维持 1 号处理决定。

另查明,某坡与某腾坡于 1965 年合并为那某大队某生产队,于 1980 年分队,各自独立为经济组织至今。某坡与某腾坡因山地、田畲经营管理问题曾发生权属纠纷。1989 年 10 月 5 日,某县政府作出 158 号处理决定,将与本案争议地渌梯岭西边相邻接壤但不重叠的渌蒙麓及渌梯麓西面山划归某坡所有。该处理决定已经生效裁判予以维持。某腾坡对本案争议林地不主张权属。

【裁判结果】

南宁市中级人民法院于 2019 年 9 月 10 日作出(× × × ×)桂 01 行初 × × × 号行政判决,认为 1 号处理决定确实存在认定事实不清,证据不足的问题,4 号复议决定撤销 1 号处理决定并责令 × 区政府重新作出处理决定,并无不当。依照《行政诉讼法》第 69 条之规定,判决驳回原告 × × 林场的诉讼请求。

【裁判理由】

法院生效裁判认为本案争议焦点主要集中在:第一,4 号复议决定认定的事实是否清楚、证据是否充分(该争议焦点包含以下两个问题:一是 1976 年《协议书》是否有效、能否作为案涉渌梯岭争议山林的确权依据;二是 5 × ×6 号《山界林权证》、1 × ×8 号《山界林权证》能否作为案涉渌梯岭争议山林的确权依据)。第二,4 号复议决定的处理结果是否正确。

一、关于 4 号复议决定认定事实是否清楚、证据是否充分的问题

1. 关于 1976 年《协议书》是否有效、能否作为案涉渌梯岭争议山林确权依据的问题。根据各方当事人提供的在案证据,结合一审法院现场勘查的情况来看,该《协议书》所表述的内容尚不能指向具体、明确的争议地界线范围。根据一审法院组织现场勘查的情况来看,渌梯山有西面山麓和东面山麓之分。× ×林场认为,1976 年《协议书》第 1 条关于"渌梯山麓口至麓尾水流为界"的具体位置是渌梯山西边山麓的麓口至麓尾(图 1 中 A 点为× ×林场指认分界线的麓口,B 点为麓尾),而某坡则认为上述分界位于渌梯山东边山麓的麓口至麓尾(图 1 中 C 点为某坡指认分界线的麓口,D 点为麓尾),并主张该条所称"在渌梯山麓尾凸出来的小山坡"大致在王家山南边(图 1 E 点)位置。一审认为,无论是以 A、B 点所在的渌梯山西面山麓,抑或是以 C、D 点所在的渌梯山东面山麓作为协议中该条确定的界线,都会将渌梯山东、西两麓间的整个山岭划分给其中一方当事人,这与该条关于"渌梯山东面属于× ×林场延河分场管理,渌梯山西面属于那某大队第四队管理"的表述不相符,因为上述表述如按常理和一般逻辑,其所指分界应为一条能够将渌梯山区分为东、西两部分的介于渌梯山两麓之间的分界线,否则,则不存在渌梯山东面、西面区分之必要,且该条分界线应与山麓水流相吻合。

另外,1 号处理决定推定 158 号处理决定所涉"渌梯麓"即为 1976 年《协议书》第 1 条记载的"渌梯山",理由亦不充分。158 号处理决定所涉争议地与本案争议地西边相邻接壤但不重叠,也即接壤的"渌梯麓"只涉及本案争议地渌梯岭西面山麓,故在 158 号处理决定的表述中未区分渌梯岭东麓及渌梯岭西麓,亦不会造成误解。但以此推定本案所涉渌梯麓及 1976 年《协议书》第 1 条记载的"渌梯山"就是 158 号处理决定涉及的"渌梯麓"位置,即渌梯岭的西面山麓,与本案争议地地形实际不符,亦无其他证据佐证 158 号处理决定所称"渌梯麓"这一表述在历史上或当地的习惯称谓上具有指向对象的确定性和唯一性。

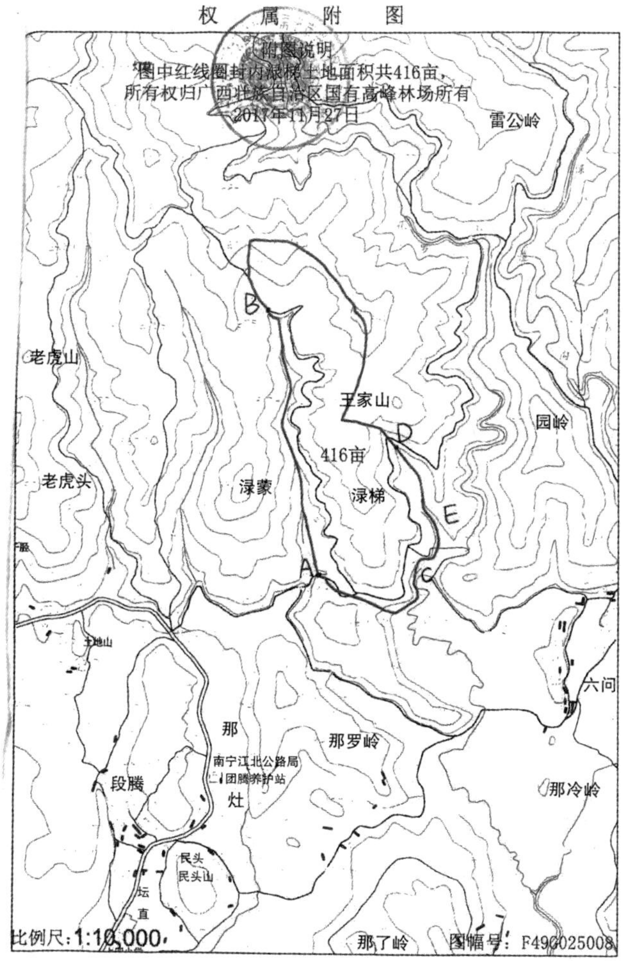

图1　1号处理决定附图

注：该图出自1号处理决定附图，灰实线圈封处为争议地渌梯岭范围。

综合以上分析，1976年《协议书》是否有效的重要前提，即四至指向是否清楚、明确，而关于××林场延河分场与原那某大队某生产队就渌梯山权属分界的具体界线在何处，1号处理决定尚未查清，该《协议书》能否作为本案争议地权属依据问题，还需×区政府进一步查实。

2. 关于5××6号《山界林权证》、1××8号《山界林权证》能否作为案涉渌梯山争议山林确权依据的问题。可以作为确权依据的山界林权权属凭证，一般应当具备以下特征：一是土地权属来源清楚，也即应有土改、合作化、“四固定”等历史时期权属来源佐证或没有其他权属凭证与其相对抗，或已经当时的土地相邻权人或权利人确认；二是发证程序合法。本案中，从目前在案证据来看，5××6号《山界林权证》和1××8号《山界林权证》均主张包含案涉争议地，但目前均未能提交其取得案涉争议地权属登记来源证明的有效证据，或上述《山界林权证》在核发过程中进行过重新勘界，经相邻权人或权利人调整、核定等重新确认权属的其他证据，故尚不能作为案涉争议地权属确定的依据。

二、关于4号复议决定的处理结果是否正确的问题

我国实行严格的土地管理政策，土地所有权和使用权应当依法确定。根据《土地管理法》(2004年)第8条的规定，我国土地的所有权分为国家所有和农民集体所有。该法第9条规定，国有土地和农民集体所有的土地，可以依法确定给单位或者个人使用。根据上述法律规定，国有土地的所有权为国家，相应的单位或个人仅具有国有土地的使用权；而农民集体土地的所有权人，应当为农民集体经济组织。本案中，××林场为全民所有制企业，1号处理决定将案涉争议地权属确定给××林场所有，与上述法律的规定明显不符，该处理决定确权结果错误。N市政府作出的4号复议决定虽然部分理由不当，但其撤销1号处理决定并责令×区政府重新确权的结果正确，一审判决予以支持。

【典型意义】

山林、土地、水利权属案件事关人民群众最关心最直接最现实的利益，涉及广大农村的和谐稳定以及农民群众生产生活的有序发展。由于涉及中华人民共和国成立后土地政策的更迭以及各个历史时期农村集体经济组织形式的更迭，一直以来也是行政审判的难点。本案裁判的特殊性有二：一是山林权属纠纷案件中，在既有当事人之间达成的协议，争议双方又分别持有包含争议林地在内的山林权证的情况下，对于协议和山林权证在何种情形下能够作为确权依据，明确了审查规则；二是创新了裁判文书说理形式，在裁判理由中辅以地形图分析说理，直观表述裁判观点，提高了裁判文书说理的透彻性。

1. 关于案涉协议及山林权证证据效力的审查问题。《林木林地权属争议处理办法》第6条规定，县级以上人民政府或者国务院授权林业部依法颁发的森林、林木、林地的所有权或者使用权证书，是处理林权争议的依据。《广西壮族自治区土地山林水利权属纠纷调解处理条例》第34条第6项、第7项规定，县级以上人民政府依法核发的土地、山林权属证书，以及当事人达成的协议，可以作为土地山林水利权属纠纷确

权处理的证据材料。本案中，1976 年《协议书》、1××8 号《山界林权证》及 5××6 号《山界林权证》形式上均属于上述规定的处理林权争议的证据材料。案涉 1 号处理决定认为 1976 年《协议书》"内容的第一项无法说清楚具体界线，文字表述有歧义，与签订《协议书》的初衷有出入，无法证明争议山为申请人(某坡)所有"，1××8 号《山界林权证》"申请人(某坡)未能提供该《山界林权证》的附图，到现场勘查所指认的地名与邕政发〔1989〕158 号确定的地名不一致，仅凭《山界林权证》所记载的四至范围，无法充分证明争议地在该证的范围内"，据此对上述二证据不予确认。对于 5××6 号《山界林权证》，1 号处理决定则认为"该《山界林权证》及附图材料完整反映争议林地就在该证的范围内，对其真实性、合法性、关联性予以确认，可作为本案证据"。对此，4 号复议决定认为，1976 年《协议书》作为争议双方签订的书面证据，相比本案其他证据应具有更强的证据效力，1 号处理决定不予确认《协议书》的证据效力不符合证据规则。对于 1××8 号及 5××6 号《山界林权证》，4 号复议决定则认为 1 号处理决定否定 1××8 号《山界林权证》与争议地的关联性，却认定 5××6 号《山界林权证》合法有效有失偏颇，据此认定 1 号处理决定认定事实不清并作出撤销、责令重作的决定。可见，调处机关与复议机关就上述书证证据效力的审查标准有分歧，尚未就审查规则形成一致。就本案而言，1 号处理决定与 4 号复议决定关于 1976 年《协议书》、1××8 号《山界林权证》以及 5××6 号《山界林权证》证据效力的审查意见均有待斟酌。

1976 年《协议书》的产生由其特定的历史背景。1974 年 11 月 16 日，广西壮族自治区党委转发《自治区处理土地、山林、山利纠纷工作会议纪要》(桂发〔1974〕299 号)，强调必须按照"团结—批评—团结"的公式，"用讨论的方法，说理的方法，批评与自我批评的方法"解决纠纷。因此在这一时期形成的各集体经济组织之间关于山林、土地、水利权属问题的决定或者协议，实质上是政府主持下达成的调解协议，一定程度上体现政府的意见。这类决定或者协议往往具有较高的证明力，但由于特定历史时期条件所限，制作方式一般较为简单，多为手写或者油印方式制作，内容也易产生歧义。对于这类决定或协议的审查，侧重于以下几个方面：第一，签署决定或协议的主体能够代表处分权人；第二，内容清晰无歧义，主要指对所涉山林土地水利的权属边界指向清晰，四至明确；第三，没有相反证据予以否定。如此，这一时期形成的决定或协议才可作为争议地权属处理的证据使用。

对于山林权证，《森林法》第 15 条第 1 款规定，林地和林地上的森林、林木的所有权、使用权，由不动产登记机构统一登记造册，核发证书。国务院确定的国家重点禁区的森林、林木和林地，由国务院自然资源主管部门负责登记。第22条第1款规定，单位之间发生的林木、林地所有权和使用权争议，由县级以上人民政府依法处理。《林木林地权属争议处理办法》第6条规定，县级以上人民政府或者国务院授权林业部依法颁发的森林、林木、林地的所有权或者使用权证书，是处理林权争议的依据。根据上述规定可知，在处理林权争议案件过程中，生效林权证是处理林权证争议的主要依据，只有当林权证存在重大且明显违法的情况下，权属争议处理机构才可以不采信该林权证，并根据其他有效证据对权属争议进行处理。但是，生效的林权证应当具备以下要件：实体上，土地权属来源清楚；程序上，发证程序合法。而本案5××6号《山界林权证》和1××8号《山界林权证》的持有人目前均未能提交其取得案涉争议地权属登记来源证明的有效证据，或上述《山界林权证》在核发过程中进行过重新勘界，经相邻权人或权利人调整、核定等重新确认权属的其他证据，尚不能作为案涉争议地权属确定的依据。在此情况下，持有人可在确权机关重作过程中继续补强证据，在不能补强时，确权机关应综合在案证据和管理使用事实及时作出新的确权决定，尽早将各方权利固定化，及时恢复争议所涉各方生产生活秩序的稳定。

2. 关于裁判文书说理形式问题。最高人民法院于2018年6月1日印发了《关于加强和规范裁判文书释法说理的指导意见》（法发〔2018〕10号），为进一步加强和规范人民法院裁判文书释法说理工作，提高释法说理水平和裁判文书质量提出明确的工作要求。该意见第14条规定："为便于释法说理，裁判文书可以选择采用下列适当的表达方式：案情复杂的，采用列明裁判要点的方式；案件事实或数额计算复杂的，采用附表的方式；裁判内容用附图的方式更容易表达清楚的，采用附图的方式；证据过多的，采用附录的方式呈现构成证据链的全案证据或证据目录；采用其他附件方式。"对于本案1976年《协议书》证据效力的分析，需将协议的具体内容与争议地实际地形相结合作综合判断。为此，笔者在裁判说理部分以广西壮族自治区测绘局1990年版万分之一版地形图段腾F49G025××8图幅为基础，将争议地范围以及××林场、某坡对于协议记载的"麓口""麓尾""小山坡"等关键地名的指认分别作出标识，结合等高线反映的实际地形情况，认为1号处理决定在1976年《协议书》对渌梯山分界的具体界线尚未查清的情况下不采纳该协议作为确权依据，而4号复议决定认为基于目前查明的事实可以将该协议作为确权依据的主张，均证据不足。由于佐以附图的形式对上述裁判意见作出分析论证，能够很好地将法院裁判观点展示在各方当事人及其他查阅裁判文书的社会公众面前，便于理解，也提高了裁判文书说理的透彻性。一审判决后，各方当事人均未提出上诉，可谓裁判文书说理形式创新的有益尝试。